微型汽车检修技术问答

主　编
刘文举
副主编
刘　昊　李国如　张慧娟　杨瑞普

金盾出版社

内 容 提 要

本书以问答的形式介绍了长安、长安之星、昌河、松花江等微型汽车使用与维修技术，内容包括发动机、底盘和电气系统的检修与故障排除，特别对长安之星电控燃油喷射系统常见故障的诊断与排除作了详细介绍。本书内容丰富，实用性强，既适用于微型汽车驾驶人员和专业修理人员阅读，作为检排故障的工具书，也可供大、中专院校及培训机构师生参考。

图书在版编目(CIP)数据

微型汽车检修技术问答/刘文举主编．—北京：金盾出版社，2013.9
ISBN 978-7-5082-8561-0

Ⅰ.①微… Ⅱ.①刘… Ⅲ.①汽车—车辆修理—中等专业学校—教材 Ⅳ.①U472.4

中国版本图书馆 CIP 数据核字(2013)第 163275 号

金盾出版社出版、总发行
北京太平路 5 号(地铁万寿路站往南)
邮政编码：100036 电话：68214039 83219215
传真：68276683 网址：www.jdcbs.cn
封面印刷：北京精美彩色印刷有限公司
正文印刷：北京万博诚印刷有限公司
装订：北京万博诚印刷有限公司
各地新华书店经销
开本：850×1168 1/32 印张：16 字数：410 千字
2013 年 9 月第 1 版第 1 次印刷
印数：1～6 000 册 定价：40.00 元

(凡购买金盾出版社的图书，如有缺页、
倒页、脱页者，本社发行部负责调换)

前 言

随着我国汽车工业的发展和汽车的普及,越来越多的家庭特别是农户为了农用和经商运输需要购买微型汽车。微型汽车以其速度快、体积小、排量小、耗油少、污染小、轻便灵活、使用性能好、价格低等特点,深受大家欢迎。

为满足广大用户及维修人员的需求,我们根据多年从事汽车维修的工作经验,编写了这本书。本书主要介绍了长安、昌河、松花江等系列微型汽车使用与维修技术,包括发动机、底盘和电气系统的维修与故障排除,特别对长安之星电控燃油喷射系统常见故障的诊断与排除作了详细介绍,同时,提供了微型汽车零件通用资料和维修数据。

本书融系统性、知识性、操作性为一体。通过阅读本书,读者不仅可以掌握微型汽车的一般修理技术,而且能够较快地掌握车辆疑难杂症的判断技巧和修理绝招,遇到问题能迅速准确地排除故障。

本书由刘文举主编,刘昊、李国如、张慧娟、杨瑞普担任副主编,参加编写的人员还有刘克谦、刘文超、赵晖、刘世恩、张兆朵、王春融、沈福勇、赵景海、刘西海、赵炳雨、王炳仁、孙嘉成、刘博文、赵文志、王嘉禄等。由于水平有限,疏漏之处在所难免,敬请各位专家和读者批评指正。

作者

目 录

第一章 发动机的检修与故障排除……………………………1

1-1 微型汽车发动机的构造是怎样的？………………… 1
1-2 微型汽车发动机工作原理是怎么样的？…………… 7
1-3 微型汽车发动机的结构特点是什么？……………… 10
1-4 微型汽车发动机哪些车型能通用？………………… 12
1-5 一般微型车主要螺栓拧紧力矩是多少？…………… 12
1-6 怎样拆卸发动机？…………………………………… 13
1-7 怎样分解发动机？…………………………………… 13
1-8 怎样正确拆卸气缸盖？……………………………… 15
1-9 怎样测量气缸压力？………………………………… 15
1-10 怎样判断气缸垫烧坏？……………………………… 16
1-11 气缸垫损坏的原因有哪些？………………………… 17
1-12 怎样检查气缸盖平面度？…………………………… 18
1-13 怎样维修气缸盖？…………………………………… 19
1-14 气缸盖螺栓孔为什么会损坏？……………………… 19
1-15 为什么气缸盖进排气门处易出现裂纹？…………… 20
1-16 怎样维修气缸体？…………………………………… 20
1-17 气缸磨损的特点和原因是什么？…………………… 21
1-18 怎样排除气缸压力不足？…………………………… 23
1-19 怎样使不工作的气缸恢复工作？…………………… 23

1-20	拉缸有哪些原因？	23
1-21	怎样防止气缸拉伤？	24
1-22	怎样检查活塞磨损？	24
1-23	怎样判断发动机拉缸？	25
1-24	怎样诊断发动机异响？	26
1-25	怎样判断活塞敲缸响？	26
1-26	怎样更换发动机活塞？	27
1-27	怎样检查活塞环的磨损与更换活塞环？	28
1-28	怎样判断活塞环不良而引起的漏气？	30
1-29	怎样装配活塞销？	31
1-30	装配活塞、连杆组有什么要求？	32
1-31	活塞环装配的要求是什么？	33
1-32	怎样判断活塞销的响声？	33
1-33	怎样检查活塞销与座孔及连杆衬套的配合间隙？	34
1-34	组装发动机时对连杆有什么要求？	34
1-35	怎样装配活塞与连杆？	35
1-36	怎样检查连杆轴承的配合间隙？	35
1-37	怎样正确检修连杆？	36
1-38	怎样判断连杆轴承响？	41
1-39	怎样维修曲轴？	42
1-40	怎样装配曲轴轴承？	45
1-41	怎样加工曲轴轴承？	48
1-42	曲轴为什么烧瓦？	49
1-43	怎样判断曲轴轴承响？	49
1-44	为什么曲轴箱机油太多不好？	49

1-45	怎样维修飞轮？	50
1-46	曲轴和飞轮为什么要进行动平衡？	51
1-47	发动机装配时应注意什么？	51
1-48	发动机为什么要进行磨合？	52
1-49	什么是发动机冷磨合？	53
1-50	什么是发动机热磨合？	53
1-51	怎样判断发动机故障？	55
1-52	发动机易产生哪些故障？	56
1-53	发动机异响的原因是什么？	56
1-54	气缸及活塞磨损过大怎么办？	57
1-55	气缸磨损有什么规律？	57
1-56	怎样测量气缸的磨损？	57
1-57	气缸为什么单侧磨损？	59
1-58	气缸为什么短时间磨损很快？	60
1-59	发动机漏气有哪些部位？	61
1-60	发动机拉缸的原因有哪些？	61
1-61	怎样选择气缸的修理尺寸？	62
1-62	为什么镗磨气缸时要以活塞为基准？	62
1-63	镗气缸时怎样正确定位？	63
1-64	怎样正确镗削气缸？	64
1-65	怎样正确珩磨气缸？	64
1-66	微型汽车的配气机构有哪些部件？	66
1-67	怎样正确使用正时同步带？	67
1-68	安装正时同步带时应注意什么？	67
1-69	怎样更换长安之星的正时同步带？	67

1-70	发动机正时同步带和张紧器哪些车型可以通用?	70
1-71	怎样检查发动机气门的密封性?	70
1-72	怎样检验气门?	70
1-73	怎样光磨气门?	72
1-74	怎样维修气门座?	72
1-75	气门漏气有哪些原因?	73
1-76	气门调整螺钉松脱怎么办?	74
1-77	怎样研磨气门座?	74
1-78	气门与气门座接触面有什么要求?	74
1-79	为什么排气门要比进气门接触面要宽?	75
1-80	为什么气门要早开迟闭?	75
1-81	气门产生积炭的原因是什么?	76
1-82	怎样防止气门座圈松动?	76
1-83	怎样调整气门间隙?	77
1-84	气门出现响声怎么办?	77
1-85	怎样修理气门杆与导管?	78
1-86	气门导管与气门杆配合间隙不当对发动机有什么危害?	79
1-87	气门为什么会烧蚀?	80
1-88	怎样检验气门弹簧?	80
1-89	为什么采用不等螺距气门弹簧?安装时有什么要求?	81
1-90	气门弹簧有响声怎么办?	82
1-91	气门早期磨损的原因有哪些?	82
1-92	怎样维修气门摇臂和摇臂轴?	83

1-93	怎样检查调整凸轮轴轴向间隙？	84
1-94	怎样检修凸轮轴？	84
1-95	怎样安装凸轮轴、摇臂轴和摇臂？	85
1-96	怎样判断凸轮轴轴承响声？	86
1-97	怎样判断和排除气门响声？	86
1-98	影响配气正时的原因有哪些？	87
1-99	气门摇臂和摇臂轴哪些车型可以通用？	88
1-100	凸轮轴哪些车型可以通用？	88
1-101	发动机工作无力、温度过高是什么原因造成的？	89
1-102	什么是配气相位？	89
1-103	燃料系统的作用是什么？它由哪些主要部件组成？	90
1-104	怎样识别汽油和柴油？	91
1-105	空气滤清器的作用是什么？	91
1-106	为什么说空气滤清器的保养与耗油有关？	93
1-107	化油器的构造是怎样的？它是怎样工作的？	93
1-108	怎样检查与调整化油器？	99
1-109	怎样检查化油器电磁阀工作是否正常？	100
1-110	化油器为什么"放炮"或回火？	100
1-111	浮子室进油针阀关闭不严怎么办？	100
1-112	怎样调整怠速？	101
1-113	燃油消耗高的原因及排除方法是什么？	101
1-114	怎样检查发动机供油不足？	102
1-115	微型汽车化油器部件哪些车型可以通用？	102
1-116	微型车汽油泵哪些车型可以通用？	104

1-117	发动机不能发动时怎样检查燃料系统？	104
1-118	怎样排除混合气过稀的故障？	104
1-119	怎样排除混合气过浓的故障？	105
1-120	怎样检修汽油泵？	106
1-121	怎样排除发动机不能发动或发动机只能短时间运转就熄火故障？	107
1-122	发动机怠速不良怎样检查与排除？	108
1-123	发动机加速不良怎样检查与排除？	109
1-124	行车时发闯，加速时抖动怎么办？	109
1-125	为什么加油时排气管"放炮"？	110
1-126	排气管发红是什么原因？	110
1-127	为什么发动机冒白烟？	111
1-128	为什么发动机冒蓝烟？	111
1-129	为什么发动机冒黑烟？	112
1-130	什么叫发动机"淹死"？怎样排除？	112
1-131	为什么大轰油门会使汽车部件过早损坏？	113
1-132	为什么发动机熄火后不易起动？	113
1-133	汽油表是怎样工作的？怎样保养维护？	113
1-134	电控燃油喷射发动机有何优点？	114
1-135	什么是电控燃油喷射系统？	115
1-136	长安之星电控燃油喷射系统由哪些部件组成的？	115
1-137	长安之星电控燃油喷射系统安装在车上的什么位置？	115
1-138	电喷供油方式与化油器式供油方式相比有哪些	

	优点？………………………………………	115
1-139	电控燃油喷射系统有哪些子系统？………	118
1-140	电控燃油喷射系统有哪些类型？…………	121
1-141	电控燃油喷射系统是怎样工作的？………	123
1-142	电控系统的喷油器是怎样工作的？………	124
1-143	电动燃油泵结构及工作原理是怎样的？…	125
1-144	电动燃油泵在使用中应注意什么？………	126
1-145	油压调节器的作用和结构是怎样的？……	126
1-146	电控系统传感器是怎样工作的？…………	127
1-147	发动机转速传感器和曲轴位置传感器的作用及结构是怎样的？……………………	127
1-148	爆燃传感器的作用和结构是怎样的？……	128
1-149	燃油蒸发回收装置由哪几部分组成？……	129
1-150	单点喷射系统的结构原理是怎样的？……	130
1-151	电控燃油喷射系统中的继电器和开关有哪些？…	131
1-152	长安之星发动机诊断故障码代号的含义是什么？…………………………………	132
1-153	维修电控燃油喷射系统必须遵循的操作规程是什么？………………………………	133
1-154	怎样检查油压调节器故障？………………	133
1-155	怎样检查油压传感器故障？………………	134
1-156	怎样检查电磁阀故障？……………………	134
1-157	电动燃油泵工作不良对车辆有何影响？…	134
1-158	怎样检查电控喷射系统的ECU故障？……	134
1-159	怎样检查电控喷射系统燃油压力？………	134

1-160	怎样拆装燃油压力调节器？	135
1-161	怎样检查燃油压力调节器真空开关阀？	136
1-162	怎样检查燃油泵？	137
1-163	怎样检查燃油切断控制器？	138
1-164	怎样检查进气压力传感器？	139
1-165	怎样检查节气门传感器？	139
1-166	怎样检查怠速空气调节阀？	141
1-167	怎样检查曲轴位置传感器？	142
1-168	怎样检查喷油器？	145
1-169	怎样检查氧传感器？	145
1-170	怎样检查凸轮轴位置传感器？	148
1-171	怎样检查活性炭罐排气阀？	149
1-172	怎样拆装发动机控制模块？	150
1-173	怎样检查油箱压力控制阀？	151
1-174	检修电控系统前的准备工作有哪些？	152
1-175	怎样检修电控系统起动困难故障？	153
1-176	怎样检修发动机功率下降工作迟钝故障？	154
1-177	怎样检修发动机工作不稳？	154
1-178	冷却系统的作用是什么？	155
1-179	发动机冷却系统结构有什么特点？	155
1-180	发动机温度过高对机件有什么影响？	155
1-181	发动机温度过低对机件有什么影响？	156
1-182	冷却系统的循环路线是怎样的？	156
1-183	水泵的结构是怎样的？	156
1-184	散热器的结构是怎样的？其作用是什么？	157

1-185	怎样清除水垢？	158
1-186	怎样保养冷却系统？	159
1-187	冷却系统常见故障有哪些？	159
1-188	节温器的作用是什么？	160
1-189	怎样检查节温器工作是否正常？	161
1-190	怎样检修水泵？	161
1-191	怎样修理散热器？	162
1-192	散热器在行车途中漏水怎么办？	164
1-193	哪些原因造成发动机过热？	164
1-194	冷却系统缺水有哪些原因？	165
1-195	怎样调整风扇皮带？	166
1-196	风扇皮带磨损的原因是什么？	167
1-197	水泵水封漏水怎么办？	167
1-198	发动机为什么会开锅？	167
1-199	怎样检修长安之星散热器风扇控制系统？	167
1-200	冷却系统易损件有哪些？	168
1-201	微型车散热器总成哪些车型可以通用？	169
1-202	微型车水泵哪些车型可以通用？	170
1-203	怎样防止发动机温度过高？	170
1-204	怎样防止发动机温度过低？	171
1-205	为什么停车后发动机温度突然升高？	173
1-206	发动机缺水时应加什么水好？	173
1-207	水泵为什么吸水量小？	174
1-208	怎样预防发动机水套生锈？	174
1-209	发动机水泵运转时有响声怎样排除？	175

1-210	润滑系统的作用是什么？	175
1-211	发动机为什么要设置润滑系统？	176
1-212	汽车润滑系统由哪些主要装置组成？	176
1-213	长安之星发动机润滑系统有什么特点？	178
1-214	微型车发动机的润滑方式是怎样的？	178
1-215	微型车发动机的润滑油路是怎样的？	179
1-216	机油滤清器有什么作用？	180
1-217	机油泵由哪些主要部件组成？	180
1-218	内齿轮式机油泵是怎样工作的？	183
1-219	转子式机油泵是怎样工作的？	183
1-220	怎样检查转子式油泵？	183
1-221	怎样检修机油泵？	184
1-222	组装机油泵时有什么要求？	185
1-223	机油泵易损件有哪些？	186
1-224	微型汽车机油泵哪些车型可以通用？	186
1-225	微型汽车机油泵齿轮哪些车可以通用？	187
1-226	机油的运动黏度与温度有什么关系？	187
1-227	怎样保养润滑系统？	187
1-228	怎样选用微型车发动机机油？	188
1-229	怎样清洗润滑油道？	189
1-230	发动机润滑系统有哪些常见故障？	189
1-231	怎样检查微型汽车的机油压力？	190
1-232	怎样排除机油压力过低的故障？	190
1-233	怎样排除机油压力过高的故障？	190
1-234	为什么油底壳油面突然升高？	190

1-235	机油使用时间长了为什么变黑？	191
1-236	行驶中机油压力突然消失是什么原因？	191
1-237	为什么要定期更换机油？	191
1-238	怎样延长机油的使用时间？	192
1-239	润滑系统在使用过程中应注意什么？	192
1-240	为什么发动机起动后要等温度正常时再起步？	192
1-241	怎样更换润滑油？	193
1-242	怎样检修发动机漏机油？	193
1-243	怎样排除机油消耗过多的故障？	194
1-244	润滑油黏度过大过小对发动机有什么影响？	195
1-245	怎样检修离心式机油滤清器？	196
1-246	怎样检修机油灯不灭的故障？	197
1-247	怎样检修机油压力过低警告灯亮的故障？	197
1-248	怎样检修机油压力表？	198

第二章 底盘的检修与故障排除 199

2-1	离合器的作用是什么？	199
2-2	离合器的构造是怎样的？	200
2-3	传动系统对离合器有什么要求？	202
2-4	怎样调整离合器？	202
2-5	离合器的技术要求是什么？	203
2-6	怎样检查和保养离合器？	203
2-7	怎样检修离合器？	204
2-8	微型汽车离合器零部件哪些车型可以通用？	208
2-9	怎样判断和排除离合器打滑故障？	209
2-10	汽车起步时为什么发抖？怎样检修？	209

2-11	离合器自由行程应该是多少？怎样调整？	210
2-12	怎样更换离合器摩擦片？	210
2-13	怎样检修离合器从动盘与从动盘毂？	211
2-14	怎样判断离合器异响？	212
2-15	怎样排除离合器发响？	213
2-16	怎样判断排除离合器分离不开的故障？	213
2-17	为什么放松离合器时，汽车起步仍困难？	214
2-18	怎样分解或组装离合器总成？	214
2-19	怎样排除换挡困难的故障？	214
2-20	怎样给离合器助力装置放气？	215
2-21	维修离合器有哪些特殊的技术？	215
2-22	变速器的作用是什么？	216
2-23	变速器结构有什么特点？	216
2-24	变速器操纵部分是怎样构成的？	218
2-25	变速器的技术要求有哪些？	221
2-26	影响变速器技术变化的原因有哪些？	222
2-27	怎样分解变速器？	224
2-28	怎样检修变速杆？	225
2-29	怎样检修变速器盖？	225
2-30	怎样检修变速器壳？	225
2-31	怎样检修变速叉？	226
2-32	怎样检修变速器互锁定位装置？	226
2-33	变速器卡挡怎么办？	226
2-34	怎样修理变速器齿轮？	227
2-35	怎样判断和排除变速器发响？	228

2-36	变速器在空挡位上发响是什么原因？	229
2-37	为什么变速器换挡困难？	229
2-38	为什么变速器跳挡？	230
2-39	怎样检查变速器跳挡？	230
2-40	变速器产生噪声的原因有哪些？	230
2-41	怎样检修同步器？	231
2-42	怎样延长同步器的使用寿命？	231
2-43	行驶中突然失去动力怎么办？	232
2-44	怎样保养变速器？	233
2-45	传动轴的组成有哪些？	233
2-46	传动轴的技术要求是什么？	234
2-47	万向传动装置有什么特点？	235
2-48	拆装传动轴时应注意什么？	235
2-49	怎样正确装配传动轴？	236
2-50	怎样保养传动轴？	237
2-51	怎样检修传动轴？	237
2-52	传动轴轴承发出响声怎么办？	240
2-53	为什么传动轴花键槽易松旷？	241
2-54	怎样排除传动轴不平衡的故障？	241
2-55	行驶中传动轴摆动怎么办？	242
2-56	怎样判断与排除传动轴的故障？	243
2-57	怎样校正传动轴？	243
2-58	怎样检查万向节轴承滚针磨损？	244
2-59	为什么汽车在行驶中传动轴有异响？	244
2-60	安装传动轴万向节时应注意什么？	245

2-61	怎样延长传动轴万向节的使用寿命?	245
2-62	驱动桥的结构有什么特点?	246
2-63	怎样正确使用和保养驱动桥?	249
2-64	差速器是怎样工作的?	249
2-65	怎样检查调整主动齿轮轴承的预紧力?	251
2-66	怎样检查调整主、从动齿轮的啮合间隙?	252
2-67	怎样检查调整主、从动齿轮接触情况?	253
2-68	造成主减速器异响的原因有哪些?怎样判断和排除?	254
2-69	怎样检查保养后桥?	254
2-70	后桥发热怎么办?	255
2-71	为什么差速器行星齿轮被打坏?	255
2-72	为什么差速器行星齿轮十字轴会烧坏?	255
2-73	怎样检修差速器?	256
2-74	怎样检修后桥各机件?	257
2-75	后桥齿轮早期磨损的原因有哪些?	257
2-76	怎样分解主减速器总成?	258
2-77	怎样判断后桥异响?	258
2-78	怎样排除后桥噪声?	259
2-79	怎样检修后桥在行驶时发响而脱挡后响声消失的故障?	259
2-80	怎样检修后桥在行驶时和脱挡时都有响声的故障?	261
2-81	怎样排除后桥改变速度时发响?	261
2-82	怎样排除后桥转弯时的响声?	262

2-83	怎样诊断驱动桥起步和停车时的响声?	263
2-84	制动系统由哪些零件组成?是怎样工作的?	263
2-85	制动总泵结构和工作原理是怎样的?	264
2-86	制动踏板为什么要有一定的自由行程?怎样检查调整?	268
2-87	怎样检查液压制动管路里是否有空气?怎样排除?	269
2-88	怎样给液压制动管路放气?	270
2-89	前轮制动器的结构是怎样的?	270
2-90	后轮制动器的结构是怎样的?	271
2-91	驻车制动器的结构是怎样的?	274
2-92	怎样正确使用和保养制动装置?	276
2-93	怎样检查与维修制动总泵和分泵?	277
2-94	使用真空助力器对制动有什么好处?	278
2-95	怎样检修驻车制动器?	278
2-96	怎样装配与调整驻车制动器?	279
2-97	怎样修理制动鼓?	280
2-98	怎样修理制动蹄摩擦片?	281
2-99	怎样安装制动灯开关?	282
2-100	制动蹄片与制动鼓间隙不当对制动有什么影响?	282
2-101	制动时突然跑偏是什么原因?怎样排除?	283
2-102	制动鼓为什么发烫?	283
2-103	制动失灵怎么办?	283
2-104	制动拖滞怎么办?	284

2-105	制动发咬怎么办？	284
2-106	制动装置关键部位的螺母拧紧力矩是多少？	285
2-107	盘式制动器在维修和安装时应注意什么？	285
2-108	为什么制动时车辆有时偏左有时偏右？	286
2-109	为什么制动时汽车发抖？	287
2-110	为什么踩两脚制动踏板制动才起作用？	287
2-111	使用液压制动时应注意什么？	287
2-112	怎样排除制动不良故障？	288
2-113	为什么制动踏板高度降低？	289
2-114	为什么制动踏板没有弹性？	290
2-115	为什么制动时发出尖叫声？	290
2-116	安装制动防抱死装置(ABS)有什么优点？	291
2-117	ABS装置由哪些部件组成？	291
2-118	怎样检查长安之星微型汽车的ABS信号系统？	291
2-119	使用ABS时要注意什么？	292
2-120	ABS制动装置是怎样工作的？	293
2-121	怎样维修ABS制动系统？	294
2-122	怎样检修ABS控制器？	295
2-123	微型汽车转向装置结构有什么特点？	299
2-124	怎样保养转向装置？	300
2-125	怎样检查调整转向器？	302
2-126	怎样检查转向器内的润滑油？	303
2-127	怎样检查与调整前轮最大转向角？	303
2-128	怎样装配转向装置？	304

2-129	转向器出了故障怎么排除？	305
2-130	怎样检修转向沉重故障？	306
2-131	转向盘自由回正力弱怎么办？	306
2-132	汽车转向时为什么会有"吱吱"响声？	307
2-133	怎样向转向节主销内加注润滑脂？	308
2-134	转向盘抖动的原因是什么？怎样排除？	308
2-135	怎样排除车辆行驶中摆头的故障？	309
2-136	什么是前轮定位？	309
2-137	微型车前轴由哪些主要零件组成？其作用是什么？	312
2-138	不拆散钢板弹簧的情况下怎样进行钢板润滑？	314
2-139	微型车钢板弹簧的维修标准有哪些？	314
2-140	螺旋弹簧有什么作用？维修和保养时应注意什么？	314
2-141	怎样修理微型车前减振器？	315
2-142	怎样提高钢板弹簧的使用寿命？	316
2-143	怎样测定车轮前束？	317
2-144	车轮的结构与安装要求是什么？	318
2-145	怎样选用不同花纹的轮胎？	318
2-146	什么是子午线轮胎？使用时要注意什么？	319
2-147	使用子午线轮胎有什么好处？	319
2-148	怎样识别轮胎标记？	319
2-149	无内胎充气轮胎有什么特点？	320
2-150	为什么要按规定给轮胎充气？气压过高过低有哪些危害？	320

2-151	为什么要定期将轮胎换位？	321
2-152	怎样延长轮胎的使用寿命？	322
2-153	安装轮胎时应注意哪些问题？	322
2-154	轮胎气门有哪些常见故障？怎样处理？	323
2-155	为什么轮胎胎面中央部位会出现过度磨损？怎样排除？	323
2-156	轮胎的胎肩过度磨损原因是什么？怎样防止？	324
2-157	为什么轮胎胎面会发生锯齿形磨损？怎样防止？	324
2-158	为什么轮胎会发生半边磨损，怎样防止？	324
2-159	为什么轮胎会出现杯形或贝壳形磨损？怎样防止？	325
2-160	为什么轮胎会产生第二道花纹磨损？怎样防止？	325
2-161	怎样修补内胎？	325
2-162	怎样修补外胎？	328
2-163	超载对轮胎有什么影响？	329
2-164	拆卸轮胎时无法拧下螺母怎么办？	330
2-165	怎样紧急处理轮胎漏气和爆裂？	330
第三章	**电器的检修与故障排除**	331
3-1	点火电路的组成和工作原理是怎样的？	331
3-2	点火系统是怎样产生高压的？	332
3-3	电子点火系统有什么特点？	333
3-4	分电器的结构及作用是怎样的？	333
3-5	长安之星点火系统有什么特点？	339

3-6	怎样检查判断点火线圈?	340
3-7	点火系统易出现哪些故障?	342
3-8	怎样检查分电器盖和分火头?	343
3-9	怎样调整长安车的点火正时?	343
3-10	无触点磁脉冲点火系统的构造和原理是怎样的?	345
3-11	使用无触点磁脉冲点火系统应注意什么?	347
3-12	点火系统的保养要做哪些工作?	347
3-13	怎样判断点火系统的故障?	348
3-14	加速时有爆燃声或声音发闷怎么办?	348
3-15	发动机发动不着时怎样检查点火系统?	349
3-16	怎样试高压火?	350
3-17	发动机高速运转时发抖是什么原因?	350
3-18	发动机高速运转时断火是什么原因?	350
3-19	怎样检查和排除点火错乱?	351
3-20	怎样检查低压电路短路?	351
3-21	电容器的构造是怎样的?	351
3-22	怎样用低压电检查电容器?	352
3-23	怎样用高压电检查电容器?	353
3-24	火花塞的作用是什么?它的构造是怎样的?	353
3-25	怎样从火花塞的症状判断故障?	356
3-26	怎样检验火花塞的好坏?	357
3-27	火花塞不工作怎么办?	357
3-28	清洗火花塞时要注意什么?	358
3-29	为什么火花塞易产生积炭?	360

3-30	为什么火花塞易产生油污或被淹死？	361
3-31	个别缸不工作怎样检修？	361
3-32	硅整流发电机有什么特点？由哪几部分组成？	362
3-33	怎样拆卸硅整流发电机？	363
3-34	怎样组装硅整流发电机？	364
3-35	调节器的构造及工作原理是怎样的？	364
3-36	怎样检查调整调节器？	368
3-37	充电指示灯是怎样工作的？	370
3-38	发电机有异常响声是什么原因？	371
3-39	怎样诊断交流发电机不充电？	371
3-40	怎样用万用表检查交流发电机？	371
3-41	检查汽车电路故障有哪些方法？	373
3-42	交流发电机硅整流器有哪些常见故障？	374
3-43	交流发电机易出哪些故障？怎样排除？	374
3-44	微型车用交流发电机电刷长度有什么要求？	375
3-45	使用交流发电机和调节器时应注意什么？	376
3-46	蓄电池为什么能储存电能？	376
3-47	怎样保养蓄电池？	376
3-48	怎样清除蓄电池上盖的腐斑？	377
3-49	怎样使用电解液密度计来测量蓄电池的充电情况？	377
3-50	安装蓄电池时应注意什么？	378
3-51	怎样判断蓄电池是否存电不足还是有故障？	379
3-52	怎样在充电中判断蓄电池有故障？	379
3-53	怎样防止蓄电池严重自放电？	380

目录

3-54	蓄电池内部短路有什么现象？怎样排除？	380
3-55	蓄电池电解液消耗太快是什么原因？	380
3-56	蓄电池液面高度不够为什么应加蒸馏水？	381
3-57	蓄电池为什么会爆炸？	381
3-58	为什么电解液的密度会随温度而变化？	381
3-59	怎样识别蓄电池的正负极？	382
3-60	如蓄电池没电，怎样用别的车上的蓄电池来起动汽车？	383
3-61	冬天怎样向蓄电池加蒸馏水？	383
3-62	怎样正确配制电解液？	384
3-63	蓄电池放电后为什么要及时充电？	385
3-64	过充电时为什么会影响蓄电池的使用寿命？	385
3-65	怎样使用干荷蓄电池？	385
3-66	为什么要对封存车蓄电池定期充电？	386
3-67	冬季怎样使用维护蓄电池？	386
3-68	为什么蓄电池容量很低？	387
3-69	怎样延长蓄电池的使用寿命？	387
3-70	为什么出车前给蓄电池补加蒸馏水最好？	388
3-71	起动机无力，蓄电池接柱和搭铁线温度升高是什么原因？	388
3-72	起动机由哪些主要部件组成？	388
3-73	起动机是怎样工作的？	389
3-74	怎样拆卸、分解起动机？	391
3-75	起动机的技术要求是什么？	391
3-76	怎样正确使用起动机？	392

3-77	起动机空转是什么原因？	392
3-78	起动机转动无力是什么原因？	393
3-79	接通起动机开关，起动机不转是什么原因？	393
3-80	怎样装配起动机？	394
3-81	怎样装复调整起动机？	394
3-82	怎样保养起动机？	395
3-83	怎样修理起动机？	396
3-84	起动机常见故障有哪些，怎样处理？	398
3-85	起动机齿轮与飞轮环齿不能啮合，而且发出撞击声怎样排除？	400
3-86	起动机哪些部件易出故障？	401
3-87	起动机转动太慢或不转动怎么办？	402
3-88	起动机换向器在哪些情况下易烧蚀？	403
3-89	点火开关回位后为什么起动机继续旋转？	403
3-90	怎样查明起动机电路短路？	403
3-91	怎样试验起动机和电磁开关？	403
3-92	起动机转动无力故障怎样排除？	405
3-93	起动机修理时哪些部位需要加润滑脂并注意什么？	405
3-94	为什么起动机会烧毁？	406
3-95	起动机单向离合器是怎样工作的？	407
3-96	怎样检查起动机单向离合器？	408
3-97	前大灯电路是怎样布置的？	408
3-98	怎样检修前大灯？	410
3-99	怎样调整前大灯光束位置？	410

3-100	检修或更换灯开关时,怎样识别各类灯线?	410
3-101	怎样检修照明装置?	411
3-102	电路中出现短路搭铁现象怎样检修?	412
3-103	大灯远光和近光时,为什么一侧灯亮,一侧灯暗?	413
3-104	常见几种闪光器是怎样工作的?	414
3-105	接通转向开关后闪光器为什么立即烧毁?	420
3-106	晶体管闪光器是怎样工作的?	421
3-107	使用闪光器应注意什么?	422
3-108	怎样检查转向信号电路故障?	423
3-109	为什么转向灯亮不闪烁?	424
3-110	为什么接通转向开关时,左右两侧的转向灯同时闪烁?	424
3-111	为什么接通转向开关后,两个前小灯闪光且亮度不一?	424
3-112	为什么大小灯经常被烧毁?	424
3-113	怎样检查报警灯?	425
3-114	电动雨刮器是怎样工作的?	425
3-115	怎样维护雨刮器电路?	426
3-116	洗净器的结构和性能如何?使用中应注意什么?	426
3-117	全车灯光不亮是什么原因?怎样检查?	427
3-118	怎样排除制动灯和倒车灯故障?	427
3-119	燃油表电路是怎样构成的?	428
3-120	燃油表是怎样工作的?	428

3-121	怎样检修燃油表?	429
3-122	水温表电路是怎样构成的?	429
3-123	水温表是怎样工作的?	430
3-124	怎样检修水温表?	430
3-125	机油压力指示系统是怎样工作的?	430
3-126	发动机发动后,机油无压力怎样检修?	431
3-127	车速里程表是怎样工作的?	431
3-128	怎样诊断排除里程表故障?	432
3-129	电喇叭是怎样工作的?	433
3-130	双音电喇叭结构特点是怎样的?	433
3-131	怎样调整检修电喇叭?	434
3-132	为什么按喇叭不响?	435
3-133	为什么喇叭连响?	435
3-134	为什么喇叭声音低哑?	436
3-135	为什么喇叭不响?	436
3-136	暖风装置由哪些部件组成?	436
3-137	怎样检修暖风装置?	436
3-138	空调制冷系统是怎样工作的?	438
3-139	空调系统主要部件是怎样工作的?	439
3-140	空调系统的调节与控制装置由哪些主要部件组成?	444
3-141	使用空调时应注意什么?	446
3-142	怎样保养空调?	446
3-143	怎样诊断排除空调故障?	447
3-144	怎样排除空调制冷不足的故障?	449

3-145	怎样排除蒸发器的故障?	451
3-146	长安系列空调系统的调节与控制装置有什么特点?	451
3-147	怎样排除制冷系统间歇性制冷及制冷剂不循环故障?	453
3-148	怎样检修空调压缩机?	454
3-149	怎样检修空调系统的冷凝器?	456
3-150	空调管路接头拧紧力矩是多少?	456
3-151	怎样维护空调系统?	456
3-152	怎样检测空调?	460
3-153	怎样充填制冷剂?	461
3-154	怎样检修微型汽车空调?	461
3-155	微型汽车空调常见故障有哪些?怎样排除?	467
3-156	微型汽车线束布置是怎样的?	470

附 录 ……………………………………………………… 473

附录一 定期维护项目 …………………………………… 473
附录二 微型汽车轴承型号 ……………………………… 477
附录三 SC1011 微型货车电路图 ………………………… 478
附录四 昌河牌 CH100 型汽车电路图 …………………… 479
附录五 松花江牌 WJ110 型汽车电路图 ………………… 480

第一章 发动机的检修与故障排除

1-1 微型汽车发动机的构造是怎样的？

微型汽车发动机的气缸和曲轴箱铸成一体,习惯上称为气缸体。这种气缸体是汽车发动机中比较通用的结构。此种结构形式刚度与强度好,制造工艺简单,发动机拆装也比较方便。

气缸体是发动机的基础,它的上部固定着气缸盖。为了密封,气缸体与气缸盖之间安装气缸垫,在它的四个缸套内上下滑行着四个活塞总成。五个轴承座内安装着高速旋转的曲轴,将活塞的往复运动转变为旋转运动。前端安装有传动机构的正时同步齿轮,以及机油泵、水泵、风扇。右侧安装进气管、化油器、空气滤清器。左侧安装排气管、机油滤清器。后端与离合器、变速器和起动机连接在一起。整个发动机通过气缸体和它的左右托架安装到汽车的底盘上。

(1)结构介绍

一般微型汽车汽油发动机四个气缸布置成一直线,缸心距为 72mm。气缸周围内腔为冷却水腔,冷却水腔外面气缸体左右两侧为回油腔,如图 1-1 所示。

气缸体上平面安装气缸盖,用 10 个 M10×1.25 的螺栓压紧。上平面与缸盖用两个定位圈套在缸盖螺栓上进行定位。

曲轴箱部分有五个轴承座半圆孔,它和轴承盖共同组成五个完整的轴承孔,其直径为 52mm,如图 1-2 所示。轴承盖的定位宽度为 100mm,定位高度为 4mm,如图 1-3 所示。每个轴承盖用 2 个 M10×1.25 的螺栓紧固到主轴承座上。各个横隔板的宽度值从前向后,第一横隔板宽度为 24mm,第二横隔板宽度为 21mm,第三横隔板宽度为 24mm,第四横隔板宽度为 21mm,第五横隔板宽度为22mm。

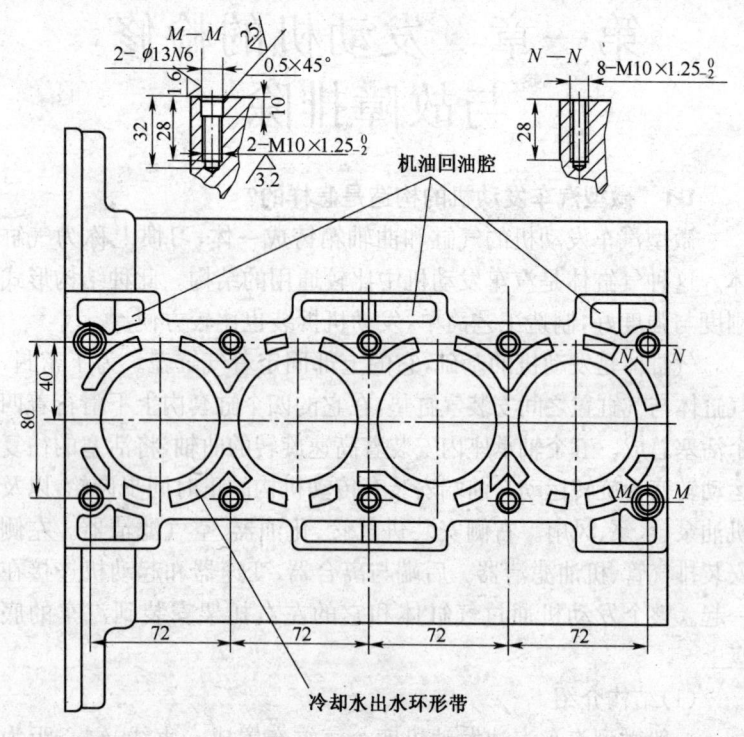

图 1-1 气缸体俯视图

曲轴箱下平面用油底壳扣紧密封,用 12 个 M6 的螺栓紧固。曲轴箱下平面距曲轴中心线为 50mm。

气缸体是用 GB976-67、HT25-47 普通铸铁铸造而成,硬度为 HB190-220。

气缸体铸造完成后,铸件表面必须进行喷丸处理。非加工之内外表面,包括气缸体的冷却水腔,涂以黑色沥青漆,粗加工后对水腔和油道进行 5min 的气压试验,压力为 490kPa,延续时间 5 分钟内不允许渗漏。

①关于气缸筒。4 个直径为 62mm 的气缸筒和整个气缸体为

第一章 发动机的检修与故障排除

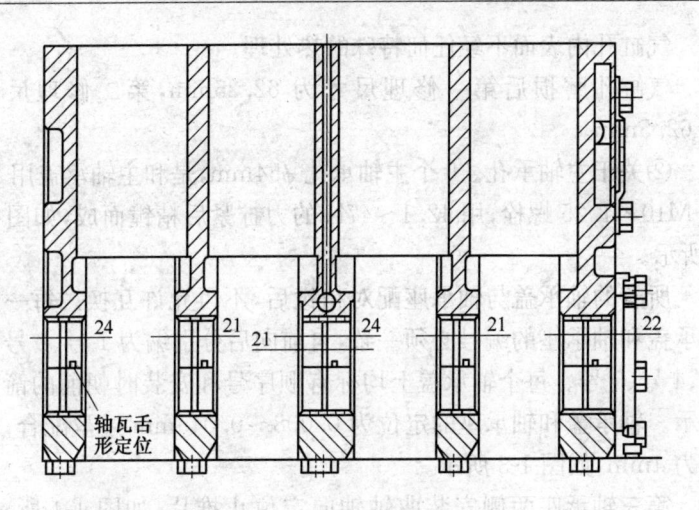

图 1-2 气缸体纵剖面图

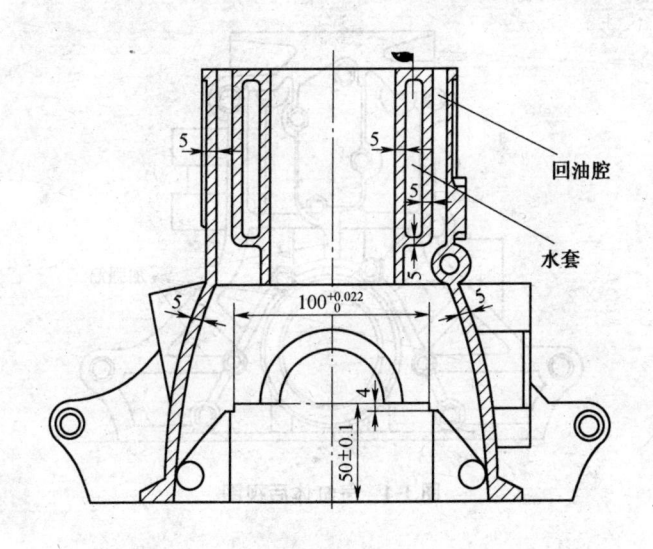

图 1-3 第二缸剖视图

一体。4 个缸孔珩磨成网纹状,以便储存油改善润滑。

气缸孔内表面不经任何特殊的热处理。

气缸孔磨损后第一修理尺寸为 62.25mm,第二修理尺寸为 62.5mm。

②关于主轴承孔。5 个主轴承孔 ϕ54mm,是和主轴承盖用 10 个 M10×1.25 螺栓,用 42.1～47N 的力拧紧后精镗而成,如图 1-2 所示。

所有的轴承盖与轴承座配对精镗后,不再允许互换。每一个轴承盖和轴承座的编号必须一致,自前向后分别编为 1 号、2 号、3 号、4 号、5 号。每个轴承盖上均标有顺序号和安装时朝前的箭头指示。轴承盖和轴承座的定位为 0.008～0.045mm 过盈配合,长度为 4mm,如图 1-3 所示。

第三轴承座两侧安装曲轴轴向定位止推片,如图 1-4 所示。主轴承座孔中的舌形槽,系安装瓦片时定位用,如图 1-2 所示。

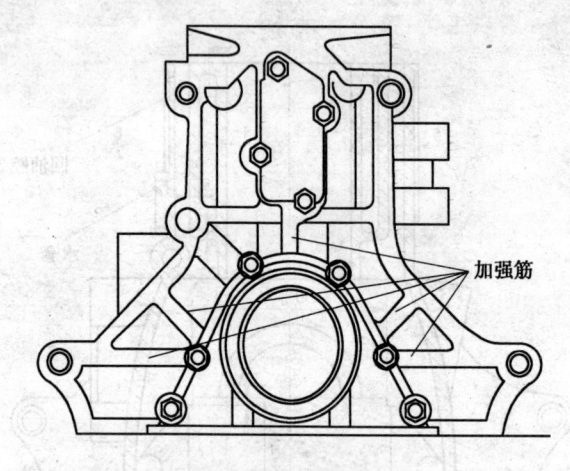

图 1-4 气缸体后视图

③关于冷却水道。发动机运转时,冷却水从气缸右侧的进水口进入第一缸冷却腔的右侧及水泵,并依次冷却其他各缸。

冷却水在气缸体水道内向前流动的时候,同时还向上经过出

第一章 发动机的检修与故障排除

水环形通道进入气缸盖水腔,冷却气缸盖。

④关于润滑油道。经过机油滤清器滤过的机油,从机油滤清器支座出油口进入主油道,然后经过斜面油道分别进入5个主轴承座润滑曲轴。另一部分机油经过第三横向油道和纵向油道进入气缸盖上的配气机构。

主油道直径为10mm,斜油道直径为5mm,进入缸盖的油道直径为5mm。

(2)结构分析

发动机运转时,气缸体受力情况非常复杂,要承受气缸内气体爆发的作用力、曲轴旋转时的离心力、活塞连杆机构往复运动的惯性力、操纵离合器的轴向推力,以及发动机功率输出时的侧倒力矩等。所以,该气缸体的设计,首先是合理安排承力系统,保证有足够的强度和刚度,而且要求体积小、重量轻。此外,还应充分考虑铸造、加工的工艺性好及维修方便。

①微型汽车汽油发动机气缸体全部采用薄壳多筋的结构形式。这种结构形式既满足了气缸体各部分的受力需要,又减轻了重量。

曲轴箱的侧壁、缸套部分及气缸的侧壁全部为5mm厚,顶部为6mm。气缸体的重量仅为23kg。

②气缸体紧固缸盖之螺栓孔的设计布置。一般的气缸体设计,往往在没有拧紧气缸盖螺栓之前,测量各个气缸孔的圆柱度,都在设计允许范围内,但是一旦把气缸盖紧固螺栓拧紧之后再测量,气缸孔的圆柱就会发生变化。这样,当发动机工作时,气缸中气体得不到良好的密封,发动机的设计性能指标就会下降。另外,气缸孔表面的机油刮不干净,进入燃烧室参加燃烧,机油耗量不仅上升,又产生不完全的燃烧而冒黑烟,并加速气缸壁的磨损。产生上述问题的原因,往往是缸体紧固螺栓孔位置设计不合理、气缸体顶部刚度不足所致。

微型汽车发动机紧固缸盖的螺栓布置接近一个正方形,螺孔

5

受力分布均匀。更重要的是每缸的四个紧固螺栓与气缸中间被水层隔开。这样,当缸盖紧固螺栓拧紧时,应力传不到气缸部位,因而气缸孔均不受力变形,从而保证发动机有良好的动力性与经济性。

③第一环的良好的冷却。活塞环在发动机运转过程中,承受气缸里高温燃气的冲击,尤其是第一环承受的温度最高,若不能将热量尽快散去,一旦活塞第一环超过230℃,就不能保证正常的工作。

微型汽车发动机的第一环的实际散热效果较好。气缸体的顶部距水腔的壁厚为6mm,而第一环槽距活塞顶为5mm。当活塞上行至上止点,活塞顶距气缸体顶平面还有0.5mm。也就是说,第一环只有0.5mm在水腔以上,而2/3都在水腔水面以下(第一环高为1.5mm)。这样,就保证第一环有良好的冷却条件。

④降低噪声的措施。降低汽车发动机的噪声,对环境保护是一个重要课题,各个国家对汽车的噪声都制定了不同的标准,超过标准就不允许在城市行驶。

微型汽车发动机在降低噪声措施中,除采用消声效果良好的消声器之外,还采取其他各种措施来降低发动机噪声。如尽量减少活塞的配缸间隙(0.04～0.05mm),曲轴与连杆瓦间隙小至0.02～0.04mm,配气机构传动采用柔性正时同步带传动,又尽量减小气门机构的间隙等。在气缸体的设计中也同样重视这个问题。冷却水腔是一个隔音层。气缸体机油回油腔布置在缸体两侧冷却水腔外部,使回油腔除回油之外,也相应地起到了隔音的作用。

⑤气缸体下平面自曲轴中心线下沉50mm。气缸中气体燃烧爆发产生的压力和活塞连杆曲轴运动时产生的惯性力,都直接作用在气缸体的横隔板上。曲轴每转一周,各种惯性力就对横隔板施加一次冲击。如此周而复始,往往曲轴箱部分的横隔板就会从轴承座横隔板上裂开,特别是在第三、第五横隔板上,限于发动机

第一章 发动机的检修与故障排除

的长度,不可能加厚横隔板的尺寸。

微型汽车发动机在设计时,充分考虑了上述因素,采用把气缸体下平面自曲轴中心线下沉 50mm。这样,就大大加强了横隔板强度,同时也加强了发动机运转时曲轴的刚度和强度。

1-2 微型汽车发动机工作原理是怎么样的?

发动机将燃料和空气变成可燃混合气吸入气缸,经压缩后,点燃混合气使之燃烧放出热能,再通过一定的机构转变为机械能,最后还要将废气排出气缸,如此不断反复。气缸内进行的每一次热能转换为机械能的这一系列连续过程,称为发动机的一个工作循环。活塞往复四个单程完成一个工作循环,称为四行程发动机。图 1-5 为发动机示意图。

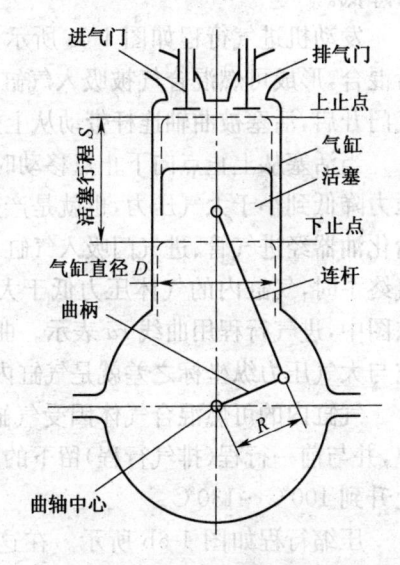

活塞上下各移动一个单程,曲轴旋转一周。活

图 1-5 四行程发动机示意图

塞在距曲轴中心最远处,即活塞的最高位置,称为上止点。活塞在距曲轴中心最近处,即活塞最低位置,称为下止点,上下止点之间的距离称为活塞的行程。曲轴与连杆下端的连接中心至曲轴中心的距离称为曲柄半径,活塞行程等于曲柄半径的两倍。

微型汽车发动机的压缩比一般为 6~9。压缩比越大,压缩终了时混合气的压力和温度越高,燃烧速度就越快,因而发动机发出的动力就越大,经济性好。但是,当压缩比过大时,不仅不能进一步改善燃烧情况,反而会出现爆燃和表面点火等不正常燃烧现象。

7

这时,发动机功率不但不上升,而且下降,油耗增加,缸体磨损严重,甚至造成机件损坏。表面点火是由于燃烧室表面(如排气门头、火花塞积炭)的温度大大超过混合气的自燃温度而引起混合气自行着火燃烧。这种现象又称炽热点火。发生表面点火时,伴有强烈的敲击声(较沉闷),产生的高压会使发动机机件负荷增加,寿命降低。

发动机进气行程如图 1-6a 所示。燃油与空气在化油器内进行混合,形成可燃混合气被吸入气缸。在这期间,排气门关闭,进气门开启,活塞被曲轴连杆带动从上止点向下止点移动一个行程。

当活塞从上止点向下止点移动时,气缸活塞上方的空间增大,压力降低到小于大气压力,也就是产生了真空。这时,可燃混合气由化油器经进气管、进气门吸入气缸。由于进气系统有阻力,故进气终了时,气缸内的气体压力低于大气压力,为 68.6～93.1kPa。在图中,进气行程用曲线 ra 表示。曲线 ra 位于大气压力线以下,它与大气压力纵坐标之差就是气缸内的真空度。

气缸内的可燃混合气体因受气缸壁、活塞顶等高温机件的加热,并与前一行程(排气行程)留下的高温残余气体混合,其温度可上升到100℃～130℃。

压缩行程如图 1-6b 所示。在这个行程中,进排气门全部关闭,曲轴通过连杆推动活塞由下止点向上止点移动一个行程。在图中,压缩行程用曲线 ac 表示。压缩终了时,活塞位于上止点。此时,混合气被压缩到活塞上方很小的空间,即燃烧室中。可燃混合气压力被升高到1176～1323kPa,温度可达 330℃～480℃。

压缩前气缸中气体最大容积与压缩后的最小容积之比称为压缩比,通常用 ε 表示。

作功行程如图 1-6c 所示。在压缩行程终了时,燃烧室中的可燃混合气的温度和压力均较高,这时,就被火花塞发出的电火花点燃。此时,进排气门均关闭,活塞刚开始下移,燃烧的气体不能及时充分的膨胀,其压力和温度都迅速升高。如曲线 cz 所示,所能

第一章 发动机的检修与故障排除

达到的最高压力为 3430～4900kPa,相应温度可达 2000℃～2700℃。缸内的高压气体推动活塞向下移动,并通过连杆使曲轴旋转而做功。

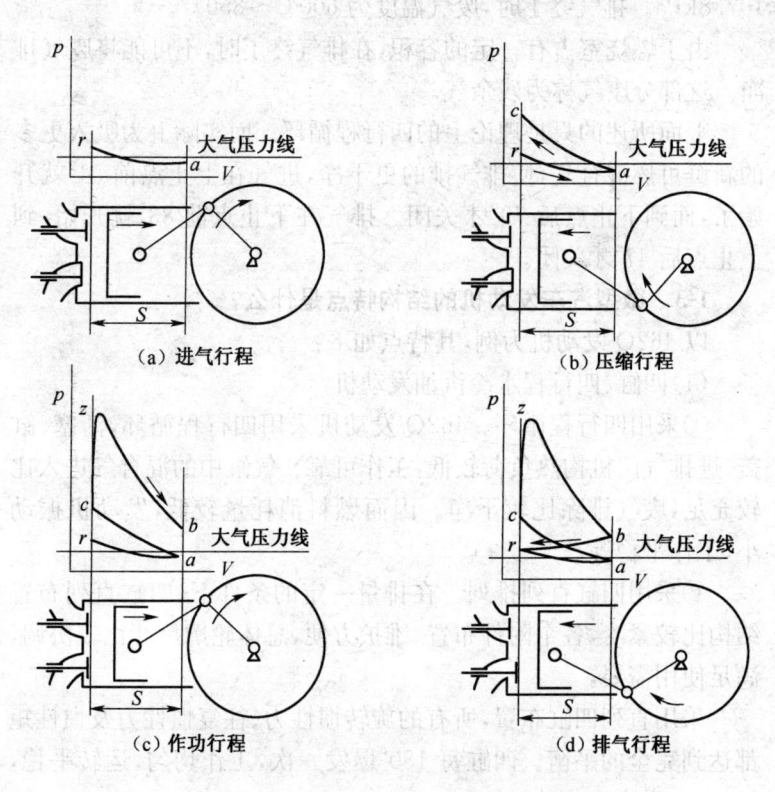

(a) 进气行程
(b) 压缩行程
(c) 作功行程
(d) 排气行程

图 1-6 四行程化油器式发动机示意图

图中曲线 zb 表示随着活塞的向下移动,气缸容积增加,气体压力和温度降低。在膨胀终了 b 点,压力降低至 392～490kPa,温度则降为 1200℃～1400℃。

排气行程如图 1-6d 所示。可燃混合气燃烧做功后变成废气。在此行程中,排气门打开,进气门关闭。由于储存了大量动能的飞轮带动曲轴旋转,并推动活塞由下止点向上止点移动,将废气经排气门排出气缸,这一行程称为排气行程,在图中用曲线 br 表示。在排气行程中,气缸内压力稍大于大气压力,为 102.9～107.8kPa。排气终了时,废气温度为 600℃～850℃。

由于燃烧室占有一定的容积,在排气终了时,不可能将废气排净。这部分废气称为残余气。

上面所述的只是理论上的四行程循环。而实际上为吸入更多的新鲜可燃混合气,使排气排的更干净,进气在上止点前 51°就开始了,而到下止点后 79°才关闭。排气在下止点前 83°就开始,到上止点后 47°才关闭。

1-3 微型汽车发动机的结构特点是什么？

以 462Q 发动机为例,其特点如下：

(1) 四缸、四行程水冷汽油发动机

① 采用四行程循环。462Q 发动机采用四行程循环,活塞、缸盖、进排气门机构热负荷较低,工作可靠。气缸中的混合气进入比较充足,废气排除比较干净。因而燃料消耗量较低,发动机振动小,工作平稳等。

② 采用四缸直列排列。在排量一定的条件下,四缸直列布置结构比较紧凑,各个附件布置、维护方便,总体轮廓尺寸比较协调,满足使用需要。

采用直列四缸布置,所有的旋转惯性力、往复惯性力及惯性矩都达到完全的平衡。四缸每 180°爆发一次,工作均匀,运转平稳,振动小,噪声也小。

③ 采用水冷却。水冷发动机在同样功率下,发动机体积小,气缸各部位冷却均匀,不易产生局部过热,冷却效果好,制造方便。风扇消耗的功率比较小。特别是缸体和缸盖水腔,实际上是一个很好的隔音层,因而水冷发动机噪声比较小。水冷发动机的缺点是管接头处容易漏水,在沙漠缺水地区使用受到限制,在低温时如果维护不当,发动机水腔容易被冻裂。

④采用汽油发动机。由于汽油发动机压缩比小,所以爆发压力也小,因而工作柔和,振动小,声音也小。气缸的爆发压力小,缸体、曲轴、连杆、活塞、缸盖、瓦片等受力件可以设计得比较轻巧,因而材料选用上也比较经济。与柴油发动机相比,其缺点是热效率低,燃料消耗率高。

(2)总体布置紧凑

冷却水泵紧贴在气缸体的前部,与缸体共同形成水泵的涡壳,冷却水经过缸体水道先进入水泵,再从水泵到缸体经过进气支管的内部水道,首先加热进气缸盖,再经过节温器出来,由软管引到散热器进行冷却。其中,仅进出水各用一段软管和钢管,其余都是暗水道。这就消除了一系列渗水漏水的问题,外形也比较美观。

润滑系全部采用暗油道,采用湿式油底壳,机油泵把机油通过集滤器吸到机油泵,然后通过暗油道,进入机油滤清器,经过滤清的机油再经过暗油道进到发动机的主油道。发动机表面没有任何机油管路,完全克服了机油渗漏到外面的缺陷。

(3)转速高

462Q发动机高速时达到5500r/min,活塞平均速度已达12.1m/s,具有较好的性能指标。

(4)低油耗

该发动机气缸进排气门中心线互成40°角,气道合理的几何形状对提高充气系数有明显好处。加上它的燃烧室的合理设计,点火系统与化油器的良好配合,使得燃料在气缸内达到充分而及时的燃烧,从而获得比较好的功率。

(5)三环密封

该型发动机采用了三个活塞环的设计方案。三环设计不仅减少了零件数量,而且减少了一个环对缸壁的压力和摩擦损失,且装配简化。第一环采用2°楔形设计,采用球墨铸铁,表面镀铬,因而保证了它有较大的径向弹力和对缸壁较大的单位面积压力。第二道密封环结构和第一环基本相同,采用含钨合金铸铁,也有比较好的密封性。第三环采用刮油效果很好的钢带组合油环。

(6)柔性的正时传动

配气机械的传动设计采用顶置凸轮轴、正时同步带传动。它既能保证凸轮轴和曲轴旋转保持同步,又把传动噪声减小到最低限度。采用这种正时同步带传动,使结构简化,传动机构的重量减轻。

1-4 微型汽车发动机哪些车型能通用?

微型车发动机气缸体可以通用的车型见表1-1。

表1-1 微型车发动机气缸体通用车型

发动机型号	通 用 车 型
JL462Q	长安 SC1010、SC1010A、SC1010X、SC1010XA、SC1011A、SC5010 系列; 汉江 SFJ1010、SFJ1010S2、SFJ1010E、SFJ1010E$_1$、SFJ1010E$_2$、SFJ1010X、SFJ1010X1; 吉林 JL1010B、JL6320、JL1010D、JL6350、JL1010H; 五菱 LZW1010D、LZW1010SD、LZW1010PB、LZW1010VHB、LZW1010FB
DA462	松花江中意、松花江 HFJ1010、HFJ1010D、HFJ1010E; 昌河北斗星、昌河 CH1010、CH1010F、CH1011、CH1011G、CH1012、CH5010 系列; 汉江 SFJ1010、SFJ1010X$_2$、SFJ1010E、SFJ1010E$_1$、SFJ1010E$_2$; 吉林 JL1010B、JL6320、JL1010D、JL6350、JL1010H; 五菱 LZW1010CD1、LZW1010SD、LZW1010PB、LZW1010VHB、LZW1010FB; 沈微 SYW1010A; 一汽佳宝

1-5 一般微型车主要螺栓拧紧力矩是多少?

曲轴主轴承盖螺栓:42～47N·m;

连杆轴承螺母:27～31.4N·m;

气缸盖紧固螺栓:39～58.8N·m;

第一章　发动机的检修与故障排除

飞轮紧固螺栓：39~44.1N·m；
火花塞：19~29N·m；
气门调整螺栓和螺母：14~19N·m；
张紧器螺栓和螺母：14~22N·m；
机油放油螺栓塞：19~24N·m；
油底壳扣紧螺栓：3.2~4N·m；
正时同步带罩盖螺栓：2.4~3.2N·m；

1-6　怎样拆卸发动机？
(1) 在支起车辆之前进行下列作业项目
① 放出发动机的润滑油和冷却液。
② 拆下蓄电池的搭铁线和连接线。
③ 拆下燃油管和回油管。
④ 拆下发动机进气管。
⑤ 断开节气门和阻风门操纵装置。
⑥ 拆下曲轴箱通风软管。
⑦ 拆下散热器连接管。
⑧ 拆下加热器连接管。
⑨ 卸下空气滤清器。
⑩ 拆下机油压力传感器等处导线。
(2) 在支起车辆之后进行下列作业项目
① 拆下发动机下护罩。
② 从排气管上卸下消声器。
③ 拆下离合器操纵装置和里程表连接线。
④ 断开起动机接线柱。
⑤ 拆下变速器换挡杆。
⑥ 拆下传动轴。

1-7　怎样分解发动机？
发动机的解体工作是把从车架上拆下的发动机放在工作台上

13

进行。

①将发动机直立放置,拆下进、排气支管及气缸盖出水管。

②拆下气缸盖罩,拆下前后缸盖上的摇臂轴总成;拆下曲轴箱通风管,拆除挺杆室盖;取下推杆;按次序取出挺杆,并同时标出顺序号,便于装复时按顺序放回原位,以保持原摩擦副配对。

③拆下气缸盖及衬垫,缸盖的螺栓和螺母应按原车规定的顺序拆卸。如无规定,应从两端向中间交叉均匀地拆卸。待螺栓和螺母全部拆下后,可用木槌轻敲缸盖的四周,使其松动,然后用拆卸工具放入气缸盖两端的气门导管孔内或用手平稳地将其拆下。注意:不允许用旋具撬缸盖,以免损坏气缸垫。

④将发动机侧放,检查离合器盖和飞轮上有无记号。如无记号,应当标好记号。然后转动曲轴飞轮,沿离合器盖四周对称均匀地拆下 8 个离合器固定螺栓,取下离合器总成。

⑤撬平起动爪的锁紧垫片,拆下起动爪,取下锁片,用拉器拆下曲轴皮带轮和扭转减振器。拆皮带轮时不允许用手锤敲打,以免皮带轮产生翘曲变形和破裂。

⑥拆下气门组。在气门关闭时,用气门弹簧钳将气门弹簧压缩,用旋具拔下锁片(或用尖嘴钳夹下锁销),然后放松气门弹簧钳,取下气门、气门弹簧及弹簧座。各缸的进、排气门应按顺序放好,以免错乱。

⑦拆下正时同步齿轮室盖和油底壳。

⑧检查正时同步齿轮上有无记号。如无记号,应在两个齿轮上作出对应记号。转动凸轮轴正时同步齿轮,将齿轮上的两个圆孔对准凸轮轴止推凸缘的固定螺栓,拆下两只螺栓,拆去分电器连接轴,抽出凸轮轴。

⑨拆下机油集滤器、机油泵出油管和机油泵。

⑩转动曲轴到最方便的位置,拆下连杆螺母,取下连杆轴承盖和轴承,用木槌推动连杆,从缸体上部取出活塞连杆总成。连杆轴承盖和连杆用原配的连杆螺栓、螺母装复,以免错乱。

⑪将缸体倒置,拆下全部主轴承盖,并依次将轴承放在各自的轴承盖内,抬出曲轴总成,然后把轴承盖连同轴承按各自序号装回缸体,并轻微拧上螺栓。

⑫拆下飞轮固定螺栓,将飞轮从曲轴凸缘上拆下。

⑬拆下曲轴后端油封及飞轮壳。飞轮的固定螺栓是用合金钢制成的,螺栓头部有锻造环形标志,不可混用。

⑭分解活塞连杆组。用活塞环装卸钳拆下活塞环,如无活塞环装卸钳,可用两手大拇指将环口拨开少许(不得拨开过大,以防环拆断),用两中指保护活塞环的外圈,将活塞环拆下。

拆卸活塞销时,先用尖嘴钳将两端锁环拆下,用活塞销铳子将活塞销冲出。如是铝活塞,应先将铝活塞放在水中加热到75℃~80℃,然后再冲出活塞销,以免活塞变形。

1-8 怎样正确拆卸气缸盖?

微型汽车的气缸盖均为铸铝件,拆卸要按照以下顺序进行:

①放净发动机冷却液,拆下蓄电池导线、油管及真空管,将空气滤清器连接管和节气门拉线卸下。

②拆下气缸盖罩,拆卸出水管。

③拆下水泵 V 带及风扇 V 带,拆卸进、排气支管。

④ 拆下正时同步带上、下罩和正时同步带张紧器。

⑤卸下正时同步带。卸下前,用粉笔等在正时同步带背面标出其正常转动方向的记号。拆卸时,决不能使用旋具之类的工具,切勿以很小的半径急剧弯曲正时同步带,造成芯线折断。不允许正时同步带沾上油或水,这样会缩短正时同步带的使用寿命。

⑥拆下分电器与分电器座,按图1-7所示顺序从两端向中央均匀地、分 2~3 次逐渐拧松气缸盖的固定螺栓,拆下气缸盖总成。

1-9 怎样测量气缸压力?

①拆下火花塞。

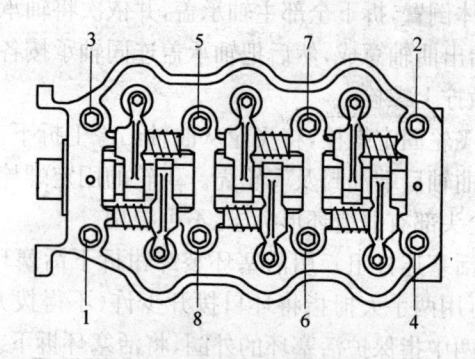

图1-7 气缸盖螺栓拆卸顺序

②将压力表插入火花塞孔中，如图1-8所示。

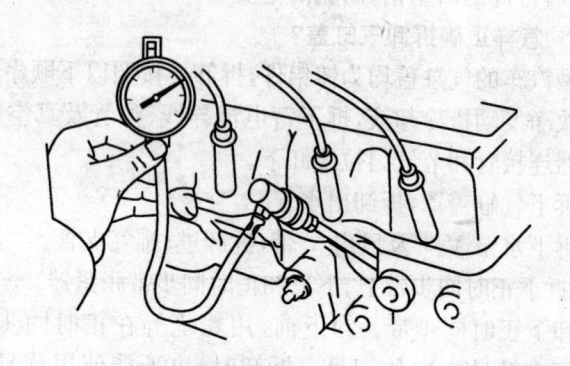

图1-8 测量气缸压力

③全部打开节气门。

④一边用起动机转动发动机，一边测量压缩压力。发动机转速应超过300r/min。记下压力表所指示的压力数。连续试验两次以上，依次检查各缸压缩压力。

1-10 怎样判断气缸垫烧坏?

气缸垫的主要功能是持久而可靠地保持密封作用。它必须严格密封气缸内所产生的高温高压气体,必须密封贯穿气缸垫的具有一定压力和流速的冷却水以及机油,并能经受住水、气和油的腐蚀。

当发现以下现象时,就要考虑气缸垫已烧损:

①气缸盖与气缸体接缝处有局部漏气现象,特别是排气管口附近。

②工作时水箱冒水泡。当气缸垫破损不太厉害时,往往不易察觉。为此,可在气缸体与气缸盖接缝处的周围抹些机油,然后观察接合处是否有气泡冒出。如冒气泡就说明气缸垫漏气。通常情况下气缸垫并没有破损,这时,可将气缸垫在火焰上均匀地烤一下,由于加热之后石棉纸膨胀复原,在装回气缸盖上后就不再漏气了。这种修理方法可以多次使用,从而延长气缸垫的使用期限。

③发动机功率下降。当气缸垫破损严重时,发动机根本无法起动运转。

④气缸垫在油道和水道的中间地方被烧坏,由于机油在油道中的压力比水在水道中的压力大,所以,机油会从油道通过气缸垫烧坏的地方进入水道,水箱中水的表层浮有一层机油。

⑤气缸垫在气缸口和气缸盖螺纹孔的地方烧坏,气缸盖螺栓孔中和螺栓上会产生积炭。

⑥气缸垫在气缸口和水道之间的某处烧坏,轻者不易察觉,功率下降不太明显,在大负荷时没有什么异常变化。而在怠速运转时,排出的废气会有少量蓝烟。较严重时,水箱中有"咕噜、咕噜"的响声。不过,这种现象只在水箱稍缺水的情况下才显示出来。严重时,水箱盖向外冒热气。

1-11 气缸垫损坏的原因有哪些?

①气缸垫的质量不好。例如用手工剪气缸垫和翻边、包边等,往往制作出的气缸垫边缘不整齐,包边不紧。如果铜皮内的石棉不均匀,特别是燃烧室周围处没有铺均匀,则最易冲坏气缸垫。

②气缸盖螺栓没有拧紧或各个螺栓的拧紧力矩不均等,以致气缸盖压力不均匀。由于气缸垫没完全贴合在气缸体与气缸盖的接合面上,所以,最容易冲坏气缸垫。

③气缸长期处于点火时间过早情况下工作。

④当气缸垫经常在同一部位损坏时,则多半是气缸盖变形所致。

⑤发动机在使用低辛烷值的汽油时,经常发生爆燃,冲坏气缸垫。

⑥发动机开锅后加水太急,冷热变化太快。缸盖产生热应力,造成气缸盖接合面变形。

⑦汽油发动机误加入柴油,有时也会发生冲坏气缸垫的情况。

⑧气缸套台阶面过低,很容易窜气和使冷却水进入气缸。因此,安装气缸套时,气缸套台阶面应高出机体上平面 0.04～0.10mm,以便装上气缸垫和气缸盖后能把气缸套紧压在气缸体中。

⑨安装气缸套时,各缸的气缸高度不一致也常会冲坏气缸垫。

⑩用过的气缸垫在清洗时,使油液浸入气缸垫的石棉层中,这样,在重新安装时,会造成石棉和油液一起被挤出,引起气缸垫冲坏。

⑪发动机使用不当。例如,经常猛轰油门,突然加速等会使气缸垫早期发生损坏。

⑫气缸垫使用时间过久,拆装次数较多,以致气缸垫弹性不足,不能很好地起密封作用。

⑬冷车在重负荷高速行驶时,提速太快等也会使气缸垫冲坏。

1-12 怎样检查气缸盖平面度?

(1)气缸盖与衬垫接合表面的变形。将气缸盖放在平板上,用直尺或塞尺检验,最大平面度极限为 0.10mm,如果接合面的变形超过最大极限,应修正表面,但缸盖全高度不得小于 125.7mm 的极限。

第一章 发动机的检修与故障排除

（2）与进排气支管接合表面的变形。最大平面度极限为 0.10mm。如果接合表面的变形超过最大极限,应进行修正,但宽度不得小于 159.4mm 的极限。

1-13 怎样维修气缸盖？

检查时,用塞尺塞入气缸盖下平面与直尺间检查缸盖六个方位的平面度,变形使用极限为 1.10mm,磨损极限值为 0.25mm,四缸发动机缸盖平面度偏差要求在 0.05mm 之内。气缸盖平面的平面度大于允许限度时,应进行修理,方法如下：

①砂纸研磨法：将 400 号砂纸放在平面板上,用缸盖底平面摩擦砂纸,把凸起的地方磨掉。

②磨削或铣削法：如缸盖变形较大,可在平面磨床上进行磨削,或在铣床上进行铣削。磨去或铣去量不得超过 0.25mm,以免使燃烧室容积减去过多,影响发动机工作。

③敲压法：先将厚度约为弯曲量四倍的钢垫片放置在气缸盖两端与片板之间,把压板压在气缸盖中部,拧紧螺栓,使气缸中部的平面压贴在平板面上,用小锤敲击数遍。敲击时,为防止振裂缸盖,应垫上紫铜块敲击。另外,气缸盖进排气支管座的表面的平面度也应进行检查。其平面公差值应在 0.1mm 之内。否则,应修磨该表面或更换缸盖。

1-14 气缸盖螺栓孔为什么会损坏？

气缸体上的气缸盖螺栓孔产生裂纹、凸起或脱扣,有下列主要原因：

①使用不合规格的气缸盖螺栓。一般自制螺栓因加工精度达不到规定要求,易产生直径较小、螺纹尖锐的情况。这样,当拧入螺孔后,紧度小。当用力往下拧时,由于螺栓拧到螺孔底部,用无螺纹的一段胀紧,以致螺孔出现胀裂现象。

②拧紧螺栓的力量过大或不均匀,使气缸体上的螺栓周围的金属变形。有的发动机气缸盖螺栓的螺帽下没有垫圈,使用时间长后螺帽下的接触表面就会磨损。再维修拆下气缸盖后,新螺帽

不能以整个端面同气缸盖贴合。这样一来,发动机运转时间长后,这种螺帽的螺栓就会松动,而使其他螺栓受过大的应力,造成螺栓孔的损坏。修理方法是将螺孔扩大,较原直径大 1.2mm,然后,按加大尺寸攻螺纹,再选用相应的螺栓。但一般只允许加大一次。

③气缸盖螺母可以用手指的力旋到与气缸盖平面相接,在旋入过程中,如发现过紧时,应注意螺纹孔内是否有污物,如果有污物,要清理干净,否则会将气缸体上的螺纹挤裂,如图 1-9 所示。

1-15 为什么气缸盖进排气门处易出现裂纹?

气缸盖上的进、排气门座与气缸盖壁之间最狭,俗称"鼻梁"。发动机在使用过程中,这个部位最易发生裂纹故障。由于这一部位受热负荷和爆发压力的影响较大,因此,往往因强度不足而发生龟裂纹。根据实际测量,气缸盖底面的温度分布是不均匀的,由于温差的存在,相应产生热应力及残余应力,最后导致气缸盖产生裂纹和损坏。当出现轻微裂纹时,排气管冒烟,气缸体内的气体渗进油底壳。

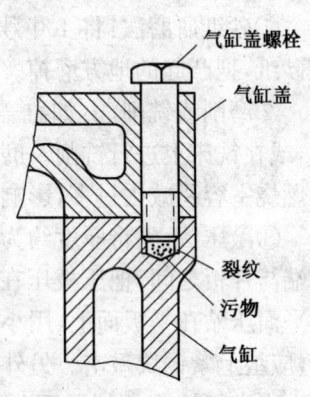

图 1-9 螺纹孔破裂情况

裂纹扩展后,排水管处往往有水的炸响声,并向水箱里窜气。

通常情况下,裂纹有一个逐步形成的过程。开始时,先出现若干条细而浅的纹路,接着其中的某一条逐渐变深,伸长开裂,这是一种疲劳损坏。修复这种裂纹还比较困难。有的地方采用一种无机粘接剂粘补的办法。

1-16 怎样维修气缸体?

气缸体由优质灰铸铁铸成,必须与曲轴轴承盖装在一起镗削。因此,曲轴轴承盖不能互换,只能装在固定位置。

分解气缸体时,应使用软刷和溶剂清洗气缸体。将气缸体表面所有衬垫上的污垢清洗干净。用精密直尺和塞尺测量气缸盖衬垫接触的表面是否有翘曲。最大翘曲值不得超过 0.05mm。

如超过上述范围应予以修整。其方法如下：

①气缸体顶平面螺孔附近的凸起可用油石推磨或用细锉刀修平。

②气缸体与气缸盖衬垫接触的表面不平，可用磨、铣的方法修复，也可用铲刀铲平，或涂上研磨膏，把缸盖放在缸体上扣合研磨。

肉眼检查各个气缸是否有划痕。如果发现有较深的划痕，应对所有气缸重新镗孔。气缸孔可经两次镗磨。如有必要时，应更换气缸体。

1-17 气缸磨损的特点和原因是什么？

(1) 气缸磨损的特点

气缸表面在活塞环运动的区域内形成不均匀的磨损，沿高度磨成上大下小的锥形；磨损最大部位是活塞在上止点位置时第一道活塞环相对应的气缸壁处，活塞环不接触的气缸上口没有磨损而形成台阶。

气缸的径向磨损也不均匀，形成不规则的椭圆，称为"失圆"。

(2) 气缸磨损的原因

①润滑不良造成的磨损。发动机在工作中，气缸上部润滑条件较差。因为润滑油不易喷溅到气缸壁的上部，同时，由于气缸壁上部温度很高，使进入气缸的润滑油变稀，黏度下降，在缸壁上不能形成良好的油膜，甚至润滑油可能被燃烧。试验证明，当温度在 200℃以上时，完整的油膜很难形成。而接近燃烧室的气缸壁工作温度往往高达 350℃。另外，在可燃混合气进入气缸时，其中所含的细小油粒不断冲刷缸壁，也破坏了缸壁的润滑油膜。在发动机温度低时，汽油雾化差，可燃混合气中所含的油粒增多，这种破坏性就更严重。这些因素所造成的润滑不良将使气缸壁上部与活塞环形成干摩擦或半干摩擦，加快磨损。

②高压造成的机械磨损。发动机工作时，活塞环在自身弹力

21

和气体作用下,紧贴在气缸壁上。当活塞环在气缸中往复运动时,活塞环与气缸壁发生相对摩擦而产生磨损。磨损的程度取决于活塞环作用于气缸壁上的正压力大小。正压力越大,润滑油膜的行程和保持越困难,机械磨损越严重。在作功行程中,第一道活塞环背面的压力最高,其余各环背面的压力较低。活塞下行,气缸容积增大,这个压力随之降低。因此,造成气缸上下磨损不均匀,而呈"锥形"。

③酸性物质造成的腐蚀磨损。通常,汽油含硫量占 0.15%。由于燃烧,硫变成二氧化硫(SO_2),其中一部分氧化变成三氧化硫(SO_3)。三氧化硫同生物中的水结合成为硫酸(H_2SO_4)蒸汽,存在于燃气中。当水温低于 70℃时,蒸汽凝聚在气缸壁上。这些酸性物质破坏了润滑油膜,并对气缸壁产生腐蚀作用。当发动机工作时,在活塞环的作用下,金属的腐蚀产物被刮去,而造成腐蚀磨损。腐蚀越严重,磨损越厉害。磨损的程度主要取决于气缸壁的冷却强度。发动机温度越低,缸内酸性物质越易生成,腐蚀作用也就越强烈。反之,气缸壁温度较高,酸性物质呈蒸汽状随废气排出,腐蚀较小。但在温度过高时,由于润滑油黏度低,油膜不易形成,抗腐蚀作用减小,腐蚀和机械磨损加剧。因此,在同一个气缸体上,由于各缸冷却强度不同,各部位受到腐蚀的程度也有所区别。如发动机最前一缸的前壁和最后一个气缸的后壁,冷却效率较高,磨损就越严重。

④磨料造成的磨损。汽车使用条件对气缸的磨损也有很大影响,往往使气缸产生异常磨损。当空气中夹有尘土或润滑油中含有杂质时,将产生磨料磨损。由于这些尘土或杂质随活塞在气缸中往复运动,在气缸中部位置运动速度最大,因此,对气缸磨损作用也就最大,使气缸中部磨损大大加剧,而造成气缸类似"腰鼓形"的磨损。

上述四种原因,在发动机使用中是普遍存在的,一般地说,气缸的冷却、润滑条件对磨损有决定性的影响。但是,根据汽车的使用、保养、修理质量、道路和地区的不同,磨损的主要原因也在变化。

1-18 怎样排除气缸压力不足?

气缸压缩压力不足会使发动机起动困难,汽车行驶无力,油料消耗增加。此故障可根据故障的具体部位和情况予以排除。

①研磨气门或更换新件。

②视情况更换气缸套。

③更换气门弹簧。

④清洗、检修活塞环,必要时更换活塞环。

⑤更换气缸垫。

1-19 怎样使不工作的气缸恢复工作?

故障现象:发动机工作时,消声器发出有节奏的"突、突、突"声并冒黑烟。怠速转动时,转速明显不稳,如稍提高一下转速,响声更为明显。这就是个别气缸不工作的主要特征。

检查与排除方法:可用旋具对气缸断火检查或直接将高压线拔出。如发动机转速发生变化,表明该气缸工作正常;如发动机转速不变,表明该气缸不工作。进一步检查不工作气缸的火花塞,看是否有裂纹、积炭或间隙不当。火花塞间隙不当,可进行调整,并清除积炭,还可继续使用。有裂纹时需更换火花塞。

1-20 拉缸有哪些原因?

气缸拉伤后,发动机运转时可听到活塞的敲击声。这时,机油会窜入燃烧室,使积炭过多;可燃气体漏入曲轴箱内,冲淡机油。严重时,排气管排出大量蓝白色浓烟,从加机油口内可以看出有喘气现象,并窜出油烟,发动机的功率将因此下降。

造成拉缸的原因主要有以下几种:

①发动机过热。

②机油不足。

③活塞与气缸壁配合间隙不当。

23

④活塞膨胀过大而咬住拉伤。
⑤活塞环折断而拉伤气缸。
⑥活塞销卡簧脱落,使活塞销窜出,把气缸拉伤。
⑦装配时,零件未清洗干净,活塞与缸壁间夹有沙粒、铁屑等,也容易拉伤气缸。

1-21 怎样防止气缸拉伤?

①发动机在运转时,必须保持正常温度,不可缺少冷却水。

②在起动发动机前,应检查机油油面,油面必须达到机油尺上的刻度。

③新出厂的汽车或大修完的发动机,在走合时期不要超速行驶,避免发动机转速过高。因为此时发动机磨合尚不很好,容易出现活塞咬缸、拉伤气缸的现象。

④活塞与缸壁的配合、活塞销及活塞环的装配等,必须按规定、标准执行。

⑤装配时,零部件必须清洗干净。

1-22 怎样检查活塞磨损?

活塞顶部是燃烧室的组成部分。发动机工作时,活塞直接承受气体的高温、高压作用,并将作用力通过活塞销传给连杆。所以,活塞必须具有足够的强度、重量轻、导热性好,使用寿命长。

(1)活塞的磨损

活塞工作中的最大磨损是活塞环槽的磨损。主要原因是气缸压力的作用,使活塞环对活塞环槽的单位面积的压力很高。在高温、高压作用下,第一道环槽磨损最严重,以下逐渐减轻。环槽磨损后,侧隙增大,使气缸漏气或窜油。在压缩过程中,混合气通过侧隙进入曲轴箱,使压缩终了的压力降低。在膨胀的过程中由于漏气,气缸压力显著降低,发动机功率不足。

活塞裙部与气缸间隙过大时,导向作用不良,会产生敲缸,而且会导致润滑油过量燃烧。活塞工作时,由于气体压力和惯性力的作用,活塞销与销座孔之间产生磨损,使其配合松旷,甚至出现异响。应更换不同尺寸的活塞销,恢复其正常的配合间隙。

(2) 活塞的损坏

在正常使用情况下,活塞的使用寿命与气缸的大修相适应。在使用中更换活塞,往往是由于修理质量不高或使用不当所致。活塞常见的损坏形式如下:

① 活塞拉伤。主要原因是:活塞销锁环脱落或折断,拉伤缸壁和活塞;活塞销与裙部配合过紧、连杆弯曲造成拉伤;裙部有反椭圆,会在活塞销座附近出现拉伤,如图 1-10 所示;活塞间隙过小,使活塞和缸壁拉伤,如图 1-11 所示;活塞环选配不当,开口间隙、侧隙过小,使活塞压紧缸壁一侧,环口锋利,拉伤缸壁和活塞。

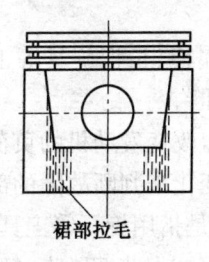

图 1-10 连杆弯曲、活塞销与座孔配合过紧造成活塞拉伤

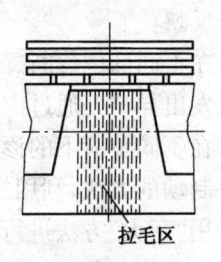

图 1-11 活塞与气缸配合间隙过小造成活塞拉伤

② 活塞脱顶(顶部与裙部脱离)。活塞环间隙过小,在工作中受热膨胀卡死,发动机长时间在高温、大负荷下工作以及活塞卡死,使活塞局部温度高于材料熔点,使活塞熔化。

另外,如未能及时排除活塞敲缸时,也可能造成活塞的损坏。

1-23 怎样判断发动机拉缸?

新车或大修车在走合期容易产生拉缸。发动机拉缸后,在急速运转时,有"哒、哒、哒"的响声。温度升高后,响声不但不消失,反而更响,发动机有些抖动现象。拉缸严重时,加机油口处冒烟。

判断方法:在发动机运转中,用旋具将火花塞逐缸短路,辨别响声产生在哪个缸。确定哪个缸后,拆下火花塞,向气缸注入少量机油,装上火花塞,起动发动机,响声应无变化。然后拆下气缸盖,检查缸壁的拉伤情况,查清拉伤原因,视情况进行修理。

1-24 怎样诊断发动机异响?

诊断发动机异常响声之前,应检查发动机的油路、电路和润滑情况是否正常。因为油、电路和润滑系统有故障,不但妨碍诊断,甚至会由此产生异响。判断内部异响时,一般在加机油口直接查听或用胶管、听声器等查听。

①在不同温度时的诊断。由于发动机各机件的材料、工作条件和润滑程度不同,不同温度时异响的反映也不同。

②在不同的转速时的诊断。各种异响在不同转速时,都有它的特殊反映。

③在不同部位诊断。用听音器、金属棒、长把旋具等工具,在发动机发出异响处通过声音进行对比判断。

④在不同负荷下的诊断。停驶车辆,改变发动机的负荷,多采用拉手制动的方法,利用发动机负荷的变化来判断故障的部位。

⑤用"断火"方法进行诊断。"断火"是指用旋具等工具在气缸盖与火花塞高压分线间构成短路,阻止该缸火花塞跳火,解除其做功的负荷。通过断火,可以判断出异响是否出现在曲柄连杆机构以及异响在哪一个缸,并能反映出异响的特征。

1-25 怎样判断活塞敲缸响?

①这种响声的特点是冷车明显,热车时减弱或消失,断火试验时响声减弱或消失。

②发动机在低中速运转时,可用手抖动油门检查,一般在收油门的瞬间响声较明显。

③将听诊器具放在气缸体上部听察,并结合断火试验来确定哪个气缸发响。

④经诊断初步确定为某缸发响后,为了进一步证实,可将发动机熄火,卸下火花塞,向气缸内注入少量机油,然后再装上火花塞,

起动发动机。如响声减弱或消失,过一会响声又出现,或在起动着火后的几十秒内出现声响,随后即消失,过一会儿又出现几声响,则可断定此缸敲缸响。

⑤有时遇到"反上缸"的现象,即在断火试验时出现敲击响声,并由间响变为连响。这是由于活塞裙部锥度过大,致使头部撞击气缸壁所致。

⑥如冷车响,热车不响时,可继续运行。大修出厂的车辆,在温度低于40℃时,允许有轻微的响声。

1-26 怎样更换发动机活塞?

需要更换时,应选用同级别和同类型的活塞。活塞和活塞销也要选用同一级尺寸才能保证必要的装配间隙。

如图 1-12 所示,使用专用维修工具装配连杆与活塞。将弹簧和长杆插入主体中,把垫块装在主体上,使有缺口的一面朝上。将活塞装在主体上,与垫块的缺口对齐,在活塞销孔内注入发动机机油。把涂有机油的活塞销插入活塞销孔内。将连杆小头对准活塞销孔(使活塞上的前方标记与连杆上的前方标记保持同一方向),通过压装在活塞销上的小棒将活塞销压入。

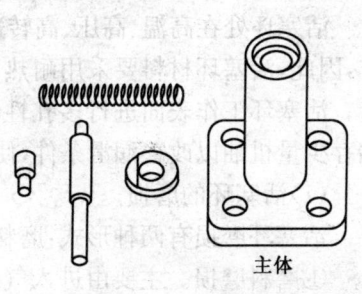

图 1-12 装配连杆与活塞的工具

安装活塞环时必须特别小心的进行操作,切勿让侧环开口端划伤活塞。活塞环的每个开口在彼此相反的方向上偏离油环衬环开口端120°,以保证在活塞的圆周上设有活塞环的开口角度相同。在活塞裙部、活塞环和活塞销上涂上机油,操作时,应确保活塞环开口端不移动。在气缸壁、连杆上轴瓦表面和连杆轴颈上涂机油,用压环器压缩活塞环,然后将活塞装入气缸中。

注意:要按照活塞上的前方标记,如图 1-13 所示,以正确的方向安装活塞。

在小修和保养中更换少数活塞时,其技术要求应与上述有所差别。更换时,尽量使用同级尺寸活塞,活塞与气缸的配合间隙应和更换活塞的其他缸配合情况基本一致。同样,活塞销与销座孔的配合紧度也应根据发动机的情况适当放松,以保证与其他各缸配合紧度相一致。

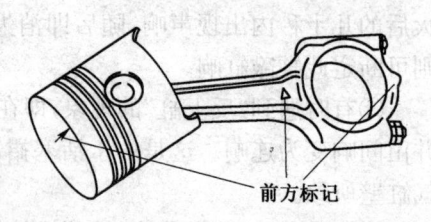

图 1-13 对正活塞的前方标记

1-27 怎样检查活塞环的磨损与更换活塞环?

活塞环处在高温、高压、高转速以及润滑极其困难的条件下工作,因此,活塞环材料要采用耐热、耐磨的优质灰铸铁合金铸铁制造。活塞环工作表面进行多孔性镀铬。多孔性镀铬硬度高,并能储存少量机油以改善润滑条件,使环的使用寿命提高2~3倍。

(1)活塞环的磨损

活塞环磨损有两种形式:磨料磨损和拉毛磨损。

①磨料磨损。主要由进入气缸的尘土、机械杂质等引起。这些尖锐的杂质附在缸壁上,发生活塞环和活塞的磨料磨损,并通过润滑油到处传递。第一道气环的环压较大,磨损最快。

②拉毛磨损。拉毛是一种熔接过程,即在相互移动表面的高出部分因温度很高,间隙很小,相互严重摩擦,活塞环的小片金属暂时熔化,发生熔接、拉毛。活塞环的拉毛通常发生在第一道气环到达气缸上止点的位置。因此处温度最高,润滑最差,而且环相对缸壁有短暂的停留,所以最容易发生拉毛。拉毛一经开始,则迅速扩展,气环和油环的密封作用遭到破坏,漏气和润滑油消耗增加。除活塞环和活塞损坏外,还会引起气缸损坏。

(2)更换活塞环的时机

①气缸和活塞环的磨损程度。在发动机两次大修之间,在

8万～10万km或活塞环的开口间隙超过0.7mm时进行。

②发动机的动力性和经济性。如气缸压力降低,动力显著下降,燃油和润滑油消耗显著增加,火花塞容易积炭,消声器冒蓝烟,应及时更换活塞环。

(3)活塞环开口间隙、侧隙及背隙的检查

①开口间隙。开口间隙即活塞环放在气缸内在开口处呈现的间隙。开口间隙是防止活塞环受热膨胀后卡死在缸内而设计的。检查开口间隙时,应将活塞环平正地放入气缸内,用塞尺测量,如图1-14所示。

②侧隙。侧隙即活塞环在槽内的上下间隙。侧隙过大将影响活塞环的密封作用,过小将使环卡在环槽内。检查时,可将环放入环槽内,用塞尺按图1-15所示的方法测量。

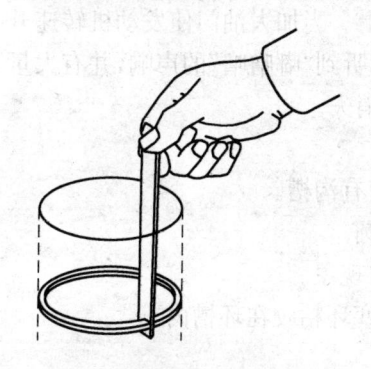

图1-14 检查活塞环的开口间隙　　图1-15 检查活塞环的侧隙

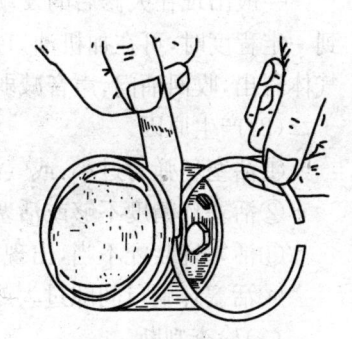

③背隙。背隙是指活塞背面与活塞环槽底之间的间隙。一般检查活塞环背隙的经验做法是:将活塞环放入环槽内。如环低于槽,能运动自如为合适。

(4)活塞环的安装

安装活塞环时,要注意使第一道环端面的"RN"标记、第二道环端面上的"R"标记朝向活塞顶部,并将环的开口位置错开,在活塞环表面涂以清洁的润滑油后,方可将活塞装入气缸。

昌河牌微型汽车发动机活塞环的间隙数据见表1-2。

表1-2 昌河牌活塞环的间隙　　　　　　　　　（mm）

名　称		标准值	使用限度
开口间隙	第一道环	0.15～0.35	0.7
	第二道环	0.15～0.35	0.7
	油环	0.30～0.90	1.8
侧隙	第一道环	0.03～0.07	0.12
	第二道环	0.02～0.06	0.10

1-28　怎样判断活塞环不良而引起的漏气？

（1）故障现象

一般出现在大修后的发动机上。当加大油门使发动机转速升到一定程度时,可在加机油口处察听到"嘟噜噜"的声响,并有大量气体冒出,收回油门,声音减弱或消失。

（2）产生原因

①活塞环弹力过小,或气缸壁有沟槽。

②活塞环精度不够或活塞失圆。

③活塞环装配不当,出现对口现象。

④活塞环端口间隙过大或活塞环粘咬在环槽内。

（3）检查判断

在发动机加机油口处察听,发动机高速时响声明显。在某缸断火后,响声与气体立即消失,则可初步确认该缸有漏气；然后再将其火花塞取下,向该缸内倒入少许机油,装上火花塞,起动发动机,在短时间内若响声消失或减弱,即可判定该缸漏气。

发动机更换活塞环后,因未完全磨合会引起的轻微窜气响,经过磨合后能够逐渐消除,这是允许存在的。严重的漏气响声,应查明原因予以排除,以免长期影响发动机的动力性和经济性,尤其因拉缸而造成的漏气响声,必须及时排除。

1-29 怎样装配活塞销?

活塞销用来连接活塞和连杆小头。装配时,它的中部穿过连杆的小头孔,而两端则支承在活塞销座孔中。

活塞销广泛采用"浮式",以防止活塞销的轴向窜动而刮伤气缸壁,活塞销座两端用卡环嵌套在销座凹槽中进行轴向定位。所谓"浮式",即发动机工作时,活塞销在连杆小头及活塞销座中部能自由转动。这样,可使活塞销在圆周上磨损均匀。

由于铝活塞销座的热膨胀大于钢活塞销,为防止发动机工作时活塞销在销座中松动而引起冲击和加快磨损,在冷状态装配时,两者必须有一定紧度,才能保证高温工作时有正常的工作间隙。

发动机在使用中,如发现活塞销磨损(包括活塞销孔和连杆铜套的磨损)而引起敲击声时,可以通过更换活塞销的方法来恢复其技术状态。

在旧车更换活塞销时,如活塞与铜套没有其他故障,只需要更换加大一级的销子即可。然后通过铰削的方法,使其达到正确的配合。

①活塞销的选择。发动机大修应选择标准尺寸的活塞销,以便给小修留有更换的余地。新活塞销表面无锈蚀、斑点,锥体和失圆度均不超过 0.005mm,以保证修配质量。

②活塞销与销孔座的修配。全浮式活塞、活塞销与销座孔的配合要求是:在常温应有微量过盈,一般为 0.0025~0.0075mm。当活塞处于 80℃左右温度时,有微量的间隙,活塞销能在座孔内转动。

活塞销与销座孔的修配,是通过对销座孔的镗削或铰削来实现的。微型汽车的销座孔经过加工,能直接与标准尺寸和活塞销相装配。活塞销与活塞装配时,需要将铝活塞放在水或油中加热至 60℃,然后用拇指将销推入座孔内,如图 1-16 所示。用硬敲活塞销的方法是错误的。

活塞销装入销座孔内后,必须在销环槽内装上销环,以防活塞销窜动。如销环脱出,会造成气缸故障。因此,销环装入槽内应牢靠,销环与活塞销两端的间隙应不小于0.1mm,以适应活塞销热胀的需要。

夏利发动机活塞销采用"半浮"式,活塞销与连杆过盈配合。装配活塞和连杆时,应将连杆前侧记号和活塞顶端的前侧记号保持同一方向。安装活塞销时,应用专用修理工具和台压机,将活塞销放在活塞内,严禁用榔头将活塞销打入连杆小头内。否则,活塞销跑出来,将会损伤缸壁,造成严重事故。

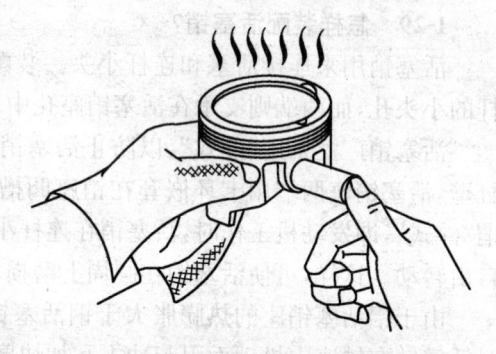

图1-16 检查活塞销的配合情况

1-30 装配活塞、连杆组有什么要求?

①将装配的连杆组件置于连杆直线检验仪上进行检验,若弯曲和扭曲超过极限,应进行矫正。

②用细钢丝彻底清除连杆油道内的油污,用煤油冲洗,用压缩空气吹干。

③将活塞加热至70℃～80℃,用大拇指把活塞销推入活塞座孔的一端,随即将连杆小端的衬套孔涂一薄层清洁的机油,插入活塞内,继续用拇指将活塞销推入连杆衬套孔及活塞另一端座孔。

④活塞销锁环装好以后,应与活塞销两端各留0.10～0.25mm的间隙;锁环嵌入环槽的深度不应小于锁环直径的2/3。

⑤活塞冷却以后,裙部的圆度误差超出规定时,应重新校正活塞销。

⑥装配的活塞、连杆组应在连杆直线度检验仪上检查活塞裙部中心线对下端孔中心线的垂直度,并符合允许差值。

⑦活塞销座孔内端面与连杆小头两端面应有 1mm 的间隙。
⑧装配好的活塞、连杆组之间的重量差不得超过 40g。

1-31 活塞环装配的要求是什么?

(1)检查漏光度

将活塞环放入相应的缸套内检查漏光度,一般要求活塞环局部漏光度不大于 25°,活塞环总漏光度不大于 45°。活塞环开口处 30°范围内,不允许有漏光现象。

(2)注意装配标记

活塞环上都打有装配标记,有的还有尺寸标记、制造厂标记等。装配时,这些记号大都朝上,若装反就要窜油。

(3)注意活塞环开口的交错角度

新汽车发动机活塞环开口交错角度几乎都一样。

第一道活塞开口应距活塞销孔中心线 45°;第二道活塞环开口应距第一道活塞环开口 180°;第三道活塞环开口应距离第二道活塞环开口 90°;第四道活塞环开口应距第三道活塞环开口 180°。

(4)检查活塞环张力

有的厂家要求装配前应检查活塞环张力,即活塞环压缩至安装长度时需要的力。

(5)注意检查活塞的形状

它们的形状不同,装配时不要装错。

1-32 怎样判断活塞销的响声?

①抖动油门试验。将油门置于怠速位置,然后向低中速抖动油门,响声灵活而随之变化,并且每抖一下油门,能听到突出的尖脆而连贯的"嗒嗒嗒"响声,则可能是活塞销响。

②断火试验时,响声比较明显。可将发动机稳定在响声较强的转速下逐缸断火试验;当断开某缸后,响声明显减弱或消失,并在复火的瞬间,能灵敏地听到突出的响声,可断定此缸活塞销响。

③如响声非常严重,并且发动机转速越高,响声越大,可在响声加大的转速下断火试验。如响声不但不消失,反而变得杂乱,这

一般是由于间隙增大到了一定程度的缘故。

④在发动机转速不断变化的情况下,将听诊器具触及在发响气缸的缸体侧上部或气缸盖上,可听出较轻脆的响声;也可在加机油口处听到活塞销的清脆响声。

1-33 怎样检查活塞销与座孔及连杆衬套的配合间隙?

活塞销与衬套和销座孔之间均有微量的间隙,通常采用简便的方法检验,即一手握住活塞,另一手扳动连杆,在常温下允许活塞销在座孔内转动。当径向推拉连杆时,在活塞销的最大磨损位置试验,无径向间隙的感觉,说明还能继续使用。检查时,如配合间隙超过规定使用限度或有径向间隙的感觉,应更换加大的活塞销。

活塞销与销座孔配合时,要求在常温下有微量过盈。将活塞加热至75℃时,以用拇指能把活塞销推入座孔为宜。活塞销与衬套的配合,一般在室温5℃～25℃,在销及衬套上涂润滑油后,以用拇指力量能把活塞销压入衬套为宜。

1-34 组装发动机时对连杆有什么要求?

①连杆及连杆螺栓应进行探伤检查,不得有任何裂纹。否则,应换新件。

②连杆上、下承孔轴线应在同一平面内。否则,应进行矫正。

③连杆大头与曲柄臂之间一般应有0.10～0.35mm的轴向间隙,如超过规定,可在连杆大头侧面堆焊修复。

④连杆螺栓和螺母滑牙、变形、裂纹等应予以更换。连杆弯曲、扭曲的检验在连杆检验器上进行。

检验方法:将被检验的连杆大、小端孔内的轴承和铜套取下,然后将连杆装在检验器上。固定好后,将三点规骑跨在连杆小端杆准销上,由三点规和检验器的垂直平面的接触情况来判断连杆是否存在弯曲和扭曲,或两者同时并存。如三点规的三角触点都能与检验器平面接触,则表明连杆未变形;其中只有一个或两个触点与平面接触时,说明连杆存在弯曲或扭曲。三点规的触点与检验器平面的间隙可用塞尺测量。

当三点规的三个触点与检验器平面完全接触,连杆大端侧面与检验器平面距离一定时,可用深度尺测量连杆小端一侧端面与检验器平面间的距离;然后将连杆反转180°固定,再用上述方法测量,若两次测得的距离数值不等,说明连杆出现双弯曲。

1-35 怎样装配活塞与连杆?

在保养、更换活塞或活塞销和连杆组零件时,在装配前应彻底清洗,清除油道中的污垢,并用压缩空气吹净。组装时,应注意活塞和连杆的安装方向,要求活塞顶上的记号与连杆和连杆轴承盖上的记号在同一面上。先把活塞置于水中加温到约75℃,取出后迅速擦净座孔,将涂有润滑油的活塞销推入活塞的一个座孔,随即将连杆小头插入活塞内,衬套内应涂润滑油,通过活塞销把活塞和连杆连接在一起。安装锁环时,锁环嵌入环槽的深度应为锁环直径的 2/3,且贴合牢靠,锁环与活塞销两端应有间隙。安装活塞时,应将镀铬的气环装在第一道环槽内,气环内切槽均应朝上。各道气环的开口应在圆周上相隔120°错开。

1-36 怎样检查连杆轴承的配合间隙?

放出发动机润滑油,拆下油底壳。

①手锤检查法。将要检查的连杆摇至下方,用手锤沿轴向轻轻敲击连杆轴承盖,前后移动连杆大头应无阻力,两手上下推动连杆大头,不应有明显的间隙感。如有明显的间隙感,则为配合间隙过大。

②利用铜片检查法。首先卸下全部火花塞,以减小曲轴转动阻力。转动曲轴,感觉其转动阻力的大小,然后卸下被检查的连杆轴承盖,擦净轴颈和轴承的表面,察看轴承合金有无烧蚀、脱落或其他损伤。将厚度大于 0.20mm 的铜皮剪成 12×25mm 的铜片,放在轴颈与轴承之间,装回轴承盖并按规定力矩拧紧螺母。尔后转动曲轴,根据曲轴转动阻力的感觉变化来判定配合间隙是否合适。如阻力明显增加,则原间隙合适;如阻力增加不明显或毫无增

加,则为原配合间隙过大。

③利用塑料间隙条检查法。将轴颈与轴承擦干净,在轴颈上放上一根塑料条,然后将轴承盖按规定力矩拧紧。拆下轴承盖,用测量间隙规测量塑料间隙条宽度,测量间隙规对照的间隙值即为连杆轴承配合间隙。

④利用量具直接测量连杆轴颈和连杆轴承的直径。

1-37 怎样正确检修连杆?

连杆在工作中除会产生大小端坐孔磨损、螺纹孔损坏和大端接合面损伤外,还会出现弯曲、扭曲和双弯曲变形以及裂纹、断纹等。

连杆变形的原因很多,除工作中承受交变载荷作用,有时还会受超载或爆燃载荷作用,也有活塞与缸壁之间间隙留得过小,活塞受热膨胀卡死在气缸内等,造成连杆变形或断裂。

连杆变形后,改变了活塞在气缸中的正确位置,造成活塞与缸壁、连杆轴承与轴颈产生偏磨。连杆大小端座孔的磨损和螺纹孔损坏,不仅改变间隙,造成响声,而且能破坏润滑条件,导致事故发生。因此,在修理过程中,必须进行认真检查、校正和修理。

(1)连杆变形的检查

①观察对连杆螺栓和螺母的情况。全部螺纹对应完好,不得有滑牙和变形。

②对连杆及连杆螺栓进行磁力探伤检查,不允许有裂纹存在,否则应予报废。

③对连杆大端接合面进行检查。将连杆大端平面和轴承盖平面置于平板上,应当和平板接合的很严密,如有缝隙可用塞尺检测,缝隙应不大于 0.026mm。将连杆轴承盖装到连杆大端上,按规定力矩拧紧,然后在相对接合面互为 45°处,测量两个直径之差即圆度误差不应大于 0.05mm。否则需进行修理。

④对连杆杆身变形进行检查。可在连杆检验器上进行。检验器上用于装夹连杆大端承孔用的可调心轴与平板成垂直。检查方

第一章 发动机的检修与故障排除

法如下：

首先，取下连杆小端衬套，根据连杆小端孔径尺寸选择标准心轴插入孔内。其次，取下连杆大端内的轴承，装上端盖并按规定力矩将连杆螺栓拧紧。再次，将连杆大端套到检验器的可调心轴上，转动可调心轴上的调整螺钉，使半月键外张把连杆紧固在检验器上。最后，将V形块"三点规"放到连杆小端的标准心轴上。三点规上的三个测点在同一平面内并与V形块垂直。下面的两个测点距离为100mm，上面的测点是处在下面两个测点的垂直平分线上，与下面两个测点的距离也都是100mm。检验时，将放在标准心轴上的三点规移靠检验器平板。如果三个测点都与检验器平板接触，说明连杆既无弯曲也无扭曲。如果只有一个或两个测点与平板接触，则说明连杆有弯曲或扭曲。

当上测点与平板接触、下面的两个测点不与平板接触，而距平板的距离相等，或者是下面两个测点与平板接触，上面测点与平板不接触。这时用塞尺测量出测点与平板之间距离的数值，即为连杆在100mm长度的弯曲量。

如果只有一个下测点与平板接触，而且上测点与平板的距离等于另一测点与平板距离的1/2，那么，下测点与平板的距离即为连杆在100mm长度上的扭曲量。

有时连杆往往同时既存在弯曲也存在扭曲，那么，一个下测点与平板接触，而上测点与平板的距离就不可能正好是另一个下测点与平板之间距离的一半。这时，下测点与平板的距离为连杆在100mm长度上的扭曲量，上测点与平板的距离同下测点与平板距离的1/2的差值，则是连杆在100mm长度上的弯曲量。

也可将测量的各测点的距离值，通过计算方法来求弯曲量：

连杆弯曲量=($\dfrac{下面两侧点与平板距离之和}{2}$−

上测点与平板距离)÷100

连杆扭曲量=(下面两侧点与平板距离之差)÷100

检查时,将连杆大端紧贴平板,测量出连杆小端平面与平板的距离值 a,然后把连杆翻转 180°,再用同样的方法测得距离值 b。如两次测得的数值相等,则说明连杆没有弯曲;若数值不等,说明连杆有双弯曲,两次测量数值之差 $(a-b)$ 就是连杆的双弯曲量。

(2)连杆变形的校正

如果连杆在 100mm 长度上的弯曲量大于 0.03mm,扭曲量大于 0.06mm,则需进行校正。一般是先校正扭曲,后校正弯曲。双弯曲需要在校正器上反复校正才能消除。校正时应取下轴承和衬套。

①连杆扭曲的校正。将连杆大端紧固在矫正器心轴上,或者将大端平面夹紧在老虎钳上,用专用校正工具的两个爪块抓夹相距 100~500mm 连杆身的上下两处,按扭曲的相反方向,旋转校正工具手柄拧紧螺栓,使抓块紧贴连杆,保持 0.5~1h,而后松开螺栓,取下连杆复查校正结果,确定需不需要再校。

②连杆弯曲的校正。将弯曲的连杆放到连杆校正的专用工具上,使连杆弯曲变形的凸起向上,并对着校正工具中部的作用力点,在各支承点上垫以适合的垫块,而后拧动中部的螺栓,对连杆弯曲部位施加反方向的作用力,使其发生反方向的弯曲变形。校弯量对于中碳钢连杆来说,一般应稍微超过原弯曲量一些。为防止"回弹"作用,校正时,可用小锤适当敲击,校正时间为 0.5~1h,然后松开。校好后,还应将连杆加热至 400℃~450℃,并保温 0.5~1h,以便消除连杆校正时产生的残余应力。

(3)连杆小端座孔的检查和修理

连杆小端座孔承受交变冲击载荷,而且可能因衬套配合紧度不足产生转动等原因,破坏了润滑条件而造成磨损,所以,应对连杆小端座孔进行检查。当座孔的圆度和圆柱度误差大于 0.02mm 时,即需进行修理。

连杆小端座孔的磨损变形,一般都采取镗削的方法进行修理。镗削在镗瓦机上进行,镗削方法和连杆衬套的镗削相同。连杆小端座孔的修理尺寸有两级,第一级为+0.25mm,第二级为+0.50mm。连杆小端座孔经过镗削后,应具有正确的几何形状,其圆度误差不应大于0.01mm,圆柱度误差不应大于0.015mm。

(4)连杆衬套的修配

连杆衬套的内控与活塞销配合,在常温下有0.005～0.010mm的间隙。它的外圆表面与连杆的小端孔配合,在常温下有0.1～0.2mm的过盈。衬套的内圆表面在工作中会产生不均匀磨损,而磨损量最大的部位通常发生在沿连杆轴线方向。磨损后与活塞销的配合间隙增大,影响发动机的正常工作。两衬套的外圆表面如果与连杆小端的配合过盈不足,在工作中将可能产生转动,破坏了润滑关系,对衬套本身和连杆的小端孔都将造成损伤。因此,在更换或修理活塞销的同时,必须更换连杆衬套,以保证正常的配合。

①更换连杆衬套。更换连杆衬套时,需在连杆的弯曲和扭曲等变形经过检查校正,并确定连杆小端无损伤、无毛刺等技术状况良好之后进行。将选择好的具有一定过盈量的连杆衬套有倒角的一端,对这连杆小端孔有倒角的一侧,对正后压入。如果是整体式衬套,还要使其油孔和连杆小端孔上的油孔对准;两半式衬套,应使衬套压至油孔的边缘为止,不允许遮住油孔,以保证机油流动畅通。衬套压好之后,露出连杆小端平面之外的部分,要用锉刀修平。

②铰配连杆衬套。连杆衬套的铰削加工通常使用手工操作,其工艺步骤如下:

a. 选择铰刀:根据活塞销的实际尺寸,选择相应的铰刀,将铰刀夹到台钳上并使其与台钳面保持垂直。

b. 调整铰刀:将连杆衬套套在铰刀上,调整铰刀上的调整螺母,使刀刃在衬套上平面外露出5mm。如果露出过多,则铰削量过大,会使连杆在铰削中转动不均,结果产生棱梗;露出过少,则铰削量过小,又容易铰出喇叭口形状。

c. 铰削：一手握着连杆大端，顺时针方向均匀转动连杆，一手握着连杆小端并向下略施压力。同时注意使连杆轴线与铰刀保持垂直，以防将衬套铰倾斜。当铰至衬套的下平面与铰刀下面相平时，即停止铰削，将连杆小端压下铰刀。在保持铰刀直径不变情况下，将连杆翻转180°，从衬套的另一端再铰削一次。每次铰削量的大小，以旋转铰刀上的调整螺母60°～90°为宜。

d. 试配：连杆衬套在铰削过程中，应做到边铰削边用活塞销与其进行试配，以防将内孔铰大。当铰削至能用手掌力量把活塞销推入衬套的1/3～2/5时，即停止铰削。然后将活塞销压入或用木槌打入衬套内，并注意防止活塞销倾斜，再用台钳夹住活塞销两端，以手扳动连杆反复转动数次，取下活塞销，观察衬套与活塞销接触的印痕情况，以进行必要的微量刮修。刮修的要领与活塞销座孔刮修要求相同。直到用手掌力量能把活塞销推进连杆衬套、而且接触面达到75%以上，试配即成功。

③连杆衬套的镗削。将连杆放在镗瓦机上，以衬套的内孔为定心基准，固定好连杆大端，支撑好连杆小端，按标准尺寸进行镗削。镗削后，应进行试配和做必要的微量刮修。

④连杆衬套修配的质量检查。连杆衬套经铰削或镗削以后，应与活塞销作装配检查：将活塞销涂上机油，对准连杆衬套内孔，应能用大拇指的力量把活塞销推进衬套，又没有间隙的感觉。把活塞销的两端夹在台钳上，在衬套两端加些机油，然后沿活塞销轴线方向扳动连杆，应无间隙感觉，销与衬套之间也无气泡出现，转动连杆又很灵活。把连杆置于和平面成75°角时能够停住，用手轻拍时，连杆凭借自身重量能徐徐下降，则表示配合符合质量要求。

(5) 连杆大端轴承孔磨损的修理

连杆大端轴承孔一般不易磨损。如果磨损至圆度和圆柱度误差大于0.02mm时，则应进行修理。方法如下：

①如果磨损量较大，可在磨损表面堆焊一层紫铜，然后镗削到

第一章 发动机的检修与故障排除

标准尺寸。

②可在连杆大端的结合面上铣去不超过 0.2mm 的金属。如还不能消除磨损变形,可再将大端盖铣去不超过 1mm 的金属。然后将其和连杆装合,按规定力矩拧紧连杆螺栓,按标准尺寸进行镗孔。采取这种方法修理,可使连杆大小端孔的中心距缩短 0.2mm,使发动机压缩比降低,影响发动机功率。因此,在镗削大端孔时,需检查连杆大小端孔的中心距。

连杆大小端孔中心距可用下面的公式计算:

$$L=l+\frac{D+d}{2}$$

式中:L——连杆大小端孔中心距(mm);

l——连杆大端孔上缘至连杆小端孔下缘的距离(mm);

D——连杆大端孔直径(mm);

d——连杆小端孔直径(mm);

1-38 怎样判断连杆轴承响?

①逐缸断火试验:从急速至下中速,由下中速至中速抖动油门以及加大油门反复试验时,响声随发动机转速的增高而增大,微抖油门时,可听到"咯棱、咯棱"的响声。此外,在加油的瞬间响声更突出,断火试验响声减弱或消失,在复火的瞬间能听到突出的恢复响声。此情况可断定为连杆轴承响。

②从加机油口处察听,有声音较强的"当当当"的响声。

③车辆行驶中,如加大油门或由低速挡换入高速挡加油时,听到有微小的"嗒嗒"响声,而慢慢加大油门或减轻负荷时,响声即消失。

④如在车辆行驶中突然听到"唧唧唧"的响声,好像是缺乏润滑油的情况时,就像用大钻头在材质坚硬的钢材上钻孔时发出的声音。这一般是由于缺乏润滑油而烧瓦所发出的响声。出现这种响声时,曲轴有被抱住的可能。因此,应立即停车熄火并用手转动曲轴。

1-39 怎样维修曲轴？

发动机工作时,曲轴由于受力和工作条件复杂,除轴颈磨损外,还会出现曲轴弯曲、扭曲变形、裂纹或折断等。因此,在修理曲轴时,必须进行检验,查明曲轴有无裂纹、变形和磨损程度。

(1) 曲轴弯曲的检验和校正

曲轴在使用中,由于主轴承间隙过大,工作中受到冲击,发动机爆燃或突然加大负荷使曲轴过分受到振动;少数缸不工作或轴承松紧度不一致,使曲轴受力不均匀。这些原因都会造成曲轴的弯曲变形。曲轴弯曲变形后若继续使用,将加速曲轴连杆机构的磨损,严重时曲轴有裂纹、折断的危险。因此,在发动机大修中,必须认真进行曲轴弯曲的检验和校正。

由于曲轴中间轴颈受到的负荷和振动较大,此处的弯曲变形比较明显。检查时,应使用微分表触针抵在中间主轴颈处,当曲轴转动一周时,其指针摆差若超过 0.06mm,应进行冷压校正。

校正曲轴时,通常在压床和缸体上进行。校正后才能对轴颈进行光磨,以便延长曲轴的使用寿命。

用气缸体校正时,将气缸体放在平台上,放上前后两片旧轴承(中间不放),再放上曲轴,用微分表在中间轴颈处测出弯曲最大的部位,记上记号,装上带旧轴承的轴承盖,逐渐拧紧螺栓进行校正。

在压校的过程中,如压力只能使曲轴轴线达到曲线状态,当压力消除后,由于弹性作用,曲轴又可能恢复到原来的弯曲度。因此,要使曲轴轴线校成直线状态,就必须用压力使曲轴沿原弯曲的相反方向上产生较大的弯曲变形,以消除弹性变形的影响。其压校弯曲度的大小,与曲轴的材料和弯曲变形的大小有关。所以,必须根据曲轴的实际情况确定压校量。例如,锻制中碳钢曲轴弯曲变形在 0.06mm 左右时,压校弯曲度为 3~4mm,在 1~2min 内即可校正。当曲轴弯曲变形较大时,校正必须反复多次进行,直至校正符合标准为止,以防压校弯度过大而使曲轴折断。经冷压校正的曲轴应在弯曲处用手锤敲击,以减少冷压时所产生的应力。

第一章　发动机的检修与故障排除

(2)曲轴裂纹的检查

曲轴裂纹的检查方法如下：

①锤击法。将曲轴放在煤油里浸泡一会儿,再把曲轴取出擦净,表面撒上白粉,用手锤分段敲击曲轴臂,在振动的作用下,若出现油迹,即表示该处有裂纹。可用放大镜进一步检查裂纹细部情况。

②磁力探伤法。使用磁力探伤器进行检查。当曲轴在接通电流的探伤器内移动时,曲轴即被磁化,裂纹处会被形成磁极。此时,在曲轴上洒上细铁末,再切断磁力探伤器的电流或移去探伤器,裂纹即出现。查明曲轴有裂纹时应予更换,以防裂纹延伸使曲轴折断。

零件经磁化检验后,会有一部分剩磁,必须进行退磁。否则,在使用中会吸附铁屑而加速零件磨损。如采用直流电磁化的零件,只要将电流方向改变,并逐步减退到零,即可退磁。在实际操作时,常采用简便方法,即敲击磁化零件的非工作面,也可达到退磁的目的。

(3)曲轴轴颈磨损的维修

①连杆轴颈磨损的特点和原因。发动机在工作中,沿连杆轴颈周围面上的作用负荷是不均匀的。各种发动机曲轴磨损规律的研究证明,连杆轴颈磨损的最大位置在靠近曲轴中心线的内侧面上,轴颈磨损成失圆和锥体形状。

连杆轴颈磨损成失圆的主要原因是发动机在工作循环中的气体压力、活塞连杆运动的惯性力及连杆大头的离心力等,一起作用在连杆轴颈靠曲轴中心线的内侧面上,且负荷的持续时间长。

连杆轴颈磨损成锥形主要是由于润滑油中所含的机械杂质聚集而形成的。因为润滑油是沿着倾斜油道从主轴颈流向连杆轴颈的。润滑油中所含的机械杂质在曲轴旋转的离心力作用下,沿倾斜油道的上面,随润滑油进入连杆轴颈的一侧。机械杂质的聚集轴颈不均匀磨损呈锥体形状。

②主轴颈的磨损。主轴颈的磨损也是不均匀地与连杆轴颈方向对称。磨损最大的位置处于连杆轴颈这一侧。轴颈失圆过大，会破坏油楔，降低轴承的负荷能力，加剧轴承及轴颈的磨损。

曲轴轴颈在正常情况下其磨损量是很小的。磨损过大，主要是由于对汽车使用不正确，保养不及时而造成的。例如，当轴颈与轴承之间的配合间隙增大后，未能及时地进行维修，更换轴承，供油压力降低，冲击负荷增大，导致加速磨损。加上不按期清洗和更换发动机润滑油等，也将使轴颈产生不正常的磨损。

③轴颈的修磨。发动机大修时，应按规定的修理尺寸光磨曲轴轴颈。曲轴主轴颈和连杆轴颈光磨时，应符合下列要求：轴颈的圆柱度允许不超过 0.005mm，表面粗糙度 Ra 的最大允许值为 $0.4\mu m$，轴颈应留 1.5～2mm 的内圆角，油孔应有 $1\times45°$ 的倒角，并去掉毛刺。

主轴颈和连杆轴颈应分别修磨成同级修理尺寸，以便各自选配统一的轴承。但由于磨损程度不同，直颈差在一个修理尺寸以上的，可光磨两级的修理尺寸。

为延长曲轴的使用寿命和减少对轴颈的磨削量，每一级修理尺寸为 0.25mm。为确保曲轴的强度和刚度，轴颈的最大缩小量不得超过 2mm。

铃木牌、吉林牌微型汽车发动机曲轴主轴配合间隙见表 1-3，连杆轴承配合间隙见表 1-4。

松花江牌、长安牌、昌河牌微型汽车发动机，曲轴轴颈与轴承配合间隙见表 1-5。连杆轴颈与轴承配合间隙见表 1-6。

表 1-3　铃木、吉林牌微型汽车发动机曲轴主轴承间隙（mm）

名称	主轴颈	主轴承	配合间隙	使用限度
基本尺寸	49.935～50.000	标准	0.020～0.040	0.08
第一次修理	49.735～49.750	减小 0.25	0.020～0.070	0.08
第二次修理	49.485～49.500	减小 0.50	0.020～0.070	0.08

第一章 发动机的检修与故障排除

表1-4 铃木、吉林牌微型汽车发动机连杆轴承间隙 (mm)

名称	连杆轴颈	连杆轴承	配合间隙	使用限度
基本尺寸	37.985~38.000	标准	0.020~0.040	0.08
第一次修理	37.735~37.75	减小0.25	0.020~0.070	0.10
第二次修理	37.485~37.50	减小0.50	0.10	

表1-5 昌河牌微型汽车发动机曲轴轴颈与轴承的配合间隙

(mm)

名称	轴颈直径	轴颈与轴承配合间隙	使用限度
标准轴承	49.985~50.000	0.020~0.040	0.08
缩小0.25mm	49.735~49.750	0.020~0.040	0.08
缩小0.50mm	49.485~49.500	0.020~0.040	0.08

表1-6 松花江、长安、昌河牌微型汽车发动机连杆轴颈与轴承的配合间隙

(mm)

名称	轴颈直径	轴颈与轴承配合间隙	使用限度
标准轴承	37.985~38.000	0.020~0.040	0.08
缩小0.25mm	37.735~37.750	0.020~0.040	0.08
缩小0.50mm	37.485~37.500	0.020~0.040	0.08

1-40 怎样装配曲轴轴承？

在使用中,轴承由于磨损而与轴颈的配合间隙增大,引起发动机机油压力降低和机油消耗量增加,使轴承合金熔化和脱落。

(1) 轴承的故障及其损坏的原因

轴承在使用中除自然磨损外,可能产生磨损的原因很多。现将几种常见的磨损原因分析如下:

①机油泵磨损严重或装配不当,使供油压力和供油量不足,引起轴承迅速磨损,严重时使轴承熔化。

②装配时,轴承与轴颈配合间隙过大,或磨损后间隙过大,造成机油流失而产生半干摩擦;如果装配间隙过小,则不能使润滑油

进入摩擦表面,同样产生半干摩擦,加速轴承的磨损。

③当轴颈的锥体过大时,负荷的作用点集中在轴承的一侧,由于受力面积减小,使这一侧的合金产生过热,而引起熔化和脱落。

轴颈的失圆度过大时,不仅会影响配合间隙,而且装配后的接触面积也会减小,造成轴疲劳损坏。

④轴承与座的安装位置不正确。如轴承背面与座之间存有污物,造成不能贴合,使凸出部分破坏了油膜,发生与轴颈的干摩擦,不仅影响了散热性能,还导致轴承加速磨损。

⑤发动机在工作中,轴承承受交变载荷的作用力而会产生疲劳损坏,尤其在发动机负荷很大、轴承与轴颈磨损间隙增大以后,这种现象更为严重。实践证明,产生疲劳损坏的轴承一般是在上半片。这是因为上半片轴承受力大,负荷时间长,并且损坏脱落部分多半是在中间位置。

⑥油路堵塞或润滑油数量不足,使供油量不足。

(2)轴承的选配

根据轴颈选配轴承。先按规定修理尺寸光磨曲轴后,选用规定修理尺寸的轴承装配,然后检查其配合间隙。这种方法的装配质量好,操作简便,且可缩短工时。选配轴承时应注意下列事项:

①选配新轴承时,轴承座孔应正圆。方法是将轴承盖与座按规定力矩拧紧,用量缸表或内卡检查锥体、失圆度,不允许超过0.020mm。如超过,将破坏轴承与轴颈的正常配合间隙,加速轴承与轴颈的磨损。

②新轴承放入座内后,上下轴承片的每端均应高出轴承座面0.03~0.04mm。这样使轴承压紧以后,轴承受弹性变形而紧贴在座内,不致松动,并有良好的导热性能。

③轴承底板固定牙应完好无损,否则,在工作中会使轴承移位,润滑油道被堵塞,使供油中断,烧坏机件。

④轴承背面应光滑平整,不允许用锉刀加工,或加垫纸片,以

第一章 发动机的检修与故障排除

免影响散热。但在维修中,往往会碰上一些不得已的情况,如轴承与轴颈配合间隙过大或利用旧轴承时,允许在轴承背面加垫一层薄铜皮,但必须平整和铣出油孔。

经过选配的轴承还需检查其径向间隙和轴向间隙。

(3)轴承配合间隙的检查

①按照曲轴主轴颈和连杆轴颈的宽度,剪下一片塑料线规,放在轴颈上,并与曲轴轴心线保持平行。在安装轴承盖时,要保证塑料线规不位于轴颈的油孔上。

②测量部位不要沾机油,应将轴颈与轴承用棉纱擦拭干净。

③将塑料线规放到不承受曲轴重量的一侧。

④装上轴承和轴承盖,并按规定力矩拧紧轴承盖螺栓。松花江牌、长安牌、昌河牌微型汽车发动机曲轴主轴承螺栓拧紧力矩为42～47N·m。曲轴承螺栓拧紧力矩为27～31N。

⑤拆下轴承盖,利用塑料线规封皮上的标记刻度来对比塑料线规的挤压宽度。该压扁塑料线规的宽度表明配合间隙的数据。但要注意塑料线规两尾端的尺寸误差。

⑥如果轴承的间隙超过使用限度,则应更换轴承。

(4)曲轴轴向间隙的检查

为适应发动机机件正常工作的需要,曲轴必须留有轴向间隙。间隙过小,会使机件因受热膨胀而卡死;间隙过大,则给活塞连杆组机件带来不正常的磨损。在维修中,必须进行检查。方法如下:

①将百分表安装在磁性表座的表架上,打开磁性表座开关,使磁性表座吸在气缸体与油底壳的接合面上。调整磁性表座表架连接杆,使百分表的触杆头顶在任何一个曲臂上,给以1mm左右的顶压量,然后转动表盘使表针指在"0"位上。

②用撬棒在曲轴主轴承座与曲臂之间前、后撬动曲轴,表针摆动的范围就是曲轴的轴向间隙,应在0.03～0.20mm范围内。使用限度为0.30mm。

1-41 怎样加工曲轴轴承？

①曲轴轴承的镗（铰）加工：一般用可调活动铰刀（小铰刀直径为47～54mm；大铰刀直径为62～66mm）配合伸缩支架进行铰削加工。铰削工艺如下：将缸体倒放在工作台上，清洁轴承座孔，装好要铰的轴承（其余座孔不装轴承）按规定力矩拧紧螺栓，清洁铰杆和伸缩支架并涂机油，将支架定位，装好铰刀杆及可调铰刀试铰。将刀刃伸长至与轴承表面接触后退出，再将刀刃调出0.02mm左右，顺时针转动铰杆手柄，确定铰削量（铰削量为轴颈尺寸与轴承孔径尺寸之差加配合间隙）和铰削次数。最大铰削量为0.15mm左右，最后一次铰削量应为0.15mm左右，检查修整，在轴承上做出记号。

②曲轴轴承的刮削加工：将缸体倒放在台架上，擦干净曲轴轴承座，把选配好的轴承装入各相应轴承座内，用与轴承盖螺栓相适应的8～10mm厚的钢板压紧轴承背面两端，不超过合金层使轴承固定。然后在各轴承涂一薄层显示剂，将曲轴放入轴承座内，不装轴承盖，转动曲轴几周，取下曲轴，检查各道轴承的接触情况。如各道轴承都接触在两端稍向下的位置为正常。如果接触不一致，相差不多时，可将高出部分的轴承刮削修理。如果相差太大，或有个别轴承接触不到，应另行选配。各道轴承应校正到同一水平线上，然后拆去压紧的钢板，进行正式刮削。

刮削时，将曲轴装在气缸体上，垫好适当垫片，按记号装上轴承盖。四道轴承按2、3、1、4拧紧螺栓少许。每拧紧一道螺栓，转一转曲轴，稍松该道螺栓，拧紧另一道螺栓。所有轴承盖按此拧紧后，取下全部轴承盖，检查印痕，进行刮削。轴承接触的两头应多刮，接触当中应保留两头接触面；如一片接触重一片接触轻，应刮掉接触重的。一片这样反复多次刮削，各曲轴轴承和轴颈基本靠合后，再将螺栓按规定力矩拧紧，再进行细刮和精刮，直到符合技术要求。轴承的接触面应不少于75%，最后一次刮削轴承的接合面不少于85%。

1-42 曲轴为什么烧瓦?

曲轴的主轴颈与主轴瓦之间、连杆轴颈与连杆轴瓦之间因缺少机油润滑而咬死,就叫烧瓦。发动机在工作中,如果突然在曲轴箱部位听到一种"唧、唧"的响声,一般是缺油烧瓦的前兆声,应及时停车检查。

主轴瓦或连杆轴瓦发生烧瓦事故的原因有以下几个方面:
①油底壳内机油量不足或机油油路不畅通,以致润滑不良。
②机油压力过低。
③轴瓦与轴颈的配合接触面没有达到规定的要求。
④轴瓦与轴颈的装配间隙过大或过小,以致机油在曲轴转动时无法形成一定的油膜,产生润滑不良。
⑤轴颈的椭圆度超过了要求,使机油在润滑过程中无法形成一定的油膜,造成润滑不良。
⑥轴瓦合金质量不符合要求,合金与底瓦未能完全紧密地贴合在一起。
⑦各主轴瓦的中心线不一致,导致曲轴在主轴瓦内转动时,有的地方油膜太薄或形成干摩擦,严重时烧瓦。
⑧装配连杆螺栓或主轴承螺栓时力矩过小,造成配合间隙过大,引起润滑不良而烧瓦。

1-43 怎样判断曲轴轴承响?

曲轴轴承响声沉重发闷。在改变发动机转速时响声明显。当突然开大节气门时,响声更为明显。突然关小节气门时,出现有沉重的"当、当、当"的响声,发动机有振抖现象。用橡胶管从加机油口试听,反复改变发动机转速将相邻两缸火花塞同时"断火",若响声明显减小,表明该轴承松旷。发动机刚起动时,因轴承与轴颈间的油膜黏度较大,所以响声较小,随着温度升高后,油膜黏度减小,响声则会增大。当曲轴轴承磨损严重时,润滑油压力会明显下降。

1-44 为什么曲轴箱机油太多不好?

有些驾驶员常存在这样的认识:为使发动机润滑得更好些,多加些润滑油总比少加些好。因此,往往不按规定操作,所加的润滑油超过标尺上限刻度。其实,这是有害的。因为,油加得太多,会增加曲轴转动阻力,减少发动机的功率,使大量润滑油窜入燃烧室,造成排气冒蓝烟,润滑油的消耗量增加。同时,气缸内积炭增多,增大了气缸和活塞的磨损,降低了发动机的功率。因此,在加油前,应用油尺测量润滑油量,使润滑油既不过多,也不过少,一般以保持略低于油尺上限刻度为宜。

1-45 怎样维修飞轮?

飞轮的损伤是齿圈的磨损、打坏及与离合器摩擦片接触的工作面磨损、起槽。在发动机大修时,应检查飞轮的技术状况,并根据实际情况进行修复。

(1)飞轮齿圈的修复

齿圈与起动机在起动发动机时产生冲撞,或两齿轮啮合不良,容易造成齿牙的磨损和损坏。

①齿圈牙齿通常是单面磨损,可把齿圈翻面使用。拆装齿圈时应加温,并使飞轮有 0.3~0.8mm 的过盈。

②如个别齿牙损坏,用油石修磨后,可继续使用。

③如齿圈两面均有严重磨损或齿牙损坏,在换件修复不具备条件时,可堆焊修复。

(2)飞轮工作面的修复

飞轮工作面磨损或起槽深度超过 0.5mm 时,应光磨或精车后光磨。飞轮厚度经过加工后,应不低于新飞轮厚度 2mm。波浪形深度不超过 0.5mm 时,允许有不多于两道的环形沟槽存在,并应消除毛刺。

(3)飞轮偏摆度的检查与调整

曲轴与飞轮安装在气缸体上后,用微分表在飞轮工作面上检查偏摆度,如图 1-17 所示。飞轮转动一周,指针摆差不得超过 0.05mm,以保证曲轴与飞轮的平衡,减少离合器有关机件的磨损。表面有划痕时,可通过简单的机构加工除去痕迹。损坏严重的飞轮应更换。

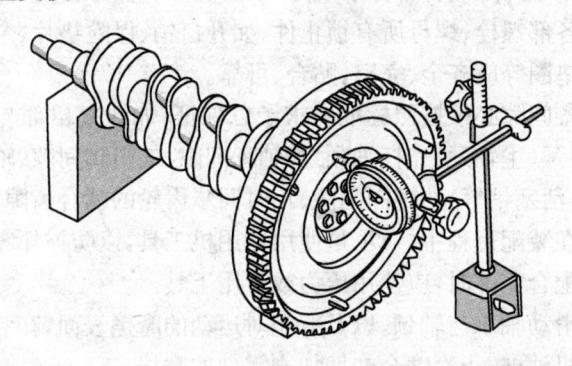

图 1-17　用百分表检查飞轮的偏摆度

1-46　曲轴和飞轮为什么要进行动平衡?

曲轴和飞轮应一起进行动平衡,否则,旋转时产生的离心力会引起发动机怠速抖动和高速振动,并会加速主轴承磨损。动平衡后的曲轴和飞轮安装时必须保持原来的相对位置,不能错位。所以,飞轮和曲轴接盘连接处一般有定位销或将几个螺栓孔布置得不对称,以保证拆卸后再安装时不致错位。

1-47　发动机装配时应注意什么?

①准备安装的零部件、总成都应经过检验或试验,必须保证质量合格。

②不可互换的基础件、组合件(如气缸体与飞轮壳。各活塞、连杆组与对应的各缸)、零件(如曲轴主轴承、连杆轴承及其瓦垫,进、排气门等)应按原位安装,不得错乱。相互位置有记号的零部件(如经过静平衡或动平衡的曲轴、飞轮、离合器组以及与配气相位,点火或喷油正时等有关的零部件等),必须按方向、部位对准,不得错乱。

③重要的螺栓、螺母(如连杆、主轴承盖、气缸盖螺栓等)必须按标准中规定的预紧力矩分次拧紧。气缸盖和进、排气支管的螺栓、螺母拧紧时,应从中央起按交叉顺序逐渐向外,分次进行,最后

一次的拧紧力矩应符合标准规定,以防变形和保证密封。

④各部螺栓、螺母所有锁止件,如开口销、保险垫片、金属锁线及弹簧垫圈等应齐全、完整、贴合、可靠。

⑤各间隙必须按照标准要求予以保证,如活塞裙部与气缸壁间隙,轴颈(主轴颈、连杆轴颈)与轴承间隙、气门脚间隙、轴(曲轴、凸轮轴、活塞销等)的轴向间隙、正时同步齿轮的啮合齿隙等。

⑥在装配过程中,应尽量使用专用机工具,以防损坏零件。装配过盈配合零件时,应使用压力或专用工具。

⑦滑动轴承与轴颈,以及有相对运动的摩擦表面,在装配时必须涂以机油,防止冷磨合初期加剧零件的磨损。

⑧装配过程中,应严格检查各活动零部件之间有无运动不协调的现象,并检查相互的正确程度。

⑨关键部位的重要配合必须符合标准规定,如活塞与气缸,轴与轴承的配合间隙,曲轴、凸轮轴的轴向间隙,气门间隙等。

1-48 发动机为什么要进行磨合?

发动机修理时,更换或修复了缸体、曲轴、活塞连杆组件及轴承等。虽然这些零部件都有较高的装配精度,但是零件表面仍然有微观的不平和形位误差,因此,实际上配合体的接触只是点线接触或局部接触,单位面积上的压力很大。如果发动机装合后,立即投入有负荷或大负荷使用,零件的接触将产生剧烈磨损,甚至产生粘缸磨损,导致零件接触面烧伤或拉缸等事故。

发动机的磨合是一个渐进过程,是在一定的润滑条件下,先由低速无负荷运转逐渐提高到中速负荷运转,继而有小负荷的中高速的运转。在磨合过程中,初始运转时,接触表面压力不大,使接触面凸点逐渐压平或磨去。随着速度和负荷的增加,接触表面进一步磨光或压平,使接触面进一步增大,最后使零件表面能够承受满负荷为止。因此,发动机的磨合是修理工艺的重要组成部分。良好的磨合可以避免剧烈磨损的发生,提高发动机的使用寿命。

1-49 什么是发动机冷磨合?

发动机的冷磨合是依靠外力带动发动机,在一定时间内,做不同转速的运转,使摩擦表面的微观不平得到改善。

①冷磨合是对气缸与活塞环、曲轴与轴承等关键配合表面的磨合。一般大、中型修理厂有专用冷磨台架,有润滑油供给系统,拖动系统,因此,冷磨时,仅装合曲轴、凸轮轴和活塞连杆组。小型企业用简单磨合架磨合时,则装全润滑系统及油底壳。

②磨合用润滑油通常为2号、3号锭子油,或车用6号机油加15%煤油,润滑油的供给应充足。

③磨合规范是指发动机磨合过程中的转速、负荷的大小和各阶段磨合时间的长短。这些参数选择适当,将提高发动机的磨合质量。

冷磨规范因发动机型号不同而不同,一般额定转速在3200r/min以下的发动机,初始磨合转速为500~600r/min。以后以100~200r/min为一级,逐步增加磨合转速,直到1000~1200r/min,每级磨合时间为1h,总磨合时间不超过4h。

④冷磨时,要注意观察机油表压力和各机件的工作情况是否正常,如有不正常情况,应立即停机检查,排除后再磨合。

⑤冷磨后将发动机分解,检查活塞、活塞环与气缸壁接触情况,曲轴、凸轮轴与其轴承的磨合是否正常。发现故障应立即排除。然后将发动机全部机件清洗干净,按要求全部装复,以备热试。如没有专用磨合设备进行冷磨,可在冷磨后放出全部润滑油,并加入清洗油,再运转5min,以清洗各零件表面和润滑油道,之后解体清洗。

1-50 什么是发动机热磨合?

(1) 无负荷热磨合

无负荷热磨合的开始转速一般为600~1000r/min,时间为1h。

热磨合运行中,应注意检查各摩擦件的发热情况,保持正常的运转温度；水温为 75℃～90℃，机油温度为 75℃～85℃。

热磨合中需检查下列项目：

①检查机油压力，应符合各机型要求。

②检查发动机有无异响。如有异响，应立即停机检查并排除。

③检查校准点火提前角。

④检查有无漏油、漏水、漏气、漏电现象。

(2)有负荷热磨合

①有负荷热磨合规范大体可分为两种：完全磨合与一般磨合。经过完全磨合的发动机允许以额定最高转速，最大负荷运转，用于进行特性曲线试验的发动机。一般磨合只能用于个别点（如最大扭矩点、最低耗油率点）的测试。按国标要求，发动机大修后需进行一般磨合。

②一般磨合规范随机型技术特性而定。

(3)有负荷热磨合时的检查

①检查控制水温、机油温度、机油压力，应符合规定要求。

②观察发动机在各工况下运转的稳定性，有无异响。如有异响，立即停机处理。

③校准点火正时，调整点火提前角度，使之最佳。

④检查发动机真空度和气缸压力，应符合要求。

(4)热磨合后的拆检

为保证发动机修理质量，热磨合后应拆检主要机件，一般检查项目如下：

①察看气缸表面有无拉毛、划痕、起槽。

②察看活塞接触面是否正常，一般应不超出活塞销垂直方向 90°范围，过宽说明椭圆度不足或与缸孔配合间隙太小。

③检查活塞环外圈表面的接触痕迹，应不小于 90%；端隙不大于原间隙的 25%。

④观察主轴承和连杆轴承接触面应较前增加，一般应不小于 85%；表面应无刮伤、起泡、脱落现象。

⑤检查气缸衬垫有无漏气、漏水现象。

⑥检查凸轮轴的凸轮基圆磨痕是否正常。发现气缸壁和活塞、轴颈和轴承、凸轮轴与挺杆间有拉伤、磨损时,应查明原因,消除隐患。如更换个别新件,应重新磨合。如无异常,清洗后装复,低速运转20min,重新调整并消除松漏现象。进行最大扭矩和油耗测定。

1-51 怎样判断发动机故障?

汽车在运行时,大部分故障发生在发动机。这是因为发动机曲柄连杆机构、配气机构、润滑系统、冷却系统、燃油系统、点火系统等六个系统结构复杂,运转中稍不协调就会产生故障。此外,底盘的因素也会影响到发动机的正常工作,因此,发动机的故障牵涉面很广,给故障的判断带来困难。常见的发动机故障有发动机不能发动或发动困难、工作无力、运转不稳定、过热及发动机出现异响等。

(1)单纯油路故障

油路发生堵、漏、坏故障诊断较为容易。油路故障的表现为发动机无力、油耗增加、运转不正常。这时,应检查油箱到化油器所有的管路接头及附件,包括化油器内部及空气滤清器、进气管垫、气门间隙等是否符合标准。

(2)单纯电路故障

基本症状是断路、短路、无火、缺火、火花弱、点火错乱及点火正时不准等。

电路故障往往出现一种现象包含多种原因,有的是一种原因造成多种现象的发生,例如,发动机过热有可能是电路工作不正常所致,也可能是由冷却系统、润滑系统、配气机构工作不正常所致,这就使电路故障的诊断较复杂。因此,在诊断电路故障时,应根据运行中是突然发生的,还是缓慢发生的,如属突然产生的故障,应按电路故障产生的现象进行检查分析,或换用新的配件来判断。故障判断可按如下方法进行:

①蓄电池容量降低。搭铁不良、引线接触不良等。

②点火线圈不良。低压线接触不好,附加电阻断路,高压线插接不实或脱落等。

③分电器低压接线损坏,绝缘破损、搭铁,活动触点臂绝缘套破裂造成搭铁,托盘搭铁线不实、断路,凸轮棱角磨损,电容器击穿、分电器盖或分火头破裂击穿,高压线插孔氧化,分电器盖中心炭棒磨损,弹簧折断无弹力,高压线插孔氧化、脏污,白金触点接触不良或触点松动,间隙改变,真空或离心提前点火装置失效等。

④火花塞绝缘体损坏,间隙过大或过小,积炭过多,热值选用不当等。

⑤起动机接线接触不良,点火开关接触不良或损坏,导线连接不实,充电指示灯接触不实,发电机和调节器工作失调等。

1-52 发动机易产生哪些故障?

微型汽车发动机在运行中产生故障的原因很多,情况也很复杂,其主要故障表现在:

①燃油、润滑油消耗超过规定标准。

②机油压力过低。怠速时低于 98kPa,中速时低于 147kPa。

③发动机温度过高,超过 80℃~90℃。

④化油器发生回火或排气管发生放炮现象,发动机动力不足。

⑤发动机在运转中产生异常响声。

1-53 发动机异响的原因是什么?

异常响声的出现与发动机安装的松动、运动件磨损过甚造成相互配合间隙增大以及点火时刻失准等因素有关。发动机发出的异响一般可分为 4 类:

①发动机转两圈(即一个工作循环)响声出现一次。这多出现在与凸轮轴有关联的零件,如气门、推杆、气门弹簧、汽油泵、分电器传动轴以及正时同步齿轮等。

②发动机转一圈声响出现一次。这多出现在与曲轴驱动有关联的零件,如活塞、活塞销、活塞环及连杆轴承等。

③声响间歇性发生。这可能来自于发动机附件,如发电机、水泵、起动机等安装松动或其内部有刮碰等。

④ 响声连续发生。这多产生在旋转件上(往复运动件发生可能性少)。连续敲击声响时,可在正时同步齿轮、机油泵和分电器等部件查找。根据上述响声的一般规律,结合发动机外表征状(如排气烟色、烟量、机油压力和发动机温度),并且借助细长的金属杆,能更准确地分辨响声。

1-54 气缸及活塞磨损过大怎么办?

如果汽车长年在多沙地区行驶,空气滤清器极易失效,沙尘进入缸中,很容易使活塞、活塞环及缸套磨损,从而造成汽车动力不足,油耗增加。使用气缸减磨剂(P.P剂或 P.M.T 剂)可以缓解这种情况。将这种减磨剂定量加入机油内即可。此后在运转过程中,减磨剂在缸壁、活塞表面及活塞环附上"修补膜",使间隙减少,汽车动力增加。气缸减磨剂(P.P 剂或 P.M.T 剂)在任何汽车配件商店都可以购买到。

1-55 气缸磨损有什么规律?

气缸在使用中的磨损程度(指活塞环运动的区域内)是不均匀的:沿气缸的长度方向看(纵断面),磨损是上大下小,失去原来的圆柱形状;从气缸的平面看(横断面),沿圆周的方向磨损后会失去原来的正圆形状。气缸上口活塞接触不到的地方,几乎没有磨损,于是形成了"台阶"(或称缸阶、缸肩)。

气缸磨损形成椭圆和不柱度超过一定的范围后,将破坏活塞和活塞环的正常配合,都将使活塞环不能严密地紧压在气缸壁上,造成漏气、窜油,使发动机动力下降,油耗增加,不能正常工作。

1-56 怎样测量气缸的磨损?

气缸磨损的检验、测量,通常是用量缸表(内径百分表)来进行。量缸表就是在普通百分表下面安装一套联动装置。

(1)量缸表在测量前应预先做好下列准备工作

①选接杆:根据气缸直径,选择合适的接杆带固定螺母旋入量

缸表的下端。

②校尺寸：用分厘卡校对量缸表为所量气缸的标准尺寸，并留出测杆伸长的适当数值。应使量缸表测杆被压缩为整毫米数（一般调整为 1mm），旋转表盘，使"0"位对正指针，记住小针指示毫米数。拧紧接杆上的固定螺母。

③使用量缸表时，一手拿住绝热套，另一只手尽量托住管子下部靠近本体的地方。

④测量时，如果指针正好指在"0"处，说明被测缸径与标准尺寸的缸径相等。当表针顺时针方向离开"0"位，表示缸径小于标准尺寸的缸径；若反时针方向离开"0"位，表示缸径大于标准尺寸的缸径。

(2) 气缸椭圆度的检验、测量

用量缸表在活塞行程内的各个方向测量，找出磨损的最大处，并核对表面，使"0"位对正指针。

$$磨损最大尺寸＝气缸标准尺寸＋表针读数$$

注意：表针读数是在"校尺寸"基础上改变的数值。

在测量磨损最大尺寸的基础上，核对表面指针对准"0"的位置，然后将量缸表分别在气缸上边缘第一道活塞环相对应的下方和气缸中部，以及距离下边缘相当于最下一道活塞环位于下止点的位置的三个平面内的同一横断面上转动 90°测量，此时，表针所指位置和"0"之间相差的数字就是气缸该平面上的椭圆度。

必须注意，凡测量时，应前后（或左右）稍稍摆动量缸表，这是因为量缸表的测杆必须与气缸的轴线保持垂直，如图 1-18 所示。当前后（或左右）摆动量缸表、表针指示到最小的数字时，即表示测杆已垂直于气缸轴线，否则测量会不准确。

气缸的椭圆度超过 0.10mm 时，需要进行镗缸修理。

(3) 气缸不柱度的检验、测量

量缸表检验椭圆度后，在气缸内向下移，使测杆移到活塞环运动的区域以外（上部距离上部平面 25mm 处，下部距离下部平面

35mm 范围内,基本上是上次修理的实际尺寸)。此时,表针所指的位置和"0"位之间相差的数字,即是测量的最大与最小读数之差,就是气缸的不柱度。

微型汽车气缸的不柱度超过 0.10mm 时,应进行镗缸修理。

实践证明,一般发动机前后两缸磨损严重。因此,量缸时,可按磨损规律重点测量前后两缸。气缸椭圆度和不柱度是用量缸表相对比较出来的。

经过检验测量,气缸椭圆度和不柱度未超过最大使用限度时,可结合三级保养,更换活塞环继续使用;若已超过规定限度,则需进行镗缸修理,以磨损最大的一只气缸为准,来决定修理尺寸。气缸椭圆度、不柱度虽未超过标准,但如缸壁上有严重的沟槽,拉痕或麻点时,也应镗缸。

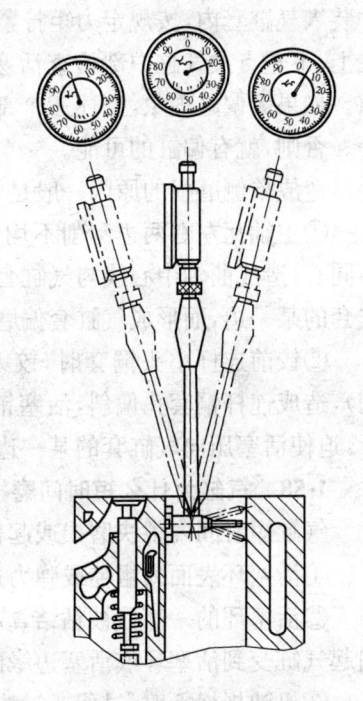

图 1-18 量缸表的使用方法

在没有量缸表的情况下,可用塞尺片测量活塞与气缸壁之间的间隙,以判断气缸的磨损情况。

1-57 气缸为什么单侧磨损?

气缸单侧磨损必然引起活塞偏缸。造成此情况往往是由于机器大修时质量不佳所致。此时,常会发现活塞在气缸内的位置侧偏一边(将活塞摇到上止点及下止点位置),侧偏部位均在活塞销两端的方向。

这种偏缸的检查方法是可先将没有安装活塞环的活塞连杆组

件装入气缸套内,按规定力矩拧紧连杆轴承螺母。然后转动曲轴,在上、下止点及气缸中部检查活塞头部前后两方向与气缸壁的间隙。如果无偏缸现象,上述三个部位活塞头部前后的间隙应该相等。否则,就有偏缸的可能。

造成单侧磨损的原因一般是:

①主轴瓦左右两边刮削不均匀,曲轴安装在轴承座孔后出现不同心,造成曲轴中心线与气缸套中心线不垂直,迫使活塞压向气缸套的某一边,而形成气缸套偏磨。

②铰前连杆小头铜套时,铰刀倾斜而入(用刮刀刮削时不均匀),造成连杆铜套孔偏斜,活塞销中心线与连杆小头中心线不平行,迫使活塞压向气缸套的某一边。

1-58 气缸为什么短时间磨损很快?

气缸短时间内很快磨损或起槽的原因一般有以下几方面:

①活塞环表面太粗糙或弹力过大。

②活塞环的一部分被粘结,或气缸活塞配合间隙太大时,都会引起气缸受到活塞环或活塞边缘的刮磨而增加磨损。

③机油规格不对,过稀或过浓以及机油压力不足,致使气缸套得不到良好的润滑。

④加注机油时,尘土或杂质混入发动机油底壳内。

⑤空气滤清器作用不良,致使吸入空气时将沙尘吸入气缸套内。

⑥气缸镗缸或磨缸时较粗糙,气缸没有精磨或磨得不仔细。

⑦连杆弯曲或曲轴端面间隙过大。

⑧气缸体或曲轴扭曲变形。

⑨气缸套本身质量不好或表面粗糙。

⑩冷车起动后立即带负荷,长时间不能保持正常温度。

⑪机油滤清器过脏,又未及时进行保养清洗。

⑫发动机温度经常过高,或经常发生爆燃现象。

⑬发动机运转时转速不稳,经常忽高忽低。

1-59　发动机漏气有哪些部位?

发动机漏气可能有多种原因,漏气的部位主要有:

①气缸盖螺栓、螺母未拧紧,造成气缸垫密封不良,气体窜出机体外。

②活塞组与气缸壁间隙过大或活塞环弹力不足或端口"对口"等,导致气体漏入曲轴箱内。

③相邻两个气缸之间的缸垫损坏或该处缸盖螺栓、螺母未拧紧,造成两缸之间"窜气"。

④气缸原来就有缺陷(砂眼、渣孔)或损坏(裂纹),以及气缸垫密封不严,气体进入冷却系统。

⑤进气门与进气门座不密封,使气体回窜到进气管或化油器喉管。

⑥排气门与排气门座不密封,气体不适时地进入排气管。

1-60　发动机拉缸的原因有哪些?

拉缸通常是指气缸内两个相对运动的表面相互作用而造成的表面严重损伤。损伤大多是由于滑动部位的润滑油膜受到局部破坏而造成的,出现划伤、拉缸和咬缸。它们在损伤程度上虽有所不同,但均统称为拉缸。拉缸现象多出现在缸壁表面与气缸体平面互相垂直的方向,较严重的部位多出现在正对进气门方向,或在活塞销轴线方向的缸壁表面。凡是缸壁上有拉伤痕迹的,在活塞环工作面和活塞裙部也往往有拉伤的痕迹。

下述原因之一均可造成拉缸:

①活塞或气缸套的尺寸精度不对,以致其配合间隙过小。

②活塞和气缸套之间润滑不良,甚至发生干摩擦。

③活塞环折断,咬死在活塞上,或活塞环开口间隙过小。

④活塞销的卡簧折断或脱落。

⑤连杆弯曲、活塞销孔或连杆铜套偏斜,迫使活塞和活塞环倒向一侧倾斜,紧压在气缸壁上。

⑥气缸套中心线和曲轴中心线不垂直,产生前后偏斜情况。

⑦因活塞销与活塞装配太紧,造成活塞轴向变形,使平行于活塞销方向的直径增大,垂直方向的直径缩小。

⑧活塞椭圆度不足。活塞椭圆度为 0.20~0.24mm。

⑨机油不清洁,含有大量杂质。

⑩发动机冷却不良,以致机温过高。

⑪发动机大修后没有经过磨合试车而长时间高速负荷运转。

⑫气缸套硬度过低也能引起活塞环拉缸。此时,可用活塞环直角部位棱角刮削气缸套口。如能顺利刮下铁屑,且活塞环棱边没有损伤,则可判断该气缸表面硬度太低。

1-61 怎样选择气缸的修理尺寸?

气缸磨损超过允许限度后或缸壁上有严重的刮伤、沟槽和麻点时,均应将气缸按修理尺寸镗削加大,并选配与气缸相符合的加大尺寸的活塞及活塞环,以恢复正确的几何形状和正常的配合间隙。

气缸修理尺寸通常分为六级,是在气缸直径标准尺寸的基础上,每加大 0.25mm 为一级,逐级递增至 1.50mm。从气缸磨损允许限度和修理尺寸等级可以看出,正常情况下进行镗缸,一般都要超过一级修理尺寸,因此,+0.50、+1.00、+1.50mm 三级为常用,而+0.25、+0.75、+1.25mm 三级为辅助级。

1-62 为什么镗磨气缸时要以活塞为基准?

汽车发动机中气缸与活塞这一配合副的配合精度在制造和修理时是以不同方法保证的。

制造属大批量生产,是采用分组选配法实现其配合精度。气缸与活塞两个部件的配合尺寸按经济精度加工,气缸孔与活塞裙直径公差相应扩大,然后测量加工好的零件,按实际配合尺寸的大小分为若干组,按对应的组进行装配。

修理则属单件小批生产,尽管活塞仍然大批量生产,但在一个修理厂内,因库存有限,挑选的余地相应地减小,一般是随机取一组使用,而此时气缸孔的镗削加工也只能按已选定的活塞裙部实际尺寸为基准进行加工,以保证相应的配合精度。这一方法属于修配法。目前的汽车修理多采用就车修理法,即基础件和主要零件应以原车零件修理后装配,不能互换。这一规定也限制了气缸仅能以修配法加工。

1-63 镗气缸时怎样正确定位?

镗缸时定位的要求是确定气缸孔中心线的垂直度和缸心的前后左右位置。在保证这一要求的前提下,根据所用设备的不同,可以有多种不同的方法。

当采用小型移动式镗缸机时,为保证气缸垂直度的要求,应采用气缸体上平面作为一个基准平面。为确定气缸中心在平面上的位置,可利用气缸下部磨损较少的部位来找正,也可用气缸上口未磨损的部位来定位。这种方法所需设备轻便,适合于流动修理作业,但它的定位精度较低。

当采用固定式镗床时(例如T716型镗床),一般以气缸下平面和缸孔为定位基准。这种方法定位的原理与前者相同,优点在于后者操作方便。

汽车修理行业所谓的"定位镗缸",实质上是定位基准与上述方法不同的一种镗缸定位法。一般是在固定式镗缸机上,加上一套定位夹具来定位。定位部件包括心轴、垫铁和量杆三部分,心轴与气缸曲轴主轴承座孔相配合,可以确定气缸中心线在气缸纵向平面内的垂直度和气缸在横向平面内的位置;垫铁与气缸主轴承座孔剖面相配,可以确定气缸中心线在横向平面内的垂直度;量杆以其不同的长度来决定气缸中心在纵向方的位置。

气缸的定位精度决定气缸修理的质量,影响整个发动机的修理质量和使用寿命。定位镗缸从理论上讲,较前面两种定位方法定位精度要高一些,值得重视。

以上讨论的都是干式缸套气缸的镗削问题,湿式缸套气缸可换缸套。

1-64 怎样正确镗削气缸？

镗缸的目的是恢复气缸应有的表面粗糙度、椭圆度和不柱度，使发动机工作时能保持足够的压缩力。这是恢复发动机应有性能的重要工序。

气缸的镗削由专用的镗缸机来进行，一般有立式镗床和移动式镗缸机两类，其型式虽多，但工艺步骤大致相同。移动式镗缸机体积小，重量轻，携带和使用都方便。适合中小修理厂使用。

1-65 怎样正确珩磨气缸？

磨缸的目的主要是提高气缸表面粗糙度。

气缸经镗削后，表面有螺旋形的细小刀痕，必须将这些刀痕磨掉，才能达到应有的光洁度，使活塞、活塞环与气缸壁有良好的配合面。

磨缸是气缸修理的最后一环，质量的好坏，直接影响发动机的工作及其使用寿命，应充分发挥主观能动性，认真细致地进行操作。

磨缸设备是在镗缸机一侧安装由齿轮油泵、油压机构及气缸珩磨头组成的磨缸部分，如东风 TM1 型镗磨缸机，就是一机两用。其镗缸部分与 T-8014 型镗缸机基本相同。

气缸珩磨头一般称为磨缸头，由珩磨转杆、砂石架、砂石条、弹簧圈等组成。汽车修理中通常使用的孔径范围为：最小直径 66mm，最大直径 140mm，一般配备有 TLl50ZR1 的粗砂条和 TLM40ZR2 的细砂条。

通常，简单的磨缸用功率为 0.245～0.368kW、转速为 280r/min 的电钻做动力，带动磨缸头来进行。磨缸时，磨缸头不但要在气缸内转动，同时还需要上下移动。为减轻劳动强度，一般用弹簧将电钻装在支架上，将磨缸架在气缸体上。

(1) 磨缸工艺步骤

① 清洁。将已镗过的气缸加以清洁，并彻底清除气缸内的金

第一章 发动机的检修与故障排除

属屑,将缸体放在缸体架上,气缸下部放置铁皮盘,以供盛放润滑液。再将磨缸架装在气缸体上。

②选择砂条。根据需要选择合适的砂石条,装于磨缸头上。珩磨铸铁气缸的磨头砂条一般采用如下规格的磨料:

磨料——碳化硅质(砂条代号为 T1 和 T 的绿、黑两种颜色)。

硬度——中软(砂条代号 ZR、ZR2)或软(R1、R2、R3);

粒度——开始粗磨时选用 150 粒度,细磨时选用 320 粒度。

③安装砂条。砂条成套安装在磨缸头上以后,应检查不柱度。其不柱度超过 0.20mm 时,应在较低的砂条下面加垫片,或把较高的砂条磨低,否则,会使气缸磨成锥形。

④安装磨头。将磨头节头座和转杆装在磨缸机或改装的钻床和手动电钻上。

⑤调节砂条压力。砂条对气缸的压力是决定缸壁光洁度的重要因素之一。压力大时,镗磨效率虽高,但粗糙度大,会造成砂条破碎;压力过小,会将气缸磨成"锥形"、"椭圆"。根据经验,将磨头放入气缸内,用手旋转调整盘,使砂条向外扩张,直到砂条紧贴气缸壁,松手后,磨头不能自由下落,上下移动时又没有很大阻力为最合适。

(2)磨缸时的注意事项

①打开冷却液开关,使冷却液注入磨缸头与气缸壁之间,用来冷却和冲刷磨屑,压力和流量不应太小(冷却液用煤油、柴油,或者在煤油中加入 15%～20%的机油)。

②接通电源,在磨头旋转的同时,必须作上下运动,以防气缸各部磨削不均。磨缸头的旋转速度和上下运动的速度是决定气缸壁光洁度的又一重要因素。磨头的旋转速度和上下运动的速度应有一定的比例(上下运动速度和旋转速度多选用 1:13～1:14 的比例)。一般铸铁气缸,磨头的线速度为 60～75m/min,往复运动为 10～20m/min。根据气缸长度(一般为 200mm 左右)和磨头转速,磨头上下往复运动 25～50 次/min(细磨取下限,粗磨取上

限)。上下运动的速度应均匀,切勿只在一段内移动或中途停止,或快、或慢。

③磨缸时,砂条上下露出的多少由砂条和气缸的长短而定。砂条在上下运动中露出过多,会将气缸磨成喇叭口;如果重叠,又会磨成"腰鼓形"。经验是:以上下露出15～20mm为宜。

④磨缸过程中,必须经常用量缸表正确测量缸径,镗磨至所需尺寸时,不可再去转动调盘,只需往复几次,达到需要的精确尺寸为止。

⑤磨缸时,应尽可能使磨缸主轴、磨缸头和气缸在一条直线上,以防磨偏。还应经常用活塞试配,以防磨大。目前,磨缸大半采用基轴制,即采用磨缸的方式来保证气缸壁与活塞的配合间隙。

⑥粗砂条磨至一定程度时(一般为磨削量一半)应换用细砂条光磨。当活塞与气缸配合间隙合适后,可用"00"号砂布包在磨缸头上,将气缸壁抛光。

(3)检验磨缸质量

①气缸表面应光滑看不到磨痕,表面粗糙度不低于△9。检验方法是:气缸壁呈黑蓝色看不到螺旋形磨痕,并能照出手指影子来。

②气缸不柱度、椭圆度在直径为100mm或大于100mm时,不得大于0.035mm;小于100mm者,不得大于0.02mm(缸内允许有深度不大于0.03mm的局部凹痕)。

1-66 微型汽车的配气机构有哪些部件?

配气机构包括进气门、排气门、气门摇臂、摇臂轴、凸轮轴、凸轮正时同步齿轮和正时同步带等。它的作用是按发动机每一气缸内所进行的工作循环和点火顺序的要求,使可燃混合气及时进入气缸并及时从气缸排出。

微型汽车发动机采用顶置式气门机构。在顶置式气门中,凸轮轴设置在气缸顶部。凸轮直接推动摇臂和气门的被称为顶置凸轮轴式。

顶置凸轮轴式凸轮轴置于气缸盖内,气缸盖形状复杂,并使发动机的高度增加,但没有推杆、挺杆,凸轮直接驱动气门的开闭,高速时,气门随从性好。这种形式原来只用于一般轿车。现在,国产微型汽车和夏利微型汽车均采用顶置凸轮轴式。

发动机在使用中,由于零部件磨损改变了配气机构的工作状况,气门的开启时间和最大开度减少,使发动机功率下降,燃料消耗增加,甚至导致发动机运转和起动不正常,必须及时检查、调整和维修配气机构零部件,以保证配气适时,进气充足,排气彻底,关闭严密,工作平稳无响声,使发动机具有良好的动力性和经济性。

1-67 怎样正确使用正时同步带?

微型汽车发动机驱动凸轮轴的正时同步带为齿形带。这种齿形带含有帘布线层或玻璃纤维线层,具有高抗拉力和耐久性,保证了运转平稳和非常低的噪声。但这种齿形带折曲时对破损很敏感,使强度大大降低;水或机油的接触污染,也会引起齿形带的橡胶膨胀,降低使用寿命。因此,正时同步带使用中要避免折曲,防止与水或机油接触。

1-68 安装正时同步带时应注意什么?

(1)切勿以很小半径急剧地弯曲正时同步带,这样做会折断芯线。

(2)不允许齿带沾上油和水,以防降低其使用寿命。

(3)安装时,切勿用旋具或类似的工具去插齿带。

(4)装上正时同步带后,转动发动机时应在曲轴处施力。

(5)如果使用原正时同步带,应按拆卸时在正时同步带背面所做的箭头标记安装,以使正时同步带的转动方向相同。

1-69 怎样更换长安之星的正时同步带?

①拆下蓄电池负极电线。

②放出发动机冷却液,拆下水管和制动助动器软管。

③取下发电机和空调压缩机V带及水泵V带轮。

④拆下曲轴V带轮和正时同步带罩壳。

⑤为便于安装正时同步带,应转动曲轴,对准正时标记,如图1-19所示,使凸轮轴正时同步齿轮上的正时标记"E"与缸盖罩上的"V"形标记对准;曲轴正时同步带轮上的标记与油泵壳体上的箭头标记对准。

⑥拆下正时同步带张紧轮、张紧轮板、张紧轮弹簧和正时同步带,如图1-20所示。

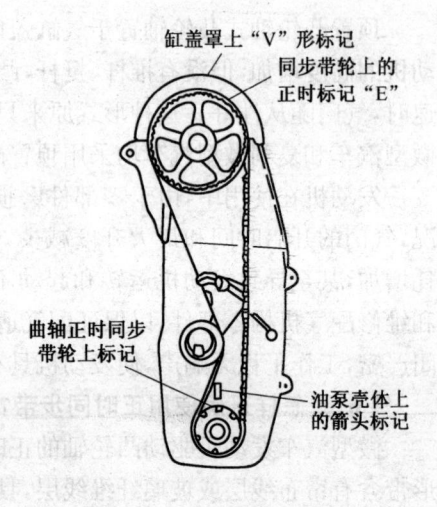

图1-19 对准正时标记

拆下正时同步带后,不能转动凸轮轴和曲轴。如果转动,会使活塞碰撞气门有关零部件,损坏气门。凸轮轴和曲轴允许转动范围如图1-21所示。

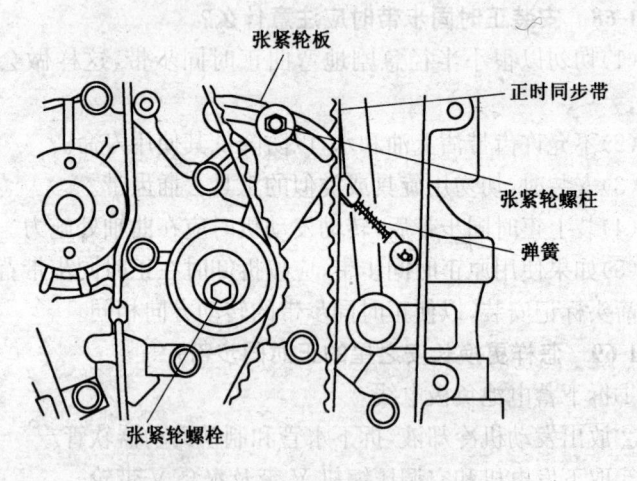

图1-20 拆下正时同步带张紧轮

第一章 发动机的检修与故障排除

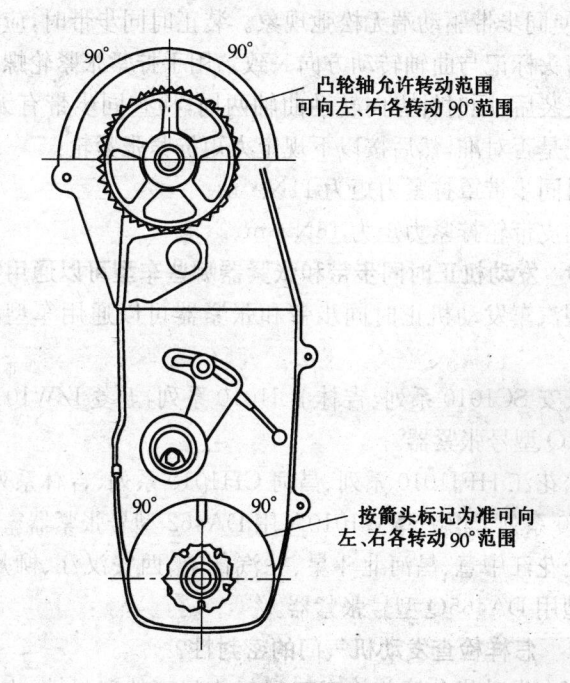

图 1-21 凸轮轴与曲轴允许转动范围

检查正时同步带磨损情况。如正时同步带磨损严重或有裂纹,应更换正时同步带。

⑦将张紧轮板装在张紧轮上。把张紧轮板凸齿插入张紧轮孔中,安装张紧轮和张紧轮板。

⑧检查凸轮轴正时同步齿轮上的正时标记,应对准气缸盖罩上"V"形缺口。如果没有对准,可转动凸轮轴使两个标记对准。转动不能超过其允许范围。

⑨检查曲轴皮带轮标记应与油泵壳上的箭头对准。如果没有对准,可转动曲轴使两个标记对准。但转动不能超过允许范围。在这种情况下,第 4 缸活塞应位于压缩行程止点。

⑩安装正时同步带和张紧轮弹簧,使两组标记对准,张紧轮板

69

向上推,使同步带驱动端无松弛现象。装正时同步带时,应使同步带上的箭头标记与曲轴转动方向一致。用手拧紧张紧轮螺栓。

⑪安装后,顺时针方向转动曲轴两周,检查同步带有无松弛,正时标记是否对准,然后按以下规定力矩拧紧张紧轮:

正时同步带罩拧紧力矩为 11N·m。

曲轴皮带轮拧紧力矩为 16N·m。

1-70 发动机正时同步带和张紧器哪些车型可以通用?

微型汽车发动机正时同步带和张紧器可以通用车型有以下几种:

①长安 SC1010 系列、吉林 JLI1010 系列,五菱 IZW1010 系列用 JL462Q 型号张紧器。

②松花江 HFJ1010 系列、昌河 CH1010 系列、吉林系列、五菱 LZW1010 系列、沈微 SYW1010A 用 DA462 型号张紧器。

③松花江中意、昌河北斗星、一汽佳宝、西安汉江、柳州五菱、吉林微型用 DA465Q 型号张紧器。

1-71 怎样检查发动机气门的密封性?

可以在发动机分解前检查气门与气门座的密封性,也可在发动机气缸盖拆下后进行。

①发动机分解前的检查方法:转动曲轴,使第一缸活塞位于压缩行程上止点,变速器挂上一挡,拉手制动,将 490~589kPa 的压缩空气从火花塞螺孔压入气缸内,同时分别在进气管和排气管处查听,根据漏气声响,判断故障是在进气门还是排气门。其他各缸进、排气门漏气情况可用同样方法判断。

②气缸盖揭开后的检查方法:拆下气门,查看气门与气门座接触情况。如接触面有一条灰黑色的不间断光带,则表示该气门与气门座密封良好;若接触面有断续积炭痕迹或烧蚀斑点,则表示该气门与气门座不密封,应予修磨。

1-72 怎样检验气门?

维修时,要检查每个气门杆尾端有无偏摇、磨损和弯曲。检查

第一章 发动机的检修与故障排除

每个气门的工作面和杆有无磨损、烧毁或变形。如有必要,应进行更换。

用卡尺测量气门杆的直径,应多点测量,不要只在一处测量。如图 1-22 所示,使用千分表测量气门杆尾端偏摇,向④⑤方向移动气门尾端,如表针摆差超过使用限度,应进行更换。气门杆尾端偏摇使用限度:进气门为 0.12mm,排气门为 0.16mm。测量气门头厚度,标准为 0.8~1.2mm。使用限度:进气门为 0.6mm,排气门为 0.7mm。

使用千分表和 V 形架测量气门杆弯曲度。如图 1-23 所示,检查时,气门杆支承在两个距离 100mm 的 V 形架上,然后用千分表检查气门的 1/2 处即为弯曲度。如超过允许限度,应用手压机校正。

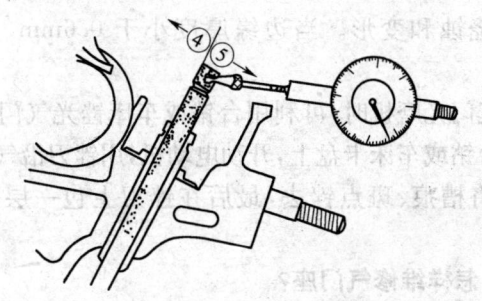

图 1-22 检查气门杆尾端的偏摇

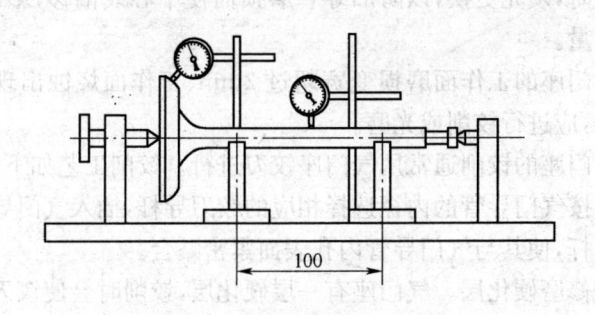

图 1-23 检查气门弯曲度

1-73 怎样光磨气门？

气门的光磨通常在气门光磨机上进行。气门的光磨工艺如下：

①检查砂轮面情况。如砂轮面不平整，用金钢刀修整。

②选择夹心夹和调整夹架角度。根据气门杆外径选择适当的夹心。将气门紧固在夹架上，然后按气门的规定角度调整夹架。

③光磨。先起动夹架的电动机，察看气门是否有摇摆现象。气门无摇摆时，再开动砂轮机进行光磨。光磨时，使气门工作面在砂轮上左右慢慢移动，以保持砂轮平整，并打开冷却液，提高气门工作面的光洁度，直到把旧痕全部磨去为止。

④摇退砂轮，关闭电动机和冷却液。

可在磨床上光磨修复。气门经光磨后，其边缘将逐渐减薄，工作时容易烧蚀和变形。当边缘厚度小于 0.6mm。时，应更换气门。

在无气门光磨机时，可利用台钻或车床锉光气门，方法是：将气门夹在台钻或车床卡盘上，开动电动机，用锉刀沿气门原来的工作面角度将槽痕、斑点锉去，最后在锉刀上包一层砂布进一步磨光。

1-74 怎样维修气门座？

修磨气门座时，可用铰刀或气门座磨光机进行。若同时换气门导管时，须先更换，以防旧导管磨损而使中心线偏移，影响座的修磨质量。

气门座的工作面磨损变宽超过 2mm、工作面烧蚀出现斑点、凹陷时，应进行铰削或光磨。

气门座的铰削通常用气门座铰刀进行。铰削工艺如下：

①按气门导管的内径选择相应的铰刀导杆，插入气门导管内，调整导杆，使其与气门导管内孔表面紧密贴合。

②修磨硬化层。气门座有一层硬化层，铰削时会使铰刀打滑，可用粗砂布垫在铰刀下面进行修磨，去掉硬化层再实施铰削。

③排气门座的铰削。长安牌、昌河牌微型汽车应根据图 1-24 所示次序进行铰削。必须使用 3 个铰刀。第一个 15°的角度,第二个 75°的角度,第三个 45°的角度,可形成理想的座宽。

④进气门座的铰削,根据图 1-25 所示的顺序进行铰削。

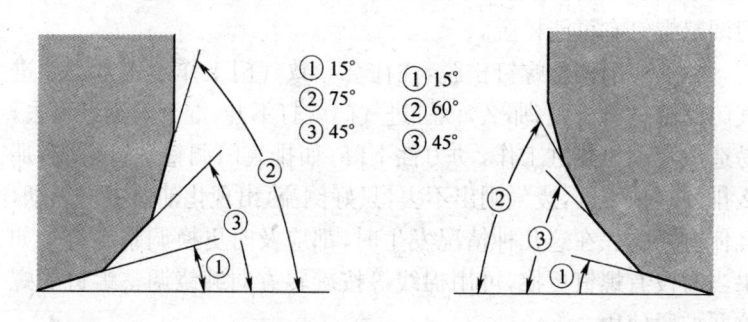

图 1-24 排气门座的角度　　**图 1-25 进气门座的铰削角度及顺序**

⑤气门抛光。先用比较粗的抛光膏涂在气门工作面上,再使用比较细的抛光膏。每次按普通的抛光方法使用抛光具。抛光后,抹去气门工作面和气门座上的抛光膏,涂上红丹油,检查气门与座的接触情况。

1-75 气门漏气有哪些原因?

①气门与气门座的配合部位磨损、烧坏或粗糙。

②气门弹簧折断或弹力减弱。

③气门间隙过小。气门间隙标准数值:热态时,夏利汽车和华利汽车的进、排气门均为 0.20mm,五菱汽车的进气门是 0.15mm,排气门是 0.25mm。冷态时,松花江汽车的进、排气门均为 0.13~0.18mm。

④气门座积炭过多或产生凹穴。在清除积炭时,应注意各个气门组件均为成套配合,卸下后不能相互搞乱,安装仍需按原件成套安装。

⑤气门杆部弯曲变形或气门头翘曲。

⑥气门在气门导管内上下往复运动时,有发涩或卡住情况

发生。

1-76 气门调整螺钉松脱怎么办？

气门调整螺钉有两个，一个是进气门调整螺钉，一个是排气门调整螺钉。两个气门调整螺钉的作用分别是调整进、排气门开度的大小，调节混合气进入和燃烧后的废气排出。汽车在使用中，气门调整螺钉有可能松脱。

如遇气门调整螺钉松脱，往往会导致气门工作不正常。如进气门调整螺钉松脱，那么，该缸进气门就打不开，混合气则进不去，易造成发动机热缸工作，动力性下降；如排气门调整螺钉松脱，那么排气门顶不开，废气则出不去，只好倒流，出现化油器中冒黑烟，且伴有异响。在这几种情况发生时，都应及时更换调整螺钉。如果当时没有螺钉更换，可用棉线等按旋转方向缠绕调整螺钉的螺纹并拧紧使用。

1-77 怎样研磨气门座？

气门座除用铰刀铰削外，还可用磨光机的砂轮进行修磨。砂轮修磨与铰刀铰削气门座大致相同。不同的是，砂轮代替铰刀，手电钻或电动机作动力代替手工铰削，而且，光磨气门座速度快、质量高。光磨时操作要点如下：

①根据气门座的工作角度选择合适的砂轮，并在砂轮修整器上，按工作面角度的要求，修整砂轮工作面。

②在气门导管内装上导杆，并滴上少许机油，再将修整好的砂轮安装在磨光机的端头上。

③打开电动机开关进行光磨时，电动机要保持垂直，向下微施压力，光磨时间不宜过长，勤检查，勤试配。如接触面的宽度和位置不符合要求，可选不同角度的砂轮进行修磨。停止操作时，先关电动机，待砂轮停止转动后再取出，检查接触面情况。

1-78 气门与气门座接触面有什么要求？

气门经过研磨后，要求在气门工作锥面中间部位有一与气门座的接触带，其宽度为：进气门 1.2～1.5mm，排气门 1.5～

2.0mm。接触带如过窄,不利于气门散热;接触带如过宽,不利于挤碎位于在气门与座接触面间的炭粒,使接触面磨损加剧,影响气门与座的密封性,一旦密封失效,将烧毁气门与气门座。

1-79 为什么排气门要比进气门接触面要宽？

气门与气门座的接触带宽度:进气门1.2～1.5mm,排气门为1.5～2.0mm。

由于气门,特别是排气门处于高温工作条件下,要求气门材料具有良好的耐热性和抗氧性。所以,排气门通常采用硅铝合金钢材料。气门座圆也采用硬度较高、耐高温和不易腐蚀的合金铸铁材料。排气门经常受高温废气的冲击,要求其散热尽可能快,以免被高温烧蚀,所以,要适当加大其接触带的宽度。

1-80 为什么气门要早开迟闭？

(1)进气门

进气门早开、迟闭的总目的是使更多的新鲜混合气进入气缸,提高充气效率、提高发动机功率。具体地说有以下三方面的原因：

①早开、迟闭可以适当增加进气时间。

②早开可以保证在活塞到达上止点时气门有最大开度,使进入气缸的混合气或空气多。

③迟闭可以利用进气惯性增加进入气缸的混合气或空气。

(2)排气门

排气门早开、迟闭的总目的是使废气排除干净,从而提高充气效率。具体地说有以下三方面的原因：

①排气门早开,可以使燃烧后的废气利用废气本身的压力先排出一部分。

②由于排气门早开,废气自行排出,使气缸内压力降低,减小了活塞上行的阻力。

③排气门迟闭,可以利用废气的流动惯性使一部分废气继续排出。

1-81 气门产生积炭的原因是什么？

积炭是石油的氧化沉积物，来源于燃油和润滑油。通常在温度较高的排气门头部等地方出现的炭层为土红色，虽然这些炭层未分布于气门的工作面上，但由于炭层的逐渐加厚和自然脱落，致使气门磨损加速而闭合不严，从而使活塞、活塞环和气缸壁三者匹配不良，导致发动机功率下降。

气门杆上的积炭是由于气门杆部的温度对所用的润滑油来说太高所造成的。下列原因之一均可导致气门积炭过多。

①火花塞或喷油器工作状态不良，以致燃油雾化质量差。

②发动机油底壳内加注机油量过多，或机油牌号不对，黏度过稀。

③燃油质量不好，含有过量的胶质。

④活塞环磨损致使燃油燃烧不完全。

⑤空气滤清器滤清作用不良，或油浴式空气滤清器中加入过量的机油。

⑥保养方法不当。有的使用人员在盖气缸盖之前，习惯于在气缸套内的活塞顶部多加些机油，以使气缸内部得到更好的润滑。但这样做会导致在发动机起动后不久易出现活塞被咬住的情况，使活塞环失去弹力，导致气缸内及气门处产生大量积炭。

1-82 怎样防止气门座圈松动？

汽车在行驶中有时会出现这种现象：当发动机在温度不太高时，偶尔可以听到清脆的"嗒嗒"声，时而频繁出现，时而很快消失，同时出现个别缸不工作。在声响消失后，发动机又恢复正常工作。这种故障多为座圈松脱所致。

气门座圈松脱的主要原因是气门座圈镶配过于宽盈或是不够，座圈材料选用不当，热膨胀系数太小，都会引起气门座圈松脱。

故障发生后，先用断火法找出不工作的缸，再使用检查排气门漏气的方法进一步检查，即拆下分电器盖，一人贴近消声器排气口听声音，一人慢慢转动曲轴。若消声器在排气时有清晰急促的

第一章 发动机的检修与故障排除

"喷、喷"声,则表示该缸气门密封良好。若发出细而长的"咝、咝"声,即表明排气门漏气,应迅速停止转动,检查分火头指向。分火头所指缸即为故障缸。拆下气缸盖,若发现气门座圈松脱,应及时修复,如无修复条件时,也可用旧缸垫薄铜皮垫入座圈和座孔间救急。

1-83 怎样调整气门间隙?

气门脚的正常间隙会因配气机构零件的磨损而发生变化。间隙过大,会使气门升高幅度减小,引起充气不足,排气不畅,而且会带来不正常的敲击声;间隙调整过小,会使气门工作时关闭不严,造成漏气,易使气门与气门座的工作面烧蚀,使发动机起动困难,动力不足。因此,我们要认真细致地按规定调整好气门脚间隙,以保证发动机的正常工作。气门脚的正常间隙见表1-7。

表1-7 气门正常间隙 (mm)

车 型	冷发动机		热发动机	
	进气门	排气门	进气门	排气门
昌河牌微型车	0.13	0.18		
大发微型车			0.20	0.20
菲亚特126P	0.20	0.25		
吉林牌微型车	0.13	0.18		

1-84 气门出现响声怎么办?

气门间隙响声的故障有以下三种情况:

①如果个别气门间隙过大,在急速时响声清晰均匀,提高发动机转速时,响声即增高,气门室盖旁响声较大。

②如果气门间隙调整不当,气门调整螺钉松动,间隙平面不平,发动机运转时就会有一种"达达"的金属敲击声。

③如果多个气门间隙过大,响声特别大,并且嘈杂无规律。

排除气门间隙响声的故障要领有四:一听、二试、三调、四换。"听"就是先用旋具接触气门室盖上仔细察听;"试"就是拆下气门

77

室盖,用合适的塞尺插入,测量气门间隙,通过响声减少或消失,检查该气门间隙是否过大;"调"是按气门间隙标准值进行调整;"换"是指调试后听到类似响声还在,说明凸轮轴和摇臂已经磨损严重,应及时维修和更换凸轮轴和摇臂。

1-85 怎样修理气门杆与导管?

气门杆与导管配合间隙过大,将使气门杆在导管中晃动,润滑油会在导管内产生积炭,加剧气门杆与导管的磨损。

(1)气门杆与导管配合间隙的检查

当气门杆与导管磨损至一定限度时,即应更换缩小内径尺寸的气门导管或换用加粗气门杆的气门。其标准尺寸和磨损间隙增大的允许限度见表 1-8。

表 1-8 昌河牌、松花江牌和长安牌气门杆与导管的间隙

(mm)

项 目		标准值	使用限度
气门杆直径	进气门	6.965~6.980	—
	排气门	6.955~6.970	—
气门导管直径	进气	7.000~7.015	
	排气	7.000~7.015	

检查时,先将气门提高至 15mm 左右,摇动气门,其摇动量可用千分表来测量。根据表针的摆动量,即可知道间隙的大小。另外也可用量规来检查。

发动机大修时,绝不能再次使用从发动机上拆下的气门杆油封,应更换新油封。气门杆油封安装如图 1-26 所示。安装气门油封应使用专用工具,不允许用金属器具敲打油封,否则,新油封会损坏,使润滑油流进燃烧室,造成排气冒蓝烟的现象。

(2)更换导管的方法

①先选用与导管尺寸合适的冲头,将旧导管在压床上或专用导管拆装机上压出。

②新导管的外径与导管孔有一定的过盈(0.03mm)。为便于压入,在新导管外壁上涂以机油,压入气缸盖内。如有条件,最好均匀地把气缸盖加热80℃～100℃,这样,气缸盖就不会变形。

③注意有的车型进、排气导管长度不相同。进气门导管短,排气门导管长。

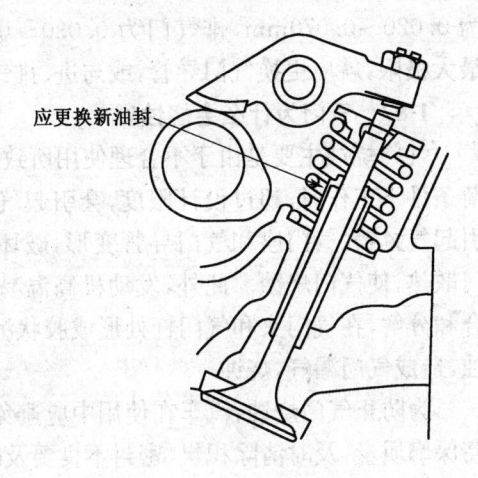

图 1-26 气门杆油封的安装

④检查所有气门导管的内径,和气门杆直径读数数字相比。如果配合间隙过小,应使用铰刀铰大导管内径。

⑤铰削配合。铰削时,应不断进行配合试验,应更换新油。简单的检验方法是:在气门杆上涂一薄层机油,放入导管时,如气门能以本身自重缓缓下降,则表明间隙大致合适。

1-86 气门导管与气门杆配合间隙不当对发动机有什么危害?

气门导管是气门杆上下运动的轨道,气门的部分热量要经过气门杆及导管散出。如其间隙过小,气门杆受热膨胀而卡死在导管中;间隙过大,气门温度升高,容易形成积炭,破坏润滑,导致磨损加剧,甚至刮伤。为使气门杆在导管中自由移动,既不卡死又无松旷现象,装配时,气门导管与气门杆之间应有适当的间隙。夏利和华利汽车气门杆与导管的间隙:进气门为 0.040～0.090mm,排气门为 0.045～0.100mm。长安汽车气门杆与导管的间隙:进气门为 0.020～0.070mm,排气门为 0.030～0.090mm。五菱牌汽车气门杆与导管的间隙:进气门为 0.025～0.055mm,排气门为 0.040～0.070mm。松花江牌汽车气门杆与导管的间隙:进气门为 0.020～0.070mm,排气门为 0.030～0.090mm。如间隙超过最大极限,就应更换气门导管,或与进、排气门一起更换。

1-87 气门为什么会烧蚀?

气门烧蚀主要是由于不合理使用所致。发动机长时间在大负荷条件下工作时,超过设计限度,会引起气门早期磨损,同时还会引起气缸盖、气门座和气门导管变形,破坏气门的密封性,影响气门散热,使气门烧蚀。此外,发动机高温易引起机油、燃油氧化聚合和分解,在气门头和气门杆处形成胶状沉积物,使气门密封面腐蚀,造成气门漏气、烧蚀。

为防止气门烧蚀,汽车在使用中应避免长时间大负荷工作,提高保修质量,及时清除积炭,密封不良要及时研磨。如气门间隙过小,应按标准进行调整。

1-88 怎样检验气门弹簧?

气门弹簧长期使用后,会产生塑性变形,使弹簧长度缩短,弹力不足,影响气门关闭的严密程度。弹簧折断后,不仅影响发动机正常工作,还会发生气门掉入气缸、引起发动机损坏的事故。

在发动机大修时,必须对气门弹簧进行技术检查。

使用卡尺测量气门弹簧的自由长度,如图 1-27 所示。当弹簧长度缩短时,可在弹簧上加装垫圈以恢复其应有的长度,但缩短超过 3mm 时,即应更换新弹簧。

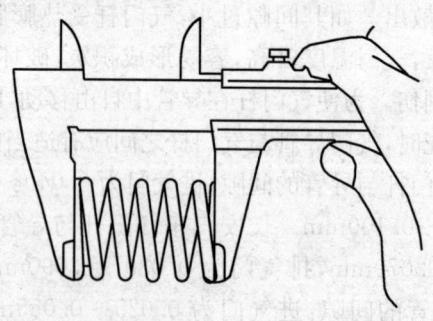

图 1-27 检查气门弹簧的自由长度

第一章 发动机的检修与故障排除

气门弹簧的弹力可用弹簧测量器进行检查。如图 1-28 所示，检验的结果应符合技术要求。如不符合规定，应更换。松花江牌、长安牌、昌河牌微型汽车气门弹簧技术要求见表 1-9。

表 1-9 昌河牌、松花江牌、长安牌气门弹簧数据

项目	标准值	使用限度
气门弹簧自由长度(mm)	47.7	46.5
40mm 时气门弹簧预负荷(N)	255～294	235
垂直度(mm)		1.5

在无弹簧测量仪时，可用新旧弹簧比较进行测量。取一标准的弹簧一起放在平板上，看其长度是否一样。在两只弹簧间垫上一块铁皮，一并夹在虎钳上，压缩后若两者长度一致或相差不多，则表明弹力合适，如相差过多为弹力过弱。

检查弹簧的垂直度。使用角尺和水平板检查每个弹簧的垂直度。如图 1-29 所示，测量气门弹簧终端和角尺之间的间隙。若间隙超过 1.5mm，必须更换气门弹簧。

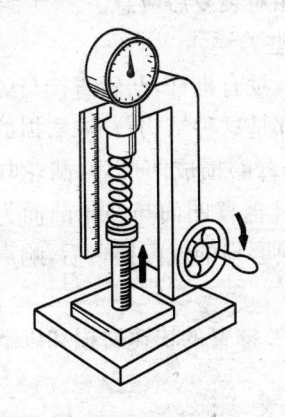

图 1-28 检查气门弹簧的弹力　　图 1-29 检查弹簧的垂直度

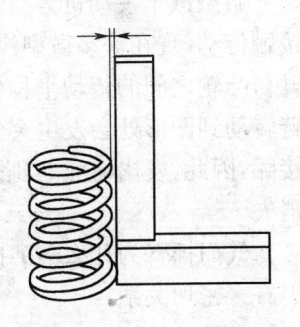

1-89 为什么采用不等螺距气门弹簧？安装时有什么要求？

气门弹簧在发动机工作过程中，易发生共振而产生响声，甚至断裂。采用不等螺距弹簧,可使气门在开启压缩气门弹簧时,螺距小的逐渐先叠合,使弹簧的实际工作圈数逐渐减少,刚度和固有频率逐渐提高,因而避免了共振的发生。在安装不等距弹簧时,应将螺距小的一端朝向气门头。

1-90 气门弹簧有响声怎么办?

在发动机运转时,有时其上部会有一种"嗒、嗒、嗒"的声响,较有节奏,并随转速的提高而增强。只要贴近发动机仔细听,可明显听出在坚实的声响后还有种较轻微的声响,或者是"沙、沙、沙"的连响,即使采用断火试验,声响仍然存在,这是由于气门弹簧过软或折断所致的故障。

检查和排除气门弹簧的响声时,可先拆下气门室盖,使发动机中速运转,观察气门的工作情况,确定发响部位。如气门弹簧折断即可发现。若气门弹簧没有折断,可用一字旋具往上撬起弹簧,若声响消失或减弱,即表明为气门弹簧过软。弹簧过软时,可在弹簧座处加垫。如果弹簧折断,可将弹簧更换。如果没有备件,而弹簧折断不厉害,可把两段反过来使平面相对装复后应急。

1-91 气门早期磨损的原因有哪些?

微型汽车发动机为凸轮轴顶置式,没有推杆,凸轮直接与摇臂接触传动(现在许多微型汽车发动机都是这种结构)。未磨损的摇臂与凸轮之间的传动平稳。当气门摇臂磨损成凹形后,凸轮与摇臂转动到凹形处会发生突然冲撞,而且摇臂凹面与凸轮凸面为面接触,因此,发出清脆的"嗒嗒"声,更换磨损的气门摇臂后,响声即消失。

气门摇臂为什么会磨损成凹形呢?摇臂的快速磨损和以下原因有着密切关系:

①发动机缺少机油或长期缺乏保养。机油不清洁、机油泵工作压力低是加速气门摇臂磨损的重要原因。汽车凸轮轴、摇臂、气门杆及摇臂轴的润滑必须良好。为保证油道孔的机油压力和其他零件的正常润滑,此孔有规定尺寸。如果发动机长期缺乏保养,机

油过脏、变质都容易将此孔堵塞,轻则造成缸盖上的零件(如摇臂等)润滑不良,加速磨损,重则使凸轮咬死。同样原因,如发动机润滑油不足或机油泵工作压力过低,也会使缸盖上的摇臂等零件润滑不良而加速磨损。

②驾驶人操作不当。有的驾驶人习惯车一发动,就马上加速起步,不经怠速运转;还有的驾驶人为快速走热发动机,有轰油的不良习惯,或把节气门联动装置拉到很高的位置,使发动机高速空转。这样一来,机油还未来得及到达缸盖上方的摇臂室,凸轮和摇臂就发生高速干磨,加速摇臂的磨损。

③气门杆弯曲变形和气门导管咬住、气门摇臂和摇臂轴发咬、配气相位错动,使气门顶着活塞等原因都会使凸轮和摇臂传动时的作用力增加,从而加速凸轮和摇臂的磨损。实践证明,不及时更换正时同步带,当发动机运转中,正时同步带如断裂将会造成配气机构严重损坏。

1-92 怎样维修气门摇臂和摇臂轴?

检查气门摇臂与摇臂轴的间隙。摇臂与摇臂轴的配合间隙一般为 0.02～0.05mm,最大不超过 0.09mm。超过时,应在摇臂孔内镶衬套修复,但衬套油孔与摇臂上的油孔要重合,以保证机油顺利通过。昌河牌等微型汽车气门摇臂与摇臂轴的间隙见表 1-10。

表 1-10 昌河牌、松花江牌、长安牌气门摇臂与轴的间隙

(mm)

项 目		标准值	使用限度
摇臂内径		14.985～15.005	—
摇臂轴直径		14.965～14.980	—
臂与轴间隙	进气	0.005～0.040	0.07
	排气	0.005～0.040	0.07

气门摇臂轴与气门杆的端头要对正,其误差不得大于 0.5mm。摇臂弹簧如折断、变形,应更换。

气门摇臂轴直径和摇臂内孔的磨损超过使用限度时,应更换新品。

应使用V形架和千分表检查摇臂轴的垂直度,超过使用限度时,可用木槌校正变形或更换。

如调整螺钉的尖端严重磨损时,应更换螺钉。摇臂与凸轮接触面磨损严重时,必须更换摇臂。

1-93 怎样检查调整凸轮轴轴向间隙?

微型汽车发动机凸轮轴的轴向间隙由止推板(止推凸缘)与隔圈的厚度差决定。其间隙均为0.10~0.20mm,最大不得超过0.30mm。检查时,可直接测量止推板与隔圈的厚度差。若发动机总成未分解,检查凸轮轴轴向间隙时,应拆下正时同步齿轮盖及齿轮室旁盖,将凸轮轴向前撬动,然后用塞尺检查。凸轮轴轴向间隙过大时,更换止推板予以调整。注意:调整时,隔圈的厚度应符合要求,不能任意减薄,否则将改变凸轮轴的轴向位置,影响配气相位的准确性。

1-94 怎样检修凸轮轴?

检查凸轮轴的弯曲时,应以两端轴颈为支点,或将凸轮轴安装于车床两顶针间,用千分表在中间轴颈上测量摆差。如果超过使用极限,应用冷压法校正。微型汽车径向跳动极限值为0.03mm。

(1)检查凸轮轴与气缸盖轴孔的间隙

松花江牌、长安牌和昌河牌微型汽车凸轮轴与气缸盖轴孔间隙见表1-11。

表1-11 昌河牌、长安牌、松花江牌凸轮轴与轴孔间隙(mm)

凸轮轴轴颈直径	孔直径	标准值	使用限度
44.225~44.250	44.300~44.316	0.050~0.091	0.15
44.225~44.250	44.300~44.316	0.050~0.091	0.15
44.025~44.050	44.100~44.116	0.050~0.091	0.15
43.825~43.850	43.900~43.916	0.050~0.091	0.15
43.625~43.650	43.700~43.716	0.050~0.091	0.15
43.425~43.450	43.500~43.516	0.050~0.091	0.15

第一章 发动机的检修与故障排除

如果任何一个凸轮轴径向间隙超过使用限度,或凸轮轴弯曲,将引起发动机噪声增加,应更换凸轮轴。如果必要,也要换气缸盖。因此,发动机大修时,必须测量凸轮轴轴颈。如图1-30所示。

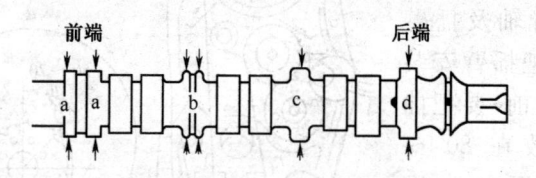

图1-30 测量凸轮轴轴颈

（2）检查凸轮轴的高度

每个凸轮的高度应在允许的范围内,超过磨损限度时,应更换。铃木牌、吉林牌微型车凸轮高度见表1-12。昌河牌微型车凸轮高度与吉林牌微型车相同。大发微型车凸轮高度为40.087±0.1mm,使用限度为39.80mm。超过使用限度时,应更换凸轮轴。每个凸轮的高度应在标准或使用限度内,测量方法如图1-31所示。

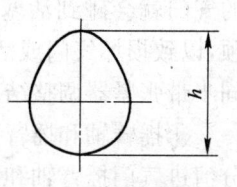

图1-31 测量凸轮高度

表1-12 铃木牌、吉林牌微型车凸轮高度 （mm）

凸轮高度	标准值	使用限度
进气凸轮	36.125	36.100
排气凸轮	36.125	36.100
泵驱动凸轮	33.300	33.000

1-95 怎样安装凸轮轴、摇臂轴和摇臂？

①将凸轮轴从前部放进气缸盖内。放进前,应将轴颈部位涂上润滑油。

②安装凸轮轴止推板。止推板位置安装正确后,用手转动凸轮轴,检查转动是否灵活。

③安装摇臂轴和摇臂。安装松花江牌、昌河牌、长安牌发动机摇臂轴及摇臂时,注意把摇臂安装在气缸盖前,要把曲轴键槽放在 80°～100°的范围内,如图 1-32 所示。如果键槽在其他角度位置,有的气门就会碰到活塞

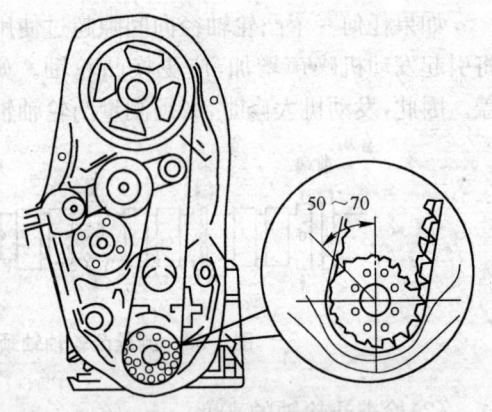

图 1-32 曲轴键槽转动的角度

顶,以致损坏气门或活塞顶。应使曲轴保持该角度位置,直至正时同步带张紧器调整结束为止。

④摇臂轴和摇臂装入气缸盖时,应在轴上涂润滑油。注意要分清进气门摇臂轴和排气门摇臂轴。

⑤安装摇臂轴时,要全部拧松气门调整螺钉,但不可把螺钉卸下。

1-96 怎样判断凸轮轴轴承响声?

凸轮轴轴承响声发闷,在凸轮轴承附近有振动,断火试验时,响声无变化。用金属棒或听诊器抵在凸轮轴轴承外侧试听,反复改变发动机转速,听到有响声并感到有振动,表明是凸轮轴轴承响。如凸轮轴轴颈与轴承的配合间隙稍微增大,一般不易发出响声,当响声明显,说明故障比较严重,应及时排除,以防造成凸轮轴轴颈和轴承的烧损。

1-97 怎样判断和排除气门响声?

气门间隙过大时,汽车发动机在工作时会有一种特有的响声,其频率比发动机其他响声要低。因为气门由凸轮轴驱动,凸轮轴转速只有曲轴转速的一半。

气门响声是一种连续有节奏的"嗒、嗒、嗒"的金属敲击声,在

急速和中速时较为清晰明显,发动机温度改变或断火时,响声无变化。检查时,可卸下气缸盖罩,在发动机急速运转时,在气门摇臂与凸轮的间隙处插入塞尺,逐个进行试验。当插入到某个气门摇臂间隙处响声消失或减弱时,即为该气门间隙过大。

故障原因和排除方法如下:

①凸轮轴凸轮与摇臂间隙过大。在发动机热状态时,将气门摇臂与凸轮间隙调整为:夏利汽车的进、排气门间隙为 0.20 ± 0.05mm;华利汽车的进、排气门间隙为 0.20mm;长安汽车的进、排气门间隙为 0.23～0.28mm;五菱汽车进气门间隙为 0.15mm,排气门间隙为 0.25mm;松花江汽车的进、排气门间隙为 0.23～0.28mm。在发动机冷状态时,夏利和华利汽车的进、排气门间隙为 0.15mm;长安汽车的进、排气门间隙为 0.13～0.18mm;松花江汽车的进、排气门间隙为 0.13～0.18mm。

②气门弹簧断裂。更换气门弹簧。

③凸轮轴磨损。凸轮的凸起高度磨损量若超过极限尺寸,应更换凸轮轴和摇臂。夏利和华利汽车凸轮凸起高度的极限值是 39.80mm;五菱汽车的进气凸轮凸起高度的极限值是 38.92mm,排气凸轮是 39.02mm;松花江和长安汽车凸轮凸起高度的极限值是 36.10mm。

④气门杆与导管间隙过大。夏利和华利汽车的规定值:进气门导管与气门杆的间隙为 0.045～0.100mm;五菱汽车的进气门导管与气门杆的间隙为 0.025～0.055mm,排气门导管与气门杆的间隙为 0.040～0.070mm;松花江汽车的进气门导管与气门杆的间隙为 0.020～0.070mm,排气门导管与气门杆的间隙为 0.030～0.090mm。如超过规定值时,应更换磨损零件。

⑤调整螺栓和锁紧螺母若有松动,应重新调整气门间隙,固定锁紧螺母。

1-98 影响配气正时的原因有哪些?

导致实际的气门开闭角度与标准的开闭角度发生误差的原因

有以下几点：
①正时同步带磨损严重或断裂。
②气门间隙过大或过小。
③正时同步带安装错误。此时，往往会出现与正确的配气正时啮合位置相错一个齿或两个齿的情况。
④凸轮磨损或凸轮轴有弯曲。

1-99 气门摇臂和摇臂轴哪些车型可以通用？

微型汽车发动机气门摇臂和摇臂轴可以通用的车型有以下几种：

①长安SC1010系列，松花江HJL1010系列，昌河CH1010系列，吉林JL1010系列，五菱IZW1010系列，可通用JL462Q发动机摇臂和摇臂轴。

②松花江中意，昌河北斗星，一汽佳宝，西安汉江，柳州五菱，吉林微型，可通用DA465Q摇臂和摇臂轴。

1-100 凸轮轴哪些车型可以通用？

微型车发动机凸轮轴可以通用的车型见表1-13。

表1-13 凸轮轴可以通用的车型

发动机型号	通用车型
JL462Q DA462 DA462-1A	长安SC1010、SC1010A、SC1010X、SC1010XA、SC1011A、SC5010系列(JL462Q)； 松花江HFJ1010、HFJ1010D、HFJ1010E； 昌河CH1010、CH1010F、CH1011、CH1011G、CH1012、CH5010系列； 沈微SYW1010A、(DA462、DA462-1A)； 汉江SFJ1010、SFJ1010X$_2$、SFJ1010E、SFJ1010E$_1$、SFJ1010E$_2$、SFJ1010X、SFJ1010X$_1$(选装)； 吉林JL1010B、JL6320、JL1010D、JL63250、JL1010H(选装)； 五菱LZW1010D、LZW1010SD、LZW1010PB、LZW1010VHB、LZW1010FB(选装)
DA465Q	松花江中意；昌河北斗星；一汽佳宝；柳州五菱；西安汉江；吉林微型

第一章 发动机的检修与故障排除

1-101 发动机工作无力、温度过高是什么原因造成的？

排除发动机动力不足的常规做法是：先检查该发动机的各气缸压力，燃料系统的油平面高度、加速喷口的喷油情况，点火系统的断电器接触点、电容器、点火线圈、火花塞，如结果一切都正常，接着用"逐缸断火法"检查发动机各缸的工作状况，发现3个缸都在工作且作功情况无明显差别，但发动机发闷、过热，排气管温度也很高。据此怀疑排气管有堵塞。

拆下排气管，发动发动机，发动机温度、加速、怠速一切正常。再检查排气管消声器，发现积炭、油泥已将排气通道大部堵塞。

1-102 什么是配气相位？

①进气提前角：在排气冲程接近终了时，活塞到达上止点之前，进气门便开始开启。从进气门开始开启到上止点所对应的曲轴转角称为进气提前角（或早开角，用 α 表示，α 一般为 $10°\sim 30°$）。进气门早开、活塞到达上止点开始向下移动时，因进气已有一定开度，所以，可较快地获得较大的进气通道截面，减少进气阻力。

②进气滞后角：在进气冲程下止点过后，活塞重又上行一段，进气门才关闭。从下止点到进气门关闭所对应的曲轴转角称为进气滞后角（或晚关角，用 β 表示，β 一般为 $40°\sim 80°$），进气门晚关，是因为活塞到达下止点时，由于进气阻力的影响，气缸内的压力仍低于大气压，且气流还有相当大的惯性，仍能继续进气。下止点过后，随着活塞的上行，气缸内压力逐渐增大，进气气流速度也逐渐减小，至流速等于零时，进气门关闭，β 角最适宜。若 β 过大，便会将进入气缸的气体重新又压回进气管。

③排气提前角：在发动机作功冲程的后期，活塞到达下止点前，排气门便开始开启。从排气门开始开启到下止点所对应的曲轴转角称为排气提前角（早开角），用 γ 表示，γ 一般为 $40°\sim 80°$。恰当的排气门早开，可使气缸内还有 $300\sim 500kPa$ 的压力使气缸

内的废气迅速排出,待活塞到达下止点时,气缸内只剩110~120kPa的压力,使排气冲程所消耗的功率大为减小。此外,高温废气的早排,还可防止发动机过热。但γ角若过大,则将得不偿失。

④排气滞后角:在活塞越过上止点后,排气门才关闭。以上止点到排气门关闭所对应的曲轴转角称为排气滞后角(或晚关角),用δ表示。δ一般为10°~30°。由于活塞到达上止点时,气缸内的压力仍高于大气压,且废气是有一定的惯性,所以,排气门适当晚关可使废气排得较干净。

由上可见,进气门开启持续时间内的曲轴转角,即进气持续角为α+180°=β,排气门开启持续时间内的曲轴转角即排气持续角为γ+180°+δ。如图1-33所示。

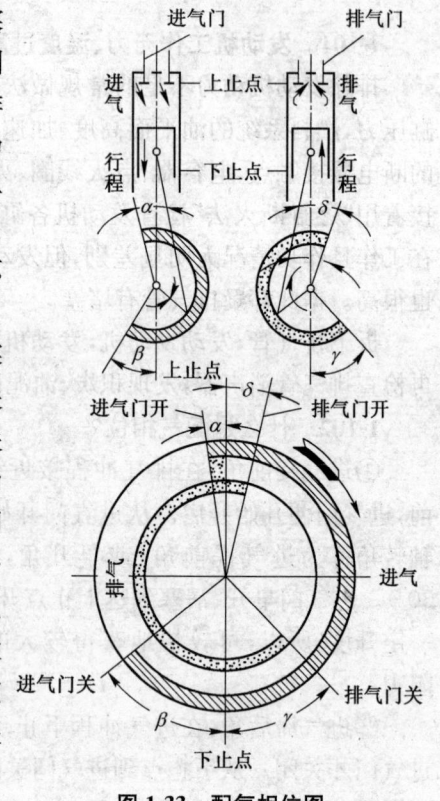

图1-33 配气相位图

1-103 燃料系统的作用是什么?它由哪些主要部件组成?

汽油发动机燃料供给系统的作用是:根据发动机不同工况对燃料的要求,配制出一定数量和浓度的可燃混合气供给气缸,使之在预定时刻着火燃烧而膨胀做功,最后供给系统还应将燃烧产物(即废气)排出发动机体外。

汽油发动机燃料供给系统由下列装置组成:

①汽油供给装置。包括汽油箱、汽油滤清器、汽油泵、油管等,用来执行汽油的储存、清洁和输送任务。

②空气供给装置。主要是空气滤清器,任务是净化空气。

③可燃混合气形成装置(即化油器)。其任务是将汽油和空气配制成一定浓度的可燃混合气。

④进、排气装置。包括进气管、排气管、消声器等,其任务是根据发动机发火次序要求,向气缸内输送可燃混合气,并将废气排出。

1-104 怎样识别汽油和柴油?

①将少许油放在手上,片刻就自行蒸发的则为汽油,柴油则难于自行蒸发。

②观看油的颜色。汽油一般为无色的透明液体(飞机用的汽油带蓝色,劣质汽油略带黄色)。柴油类似食油样的黄色(比劣质汽油的颜色重很多),重柴油呈黑色。

③汽油极易起火燃烧,燃烧时几乎无烟;柴油起火较困难,燃烧缓慢,有较浓的烟。

④汽油黏度小,流动性好,柴油黏度大,流动性较差(重柴油更是如此)。

1-105 空气滤清器的作用是什么?

微型汽车使用的范围广,使用环境复杂多变。为保证发动机的使用寿命,装有两级空气滤清器。第一级为旋风筒式滤清器,第二级为细毛毡滤芯式空气细滤清器。为保证混合气的形成质量,冬天时,应将经过预热的空气进入气缸。空气滤清系统的构造如图 1-34 所示。

(1)空气粗滤清器

旋风筒式空气粗滤清器的作用是清除空气中较大颗粒的尘土,使进入细滤清器的空气得到初步的过滤。

发动机工作时,空气从发动机盖上切向布置的进风导管进入旋风筒,产生初步旋转运动,粗大的尘土颗粒分离、跌落。当空气转动旋风叶片时,叶片进一步加速旋转,在离心力的作用下,空气

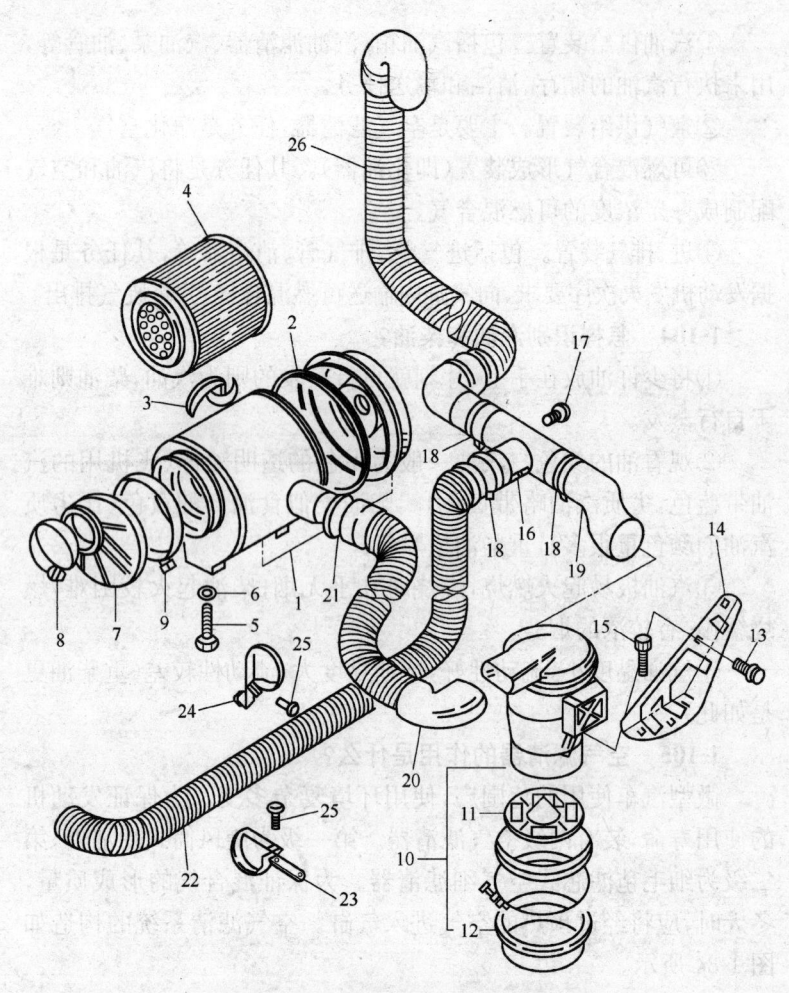

图1-34 空气滤清系统的构造

1.壳体 2.密封圈 3.夹箍 4.滤芯 5.螺栓 6.弹簧垫 7.偏心端盖 8、9.紧固带 10.空气粗滤清器总成 11.锥盘 12.储尘杯 13.螺栓、弹垫 14.粗滤清器支架 15.螺栓、弹垫 16.三通调气管 17.螺栓、弹垫 18.紧固带 19、20.连接管 21.紧固带 22.热气管 23、24.卡箍 25.螺钉 26.进气管

中的灰尘被抛向第二室内壁,下落经导尘盘跌进储尘杯内。经过

粗滤后的空气沿喇叭筒上升进入第三室,由出口流向空气细滤清器。上盖和壳体用胶粘接在一起,不允许漏气,装进旋风叶片后,不得有轴向窜动。储尘杯和壳体之间用 O 形橡胶圈密封。储尘杯中积存的尘土应及时倒掉。

(2)空气细滤清器

空气细滤清器应在车辆行驶 3000～10000km 时清洗一次。大端盖通过锁紧爪紧扣在滤清器壳体上,为防止漏气,中间垫有 $\phi 6mm$ 的海绵橡胶密封圈。滤芯总成紧压在大端盖内腔和滤清器壳体的内腔之间,为防止漏气,上下都有密封垫。滤芯套在带孔中心筒上,滤芯上下部与上下托盘均用环氧树脂粘接在一起,不允许脱开或漏气。滤芯用透气的工业细毛毡折叠而成,全周折叠共 45 折,展开长度为 2.5～2.6mm,过滤面积为 $3900cm^2$。发动机运转时,经粗滤器初步过滤的空气从进口进入细滤器第一室,再通过滤芯的微孔进入第二室,空气中的灰尘被挡在滤芯外表面,洁净的空气从第二室通过偏心端盖上的出口进入化油器。

1-106 为什么说空气滤清器的保养与耗油有关?

空气滤清器是汽车的重要部件,作用是可以滤除空气中的杂质,保证进入气缸的空气清洁干净,保护气缸等部件。但使用时间一长,空气滤清器滤芯上的杂质就会积聚、增多,使进气阻力增大,充气效率变差。对于湿式空气滤清器,一定要定期清洗油盆和更换新油,确保其畅通。

微型汽车的动力均使用汽油发动机,空气滤清器的堵塞会使进入气缸的空气量减小,使混合气中燃料的浓度加大,形成不完全燃烧,燃料消耗率随之就提高,一般要多耗油 4.5%。另外,空气滤清器堵塞度的增加还会使进气管真空度增加,而进气管真空度的增加又会使化油器主喷管喷出的油量增多。因此,应重视空气滤清器的保养,平时要经常清洗空气滤清器。

1-107 化油器的构造是怎样的?它是怎样工作的?

单腔平吸式双重喉管化油器,其构造如图 1-35 所示,其工作原理如图 1-36 所示。

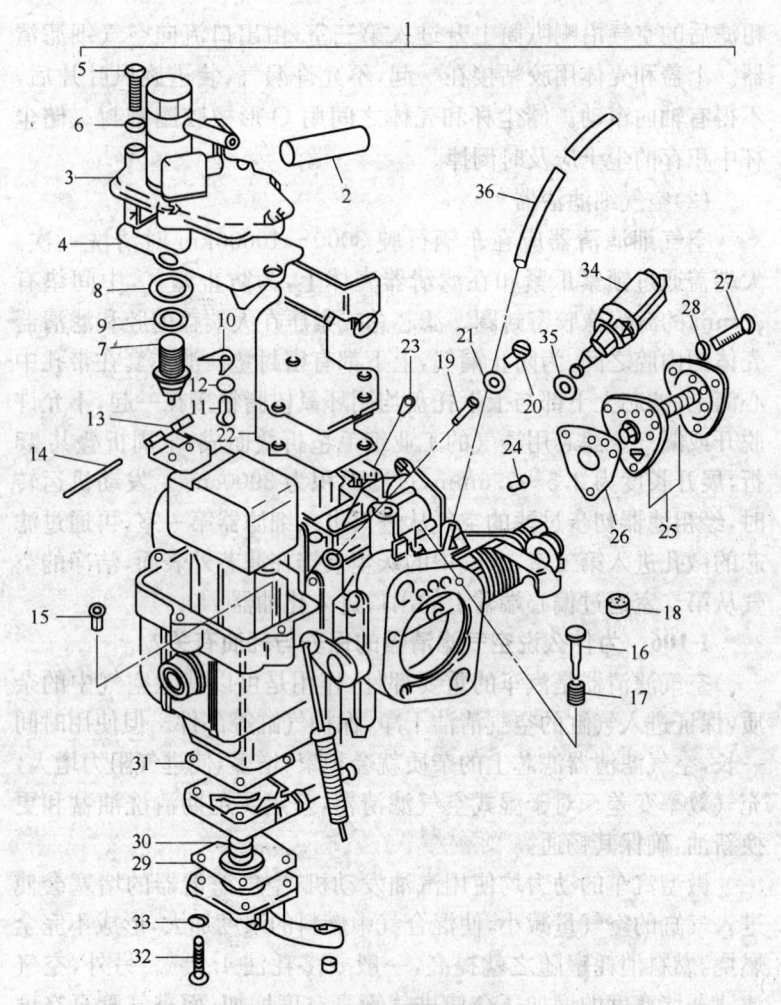

图 1-35 化油器的构造

1. 化油器总成 2. 平衡管 3. 浮子室盖 4. 密封垫 5. 螺钉 6. 弹簧垫圈
7. 三角针阀 8. 垫圈 9. O形密封圈 10. 卡子 11. 螺钉 12. 垫圈 13. 浮子
14. 浮子销 15. 主量孔 16. 怠速调整螺钉 17. 弹簧 18. 塑料帽 19. 怠速
量孔 20. 螺钉 21. 垫圈 22. 垫片 23. 怠速空气量孔 24. 节气门开度调整螺
钉 25. 真空加浓装置 26. 密封垫 27. 螺钉 28. 弹簧垫圈 29. 加速泵顶杆
30. 加速泵弹簧 31. 密封垫 32. 螺钉 33. 垫圈 34. 怠速断油电磁阀
35. 垫圈 36. 橡胶管(接分电器)

第一章 发动机的检修与故障排除

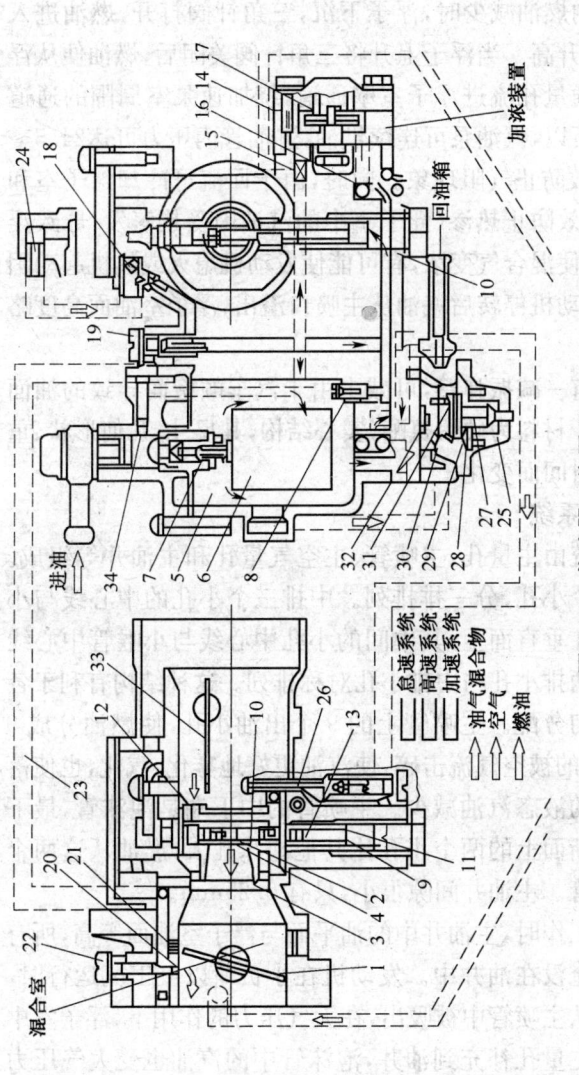

图1-36 化油器工作原理

1.节气门 2.小喉管 3.大喉管 4.主喷口 5.浮子室 6.浮子 7.三角针阀 8.主量孔 9.油井 10.主喷管 11.泡沫管 12.主空气量孔 13.泡沫管 14.真空加浓膜片 15.加浓调整螺钉 16.加浓阀门 17.弹簧 18.急速空气量孔 19.急速量孔 20.急速喷口 21.急速过渡喷口 22.真空加浓气管 23.急速调整螺口 24.急速孔道 25.膜片式加速泵 26.加速泵喷嘴 27.加速泵推杆 28.托盘 29.加速泵膜片 30.弹簧 31.托盘 32.加速孔腔 33.阻风门 34.旁通量孔

95

(1)燃油回流和浮子针阀

当浮子室内燃油减少时,浮子下沉,三角针阀打开,燃油进入浮子室,油平面升高。当浮子上升将三角针阀关闭后,燃油便从浮子室盖上的旁通量孔流进浮子室壁通道,绕加速泵室周围的通道流回燃油箱。所以,汽油泵可连续供油,进油管内压力可达24.5~34.3kPa,可有效防止气阻现象。同时,由于回流可冷却浮子室和加速泵室,可有效防止热渗(浮子室中的汽油因受热蒸发,导致浮子室压力升高,使混合气变浓,有可能使发动机熄火或热机起动困难)。为防止发动机停转后汽油从主喷口溢出,浮子室油面高度略低于主喷口。

三角针阀有一减振弹簧,可减少由于汽车颠簸而导致的油面高度变化。浮子材料为硬聚氨酯,实心结构,其尺寸、几何形状、重量都不随使用时间而变化。

(2)主供油系统

主供油系统由主量孔、主喷管、主空气量孔和主油井等组成。主喷管上有9个小孔,分三排排列。中排三个小孔的中心线与小喉管的中心线在垂直面上,其中间的小孔中心线与小喉管中心线垂直。两边的两排小孔与中排小孔对称排列。这种结构有利于各缸混合气的均匀分配。主喷管上的9个出油小孔,使燃油分成9股喷出,而喷出的被空气流击碎,使汽油更好地雾化、汽化,也使落到进气管壁上的液态汽油减少。主喷管的中下端是泡沫管,最下端位于同一横断面上的两个小孔比其他泡沫孔大,燃油从这两个小孔进入泡沫管。主油井间隙很小,只有0.25mm。

发动机不工作时,主油井中的油平面与浮子室油面等高,所有的泡沫孔都被淹没在油井中。发动机在小负荷以上工况运行时,油井中的汽油从主喷管中被吸出,在大气压力的作用下,浮子室中的汽油不断经主量孔补充到油井,泡沫管中的汽油也受大气压力影响而流到油井中。由于主量孔的节流作用,油井中的油面降低,经主空气量孔进入的空气便从露出来的泡沫孔渗入到主喷管中。

渗入的空气一方面使主量孔到主喷口间的油路漏气,降低了主量孔处的吸油真空度,减少了主喷口喷出的油量,即所谓空气制动,对简单化油器的供油特性进行校正,使主从油道提供的混合气浓度随节气门开度的加大而变稀,保证发动机的经济性;另一方面也使主喷管中的汽油泡沫化,提高混合气形成质量。

(3)怠速系统

发动机怠速运转时,节气门开度很小,进气量极少,喉管处的真空度很低,主供油系统不工作。但此时节气门后真空度很大,故怠速出油口在节气门后方。怠速系统结构如图1-37所示。发动机怠速运转时,节气门后的真空度把汽油从浮子室经主量孔、怠速油量孔、怠速油道、怠速喷口中吸出,与此同时,也把空气经怠速空气量孔吸入怠速油道。因此,怠速油道中燃油已形成泡沫油。此时的过渡喷孔处的真空度几乎为零,从过渡喷孔渗入的空气又使汽油再次泡沫化,最后从怠速喷口被吸出。从节气门周边间隙吸入的空气与从怠速喷口吸入的泡沫油形成浓混合气。怠速调整螺钉用于改变混合气的浓度,而节气门开度调整螺钉用于改变混合气的多少,通过两个螺钉的配合,就可保证发动机怠速的稳定运转。

怠速油道中装有怠速断油电磁阀。该电磁阀由点火开关控制,断开点火开关时,怠速油道便被切断;接通点火开关时,怠速油道畅通。该电磁阀可保证发动机高温条件下的顺利熄火,防止因表面点火导致的发动机续走;汽车下坡不脱挡滑行(即所谓强制怠速工况)时,关闭点火开关,电磁阀便切断怠速油道,起到节油作用,因此又称怠速省油器。

在节气门接近全关位置的前方有两个怠速过渡喷孔。怠速时,怠速过渡喷孔处于低真空区,不出油,与怠速空气量孔并联进气。当节气门开度逐渐加大时,怠速过渡喷孔也处于高真空区,从过渡喷孔有燃油被吸出,保证发动机工况的平滑过渡。

(4)起动装置

起动装置为手动阻风门。阻风门位于化油器进气道中,由驾

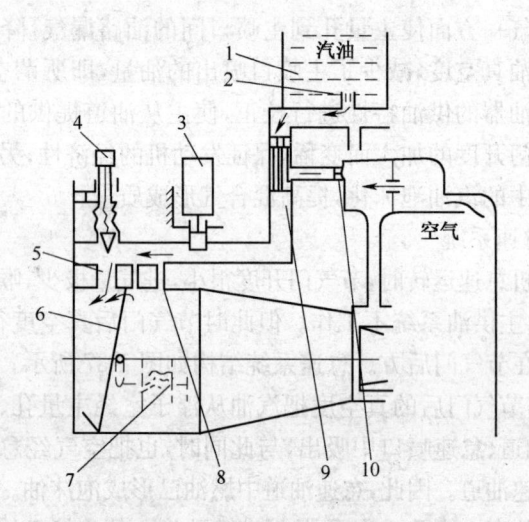

图 1-37 怠速系统的结构
1. 浮子室 2. 主量孔 3. 怠速断油电磁阀 4. 怠速调整螺钉
5. 怠速喷口 6. 节气门 7. 节气门开度调整螺钉
8. 怠速过渡喷孔 9. 怠速油量孔 10. 怠速空气量孔

驶人手动控制,当其关闭时,使真空度位置前移,主供油系统、怠速系统均参与工作,但进气量极少,以保证冷起动工况所需的极浓混合气。阻风门轴对化油器中心线是偏置的,属半自动阻风门,起动后真空度产生的吸力对阻风门轴产生扭转力矩。此扭转力矩克服阻风门轴一端的弱弹簧产生的力矩,阻风门便会开启一定角度,使更多的空气进入,防止因混合气过浓而使发动机熄火。按下阻风门按钮后,阻风门轴上另一个刚性较大的弹簧就使阻风门处于开启位置。

(5)加浓系统

加浓系统为真空作用膜片式。膜片的左边为油腔,通过加浓量孔与浮子室相连,右腔通过管路与节气门后相通。当节气门真空度较大时,将膜片吸向右方,加浓阀关闭,加浓系统不参与工作。当节气门后真空度小于 18~21kPa 时,膜片在弹簧作用下向左移动,顶开加浓阀,加浓的汽油通过加浓量孔和打开的加浓阀从主喷管被吸出。当节气门后真空度小到 2.4～7.3kPa 时,加浓量孔全部开启。在汽车加速过程中,节气门突然打开,节气门后真空度突然下降,加浓系统也会起作用,从而改善汽车加速性能。

(6)加速系统

加速系统由膜片式加速泵、进油阀、出油阀、加速喷嘴等组成。加速泵通过拉杆与节气门联动。加速喷嘴伸出大喉管上方。当节气门突然打开加速时,加速泵推杆通过托盘把加速泵膜片上面的汽油压向加速喷嘴实现加浓混合气。出油阀是为防止大喉管处真空度过大时,汽油从加速油道被吸出。松开加速推杆时,弹簧通过托盘把加速泵膜片向下压,汽油从浮子室吸入加速泵油腔中,以备下一次加速用。

1-108 怎样检查与调整化油器?

(1)检查

①量孔及化油器各油道:用汽油将主量孔、怠速量孔及空气量孔清洗干净,用压缩空气将化油器各油道吹干净。

②三角针阀:检查针阀体内有无杂质使针阀卡滞,针阀密封面有无磨损。针阀密封面磨损时,必须更换。

③阻风门:将阻风门拉钮全拉出时,阻风门关闭;拉钮推到底时,阻风门应全开。

④节气门拉绳和阻风门拉绳:检查拉绳不应有卡滞或阻力过大现象,如有磨损过度或断裂,应更换。安装阻风门拉绳时,先把阻风门拉钮拉出 7mm,再把阻风门拉绳安装在化油器体上,这样才能保证阻风门全开。

(2)浮子室油面高度的检查与调整

将汽车停放在水平路面上,从玻璃检查窗观察浮子室内的油面。正确的油面高度应在玻璃检查窗中间位置。

如油面高度不正确,可拆开浮子室盖,弯曲浮子上的舌片予以调整。舌片向上弯曲时油面降低,向下弯曲时油面升高。

1-109 怎样检查化油器电磁阀工作是否正常？

检查电磁阀工作是否正常，应按图 1-38 所示，将电磁阀接线连接到蓄电池正极，并使其壳体接地。这时，针阀应能缩入。用此方法检查电磁阀的动作情况。

1-110 化油器为什么"放炮"或回火？

化油器不断地"放炮"或回火，是因为汽油机在排气过程将终了时，气缸内还在燃烧，以致

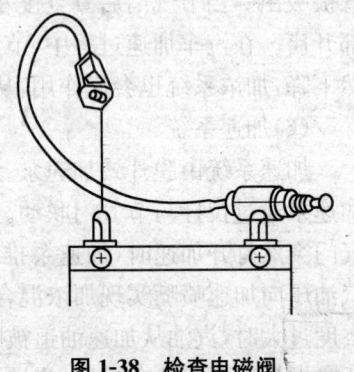

图 1-38 检查电磁阀

在进气开始时把进气管中的混合气点燃。其故障原因有以下几种：

①化油器加速泵失效，混合气瞬时变稀，燃烧速度变慢，化油器中有火团喷出，有"放炮"声，应检修加速装置。

②浮子室油面过低或供油不足。

③气门间隙过小，门杆卡住，气门关闭不严，造成化油器回火。

④气门烧蚀或气门弹簧的弹力不足。

⑤点火时间过迟或点火时间错乱。

⑥分电器盖漏电或高压线的点火次序有部分错乱。

⑦冬季发动机刚起动时，气缸内温度低，燃烧速度慢，加速时也容易发生回火。

1-111 浮子室进油针阀关闭不严怎么办？

进油阀关闭不严，易使浮子室油面过高，使混合气过浓。调整浮子室油面高度无效时，可将化油器盖卸下，把盖翻过来，用嘴吸住进油管接头，如吸不住舌尖，则为进油阀门漏气。冲洗后，仍然漏气时，可用研磨膏混以机油进行研磨，然后清洗干净，照上述方

法检查,至不漏气时为止。

1-112 怎样调整怠速?

发动机怠速调整是否正确,对节约燃油和降低排气污染有很大影响。必须对怠速进行正确调整,达到转速稳定,但又不熄火。

调整怠速时,应在点火系统工作正常、发动机无故障、水温在70℃~80℃之间时进行较合适。

将怠速调整螺钉拧紧,然后退回 $1\frac{1}{4}$ 圈,起动发动机,转动节气门调速螺钉,当转速为850r/min时,再逐渐拧怠速调整螺钉,至发动机转速为800r/min时为止。怠速转速规定值:夏利汽车是(800±50)r/min,华利汽车是(850±50)r/min。

当怠速转动平稳时,踏下加速踏板,发动机瞬时提高转速,放松加速踏板,发动机不熄火。如发动机运转不平稳,或有熄火情况时,需重复调整怠速调整螺钉。

1-113 燃油消耗高的原因及排除方法是什么?

(1)燃油系统下列部件工作不正常时会引起油耗高

①浮子位置调整不当。

②燃油箱、油管或化油器漏油。

③阻风门不回位,节气门不回位。

④空气滤清器脏或堵塞。

(2)检查及排除方法

①取下空气滤清器,观察化油器喉管处,如有渗油现象,则可断定浮子室油面过高,燃油自动流入化油器,造成混合气过浓,因而引起汽油的浪费。

②当燃油箱、油管或化油器漏油时,可观察到有油液泄漏的现象,不仅浪费燃油,还容易酿成火灾,也会导致发动机工作不良,功率下降。如属油箱、铜管开裂产生漏油时,应用锡焊或者树脂胶粘补,严禁使用气焊、电焊,防止油箱爆炸伤人。确需焊接时,要用手电钻在裂缝两头钻一小孔,把油箱加满水后洗一下油箱,再加入水

后用铜焊接。如属胶管破裂,可截去破裂段继续使用,如截去后高度不够时,可将破裂处剪断,插上一段硬管,然后将管头卡紧应急。

③如属于阻风门、节气门不回位时,首先应检查弹簧弹力,如过软则需要换弹簧。再检查阻风门、节气门轴是否卡滞,如卡滞则来回转动,将阻风门、节气门轴进行研磨,到无阻力时即可。如研磨后仍卡滞,就要检查阻风门、节气门与化油器内臂接触处是否有毛刺,如有毛刺应修磨光滑,即可清除阻滞。

如行车途中发现节气门、阻风门回位弹簧过软或失效,可用橡皮筋临时代用弹簧来应急。

④空气滤清器堵塞时,可用压缩空气或气筒由空气滤芯的里侧向外吹,可排除粉尘,清洁滤芯。如观察到表面有油污,滤芯粘结时,用气筒及压缩空气吹不掉时,要更换新滤芯。记住:空气滤芯是干式的纸芯,不能磕打,以防损坏其密封过滤的性能。清洁时,如用气泵进行,驾驶人可独自完成,如没有气泵,用气筒进行清洁时,则必须请人帮忙。

1-114 怎样检查发动机供油不足?

(1)故障现象

①发动机不能起动,向化油器倒入少量汽油时,发动机能起动,但燃烧完又熄火。

②发动机工作时逐渐熄火。

(2)检查与排除步骤

①检查油箱存油情况。

②拆下汽油泵进油管接头,向油箱内打气,检查油管是否堵塞。

③拆下化油器进油管接头,检查汽油泵供油是否充足。

④检查化油器进油管接头滤网是否过脏或主量孔是否堵塞。根据检查发现故障的具体情况,予以排除。

1-115 微型汽车化油器部件哪些车型可以通用?

微型汽车化油器部件可以通用的车型见表1-14。

第一章 发动机的检修与故障排除

表 1-14 化油器部件可以通用的车型

发动机型号	化油器部件名称	通 用 车 型
JL462Q	浮子室盖分组件 针阀总成 浮子总成 浮子销 急速调整螺钉 弹簧 盖 加浓器总成 加浓器盖密封垫 顶杆总成 加速泵弹簧 加速泵密封垫 电磁阀 主量孔 急速量孔 急速空气量孔 加浓量孔	长安 SC1010、SC1010A、SC1010X、SC1010XA、SC1011A、SC5010 系列； 汉江 SFJ1010、SFJ1010X$_2$、SFJ1010E、SFJ1010E$_1$、SFJ1010E$_2$、SFJ1010X、SFJ1010X$_1$(选装)； 吉林 JL1010B、JL6320、JL1010D、JL6350、JL1010H(选装)； 五菱 LZW1010D、LZW1010SD、LZW1010PB、LZW1010VHB、LZW1010FB(选装)
DA462	浮子室盖分组件 针阀总成 小喉管压紧板 浮子总成 浮子销 主量孔 急速调节螺钉 弹簧 急速量孔 急速空气量孔 加浓量孔 加浓器总成 顶杆总成 加速泵弹簧 电磁阀	松花江 HFJ1010、HFJ1010D、HFJ1010E； 昌河 CH1010、CH1010F、CH1011、CH1011G、CH1012、CH5010 系列； 汉江 SFJ1010、SFJ1010X$_2$、SFJ1010ES、SFJ1010E$_1$、SFJ1010F$_2$、SFJ1010X、SFJ1010X$_1$(选装)； 吉林 JL1010B、JL1010D、JL6320、JL6350、JL1010H(选装)； 五菱 LZW1010D、LZW1010SD、LZW1010PB、LZW1010VHB(选装)； 沈微 SYW1010A

1-116　微型车汽油泵哪些车型可以通用?

①长安 SC1010 系列,松花江 HFJ1010 系列,昌河 CH1010 系列用 JL462Q 发动机汽油泵能通用。

②昌河 CH1010 系列,沈微 SYW1010 系列,汉江 SFJ1010 系列,吉林 JL1010 系列,五菱 LZX1010 系列用 DA462 发动机汽油泵能通用。

③松花江中意,昌河北斗星,柳州五菱,西安汉江,一汽佳宝用 DA465Q 汽油泵能通用。

1-117　发动机不能发动时怎样检查燃料系统?

发动机不能起动时,就燃料系统方面讲,主要故障有两个方面:一是不供油;二是混合气过浓。燃料系统不供油时,首先检查燃油箱储油量。再拆下化油器进油管接头,用盛器对准油管,起动发动机看出油情况,若不来油,应检查汽油泵。将汽油泵进油管放低,察看出油情况,如油路畅通,就可能是汽油泵有问题,可拆卸检查。另一个可能是气阻。如仍不来油,就要检查汽油滤清器是否堵塞,或油管接头是否漏气,油箱内吸油管漏气或堵塞。

混合气过浓时,首先拆下火花塞进行检查。如电极潮湿,说明不能起动的原因是汽油进入气缸过多,混合气过浓,应拆下各缸火花塞,排除混合气过浓的故障。

1-118　怎样排除混合气过稀的故障?

(1)故障现象

①发动机不易起动。

②起动后转速不易提高。

③急加油时,化油器有时回火或易熄火。

④汽车行驶无力。

⑤怠速不平稳。

(2)检查与排除

当汽车在行驶中发现行驶吃力,应稍拉阻风门,如有明显好转,则为混合气过稀。首先检查主量孔调节针是否旋入过多。如不多,拆下化油器进油管接头,用盛油器对准油管,打开起动机看出油情况。如供油正常,则故障在化油器,应检查化油器进油口滤网是否过脏,浮子室油面是否过低。如果汽油泵供油不足,则故障在供油部分。拆下汽油泵进油管并放低看出油情况,如出油畅通,则应拆下汽油泵进行检查。若供油无明显变化,则故障在汽油滤清器至油箱之间。拆下汽油滤清器进油管,看出油情况,如出油畅通,则问题在汽油滤清器;如出油不畅通,就应检查汽油箱,看是否油管堵塞或汽油箱吸油管漏气或堵塞。

1-119 怎样排除混合气过浓的故障?

(1)故障现象

①发动机不易起动,化油器节气门轴和火花塞电极有汽油。

②发动机运转无力,不平稳,阻风门关小时,运转情况仍不平稳,消声器冒黑烟或"放炮"。

③不易加速,发动机耗油增加。

(2)原因

①阻风门不能完全打开。

②浮子室油面过高。

③空气量孔堵死。

④主量孔过大。

⑤加浓装置失效。

(3)检查与排除

发动机不易起动时,如发现节气门轴处有油渗出,应检查阻风门是否关闭。打开阻风门,如起动不着,可拆下火花塞,检查火花塞电极,如电极湿润,应将汽油吹干,再进行起动。如起动后发动机运转不平稳,消声器有"突、突"声并冒黑烟,浮子室衬垫处有油渗出时,应用木柄旋具敲击化油器盖进油针阀处。如渗油现象停止,则为进油针阀卡住,造成针阀关闭不严。如敲击无效,应拆下化油器盖,看进油管接头是否真空,如能被吸住,说明针阀密封良好,应进一步检查浮子是否有故障,加浓装置是否失效,主量孔是否过大或空气量孔是否堵塞。

1-120 怎样检修汽油泵?

(1)分解及清洗

①分解前,先在汽油泵的上泵体和下泵体上分别打上记号,然后将泵体分开。

②将泵膜转 90°,在泵膜的中心部位施加压力,将泵膜卸下。

③彻底清洗每个零件,并用压缩空气吹净进、出油阀门。

(2)检查

①检查上泵体、下泵体有无裂纹、变形等情况。

②检查泵膜有无破损。泵膜破裂应更换。

③检查泵膜弹簧和摇臂有无损伤。弹簧弹力减弱应更换。摇臂磨损量超过 1mm 时,应更换或修理。

④检查推杆长度。标准值为 72.7mm。

⑤检查进、出油阀门工作是否正常。在安装状态下,从进油口吹气,进油阀门为开启状态。然后关闭;从进油口吸气,不应出现泄漏现象。利用相反的方法检查出油阀门。

(3)装配与试验

将泵膜装在摇臂上时,将泵膜放在如图 1-39 所示的摇臂位置上,然后把泵膜拉杆插进摇杆内,一面推压泵膜,一面把泵膜按图示方向转动 90°。

依照分解时打的记号,正确地定好上泵体与下泵体接合的位置,放入螺钉,并稍微拧紧。装上摇臂弹簧,用手扳动摇臂 4~5 个全行程,如图 1-40 所示,确认泵膜拉杆与摇臂连接可靠,再最终拧紧 8 个连接螺钉。

汽油泵装好后,可用简便方法检查汽油泵的压力,即一只手堵住进油口,另一只手按动摇臂,如感到进油口有吸力,初步表明性能良好。然后将进油口上的进油管插入油盆内,按动摇臂,出油口泵出来的汽油有力,即为良好;若泵出来的汽油分散,表明有漏气现象,应重新检修装配。

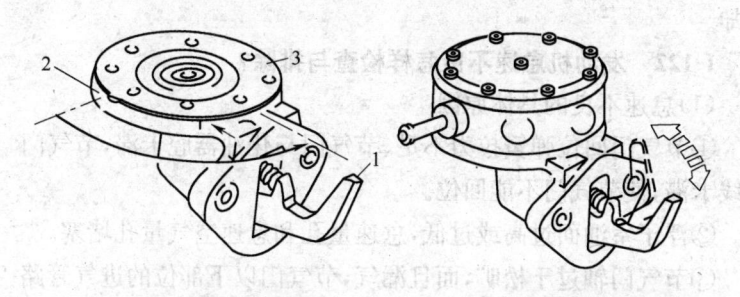

图 1-39 汽油泵的装配
1. 摇臂杆 2. 舌片 3. 泵膜

图 1-40 检查膜片拉杆与摇臂的连接

压力表试验法：

把汽油泵装到发动机上后，在化油器与汽油泵连接油管之间，接上一个三通油管接头，装一只量程为 0～98kPa 的压力表。发动机怠速运转时，泵的输出压力应为 24.5～33.1kPa，发动机转速为 2000r/min 时，泵的流量应在 1.3L/min 以上。在汽油泵停止工作后，油压在 10s 内不得降低。

1-121　怎样排除发动机不能发动或发动机只能短时间运转就熄火故障？

①检查汽油箱内是否有油。如果有油，再看油箱开关是否打开。

②将化油器来油管接口卸开，用起动机转动发动机观察，如油管中无汽油喷出，可断定自油箱、汽油泵、滤清器以及连接这些机件的管路故障。

③泵油不足。可从玻璃沉淀杯外观察油杯内的存油情况，泵油时，有气泡或泵油不超过滤网，表明供油部分有漏气之处，应检查油管各接口部位，拧紧接口。

④气阻。汽车在高原或气温较高地区行驶时，或由于油管贴近排气管，使汽油在管路中蒸发而堵塞油路。这时，应停车，待温度降低后，用湿布包住汽油泵，或用冷水冷却汽油泵和油管，使其

冷却。

1-122 发动机怠速不良怎样检查与排除？

(1)怠速不良的具体原因

①节气门回位弹簧拉力不足、节气门与化油器腔卡滞，节气门拉线卡滞，使节气门不能回位。

②浮子室油面过高或过低，怠速量孔和怠速空气量孔堵塞。

③节气门轴过于松旷，而且漏气，节气门以下部位的进气管路（包括利用进气真空度的附属管路）化油器衬垫和进、排气路支管衬垫等漏气，降低了怠速进气真空度，造成怠速不良。

④个别缸不工作。

(2)诊断与排除方法

①发动机发动后，用手按节气门操纵臂，使节气门关闭。若怠速恢复正常，说明节气门回位弹簧拉力不足，或油门线发卡，节气门关闭的腔臂上有沟痕毛刺。应增加弹力，润滑油门线和清理化油器臂上的毛刺；若无效，可能是节气门拉线接反，掉个方向即可；如仍无效，应调整怠速调整螺钉和节气门调整螺钉，两者交错仔细调整。如能调出怠速，说明以前没有调整好。如仍无效，可能是怠速空气量孔、怠速喷嘴、怠速油道堵塞。

②检查浮子室油平面，将其调整适中，检查化油器怠速量孔和怠速空气量孔是否堵塞。清洁、装复、调试后若怠速正常，说明堵塞；若量孔偏大，应换新量孔后情况好转，说明量孔偏大。

③检查节气门轴是否过于松旷，化油器衬垫和进、排气支管衬垫是否漏气，进气管和真空附属管路是否漏气，必要时，应检查进气门杆与导管间隙是否过大而漏气。若有漏气处，用紧固、换件、修理等方法排除。

④检查各缸工作情况。若个别缸不工作，应考虑检查点火系统，点火时间过早或过迟，火花塞间隙过小，分电器断电触点间隙过小，都会导致怠速不良。

第一章　发动机的检修与故障排除

1-123　发动机加速不良怎样检查与排除？

(1)原因

发动机在急加速时,转速不易提高,化油器回火,慢加速时则良好。其原因有如下几点:

①混合气过稀。

②加速量孔或油道堵塞。

③加速泵失效。

(2)诊断与排除

①急踏加速踏板时,发动机转速不能随之提高。若关小阻风门或用手盖着化油器口,转速能随之提高,说明混合气过稀。

②停机后连续踏加速踏板,从化油器口处看加速喷油嘴是否喷油。若无油喷出,说明故障在加速泵、加速量孔和加速油道内。

③检查加速泵联动装置是否良好。若良好,应检查化油器,看加速泵弹簧是否脱落,膜片是否损坏、松旷失效、弹簧是否失效等。若均完好,则应进一步检查出油阀、加速量孔和喷管是否堵塞,进油阀,止回阀是否窜油。

1-124　行车时发闷,加速时抖动怎么办？

在行驶时车会发闷,加速时也会抖动,这就是发生气阻而引起的现象。油泵产生气阻是指从汽油泵的出油阀处冒出气泡,使油不能顺畅通过。

检查和排除气阻的方法:

①先检查汽油泵泵油压力,提高其泵油压力。如果压力不足,可以在汽油泵进、出油阀上各加装一根单向油阀弹簧,提高汽油泵的出油压力。

②如果压力正常而汽油泵周围温度过高,可将发动机熄火,用浸过冷水的布包住汽油泵,再检查风扇V带是否打滑,造成散热不好,导致气阻。

③在汽油泵至化油器之间的油路中串接一排气装置,此装置有一个进油口和一个出油口,在装置的顶部钻一小孔作为排气孔,

装置内部放置一浮子。将空气连续送入排气装置,则排气装置中的油面下降,浮子随油面下降露出排气孔,则空气从排气孔中排出,油面随之上升,浮子堵死排气孔,循环几次以后,就排除了汽油中的气泡。

④如果采取以上措施无效时,可在汽油泵至化油器之间改用一根胶管或塑料管,并将该软管吊在高处,形成一倒"U"字形,从汽油泵出来的气泡在通过"U"字形弯曲处时,就会留在弯管的顶部,而到达化油器的汽油则为无气泡的汽油。这样气阻即可消除。

1-125 为什么加油时排气管"放炮"?

在行驶中,如果浮子室油平面过低,加速泵工作不良,加速油道或量孔堵塞,都会造成由化油器导致的加速不良的故障。因此,在急速加大油门时,发动机转速不能及时提高,而且化油器回火,消声器出现"突突"的放炮声。遇到这种情况,要根据不同的具体原因灵活处置。

如果是浮子室油平面过低,造成混合气过稀而引起的加速不良,可以突然加大油门,看看发动机转速能否相应提高。这时,立即再拉阻风门拉钮,以减少化油器吸入空气量,或者用手部分捂盖化油器进气口。若转速能提高,则说明混合气过稀。如果是加速泵工作不良的问题,可连续数次突然开大节气门,观察加速泵喷油嘴处有无柱状燃油喷出,若无油喷出或出油成点滴状,则说明故障在加速泵活塞或加速泵油量孔、油道不畅通处。

若有上述情况,应首先检查加速泵外部连接情况是否良好。若连接情况良好,再拆下化油器上体,检查加速泵内部机件是否良好,加速泵拉杆卡簧是否脱落,泵活塞皮碗是否损坏、失效,弹簧是否过软或折断等。若上述部件均完好,则应进一步检查加速泵进出油阀、加速泵量孔和喷管是否畅通。确定故障所在部位后,再根据故障的具体情况加以排除。

1-126 排气管发红是什么原因?

当汽车长时间、大负荷下工作时,可出现排气管发红。这主要

第一章 发动机的检修与故障排除

是由于气门间隙过大或气门弹簧过软,造成气门的开启过迟;气门早开迟闭的角度不合适也会出现排气管发红的现象。另外,点火过迟,或排气管及消声器内的积炭过多,也易造成排气管发红。

消除进、排气管及消声器积垢的方法如下:

①可用钢丝刷或钝口刮刀刮除进、排气管内的积炭和胶质。

②可将进、排气管放入化学溶液中浸泡 2～3h,使积炭软化后再清除(溶液温度应为 90℃～95℃)。积炭清除后,应用水彻底冲洗,再用压缩空气吹干净。

③清除消声器积炭时,可将消声器拆下,用木槌轻轻敲击外壳,使积炭振动而脱落。如积炭过多,可拆开一端,用长柄钢丝刷清除,然后焊修装复。

上述化学溶液的配方如下:

水:1L。

氢氧化钠:35g。

玻璃水:1.5g,混合配成。

液态肥皂:25g。

1-127 为什么发动机冒白烟?

排白烟是由于发动机温度过低、燃油未完全燃烧、成雾点或蒸汽随同废气一齐排出而形成的。此外,汽油中含有水分、气缸垫冲坏、气缸、气缸盖有裂纹或其他原因造成冷却水漏入气缸,也会形成白烟。

如果排气管冒出的是灰色烟,则是汽油和机油过多的表现。

1-128 为什么发动机冒蓝烟?

正常情况下,发动机通过排气管排出的废气应当是无色透明的气体或者是带蓝色或淡灰色的气体。若出现黑烟、蓝烟、白烟或灰烟,则说明发动机工作不正常。

冒蓝烟是大量润滑油窜入气缸被燃烧的结果。活塞环磨损、咬死、折断或弹力不足,油环刮油不良,气环安装错误,活塞与气缸壁之间间隙过大,油底壳内的润滑油油面过高,以及其他原因造成润滑油窜入气缸,引起燃烧而冒蓝烟。汽油内混入机油,也会冒蓝烟。

1-129　为什么发动机冒黑烟?

排气管冒黑烟,表示混合气太浓,即气缸内空气少而汽油过多,使燃烧不完全。发动机排气管冒黑烟的原因很多,主要有以下几种:发动机负荷过大;化油器调整不当;气缸压力不足,个别缸不工作;空气滤清器滤芯堵塞;点火时间过迟;发动机工作温度过低或气候过于寒冷;火花塞积炭过多或间隙过大。

1-130　什么叫发动机"淹死"?怎样排除?

大量的燃油吸入发动机进气管后,使发动机失去了起动能力。这种情况通常称为发动机"淹死"。

引起发动机"淹死"的主要原因是操作调整不当。

装有手动或半自动阻风门的发动机起动时,驾驶人用手拉动阻风门按钮使其关闭,起动后直到暖机终了慢慢推回拉钮,使阻风门全开。实际操作时,有时驾驶人忘记推回阻风门,使进气管内吸入大量燃料,而使发动机"淹死"。

装有自动阻风门的发动机,起动时,阻风门虽具有自动开闭的功能,但若怠速调整不当或联动阀调整不当,也会出现混合气过浓,致使发动机"淹死"。

还有一些情况,也能造成发动机"淹死"。如浮子室油面过高时,由于燃料从主喷口溢出而引起发动机"淹死";节气门全开行驶时,急剧停车和发动机温度过高,造成浮子室燃油沸腾流入进气管也能引起发动机"淹死"等。发动机"淹死"时,不同型式的阻风门有不同的调节方法。

对于手动或半自动阻风门化油器的发动机,可把阻风门拉钮全部推回,节气门也处于全开位置,用起动机转动曲轴,直到发动机发动。上述操作可以很快地实现正常起动。

对于装有自动阻风门化油器的发动机,可让联动装置起作用,使阻风门和节气门同时全开,用起动机转动曲轴,直到发动机起动。

1-131 为什么大轰油门会使汽车部件过早损坏?

有些驾驶人在起动发动机后,总爱轰几脚油门,这是一种坏毛病。因为发动机停放一段时间(或几天)后,各摩擦表面润滑油已流失,如冷车大轰油门,有些摩擦表面就会产生干摩擦,造成磨损加剧。另外,轰油门时,活塞,连杆和曲轴受力变化大,引起剧烈撞击,易损坏机件。

1-132 为什么发动机熄火后不易起动?

(1) 故障原因

①汽油泵气阻。当走热后,发动机停止工作时,冷却液温度会骤然升高,温度回升量可高达110℃。这是因为,当发动机熄火后,风扇、水泵都停止工作,空气及冷却液的循环停止,热量不能通过这些部位散发。这样,燃烧发出的热量,会使冷却液及其他装置的温度升高。汽油泵温度过高易发生气阻,化油器供油不足。

②点火线圈温度过高,初级绕组流过电流小,使点火线圈发火性能减弱。

③化油器三角针不密封,供油太多,混合过浓,无法点燃。

④蓄电池电压不足。

(2) 故障排除方法

①冷却汽油泵,清除气阻。

②检查点火线圈的初级电源接线柱,平衡电阻的紧固螺母,必要时更换点火线圈。

③发动机工作时,检查化油器油面高度。针阀关闭不严,可用研磨膏研磨,或更换三角针阀。

④蓄电池进行充电,或检修蓄电池。

1-133 汽油表是怎样工作的? 怎样保养维护?

汽油表用来指示汽油箱内的油量,是一个电动仪表,由装在汽油箱内的可变电阻式浮子汽油表传感器和安装在组合仪表内的双金属式汽油表指示器构成。汽油箱的油位低时,浮子也低,浮子的浮杆与变阻器用滑动接触面滑动接触,电路内有一个较大的电阻。因此,一个较小的电流流过两个双金属元件的绕组,这样双金属的偏斜也较小,指针停留在靠近"E"的地方。随着油面的增高,电位计的电阻相应变小,线圈内电流相应增加,从而指针指示出油面的不同高度,直至指针指在"F"端。由于汽油表显示器内采用了恒流调节器电路,在发电机输出不同的电压条件下,通过电路的平均电流都较为稳定,以防指针摆动不定。

汽油表的保养维护要求是:

①汽油箱和汽油传感器接地应牢固可靠,不得松动。若接触不良,指针则偏向"E"端。

②调节器应良好搭铁,可靠接地。如果搭铁电路有较高的电阻,调节器只能引出小的电流,使触点接通的持续时间较长,以致通过绕组的电流较大,使指针偏向"F"端。

③汽油箱内浮子的移动不应受到阻碍,确认浮杆没有受到牵拉,止动器的位置正确,内部有损坏零件的指示器必须更换。

1-134 电控燃油喷射发动机有何优点?

①在进气系统中,由于没有像化油器供油那样的喉管部位,因此,进气压力损失小。只要合理设计进气管道,就能充分利用吸入空气的惯性增压作用,增大充气量,提高输出功率,提高发动机的动力性。

②在汽车加减速行驶的过渡运转阶段,空燃比控制系统能够迅速响应,使汽车加速反应灵敏。

③当汽车在不同地区行驶时,对于大气压力或外界环境温度变化所引起的空气密度变化,能迅速进行适量的修正空燃比。

④在发动机起动时,可以用微机(ECU)计算出起动供油量,使发动机更易于起动,并提高暖机性能。

⑤能提供各种运行工况下适当的混合气空燃比,且燃油雾化好,各缸分配均匀,使燃烧效率提高,有效降低排放尾气的污染。

⑥具有减速断油功能,能降低排放尾气的污染,同时节省

燃油。

⑦发动机具有自诊断等功能,能使发动机更好的运行,使发动机的动力性、经济性得到进一步提高。

1-135 什么是电控燃油喷射系统?

电子燃油喷射系统是指喷油器的喷油时间、喷油量受电控单元(ECU)控制的系统。系统中 ECU 与各种传感器连接,并将这些传感器传回的信息综合处理后,控制喷油器的基本喷油量和补充喷油量。

1-136 长安之星电控燃油喷射系统由哪些部件组成的?

长安之星电控燃油喷射系统由以下部件组成:

①输入控制系统:节气门位置传感器、绝对压力传感器、进气温度传感器、冷却液温度传感器、曲轴位置传感器、凸轮位置传感器、氧传感器、车速传感器、ABS控制模块、空调控制模块、暖风风扇开关、点火开关、起动开关、驻车灯开关、诊断开关、试验开关。

②ECU 系统:根据各种传感器输入信号,ECU 经运算处理决定喷油量和点火时间。

③输出控制系统:燃油喷射器、燃油泵继电器、点火线圈(带触发器)、怠速空气控制阀、氧传感器、活性炭罐排气阀、空调控制阀、散热器风扇继电器、主继电器、燃油泵压力调节器、真空开关阀、故障指示灯、EGR 阀。

1-137 长安之星电控燃油喷射系统安装在车上的什么位置?

长安之星电控系统各种传感器和控制装置在车上安装位置如图 1-41 所示。

1-138 电喷供油方式与化油器式供油方式相比有哪些优点?

①发动机功率提高 10% 左右,由于没有化油器的喉管,增加了进气支管的截面积,充气效率提高;喷出的高压燃油雾滴较细,燃烧效率提高;与空气相比流速较慢的汽油,由于采用高压喷射能与先测定好的空气按比例同时进入气缸燃烧,所以,发动机能按精确的燃油混合比燃烧,提高了发动机功率。

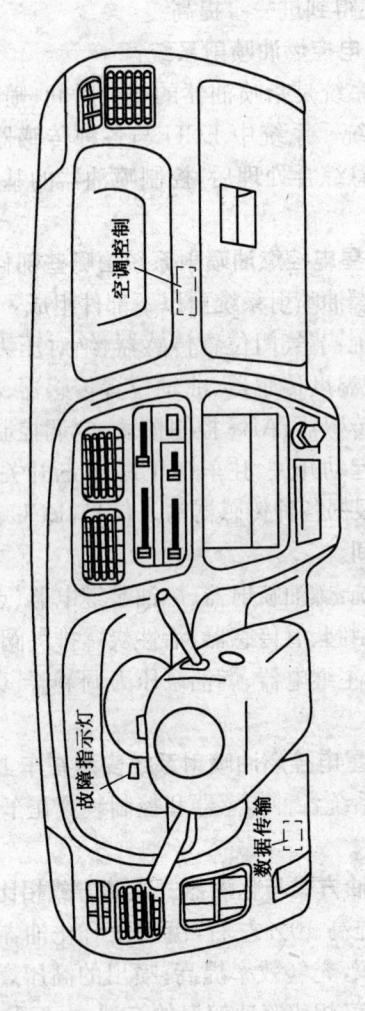

图 1-41 长安之星发动机各种传感器安装位置

第一章 发动机的检修与故障排除

图1-41 长安之星发动机各种传感器安装位置（续）

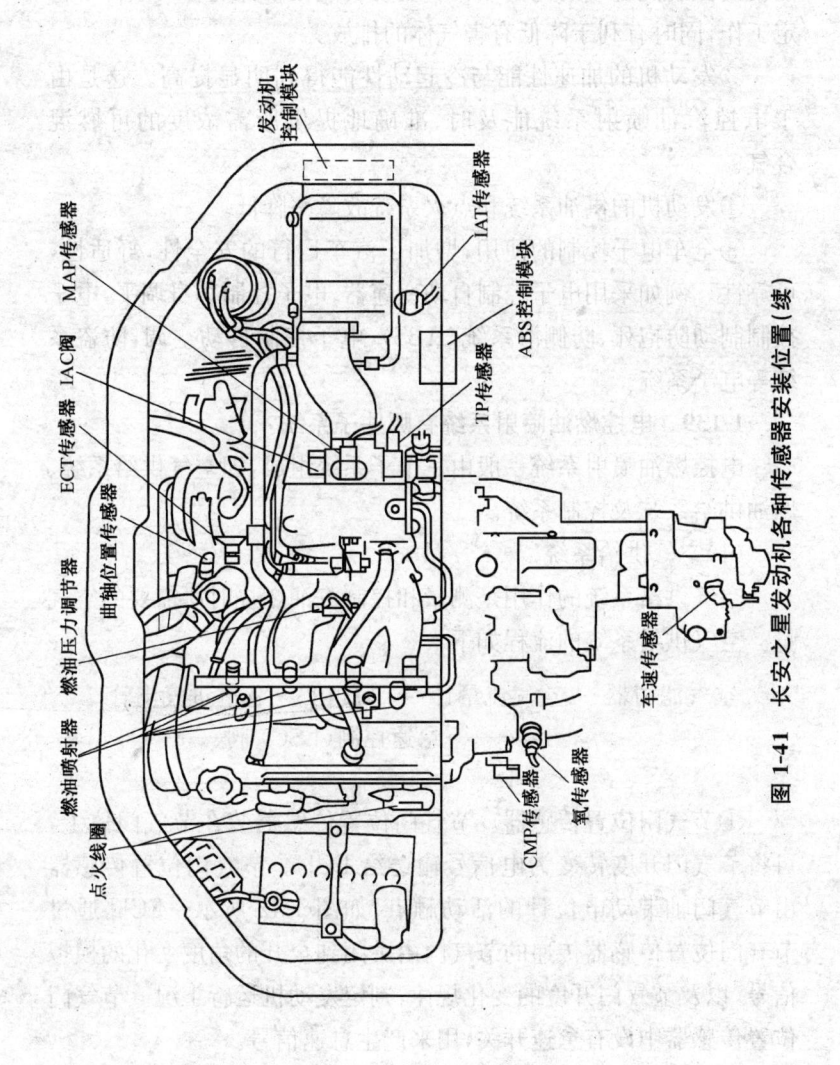

②油耗降低 8% 左右。由于燃油雾化好,又能实现高压缩比,能精确控制混合气的比例,所以,发动机能在较稀混合气条件下稳定工作,同时有利于降低有害气体的排放。

③发动机的加速性能与冷起动性能得到明显提高。这是由于电控汽油喷射系统能及时、准确地提供所需浓度的可燃混合气。

④发动机的供油系统和点火系统故障率降低。

⑤全车电子控制的使用,增加了汽车运行的安全性,舒适性,可靠性。例如采用电子控制自动变速器,电子控制车身调平,电子控制制动防抱死、防侧滑系统(ABS),电子控制自动空调,防盗系统等电子系统。

1-139 电控燃油喷射系统有哪些子系统?

电控燃油喷射系统一般由三个子系统组成,即空气供给系统、燃油供给系统及控制系统。

(1)空气供给系统

空气供给系统的作用是测量和控制汽油燃烧时所需要的空气量。空气供给系统的流程如下:

空气滤清器 → 空气流量计 → 节气门 → 各缸进气支管
　　　　　　　　　　→ 怠速控制(LSC)阀 ⎯⎯⎯↑

①节气门位置传感器。节气门位置传感器装在节气门体上,可将节气门开度转变为电信号输送给 ECU。节气门位置传感器由节气门轴带动电位计的活动触点,如图 1-42 所示。ECU 通过节气门位置传感器传递的节气门由关闭到全开的角度变化的模拟信号,以及节气门开度的变化规律,判定发动机运行工况。节气门位置传感器中设有怠速开关,用来产生怠速信号。

第一章 发动机的检修与故障排除

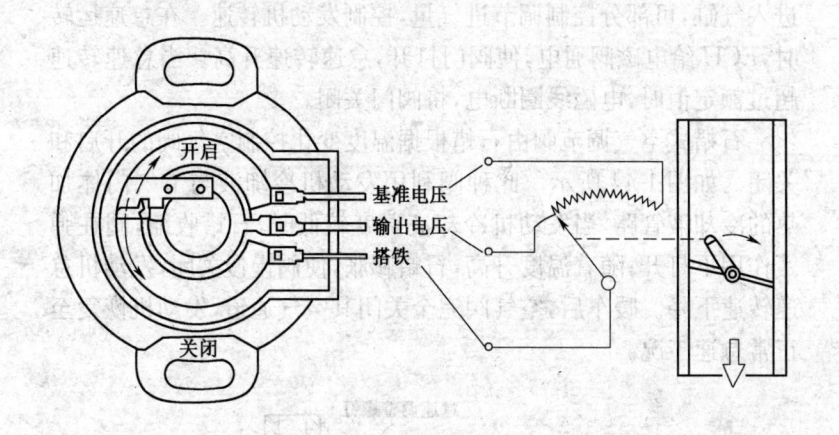

图 1-42 节气门位置传感器

②怠速空气调节阀。怠速空气调节阀的作用是在发动机低温运转时,增加空气供给量,使发动机快怠速运转,缩短暖机时间,由快怠速转入正常的怠速运转。空气阀有电磁式和石蜡式两种。电磁式空气调节阀由电磁线圈和阀组成,如图 1-43 所示。电磁式空气阀在进气管道中有一个旁通气道,部分空气可不经节气门直接

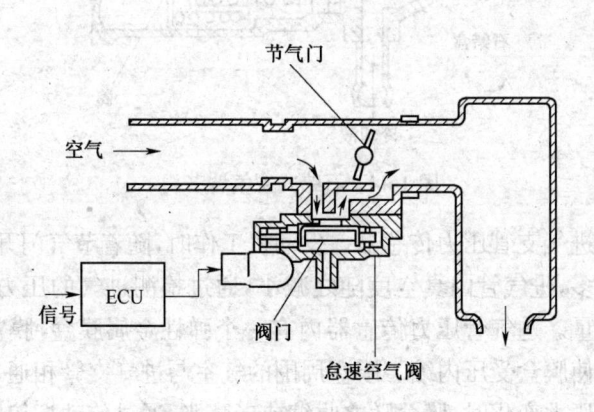

图 1-43 电磁式空气调节阀

119

进入气缸,可部分控制调节进气量,控制发动机转速。在怠速运转时,ECU给电磁阀通电,使阀门打开,怠速转速升高。当怠速转速超过额定值时,电磁线圈断电,将阀门关闭。

石蜡式空气调节阀由石蜡根据温度变化控制空气阀的开启和关闭。如图1-44所示。此种阀利用发动机冷却液与节气门体加热的冷却液管路,当发动机冷却液温度较低时,石蜡收缩,阀在弹簧作用下打开;随着温度升高,石蜡膨胀,使阀慢慢关闭,发动机怠速转速下降。暖车后,空气阀完全关闭其空气通道,发动机恢复至正常怠速工况。

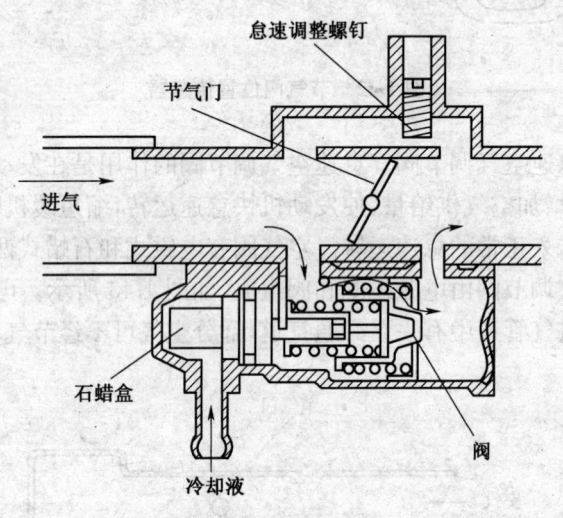

图1-44 石蜡式空气调节阀

③进气支管压力传感器。发动机工作时,随着节气门开大,进气量增多,进气管内真空度随之减小,通过检测进气的压力,来调节进气量。进气管压力传感器内有一个弹性金属膜盒,膜盒周围的气压使膜盒受压内缩。膜盒周围的气室与进气支管相通。当进气支管压力变化时,膜盒随之收缩或者膨胀,通过传动杆控制可变电阻,将进气管压力变化转变为电阻或电压的变化,作为喷油器基

本喷油量的依据。

(2)燃油供给系统

燃油供给系统的作用是向气缸供给燃烧所需的汽油。燃油供给系统由电动油泵、油压调节器和喷油器等部件组成。

电动油泵将油箱内的燃油泵出来,经过汽油滤清器滤清后,由油压调节器调压,然后经输油管配送给各个喷油器。喷油器根据ECU 发出的指令,将适量的汽油喷入各进气支管或进气总管。

发动机各种工况由安装在进气门附近的各喷油器(MPI 系统),或位于节气门体位置的喷油器(SPI 系统)喷油而达成。其喷油量由喷油器通电时间的长短来决定。

发动机冷机起动时,装在进气总管处的冷起动喷油器喷油,其喷油时间受其定时开关控制(或由定时开关和 ECU 同时控制)。这些装置改善了发动机的低温起动性能。

(3)控制系统

控制系统的作用是根据发动机运转状况和车辆运行状况确定汽油的最佳喷油量。该系统由传感器、电控单元(ECU)和执行器组成,如图 1-45 所示。

传感器可监测发动机的实际工况,感知各种信号并传输给ECU。检测发动机工况的传感器有进气温度传感器、冷却液温度传感器、节气门位置传感器、车速传感器、氧传感器、进气压力传感器等。

ECU 是一种电子综合控制装置。ECU 的存储器中存储了发动机各种工况的最佳喷油持续时间,在接收了各种传感器传来的信号后,确定满足发动机各种运转状态的燃油喷射量,并根据计算结果控制喷油器的喷油时间。ECU 还可对多种信号进行处理,例如点火控制、怠速控制、排气再循环控制、防抱死控制等。

1-140 电控燃油喷射系统有哪些类型?

(1)按喷射系统执行机构方式分类

①多点喷射:每个气缸上装有一个喷油器,直接将燃料喷入进

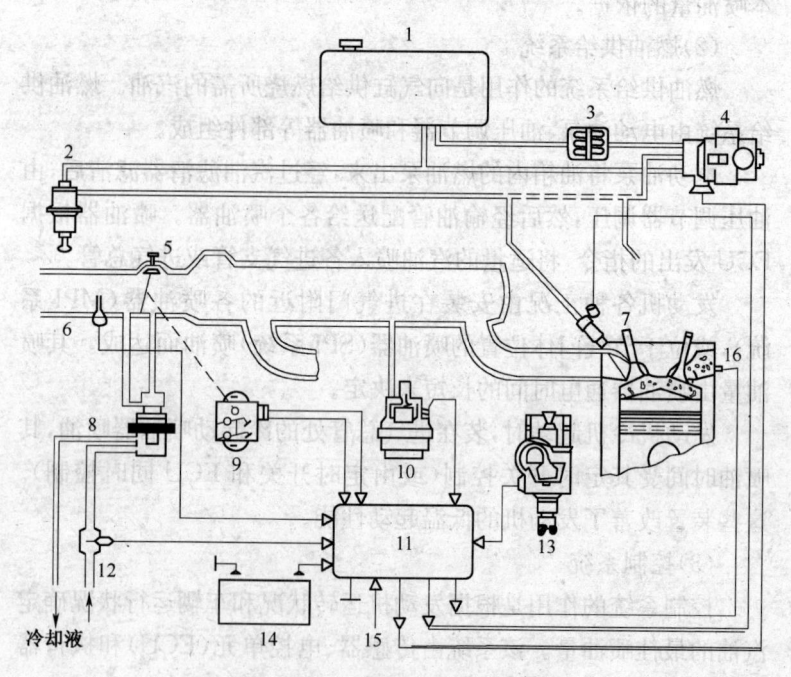

图 1-45 电控汽油喷射控制系统

1. 油箱 2. 燃油压力调节器 3. 汽油滤清器 4. 电动汽油泵 5. 怠速调整螺钉 6. 进气温度传感器 7. 喷油器 8. 辅助空气阀 9. 节气门位置传感器 10. 进气压力传感器 11. 电控单元 12. 冷却液温度传感器 13. 分电器 14. 蓄电池 15. 起动开关 16. 氧传感器

气门前方,多缸分别供油。

②单点喷射:在节气门体前区段内,只设1~2个喷油器,对各缸实行集中供油。

单点喷射系统也称为节气门体喷射系统、中央喷射系统、集中喷射系统。

(2)根据汽油喷射装置的型式分类

①机械式汽油喷射系统:汽油的喷射量通过机械液力来控制,可连续喷射汽油。

机械式汽油喷射系统简称为"K"型(k－Jetronic)汽油喷射系统。

②电子控制式汽油喷射系统：汽油的喷射量由 ECU 和电磁喷油器来控制。

(3)按空气进气量的检测方式分类

①压感式：根据进气管处的压力(真空度)和发动机转速来检测发动机的进气量，从而控制汽油喷射量的多少，简称为"D"型(Speed Density Control Type)速度密度控制型。长安之星发动机采用 D 型汽油喷射系统。

②流感式：直接用空气流量计检测进入发动机的空气流量，从而控制汽油喷射量，简称为"L"型，也称为"空气质量、流量控制方式。"

此外，还有间歇喷射、连续喷射、进气道喷射和缸内喷射等喷射形式。

1-141　电控燃油喷射系统是怎样工作的？

长安之星电控燃油喷射系统采用进气管内燃油多点喷射、空气间接测量、闭环控制(带有氧传感器)和开环控制(又叫 MPI)方式。

进气管内燃油多点喷射就是在每缸进气门附近的进气支管内安装一个喷油器，由此喷出压力燃油分别供给各个气缸。

进气间接测量是利用发动机转速传感器和进气压力传感器(真空度传感器、发动机负荷传感器)对进入气缸的空气压力和发动机转速实施监测，并把检测结果传给 ECU,经 ECU 计算而间接测得吸入气缸的气流量。

闭环控制方式则是根据排气管上加装的氧传感器所测得的排气中含氧量的变化，对理想空燃比(14.7∶1)进行修正，从而精确控制空燃比在理想值附近，消除因机件磨损等情况带来的性能上的劣化。

开环控制方式应用于起动、急速、加速、全负荷以及暖风机等工况。在这些工况下,电磁喷油阀按预先设定的加浓混合气的配比来工作,而不需要测定排气含氧量。

1-142 电控系统的喷油器是怎样工作的?

喷油器是直接执行 ECU 指令的元器件,如电磁喷油阀、怠速控制阀等。

(1)电磁喷油器

绝缘安装于进气管内,能根据 ECU 的指令,将燃油定时定量以雾状喷入各缸的进气管,其结构如图 1-46 所示。

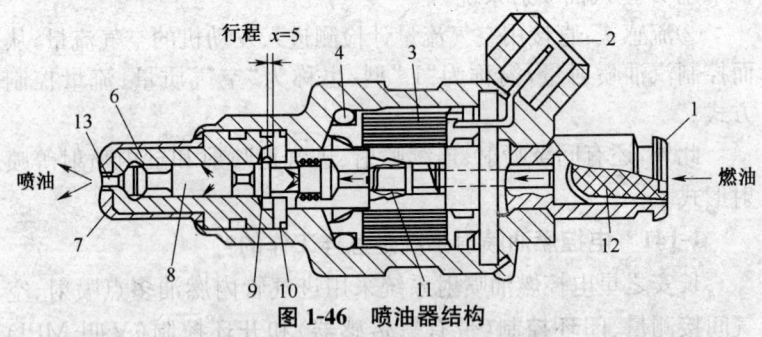

图 1-46 喷油器结构
1. 燃油管接头 2. 电器接头 3. 电磁线圈 4. O 形密封圈 5. 磁芯 6. 阀体 7. 壳体 8. 针阀 9. 凸缘部 10. 调整垫 11. 弹簧 12. 滤清器 13. 喷口

ECU 发出的控制信号使电磁喷油阀的电磁线圈接通电源,产生磁场吸引磁芯,使连为一体的针阀移动而打开喷油口,于是喷油阀喷油;信号终止时,复位弹簧使针阀移动,关闭喷油口,喷油停止。

(2)怠速空气阀

结构如图 1-47 所示,安装在节气门室上,由步进式电机驱动。

怠速空气阀接收 ECU 的脉冲信号后,根据指令不同,怠速空气阀可以有一百多种不同的开度,因而可以随意调节空气流量,对怠速进行自动调整,使发动机的实际怠速和存储于 ECU 中的目标怠速相符。这样,在暖机时,ECU 根据冷却液传感器的信号控制怠速空气阀按最佳的快怠速来暖机;在接通空调时,怠速空气阀接受 ECU 关于自动升高怠速的指令,使发动机工作更为平衡。

第一章 发动机的检修与故障排除

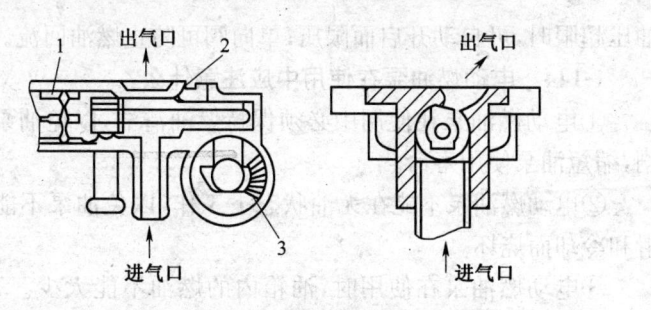

图 1-47 怠速空气阀
1. 电线插头　2. 阀片　3. 电磁线圈

1-143 电动燃油泵结构及工作原理是怎样的？

长安之星电喷系统采用噪声小、不易产生气阻和漏油的内装滚柱式电动燃油泵。此泵安装在油箱内，对其电动机的冷却十分有利，而且能输送燃油，能在规定压力下，向供油子系统提供充足的压力燃油。

电动燃油泵的结构如图 1-48 所示。

电动燃油泵工作时，内部的永磁电动机驱动偏心转子旋转，转子槽内的滚柱便因离心惯性依次压紧于泵体内表面，而在相邻的两个滚柱间形成容积不断变化的空腔，从而达到泵油目的。

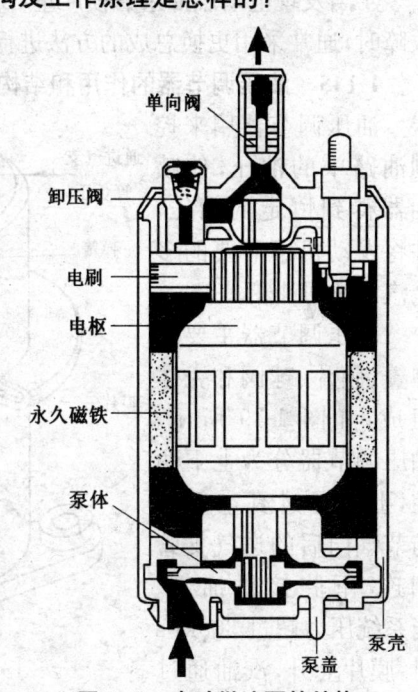

图 1-48 电动燃油泵的结构

泵的进油端设有限压阀，出油端设有单向阀。限压阀在泵内

125

油压超限时,可自动开启而限压;单向阀可防止燃油回流。

1-144 电动燃油泵在使用中应注意什么?

①电动燃油泵在使用中必须保持燃油清洁,以免油泵磨损加剧,缩短油泵使用寿命。

②电动燃油泵不能在无油状态下工作,以免油泵不能充分润滑和冷却而烧坏。

③电动燃油泵在使用时,油箱内的燃油不能太少。否则,油泵内进入空气而产生气阻,造成供油不足,影响发动机的工作性能。

④当发现电动燃油泵磨损严重,供油压力不足,电动机烧坏等故障时,通常采用更换总成的方法进行维修。

1-145 油压调节器的作用和结构是怎样的?

油压调节器用来控制油路中的油压,使喷油器得到恒定的油压,并将发动机不需要的多余汽油送回油箱。

油压调节器主要由弹簧、膜片、球阀和壳体组成,如图 1-49 所示。油压调节器分为上下两腔,上腔通过真空软管与节气门后的进气支管相连,下腔接供油管。当系统压力超过 300kPa 时,膜片上升,汽油通过回油口流回油箱。压力稳定后,膜片下落,关闭回油口。全负荷时,进气支管压力高,回油路关闭,油压变大。

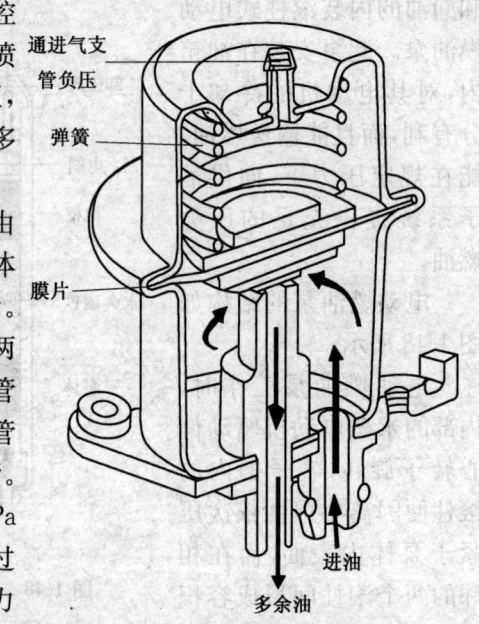

图 1-49 油压调节器的结构

第一章 发动机的检修与故障排除

1-146 电控系统传感器是怎样工作的?

由于发动机各种工况下的状态参数很多,所以需要的传感器种类也很多。

①进气温度传感器。安装在节气门之后的进气管上,可以准确监测进气的温度,与气缸压力传感器一起使用。进气温度传感器的主要元件是热敏电阻,其电阻值随温度降低而增大,因而信号电压随之增高。根据这些变化,ECU 就可发出修正喷油量的控制信号。

②冷却液温度传感器。安装于发动机冷却液通道上,与进气温度传感器相似,主要元件也是热敏电阻,具有对温度十分敏感的副温度系数(即外接温度降低时电阻值反而增大)。冷却液温度低时,热敏电阻增大,ECU 根据增大的电压信号而发出增加喷油量的指令,而使混合气加浓。

冷却液温度传感器的构造,如图 1-50 所示。

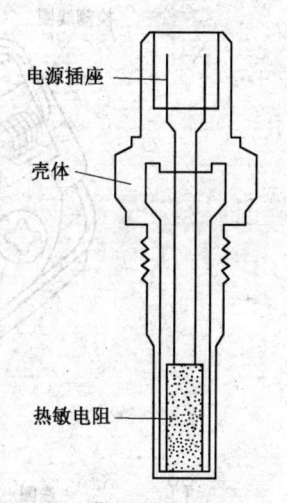

图 1-50 冷却液温度传感器

1-147 发动机转速传感器和曲轴位置传感器的作用及结构是怎样的?

发动机转速传感器和曲轴位置传感器都是脉冲发生器,用于采集转速值,并将转速值发送到 ECU 内。

发动机转速传感器用来检测发动机转速,从而能测出发动机的负荷量,也就是能测出每个工作循环内发动机吸入的空气量,ECU 根据检测出的空气量决定基本喷油量。发动机转速传感器多装在分电器内,测量分电器轴的转速,通过电磁式脉冲发生器得到转速电压信号;或通过霍尔脉冲发生器得到转速信号。

曲轴位置传感器用来检测每缸的曲轴转角位置,从而得出每缸活塞的上止点的曲轴转角位置,将此位置转换成电信号传送给

ECU,作为点火正时和喷油时间的调整参数。其原理也是利用电磁脉冲发生器得到曲轴转角位置的电压信号。

电磁式曲轴位置传感器安装在分电器内,由固定在分电器轴上的转子和设置在转子外侧的检测线圈以及托架组成。如图 1-51 所示。

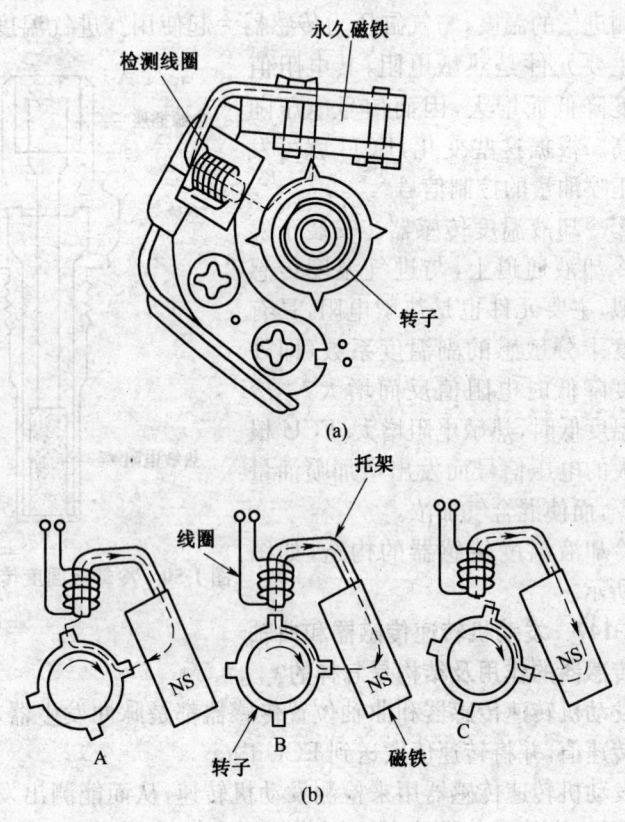

图 1-51 曲轴位置传感器

(a)结构图 (b)工作原理图

1-148 爆燃传感器的作用和结构是怎样的?

爆燃传感器的作用是把爆燃时传到气缸体上的机械振动转换成电压信号,输入 ECU 作为爆燃控制信号。爆燃传感器大多安装在气缸体上。其结构如图 1-52 所示,内部是一个压电陶瓷片。当发动机产生爆燃时,压电陶瓷片上的压力发生变化,将信号传给 ECU。ECU 根据收到的信号调整点火提前角,消减爆燃。

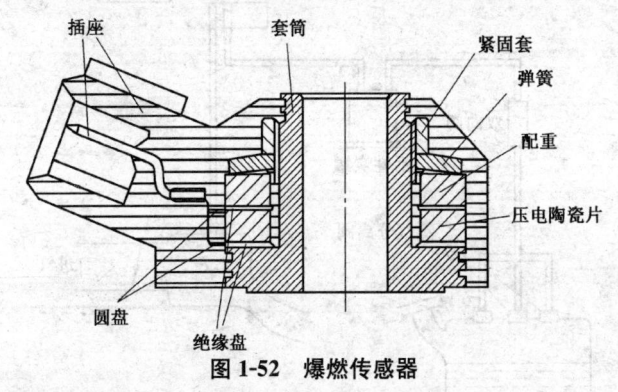

图 1-52 爆燃传感器

压电元件和配重用螺栓固定在壳体上,调整螺栓拧紧力矩便可调整传感器输出电压。因为传感器输出特性在出厂时已调整好,在使用中不得任意调整。传感器壳体与机油压力传感器壳体相似,不同的是拧入缸体部分为实心结构。传感器插座上有 3 根引线,其中 2 根为信号线,一根为屏蔽线。

当发动机缸体产生振动时,传感器壳体及惯性配重随之产生振动,配重的振动作用在压电元件上。由于压电效应,压电元件的信号输出端就输出一个与振动频率和振动强度有关的电压信号。发动机产生爆燃时,ECU 立即发出控制指令推迟点火时刻,直到爆燃消除为止。

1-149 燃油蒸发回收装置由哪几部分组成?

燃油蒸发回收装置由蒸气回收罐、控制电磁阀、蒸气分离阀、蒸气管道和真空软管组成,如图 1-53 所示。

蒸气分离阀的作用是防止汽车翻倾时油箱内的燃油从蒸气管道漏出。活性炭罐内装有活性炭颗粒,可吸附汽油蒸气中的汽油分子。电磁阀用来控制活性炭罐与进气支管之间管路的通断。当发动机运转时,如果电磁阀开启,在进气支管内的真空吸力的作用

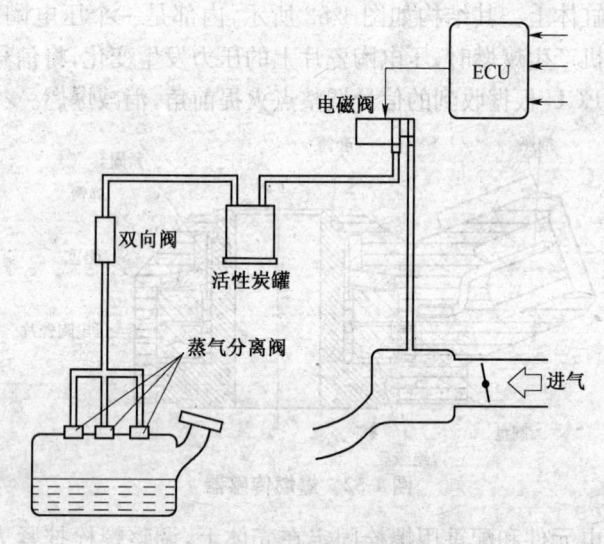

图 1-53 燃油蒸发回收装置

下,空气从活性炭罐下方进入,经过活性炭罐,从上方出口经软管进入进气支管,使吸附在活性炭罐表面的汽油分子又重新蒸发,随空气进入发动机燃烧。电磁阀开启或关闭由 ECU 控制。

1-150 单点喷射系统的结构原理是怎样的?

单点油喷射系统是只用 1~2 个喷油器在节气门上方将燃油间歇地喷入进气系统。其核心部件是单点喷油装置,由喷油器、油压调节器、怠速控制器、节气门位置开关、节气门体等组成,均组装在节气门体总成上。它可将极细的雾化燃油供给发动机。燃油分配在进气支管内完成。

单点喷射系统是低压燃油喷射系统,除结构简单和布局紧凑之外,由于系统是在低压下工作,所以成本较低,并且便于维修、调整。其性能比多点喷射系统略有下降,但从价格和维修方面看,单点喷射系统在中国更易于推广。单点喷射系统也称为中央喷射系统和节流体喷射系统。美国通用(GM)汽车公司生产的单点喷射系统被多家汽车制造厂商采用,是一种典型的汽油单点喷射系统。

第一章 发动机的检修与故障排除

美国通用汽车公司的单点喷射装置的结构和原理如图 1-54 所示。在发动机的节气门上方,即在装化油器的位置上,装上了单点汽油喷射系统。喷射装置有喷油器、燃油调节器、怠速空气控制阀、节气门等合成一体。燃油经进油口进入喷油器下部,再由喷油器上半部流入燃油调压器,过高压力的燃油经调节器出油口流向燃油箱。当喷油器接到 ECU 发出的喷油信号时,喷油器的电磁阀动作,燃油经滤清器从阀孔喷出燃油,供给发动机雾化燃油。单点式喷油器的喷射角比多点式喷油器的喷射角要大得多,达到45°~60°左右,使混合气的形成更均匀。燃油连续不断地经过喷油器内部,充分冷却喷油器,可防止气阻的产生,热车时的起动性能较好。

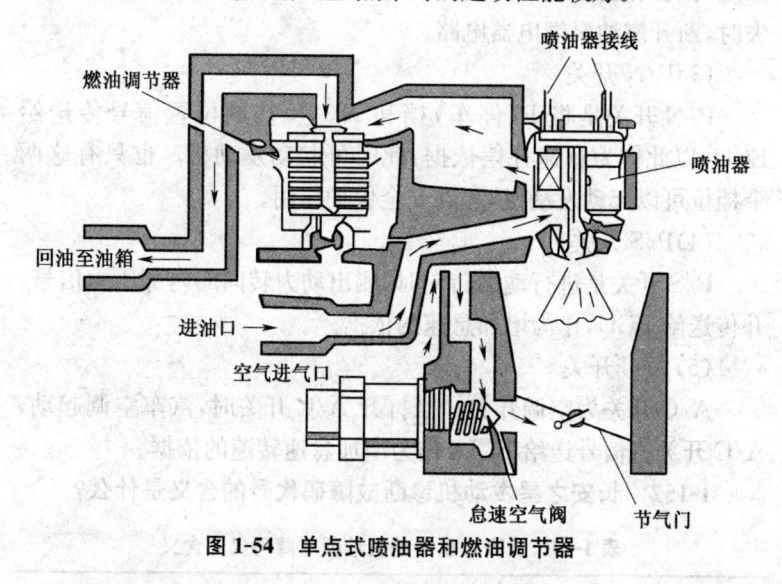

图 1-54 单点式喷油器和燃油调节器

单点汽油喷射系统对空气进气量的测量方法有用进气支管压力计间接测量;也有用空气流量计测量空气进气量。

1-151 电控燃油喷射系统中的继电器和开关有哪些?

(1)主继电器

用来控制 ECU 的总体电源。当点火开关打开时,蓄电池向

ECU 供电。当点火开关断开时,ECU 供电电源切断。它可使 ECU 免受电压脉冲的影响,以保护 ECU 装置。

(2)燃油泵继电器

燃油泵继电器是控制燃油泵电源的继电器,是燃油泵的安全控制开关。在点火开关打开时,只要发动机停止运转,燃油泵也停止工作。点火开关接通时,燃油继电器接通,燃油泵开始工作。在 L 型电喷控制线路中,燃油继电器油泵开关安装在空气流量计内。当发动机停止工作时,空气流量计内的燃油泵继电器断开电路,燃油泵停止工作。在 D 型电喷控制线路中,从分电器的点火信号得知发动机的运转状态,从而起动燃油泵工作。分电器点火信号消失时,断开燃油泵继电器电路。

(3)P/N 开关

P/N 开关是将 P(停车)挡和 N(空)挡的位置信号传送给 ECU,以此作为怠速补偿依据,此时可起动发动机。也只有这两个挡位可以起动发动机,起到安全保护作用。

(4)P/S 开关

P/S 开关是进行动力转向时,测出动力转向的内部压力信号,并传送给 ECU,作为增加怠速的依据。

(5)A/C 开关

A/C 开关为空调开关。当打开 A/C 开关时,汽车空调起动,A/C 开关将信号送给 ECU,作为增加怠速转速的依据。

1-152 长安之星发动机诊断故障码代号的含义是什么?

表 1-15 长安之星发动机诊断故障码代号含义

故障码		故 障 含 义
诊断仪显示	MIL 显示	
P0105	11	进气支管绝对压力传感器电路不良
P0120	13	节气门位置传感器电路不良
P1935	14	氧传感器电路不良

第一章 发动机的检修与故障排除

续表 1-15

故障码		故障含义
诊断仪显示	MIL 显示	
P0340	15	凸轮轴位置传感器电路不良
P0500	16	车速传感器电路不良
P0110	18	进气温度传感器电路不良
P0115	19	冷却液温度传感器电路不良
P 1570	21	ABS 信号电路不良
P0335	23	曲轴位置传感器电路不良
—	12	正常

1-153 维修电控燃油喷射系统必须遵循的操作规程是什么？

长安之星微型汽车上的 ECU 工作电压一般为 3～5V，对高温很敏感。在维修过程中，高电压和高温都可能损坏 ECU 和传感器以及执行元件。维修时必须特别注意以下几个方面：

①只要点火开关接通，就不能断开任何与 ECU 连接的电气装置，以免断开装置产生的瞬时自感高电压击穿 ECU 和传感器元件。例如，所有 ECU 导线、蓄电池电缆线、点火装置的导线（更不能用高电压试火）、由 ECU 控制的各种装置，电子线路严防进水。

②避免高磁性干扰源靠近 ECU。电焊作业时，应先断开 ECU 电源。

③拆装汽车 ECU 时，维修人员应先戴金属手链，使自己与汽车搭铁，消除静电后再工作。

④测试 ECU 和传感器时，不能用指针型欧姆表，而应使用高阻抗数字式测试仪表。

1-154 怎样检查油压调节器故障？

电控喷射系统的油压调节器是使燃油压力相对于进气支管负压的压差经常保持一定，从而使喷油量根据喷油电磁阀的通电时间确定。如果油压调节器的真空膜片损坏，或真空软管漏气，都会造成压力调节器的回油量失调，发动机喷油量不准确，发动机工作不良。

1-155 怎样检查油压传感器故障？

传感器主要是用来采集、发送温度、压力、机械传动、位置变化方式等信号。如电阻老化而迟钝，真空膜片破损，弹片弹性失效，回位弹簧失效，都将影响发动机工况，使电控系统失控或发动机工作不良，甚至不工作。如有此情况，应及时检测其电阻、电压，或读取故障码以判断故障位置。

1-156 怎样检查电磁阀故障？

电磁阀故障是指用电磁线圈、脉冲控制的阀门闭合故障。电磁喷油阀、怠速控制空气补充电磁阀，点火装置的电磁线圈，以及频率计等的工作好坏，直接影响汽车的喷油、点火、怠速、起动等工作的正常完成。用闭合角表可测试电磁阀的通电时间，看电磁阀是否在正常范围内工作。

1-157 电动燃油泵工作不良对车辆有何影响？

电动燃油泵由于无油工作或油质太差时工作，造成电动燃油泵磨损或烧坏。另外，电动燃油泵受空气流量传感器上的微动开关控制，若开关工作不良，动作迟缓，可造成油泵供油不足，影响汽车起动和加速性能。

1-158 怎样检查电控喷射系统的 ECU 故障？

电控喷射系统的 ECU 一般比较可靠，当汽车行驶 15 万 km 以上时，才可能出现故障，如现线路板有细小裂缝，集成电路板损坏，电容失效、焊端接头松脱、固定端螺栓松动等，易造成电控系统的功能失效或控制系统工作不良。应该对 ECU 进行测试或读取 ECU 损坏的故障码，以便及早确定故障及时修复或更换 ECU。

1-159 怎样检查电控喷射系统燃油压力？

①降低进油管中的燃油压力。检查时蓄电池电压应在 11V 以上。

第一章　发动机的检修与故障排除

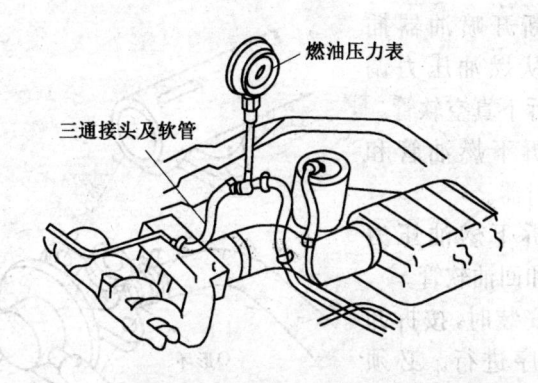

图 1-55　安装燃油压力表

②断开燃油进油软管。

③将燃油压力表安装到进油管上,如图 1-55 所示。

④打开点火开关,使燃油泵工作 3s 后停止,检查燃油压力是否符合下述要求:

油泵工作、发动机不转时 270~310kPa;

急速工况时 210~260kPa;

发动机停止运转 1min 后 200kPa 以上。

⑤检查燃油压力后,拆下燃油压力表。操作方法是:用两个开口扳手,如图 1-56 所示操作。

⑥安装燃油软管,按规定力矩拧紧,检查是否漏油。

1-160　怎样拆装燃油压力调节器?

①降低燃油管中的燃油压力。

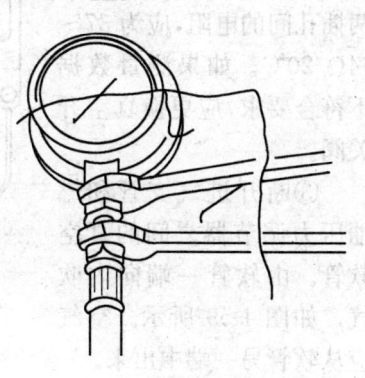

图 1-56　拆下燃油压力表

135

②拆下蓄电池负极电线。

③断开喷油器插接件。从燃油压力调节器上拆下真空软管。

④拆下燃油管和燃油喷射器。

⑤拆下燃油压力调节器和回油软管。

⑥安装时,按拆卸相反顺序进行。必须使用新的O形环。为便于安装,应在O形环上涂一层机油,拧紧燃油压力调节器螺栓力矩到符合规定值,如图1-57所示。

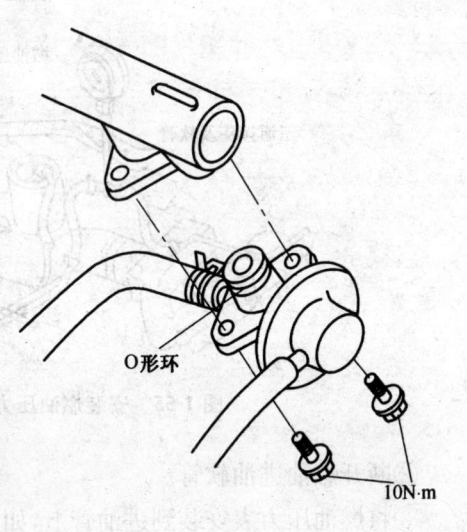

图 1-57 安装燃油压力调节器

1-161 怎样检查燃油压力调节器真空开关阀?

①点火开关处于关闭位置,断开真空开关阀插接件。

②如图1-58所示,测量两插孔间的电阻,应为37~44Ω/20℃。如果测量数据不符合要求,应更换真空开关阀。

③断开进气支管和燃油压力调节器之间的真空软管。由软管一端向内吹气。如图1-59所示。空气应从软管另一端中出来。

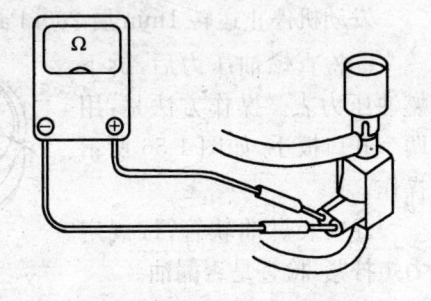

图 1-58 测量真空开关阀电阻值

④把12V蓄电池接到真空开关阀插孔上,向软管内吹气,空

气应从过滤器中出来,如图 1-60 所示。

如果检查不符合要求,应更换真空开关阀。

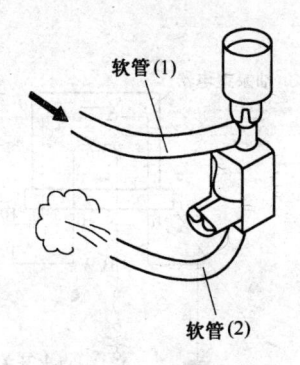

图 1-59 向软管吹气检查

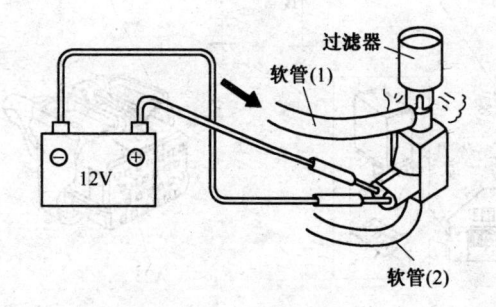

图 1-60 接蓄电池检查

1-162 怎样检查燃油泵?

①打开加油口盖,接通点火开关,听燃油泵的工作情况。

②关闭点火开关,拆下燃油泵继电器。

③用跨接线将燃油泵继电器插接器插孔"a"与"b"连接起来。燃油泵继电器信号电路如图 1-61 所示。

④打开点火开关,不起动发动机。听燃油泵是否工作。

⑤检查油泵的电源供给电路。油泵电源供给电路一般受主继

电器及熔断器控制。

⑥检查油泵控制电路。油泵工作电路主要由油泵继电器控制。

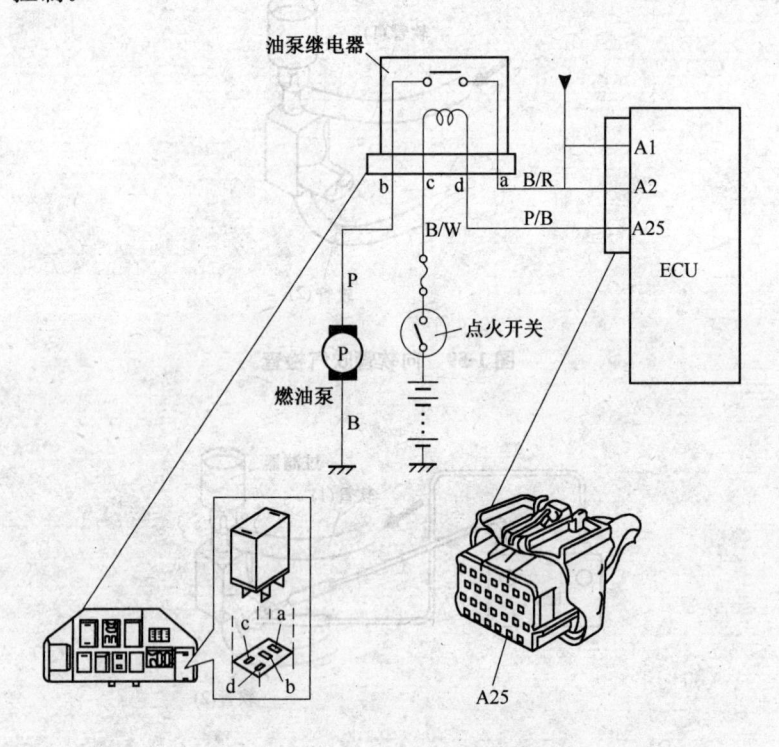

图 1-61 燃油泵继电器信号电路图

1-163 怎样检查燃油切断控制器?

①发动机应为正常工作温度。

②将发动机转速提到高于 3000r/min,把噪声诊断器金属棒放在喷油器附近,如图 1-62 所示,听喷油器噪声。

③当节气门瞬间打开时,喷油器工作噪声停止,当发动机转速减少到约 2000r/min 以下时,重新听到噪声,表明工作正常。

1-164 怎样检查进气压力传感器?

①拆下蓄电池负极搭铁线。

②断开进气压力传感器插接件。

③从节气门体上拆下进气压力传感器,如图1-63所示。

④如图1-64所示,串联3节1.5V电池,总电压在4.5~5.0V。当用真空泵将真空加到3Pa时,检查电压是否降低。

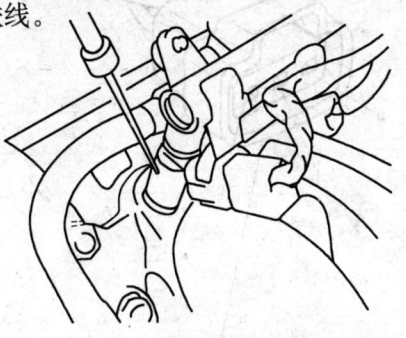

图1-62 听喷油器噪声

⑤进气压力传感器信号电路图如图1-65所示。

a. 检查时,断开点火开关,拆下进气压力传感器插接器。

b. 打开点火开关,不起动发动机。

c. 测量进气压力传感器插接器插孔"C"与地面之间的电压应为4~5V。

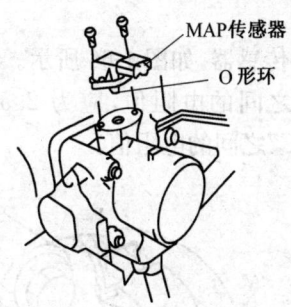

图1-63 拆下进气压力传感器 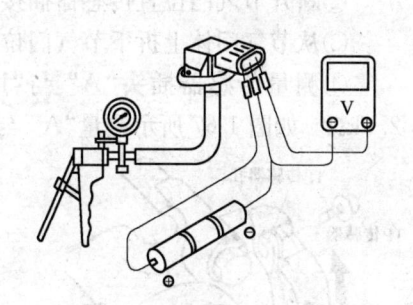　　图1-64 检查进气压力传感器

1-165 怎样检查节气门传感器?

①拆下蓄电池负极电线。

139

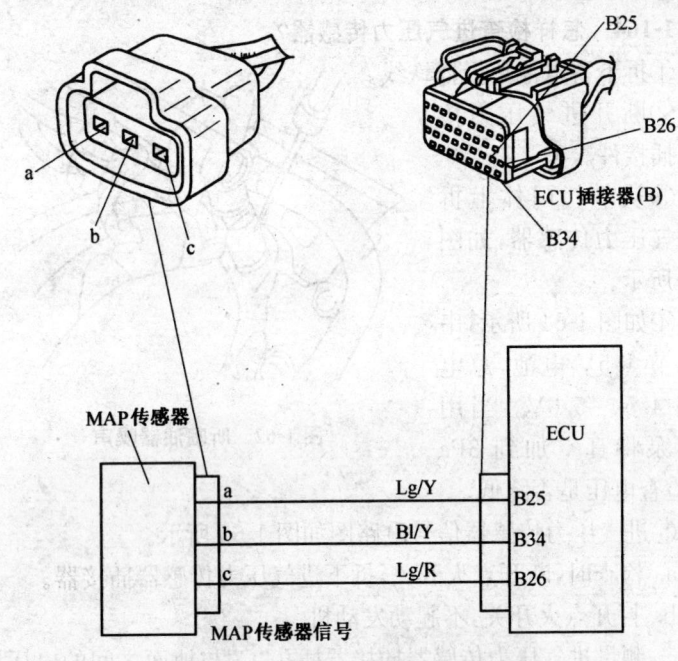

图 1-65　进气压力传感器信号电路图

②断开节气门位置传感器插接件。
③从节气门体上拆下节气门位置传感器,如图 1-66 所示。
④测量传感器插头"A"与"B"之间的电阻值,应为 2.5~2.6kΩ。如图 1-67 所示测量"A"与"C"之间的电阻值。

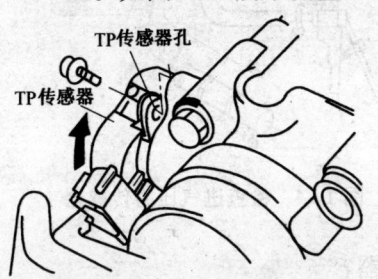

图 1-66　拆下节气门位置传感器 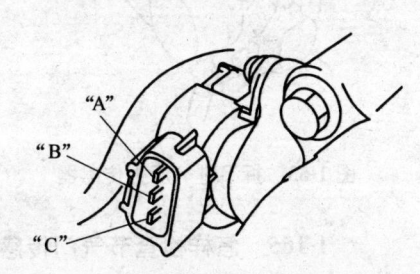　　图 1-67　检查节气门位置传感器

节气门在急速位置的电阻值为 0.17～11.4kΩ；
节气门全开状态时的电阻值为 1.72～15.50kΩ；
节气门在全开与急速位置时电阻应相差 1.5kΩ 以上。
如果检查不符合要求,应更换节气门位置传感器。
⑤节气门位置传感器信号电路如图 1-68 所示。

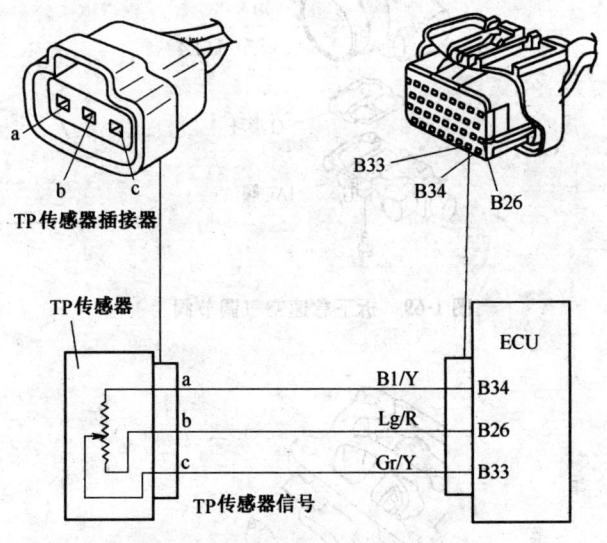

图 1-68 节气门位置传感器信号电路

1-166 怎样检查急速空气调节阀？

①拆下节气门体。从节气门体上拆下急速空气调节阀,如图 1-69 所示。

②把每个插接件连接在急速空气调节阀、进气压力传感器及节气门位置传感器上。

③打开点火开关,检查急速空气调节阀转动阀,如图 1-70 所示,是否在 60ms 内打开关闭一次,然后停止转动。阀体转动是瞬间完成的,应连续检查 3 次。若急速空气调节阀没有转动,应检查线束是否有故障。如线束良好,应更换急速空气调节阀。

④安装空气调节阀时,应使用新的O形环。将空气调节阀装在节气门体上,拧紧力矩为 3.3N·m。

⑤怠速空气控制系统电路如图 1-71 所示。

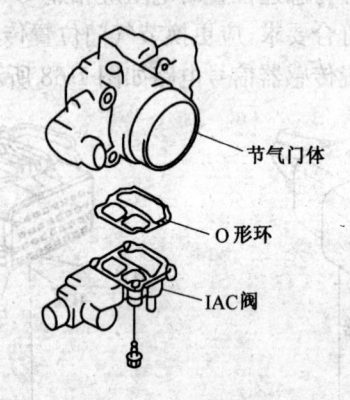

图 1-69 拆下怠速空气调节阀

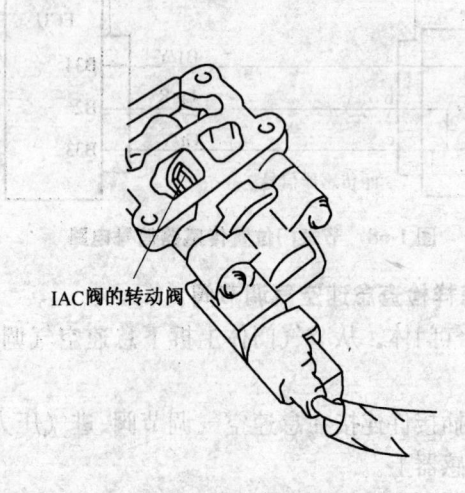

图 1-70 检查怠速空气调节阀转动阀

1-167 怎样检查曲轴位置传感器?

①拆开蓄电池负极搭铁线。

第一章 发动机的检修与故障排除

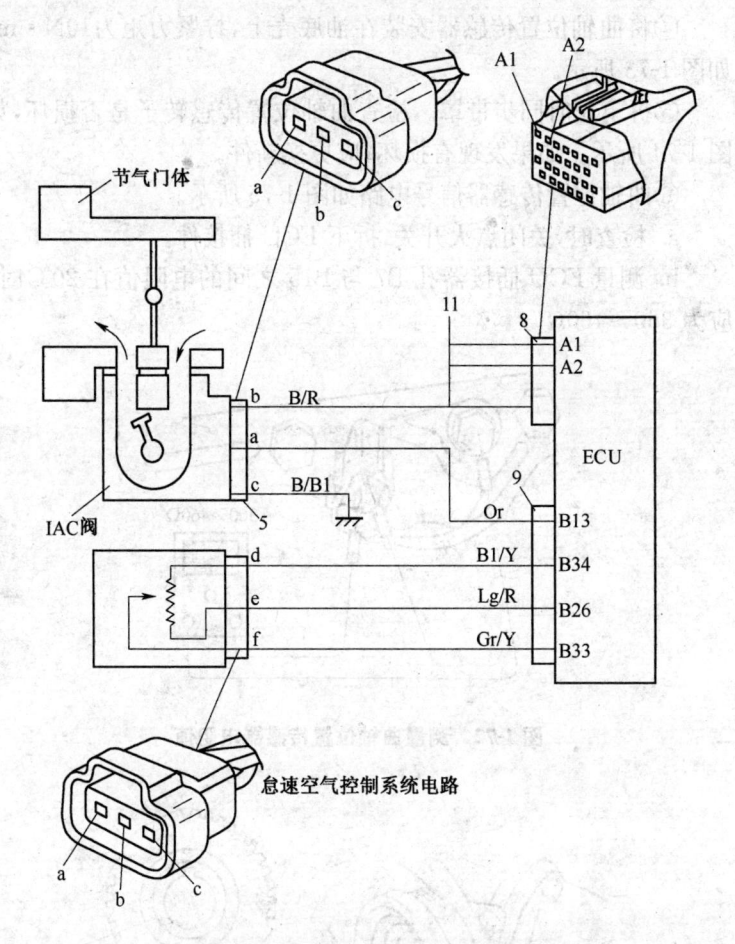

图 1-71 怠速空气控制系统电路图

②断开传感器插接件。从油底壳上拆下曲轴位置传感器。

③如图 1-72 所示,测量曲轴位置传感器每个插头间电阻值应为 $360\sim460\Omega/20℃$,测量每个插头与接地电阻值应为 $1M\Omega$ 以上。

如果测量电阻不符合规定值,应更换曲轴位置传感器。

143

④将曲轴位置传感器安装在油底壳上,拧紧力矩为10N·m,如图1-73所示。

⑤拆下正时同步带罩。检查曲轴位置传感转子是否损坏,如图1-74所示。如果发现有损坏,应更换新件。

⑥曲轴位置传感器信号电路如图1-75所示。

a. 检查时,关闭点火开关,拆下ECU插接件。

b. 测量ECU插接器孔B7与B15之间的电阻值在20℃时,应为360~460Ω。

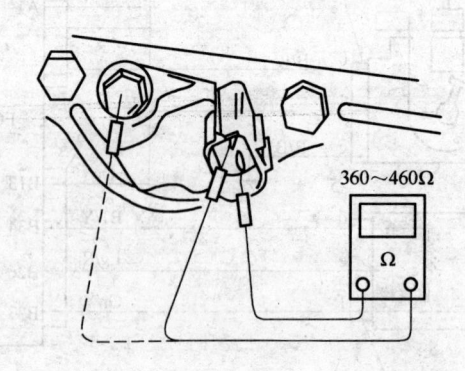

图1-72 测量曲轴位置传感器电阻值

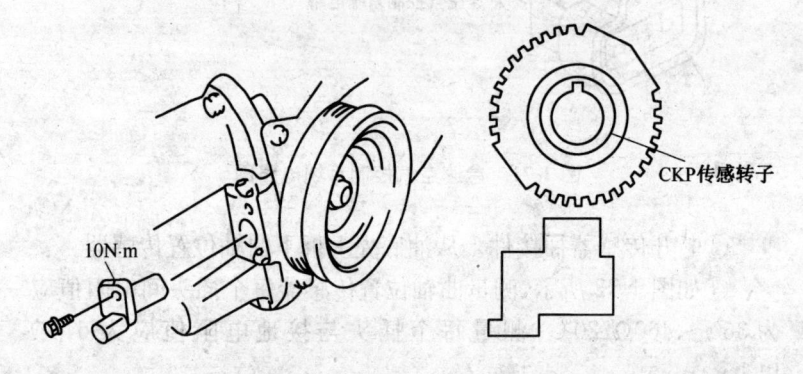

图1-73 安装曲轴位置传感器　　**图1-74 检查曲轴位感转子**

第一章　发动机的检修与故障排除

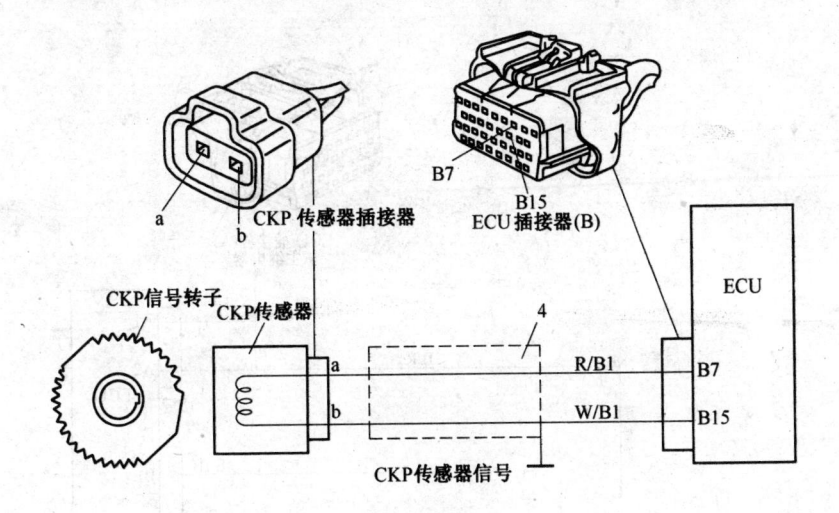

图 1-75　曲轴位置传感器信号电路图

1-168　怎样检查喷油器？

①在发动机工作时,用听诊器检查喷油器工作噪声。如果听不到正常的噪声,应检查喷油器电路是否正常。将听诊器杆置于喷油器上测听。

②从喷油器上断开插接件,将电阻表接到喷油器插孔上,测量喷油器电阻应在20℃时为10~15Ω。如果电阻超过规定,应更换喷油器。

③燃油喷射器电路如图1-76所示。

④安装喷油器时,应使用新的O形环,将密封圈安装到喷油器上,检查胶垫有无损伤。必要时,应更换新件。拧紧油管螺栓力矩为23N·m。

1-169　怎样检查氧传感器？

①关闭点火开关,断开氧传感器插接件。

②如图1-77所示,测量"a"与"b"之间的电阻值,应为11~15Ω/20℃。如果不符合要求,应更换氧传感器。

145

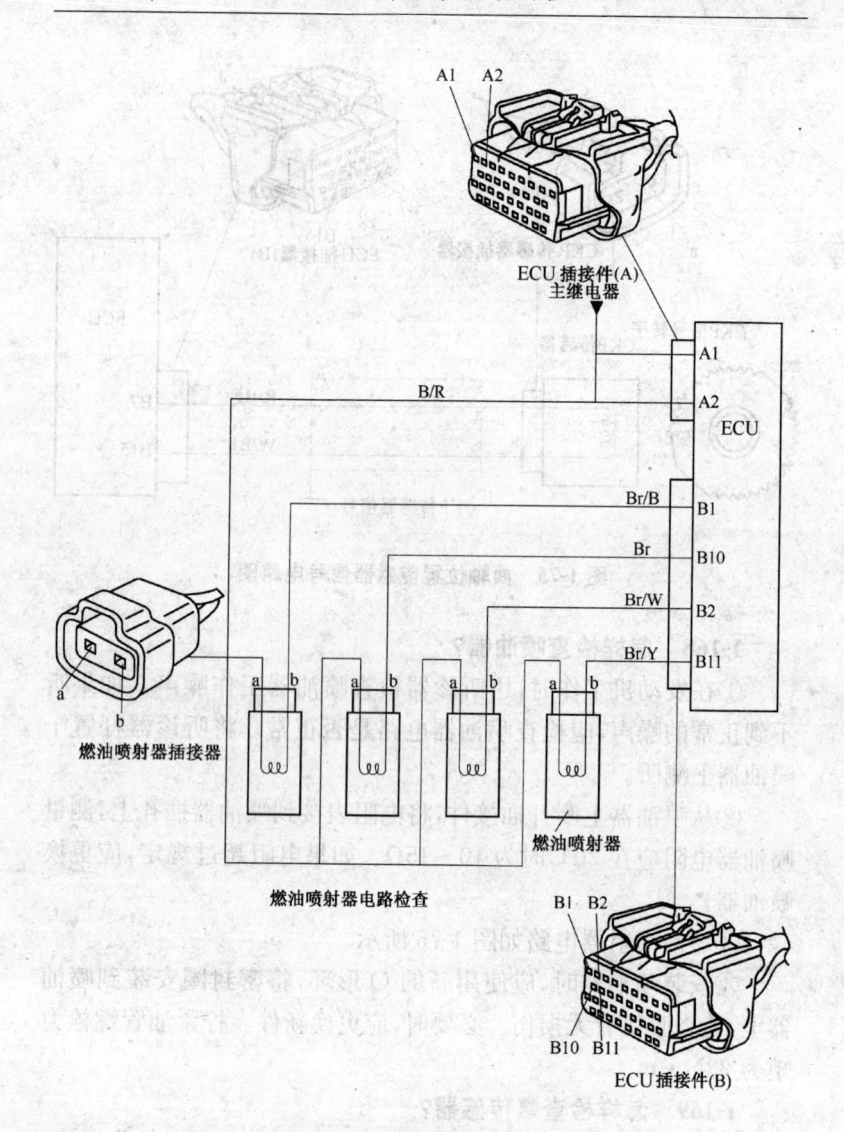

图 1-76 燃油喷油器电路图

③氧传感器信号电路如图 1-78 所示。

第一章　发动机的检修与故障排除

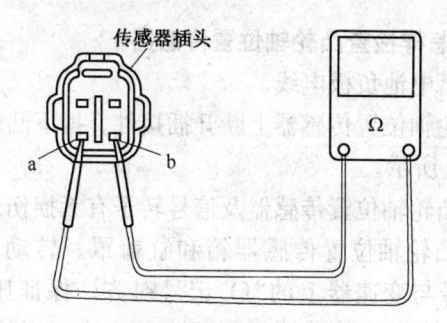

图 1-77　检查氧传感器

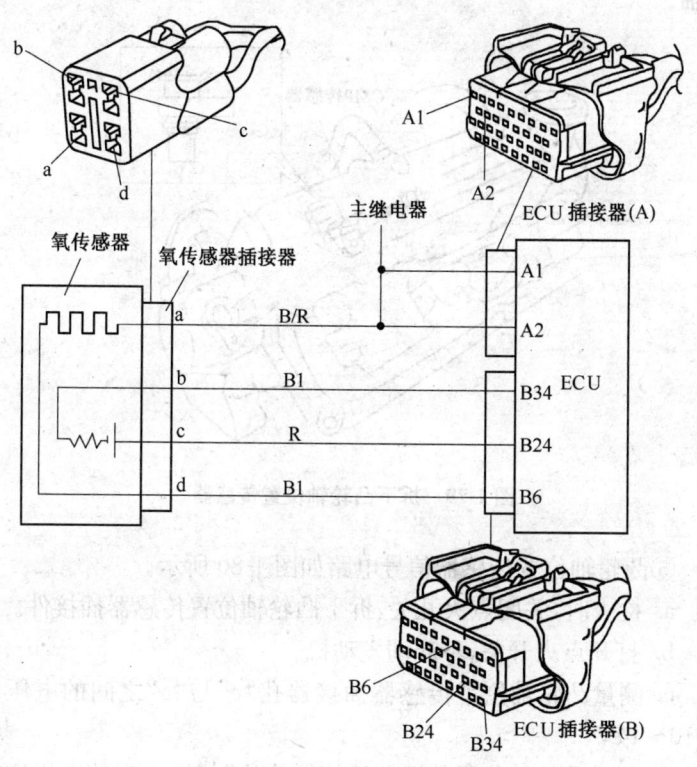

图 1-78　氧传感器信号电路图

1-170 怎样检查凸轮轴位置传感器?

①拆下蓄电池负极电线。

②从凸轮轴位置传感器上断开插接件。拆下凸轮轴位置传感器,如图 1-79 所示。

③检查凸轮轴位置传感器及信号转子有无损伤。

④拆下凸轮轴位置传感器箱和缸盖罩。转动曲轴,使飞轮上的"V"记号与变速器上的"O"记号对齐。保证压缩上止点位置,检查凸轮轴位置传感器转子牙齿及方向。必要时应更换凸轮轴。

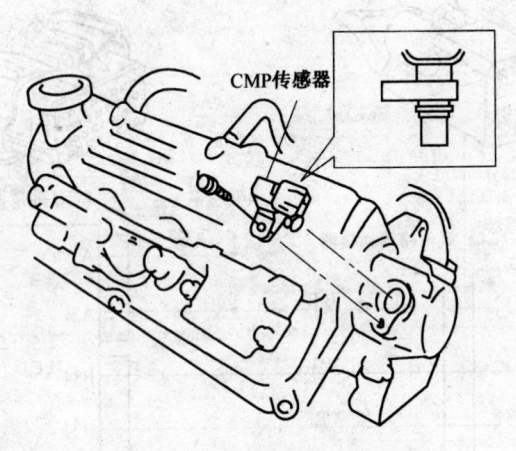

图 1-79 拆下凸轮轴位置传感器

⑤凸轮轴位置传感器信号电路如图 1-80 所示。

a. 检查时,关闭点火开关,拆下凸轮轴位置传感器插接件。

b. 打开点火开关,不起动发动机。

c. 测量凸轮轴位置传感器插接器孔"c"与"a"之间的电压应在 10~14V。

d. 测量凸轮轴位置传感器插接器孔"b"与地之间的电压应在 4~5V。

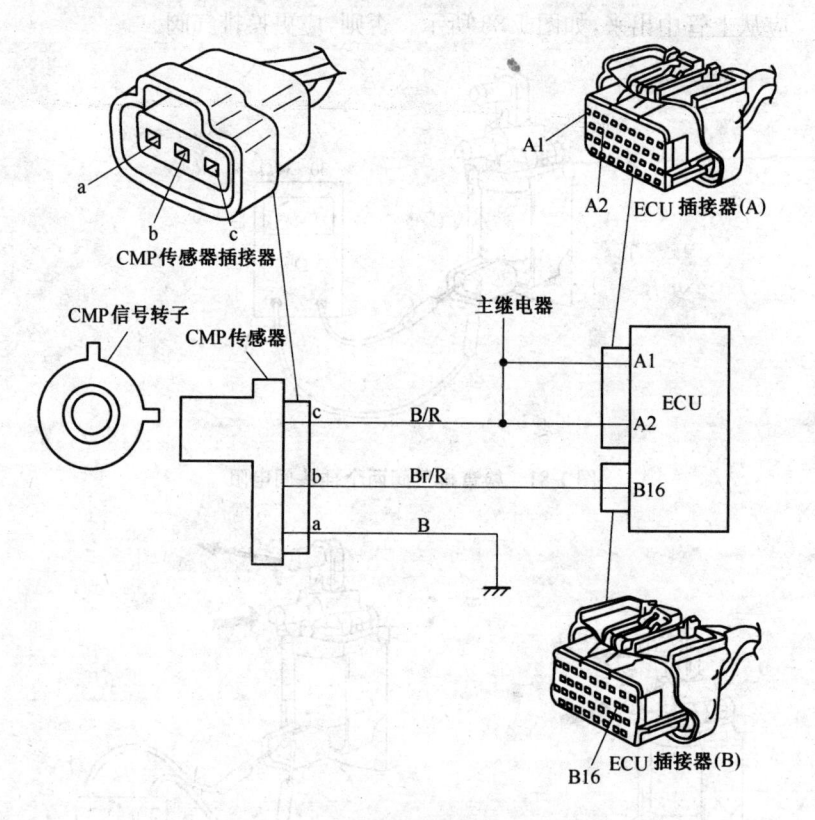

图 1-80 凸轮轴位置传感器信号电路图

1-171 怎样检查活性炭罐排气阀？

①关闭点火开关,从活性炭罐排气阀上断开插接件。

②测量活性炭罐排气阀两个插头间电阻,如图1-81所示。在20℃时,电阻值应为30~34Ω。

③从进气支管及其管道上取下软管。

④在插接件断开时,如图1-82所示,向下管中吹气,空气不应从上管中出来。

⑤将蓄电池接到活性炭罐排气阀插头上,向下管中吹气,空气

149

应从上管中出来,如图 1-83 所示。否则,应更换排气阀。

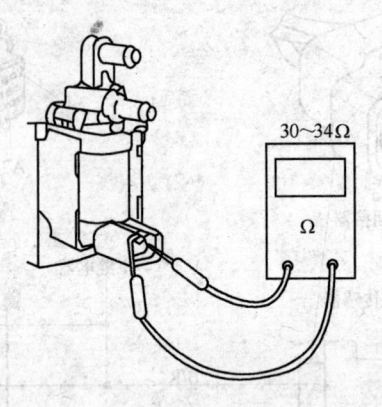

图 1-81 检查排气阀两个插头间电阻

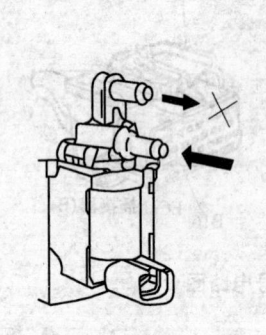

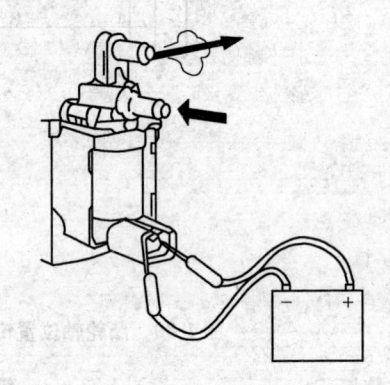

图 1-82 向管内吹气检查　　图 1-83 用蓄电池检查排气阀

1-172 怎样拆装发动机控制模块?

发动机控制模块(ECU)由精密零件组成,使用寿命长,如不违章操作,不会轻易发生故障,不要随意拆卸发动机 ECU。

①拆下蓄电池负极电线。

②拆下空气滤清器壳。

③从发动机 ECU 上断开插接件。

④拆下发动机控制模块,如图 1-84 所示。
⑤按拆卸相反顺序安装发动机 ECU。

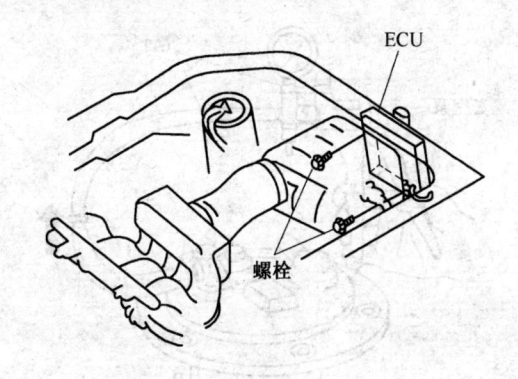

图 1-84　拆下发动机 ECU

1-173　怎样检查油箱压力控制阀?

①从油箱上拆下燃油泵。
②如图 1-85 所示,从燃油蒸发软管"A"处吹入空气能顺利到达"B"。

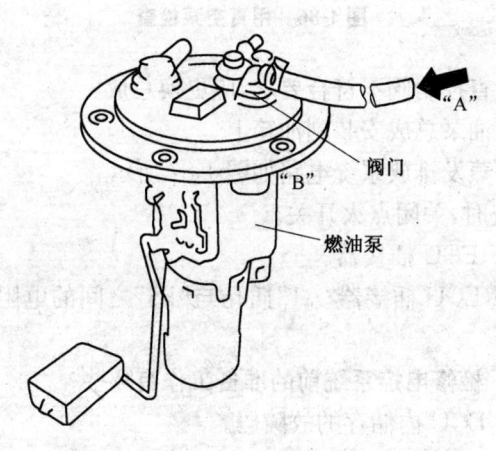

图 1-85　从燃油蒸发软管吹入空气

③将真空泵接到燃油蒸发软管上,如图1-86所示,向阀内泵入空气时,空气应从"B"流到"A"。

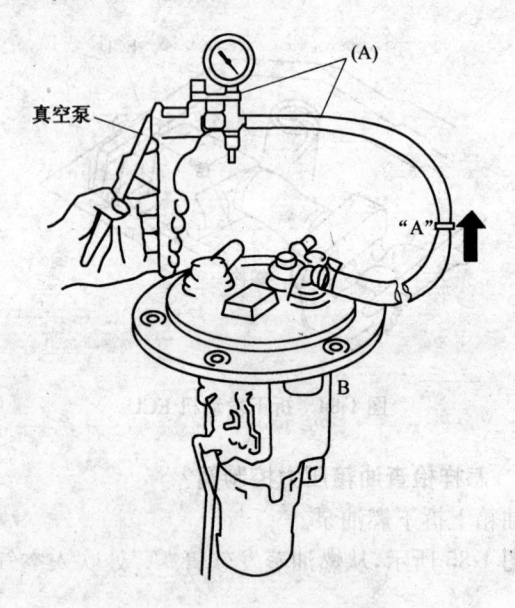

图1-86 用真空泵检查

如果检查控制阀不符合要求,应更换总成。

④将燃油泵总成安装到油箱上。

⑤燃油蒸发排放系统电路如图1-87所示。

a. 检查时,关闭点火开关。

b. 拆下ECU插接器。

c. 测量ECU插接器"A1"插孔与"B5"之间的电阻应为30～34Ω/20℃。

1-174 检修电控系统前的准备工作有哪些？

①调出ECU内储存的故障码。

②检查各种接头、插接件是否插牢。

③蓄电池电压及电解液密度是否正常。

第一章 发动机的检修与故障排除

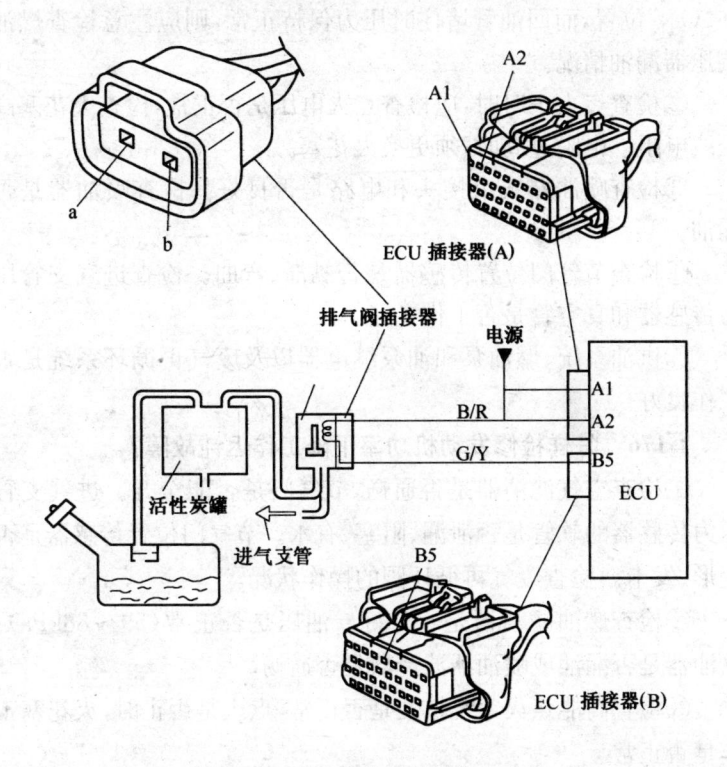

图 1-87 燃油蒸发排放系统电路图

④点火系统是否正常。
⑤检查气缸压力是否正常。
⑥检查各真空管、油管及接头是否泄漏。
⑦检查进气、排气、供油系统是否通畅。

1-175 怎样检修电控系统起动困难故障?

①将点火开关置于"ON"位置,但不起动,检查喷油器和油管是否漏油;装上油压表,堵上节流体处的回油管;转动点火开关至"ON",再转到"OFF",并注意油压降低情况。如果油压迅速降低,则应检查燃油泵止回阀或油箱连接器是否不良;如果点火开关

153

在"ON"位置,而回油管堵住时压力保持正常,则应注意检查燃油调压器漏油情况。

②检查点火正时时,应检查点火电压是否正常,检查火花塞高压线电阻。电阻过高时,须更换火花塞。

③检查喷油器线束接头和电路是否良好。检查喷油器是否漏油。

④检查节气门位置传感器是否黏滞、弯曲。检查进气支管压力传感器和真空管是否工作良好。

⑤供油系统、燃油泵和油泵继电器以及废气再循环系统是否工作良好。

1-176 怎样检修发动机功率下降工作迟钝故障?

①检查空气滤清器是否通畅,节气门是否能全开。进气支管压力传感器的软管是否泄漏、阻塞、有水。节气门位置传感器是否变形、发卡。检查废气再循环阀的操作状况。

②检查燃油滤清器是否良好。油压是否正常(59～88kPa)。喷油器是否漏油或喷油器滤清器是否通畅。

③检查高能点火系统搭铁是否正常,点火是否正时,火花塞工作是否正常。

④检查 ECU 本身以及空调开关、空调压缩机、变速离合器是否工作良好。

1-177 怎样检修发动机工作不稳?

①检查真空软管、电线接头、怠速控制器的工作是否良好。

②检查废气再循环系统、点火系统、排气系统是否工作良好。

③检查节气门轴或定速控制拉索是否灵活,工作可靠。

④检查气缸压缩压力是否正常,检查喷油器是否漏油或喷油器不通畅,火花塞工作不良,进气支管螺栓未上紧。

⑤检查节气门位置开关、停车空挡开关、空调开关或空调离合器工作是否不良。

第一章 发动机的检修与故障排除

1-178 冷却系统的作用是什么？

发动机在工作时，由于燃料的燃烧以及运动零件间的摩擦产生大量的热量，使零件强烈受热，特别是直接与燃烧气体接触的零件温度很高，如果没有适当的冷却，将不能保证发动机的正常工作。冷却系统的作用就是维持发动机在最适宜的温度下工作。

1-179 发动机冷却系统结构有什么特点？

①微型汽车发动机广泛采用封闭式冷却系统，散热器盖均密封，增加了一个小膨胀箱。工作时，冷却液蒸发进入膨胀箱内，冷却后流回散热器，可防止冷却液大量蒸发损失，并可提高冷却液的沸点温度。该冷却系统一般都加有防腐添加剂的防冻液，比普通自来水对冷却系统的金属腐蚀性要小很多，有利于提高散热性能。密封式冷却系统冷却水的循环可保证发动机 1～2 年内不加冷却水。在使用中，必须保证密封，才能收到效果。膨胀箱内冷却液不能注满，加注 1/2 即可。使用 2 年后放出过滤，调整成分和冰点后可继续使用。

②采用离心式密封耐用型水泵。该水泵转子完全由一个密封轴承支撑，密封耐用，不可分解。因此，如果任何一个部件有故障，如水泵漏水故障，一定要整体更换。吉林牌、昌河牌等微型汽车均采用这种水泵。

③采用蜡式节温器。微型汽车发动机冷却系统的节温器采用蜡式热敏材料，具有温控准确、工作稳定、结构牢固、使用寿命长、耐热、耐冻、耐压的特点。节温器阀门从 82℃ 开始开启，95℃ 时全开，有利于发动机保持正常工作温度。

蜡丸密封装在金属筒内，随温度上升和下降而膨胀和收缩。膨胀时，筒向下推，把两门打开。

1-180 发动机温度过高对机件有什么影响？

①降低了充气效率，导致发动机功率下降。

②早燃和爆燃的倾向加大，破坏了发动机的正常工作；同时，也使零件承受额外的冲击负荷而造成早期损坏。

③运动件间的正常间隙被破坏,使零件不能正常运动,甚至损坏。

④金属材料的机械性能降低,造成零件变形及损坏。

⑤润滑情况恶化,加剧了零件的摩擦和磨损。

1-181　发动机温度过低对机件有什么影响？

①进入气缸的可燃混合气(或空气)温度太低,使点燃困难或燃烧迟缓,造成发动机功率下降以及燃料消耗量增加。

②润滑油的黏度增大,造成润滑不良,加剧了零件的磨损,同时,增大了功率消耗;

③燃烧后的生成物中的水蒸气易冷凝成水,酸性气体形成酸类物质,加重了对零件特别是气缸壁的侵蚀作用。

④因温度过低而未汽化的燃料对摩擦表面(气缸壁、活塞、活塞环等)上的油膜的冲刷以及对润滑油的稀释,加重了零件的磨损。

1-182　冷却系统的循环路线是怎样的？

冷却系统为闭式水冷系统。冷却水从散热器下水室出来,从发动机右侧进入第一缸冷却水套,再进入水泵的进水口,被泵到第一缸左侧水套,并向后流经各缸水套,到第四缸后又折向前方,沿各缸右侧水套前行,冷却各气缸后,进入缸盖水套冷却各缸燃烧室,进排气道和火花塞孔处,最后被加热的冷却水通过进气支管的水管进入节温器水套。若水温小于82℃时,则水流通过旁通阀回到水泵的进水管进行小循环;若水温达到82℃,部分冷却水便流进散热器进行冷却;若水温达到92℃以上,则绝大部分冷却水流经散热器进行大循环。

冷却水流动的动力来自于水泵的压力差,离水泵远的气缸水流速度低。为使各缸冷却强度接近,远离水泵的各缸水套横截面的孔径大。

1-183　水泵的结构是怎样的？

水泵为离心式,结构如图1-88所示。水泵叶轮用全密封式轴

第一章 发动机的检修与故障排除

承支承,轴和轴承压在一起,不能拆开也不必加润滑脂,具有超耐用性,可一直用到水泵报废。该水泵的密封结构较好,衬圈和陶瓷密封环装在水泵叶轮后面环上,保持滑动密封。

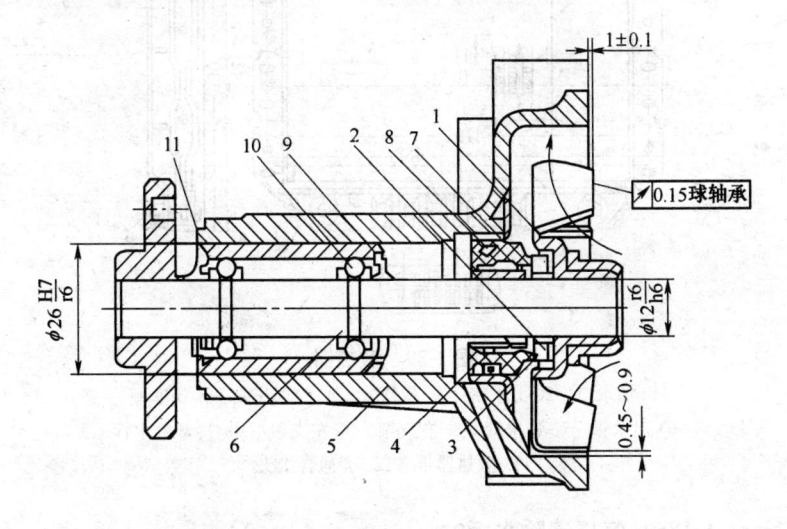

图 1-88 水泵
1. 水泵叶轮　2. 衬套　3. 陶瓷密封环　4. 水封压缩套　5. 水泵壳
6. 水泵轴总成　7. 石墨水封　8. 水封弹簧　9、11. 油封　10. 滚珠轴承

1-184 散热器的结构是怎样的？其作用是什么？

散热器为管带式结构,由上、下水室和散热器芯组成,其结构如图 1-89 所示。

加水口上的散热器盖使发动机冷却系统封闭,因而其内压可适当提高,冷却液沸点也相应提高。这有利于发动机保持较好的散热状态。当散热器内压超过 88.3kPa 时,散热器盖上的压力阀开启,冷却水进入膨胀水箱,散热器内压力下降。当散热器内的压力低于大气压 6kPa 时,散热器盖上的真空阀开启,膨胀水箱内的冷却水进入散热器。这样就保证了散热器既不被胀破,也不被吸瘪。

157

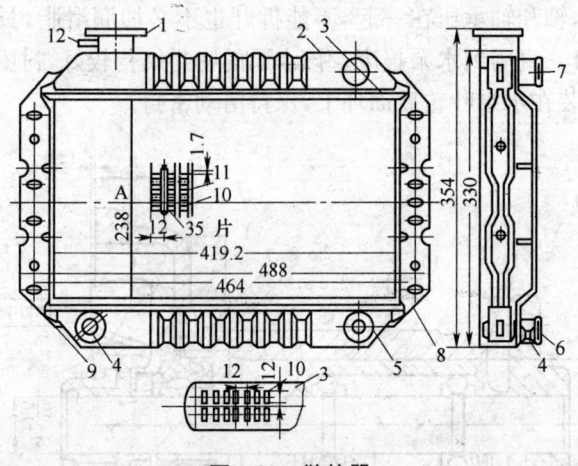

图 1-89 散热器
1. 加水口 2. 上水室 3. 芯总成 4. 放水开关 5. 下水室
6. 出水管 7. 进水管 8. 右支架 9. 左支架 10. 冷却分水管
11. 散热器带 12. 旁通管接头

1-185 怎样清除水垢？

水垢是积聚在金属表面的硫酸钙、碳酸钙等物质。水垢是热的不良导体，会严重影响发动机的散热性能。清除水垢的步骤如下：

①放掉冷却液后起动发动机，待水温升到正常温度后，关闭发动机，打开散热器盖，加入洗涤剂。洗涤剂的配方及使用方法见表1-16。

表 1-16 洗涤剂的配方及使用方法

类别	配方	配方比例（%）	工作温度（℃）	保持时间	冲洗方法
铸铁缸盖及缸体	苛性钠水溶液	10～15	60～90	30～45min	用清水冲洗3次
铝合金缸盖及缸体	水玻璃、液体肥皂	1.5∶0.2∶100	80～90	60min	用水冲洗干净
散热器	苛性钠水溶液	2～3	60～80	8～10h	用水冲洗干净

②拧上散热器盖,再起动发动机,略微提高发动机转速,保持规定的时间,关闭发动机,放掉带有水垢的冷却液。

③拆下节温器并清除上面的水垢。

④冲洗干净冷却系统所有的零部件。

1-186 怎样保养冷却系统?

汽车的冷却系统与发动机的工作状况相关,它的主要功用就是保证发动机在最恰当的温度下工作。所以,汽车的冷却系统应经常进行保养。

汽车冷却系统的保养分为日常性维护和定期保养两大项目。

冷却系统的日常性维护需要注意如下事项:

微型汽车相对娇气,所以,冷却水最好选用开水或蒸馏水,不能直接使用井水或泉水。应注意节温器工作正常,发动机的水温应保持在85℃左右,严防节温器被卡住而造成关闭不严。如果发动机极易过热(开锅),冷却水又充足,则表明节温器可能已经损坏而不能开启,此时,需更换新节温器。要严防风扇或皮带轮甩出打坏散热器,使水泵与风扇旋转有摆头或发生异响。

冷却系统定期保养主要项目是:

清除冷却水中的污垢,检查节温器、水温表,检查和校验散热器(水箱)、水泵、风扇及其连接件,调整风扇带,检查水泵轴承等。

1-187 冷却系统常见故障有哪些?

作为汽车发动机系统的有机组成部分,冷却系统的作用是保证发动机在一定温度下正常工作。微型车的冷却系统与其他汽车的冷却系构造相同。因此,微型汽车的冷却系统故障可以参照其他汽车进行检修。汽车冷却系统的常见故障如下:

散热器盖排气阀与进气阀失效,散热器漏水或堵塞,放水开关漏水及分水管损坏,散热器芯碰扁或折断;水套内水垢沉积过多,水泵水封漏水,叶轮与水泵轴松脱,水温表或水温塞不良,风扇叶片折断或角度不对,风扇皮带折断或打滑,百叶窗叶片锈蚀等。

汽车发动机多采用压力循环水冷式冷却系统进行冷却降温,

如果冷却系统有故障,就会引起发动机过热,如不及时排除,就会造成发动机动力下降和活塞拉缸、卡死等严重事故。所以,应重视排除冷却系统的常见故障。

1-188 节温器的作用是什么？

节温器可根据冷却液温度的高低,自动改变冷却液的循环路线,使发动机在最佳温度下工作。节温器安装在进气支管水腔的出水口处,其结构和工作情况如图 1-90 所示。橡胶管和感温器外

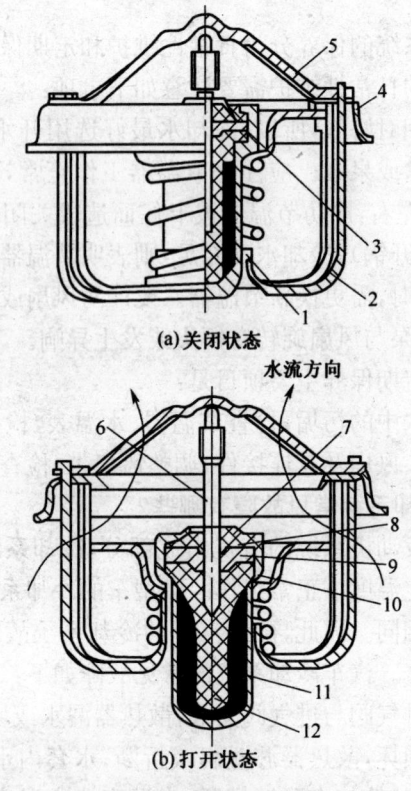

(a) 关闭状态

(b) 打开状态

图 1-90 蜡式节温器

1. 弹簧 2. 下支架 3. 阀门 4. 阀座 5. 上支架 6. 反推杆 7. 感温器体
8. 密封圈 9. 压板 10. 感温器体 11. 石蜡混合剂 12. 橡胶管

第一章 发动机的检修与故障排除

壳之间的腔体内装有石蜡。常温时,蜡呈固态,弹簧将阀门关在阀座上。当温度升高时,蜡变成液态,其体积膨胀,使橡胶套收缩,对反推杆的锥状端头产生上举力,而反推杆不能上移,反推杆便对橡胶套和感温器外壳产生下推力。当水温达到82℃时,这种下推力克服弹簧的预紧力,阀门开始打开。当水温达到95℃时,节温器阀门全开(行程为8mm),大部分冷却液经过散热器进行大循环。

1-189 怎样检查节温器工作是否正常?

节温器清除水垢后,放入盛水的器皿中,再逐渐加热,检验节温器阀门开始开启和完全打开时的温度,如图1-91所示,要求在80℃~84℃时开启,95℃时完全打开。如不符合上述要求,则应更换节温器。

如图1-92所示。检查节温器的阀门升程,当温度为100℃时,如果阀门升程小于8mm,应更换节温器。

检查节温器全闭时,阀门弹簧是否压紧。必要时,应更换节温器。

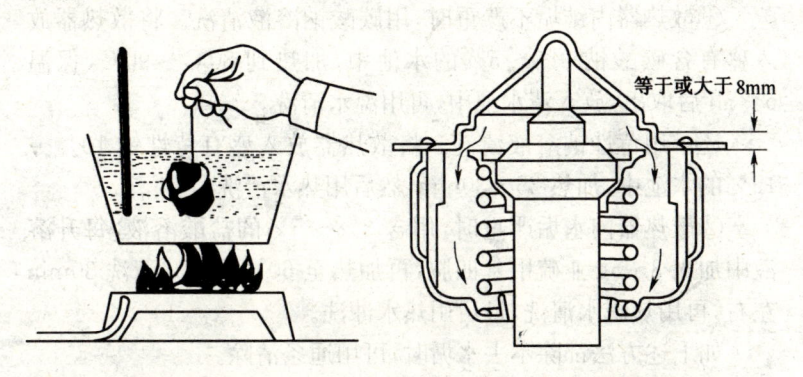

图 1-91 检查节温器阀门开启温度   图 1-92 检查节温器阀门升程

1-190 怎样检修水泵?

水泵常见的故障是水封磨损漏水,水泵轴承磨损松旷,轴承磨损和轴弯曲,叶轮破损等。

(1)水泵的分解

①压出水泵叶轮。

②拆卸水泵轴承。

③使用专用工具从水泵轴承上拆下叶轮和水封。

水泵分解后,将各零部件彻底清洗,并用压缩空气吹净,以备检修。不合格的零件应更换。

(2)水泵的装配

①使用专用工具将轴承压入叶轮。

②使用专用工具将水封压入叶轮。

③使用专用工具将叶轮压入泵体内规定的位置。要求叶轮端面低于泵体 0.1~0.3mm。

④使用专用工具将轴承压入皮带轮座内。

⑤装配完毕后,要保证叶轮在泵体内能转动自如。

1-191 怎样修理散热器?

(1)散热器的清洗

①散热器内结垢不严重时,用碳酸钠溶液清洗。将散热器放入盛有含碳酸钠 3%~5%的水池中,加热到 80℃~90℃,保温 5~8h 后取出,放入清水池中,再用温水清洗。

还可用苛性钠溶液清洗。将散热器放入盛有苛性钠 10%~15%的水池中,加热 25~30min,然后用热水清洗。

②散热器内水垢严重时,用含 3%~5%的盐酸溶液,每升溶液中加入 3~5g 亚硫甲基四胺,再加热至 60℃~70℃清洗 30min 左右,再用热碱水清洗,最后用热水冲洗。

如上述方法都除不去水垢时,可用通条清除。

(2)散热器上、下水室的修理方法

上、下水室如有腐蚀斑点或小孔,可采用镀锡法修复。先清除水垢,后用毛刷在外表面涂以氧化锌铵溶剂,再放入焊锡锅内镀锡。上、下水室有洞孔或裂缝时,可用 0.8mm 厚的铜皮进行焊补。氯化锌铵溶剂由氯化锌 15%、氯化铵 5%、蒸馏水 80%混合而成。

第一章 发动机的检修与故障排除

(3)散热器底板的修理方法

用喷灯将底板焊锡熔去,将底板浸入稀盐酸内5~10mm(加热40℃),取出底板,用清水冲洗,用钢丝刷清除污垢,涂氧化锌铵溶剂(勿涂入散热器管),将散热器浸入已溶的焊锡内,让散热器焊接在管上(一般散热器浸入10mm长,浸30s),取出散热器管,抖掉多余的焊锡。

(4)散热器的修理方法

①堵管法:当漏水的水管分布均匀、数目较少时(不超过3根),可将水管上、下口用焊锡堵死。

②换管法:当内外层散热管损坏较长时,可更换散热器管。方法是用电阻加热器拆卸破管。即用一根直径为2.5mm、比水管长50mm的电阻丝,两端接24V交流电源,其余部分用云母包扎,用细棉纱缠紧,最后用薄紫铜皮缠裹扎牢。使用时,将电热器插入要更换的冷却水管内,通电后,冷水管上的焊锡熔化,即可取出破管。

另外,还可用乙炔加热器拆管。这种加热器由喷嘴头、喷嘴主体、锁紧螺母、乙炔管、六方形主体、锁紧螺母等组成。乙炔与空气混合后在喷嘴口燃烧,温度达300℃,可将水管的焊锡熔化,取出破管。

破管取出后,把表面涂好焊锡的新管从另一端插入,将电阻加热器插入新管内,通电后,使涂上的焊锡熔化并与散热器片焊在一起,最后在管口两端用焊锡焊牢。

③补块法:若散热器的破漏处较大,可在0.2mm厚的铜皮上剪出和破漏面积大小相同的补块,然后用稀盐酸对焊漏处和补块表面除锈,再加热并涂上氧化锌溶液和焊锡进行焊补。

④接管法:散热器水管有较长破损时,可剪下破损的散热片和破损水管,从旧散热器中选一段比破管长5~10mm的接管。将管口稍扩大至与接管外径相配合,最好将两管套接在一起焊牢。

⑤拼修法:散热器内层的散热器管和散热器片严重损坏时,可采用拼修法修理。即在散热器管上、下底板间锯掉已坏的散热器

管,再在旧散热器上拆下可用的散热管,按需要装在已锯掉散热管的位置上,焊牢使用。

1-192 散热器在行车途中漏水怎么办?

散热器漏水的一般处理方法为:将一瓶堵漏剂从加水口处倒入散热器内,再起动发动机使水温升至80℃～90℃并保持10～30min。如此重复2～3次,就可使泄漏部位都被堵好。汽车第二天即可正常使用。

如行车途中散热器突然漏水,可以采用以下方法来临时处理:

①用502胶补漏。刮净破损处污垢,用酒精清洗,用棉花或棉纱堵在孔洞里,用尖嘴钳夹住挤入502胶,将棉花全部浸透,夹几分钟后松开钳子即可。

②散热器水管漏水不严重时,可用肥皂涂抹或将松香溶化在泄漏处堵漏。如孔洞稍大,可用棉花或棉纱与润滑脂拌匀紧紧塞在孔洞中堵漏。

③上、下水室破漏时,可用擦布、胶布或木块堵塞并扎紧。也可用适用的胶堵漏。

④若散热器水管漏水严重,可把漏水的管子剪断,用尖嘴钳把两端夹扁并卷曲过来,即可阻止泄漏。

⑤如散热器本身泄漏,手头又无其他东西可用,可将烟丝从散热器加水口处放入,高速旋转发动机,产生的水压使烟丝在漏水处堵塞,以临时救急。注意:这一方法对散热器以后的散热性能有影响,只能作应急处理用,返回到驻地后应彻底清洗缸体水套和散热器。

1-193 哪些原因造成发动机过热?

发动机过热最常见的原因有以下几个方面,可视具体情况检查排除:

①V带松动,造成冷却液泵不能正常工作,致使冷却液不能循环造成冷却不足。这是造成发动机温度过高的最常见的原因。处理方法是按要求调紧V带。

②冷却液量太少、冷却液冻结或泄漏都会使发动机温度过高，造成零件磨损加剧而不能工作。处理方法为立即补足冷却液，更换防冻性能好的冷却液，检查有无泄漏。

③冷却液储液罐盖孔堵塞。罐内有真空度会使冷却液不能补进散热器，造成冷却液量不足，发动机温度过高。只要使孔畅通，消除储液罐内的真空度，冷却液就能补入散热器。

④节温器失灵。如果节温器没有关闭到散热器的通路，或部分或全部关闭到散热器的通路，都会使发动机的温度过高。要拆下节温器检查调整或加以更换。

汽车发动机在运行过程中过热的原因非常复杂，绝非以上几种，很多因素都会导致这种故障，如散热器电动风扇故障、润滑油太少、点火时刻不准、冷却液泵有故障、气缸盖密封垫密封不良、冷却系统密封不良，等等。以上四点仅是可以自行排除的最常见的故障。

1-194 冷却系统缺水有哪些原因？

(1) 冷却系统缺水的原因

①散热器泄漏。

②散热器进出水管软管破裂，或水管卡子螺帽松动。

③放水开关关闭不严。

④水泵衬垫磨损，水封橡胶老化，水封弹簧锈蚀软化或折断。

⑤水泵泵壳破裂，水泵衬垫损坏或固定螺钉松动。

⑥暖风水箱破漏，水管破裂，水管卡子松动，放水开关不严。

(2) 排除方法

①如水从散热器的散热管或上下水室漏出，应用锡焊修补。

②进出水软管端头应拧紧卡箍螺帽。如由于水管破裂而漏水时，应更换水管。更换时，可用肥皂润滑一下水管头内径，便于安装。

③放水开关如关闭不严漏水，应研磨或更换。如放水开关有故障应更换。

④如水从水泵出孔漏水,证明水封失效,应拆下水泵更换水封。

⑤如水从水泵壳与缸体接合处漏出,应拧紧固定螺钉或更换衬垫。如属一次性水泵应更换水泵总成。

(3)检查冷却水管好坏的方法

①检查软管的一个好方法就是用手触摸变软了的或像海绵一样的部位。这些部位常会膨胀起来。其原因多半由于机油的腐蚀,当受热或有压力时,这样的软管随时会裂开。

②常见的破损软管摸上去并未硬化(尽管这是造成裂口的主要原因),但如果软管上的裂缝已经裂至增强芯,则会随时破裂。

③软管夹头无力常引起软管和冷却系统失效,甚至发动机加热时就会漏水。

④冷却系统内的碎屑、铁锈和污垢可以降低软管内壁的强度。从软管外面常可以摸到这些变软和变薄的部位。

1-195 怎样调整风扇皮带?

调整皮带松紧度的具体操作步骤如下:

①把发电机支架上的固定螺栓松开。

②拧松发电机固定螺母。

③根据需要移动发电机。若皮带过紧,可将发电机向内稍推;若皮带过松,将发电机向外稍拉。松紧度适宜后,再拧紧发电机支架固定螺栓。

注意:调整合适后,发电机、水泵和曲轴三者的皮带轮槽必须在同一平面上。交换风扇皮带时,新皮带必须按原带的规格选用,不可过宽或过窄。

皮带松紧度的检查方法是:用手指在皮带中间加压,当压力为98N时,皮带的挠曲度应为5~7mm。

调好之后,起动发动机,运转一段时间,使皮带的两侧斜面与皮带轮槽压实。这时,皮带可能会松弛,应再重新调整到适当紧度,每使用到一个半月再调整一次。合适的风扇皮带松紧度会延长皮带轮、发电机、水泵的使用寿命。

1-196　风扇皮带磨损的原因是什么？

风扇皮带损坏的原因：一是皮带上得太紧，造成内部损坏，或带面开裂；二是皮带上得太松，造成皮带打滑、发热，使皮带橡胶老化、破裂、损坏。

1-197　水泵水封漏水怎么办？

汽车的水泵水封漏水是常见故障之一。一般情况的漏水是水封密封不严，可自行应急处理。具体做法如下：

①水泵水封密封不严、有轻微漏水时，磨损不太严重，可将砂布铺在一个平面上，将水封平面修磨平整，即可继续使用。

②将胶木水封翻个面，装配使用即可止漏。注意：应使水封和水泵体上的接触面磨平，以保证其密封性能。

如果是止推橡胶圈损坏、胀大变形、弹簧力不足、折断等，必须更换新部件。

1-198　发动机为什么会开锅？

故障现象：长安微型汽车夏季行车时，在发动机负荷较轻的情况下，也极易产生过热，冷却液"开锅"。

检查该发动机点火正时、水泵、风扇等，结果都正常；换上新的节温器、水箱盖，均未奏效；疏通散热器的散热芯片与发动机的水套后，发动机过热现象虽有所改善，但水温仍在 95℃ 以上。最后在检查冷却系统的加热器回水情况时，发现其回水量甚少，说明加热器及进出水管堵塞。因为该发动机冷却系统容量小，加热器实际上也相当于一个小散热器，既储水，又起散热作用。当加热器被堵塞后，失去了散热作用使发动机过热、水箱"开锅"。

1-199　怎样检修长安之星散热器风扇控制系统？

①起动发动机，怠速运转。

②检查发动机冷却液温度在 90℃ 时，冷却风扇是否工作。

③当冷却液温度降至 85℃ 以下时，冷却风扇是否停止工作。

④关闭点火开关，拆下散热器风扇继电器。

⑤按散热器风扇控制系统电路(如图 1-93 所示),检查散热器风扇继电器、主继电器、总保险盒等。

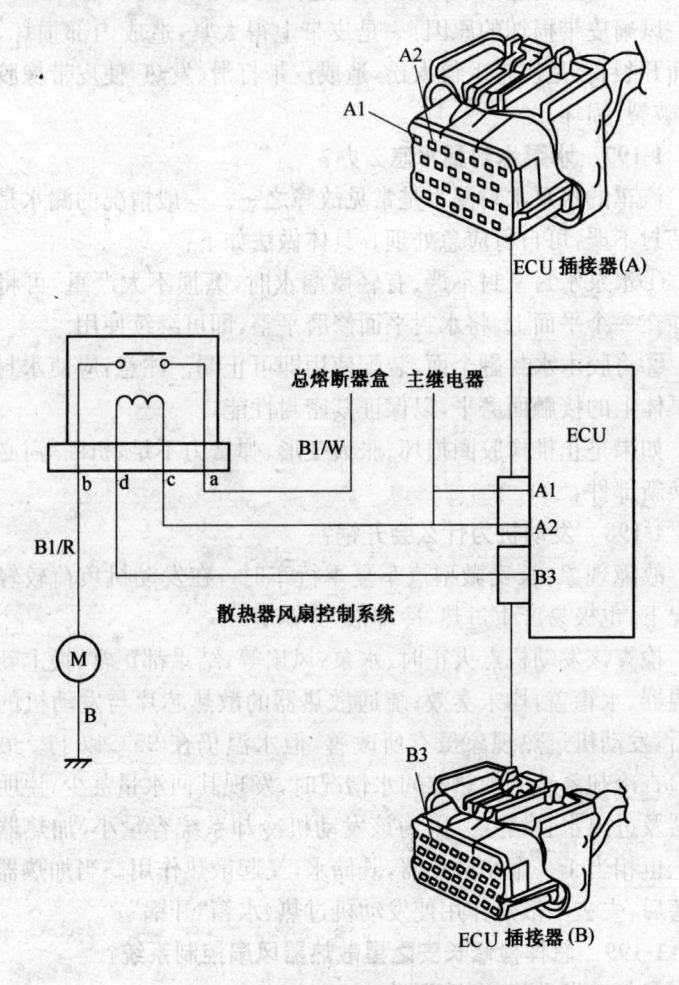

图 1-93 散热器风扇控制电路图

1-200 冷却系统易损件有哪些?

冷却系统易损件见表 1-17。

第一章　发动机的检修与故障排除

表 1-17　冷却系统易损件

零件名称	零件号	零件名称	零件号
风扇	17110-79200	水泵衬垫	17431-73001
风扇轮毂	17131-73002	双头螺栓	09108-06040
锁紧垫圈	08321-21068	螺母	08316-16066
垫圈	08322-21068	水泵皮带轮	17511-73001
水泵总成	17400-73810	水泵皮带	17521-71520
水泵总成	17400-73820	右支架挡泥板	17742-79100
散热器总成	17700-79201	螺栓	01517-06108
加水口盖	17920-63210	右扇护罩挡泥板	17743-79200
放水螺塞	17751-72010	散热器上罩护板	57313-79100
放水螺塞	17751-63210	散热器至水室软管	09343-07011
O形圈	17759-72010	储备水箱	17931-72000
衬垫	17759-63210	储备水箱盖	17932-72000
螺栓	01517-06108	风扇护罩	17761-79200
散热器右支架	17741-79500	风扇下部护罩	17771-79200
散热器左支架	17745-79500		

1-201　微型车散热器总成哪些车型可以通用？

微型汽车散热器可以通用的车型见表 1-18。

表 1-18　微型汽车散热器通用的车型

发动机型号	通　用　车　型
JL462Q	长安 SC1010 系列；汉江 SFJ1010 系列；吉林 JL1010 系列；五菱 LZW1010 系列
DA462 DA462-1A	松花江 HFJ1010 系列；昌河 CH1010 系列； 汉江 SFJ1010、SFJ1010X、SFJ1010E、SFJ1010E、SFJ1010E、SFJ1010X、SFJ1010X、SFJ1012(选装)； 吉林 JL1010B、JL1010D、JL6320、JL6350、JL1010H(选装)； 五菱 LZW1010D、LZW1010SD、LZW1010PB、LZW1010VHB(选装)； 沈微 SYW1010A

1-202 微型车水泵哪些车型可以通用?

微型汽车水泵总成可以通用的车型见表 1-19

表 1-19 微型汽车水泵总成的通用车型

发动机型号	通 用 车 型
JL462Q	长安 SC1010、SC1010A、SC1010X、SC1010XA、SC1011A、SC5010 系列; 汉江 SFJ1010、SFJ1010X、SFJ1010E、SFJ1010E、SFJ1010E、SFJ1010X、SFJ1010X、SFJ1012(选装); 吉林 JL1010B、JL1010D、JL6320、JL6350、JL1010H(选装); 五菱 LZW1010D、LZW1010SD、LZW1010PB、LZW1010VHB(选装)
DA462 DA462—1A	松花江 HFJ1010、HFJ1010D、HFJ1010E; 昌河 CH1010、CH1010F、CH1011、CH1011G、CH1012、CH5010 系列; 汉江 SFJ1010、SFJ1010X、SFJ1010E、SFJ1010E、SFJ1010E、SFJ1010X、SFJ1010X、SFJ1012(选装); 吉林 JL1010B、JL1010D、JL6320、JL6350、JL1010H(选装); 五菱 LZW1010D、LZW1010SD、LZW1010PB、LZW1010VHB(选装); 沈微 SYW1010A

1-203 怎样防止发动机温度过高?

发动机温度过高会引起金属膨胀、破坏正常的工作间隙;容易产生活塞咬死、拉缸等危害。高温还会使润滑油变稀、变质和氧化,加剧气缸的磨损。为防止温度过高,使用中应注意:

(1)保持散热器和水套的清洁

保持冷却系统的清洁是提高冷却系统散热效能的重要条件。散热器外部粘有泥土、油污或散热片因碰撞而变形时,均会影响通风量,使冷却液温度过高,应及时清洗和修理。

冷却系统内积有水垢、泥土和油污时,都会影响冷却液的散热。冷却液内含的矿物质越多,沉积的水垢也越多;水垢的散热能力只有金属的几十分之一。因此,平时应尽可能添加干净、含矿物质较少的软水。加入冷却系统的水使用一定时间后,因矿物质已经析出,不会再增多,因此,就不应随便换水。

水套和散热器内积垢过多时,可采用化学溶剂法清洗。

(2)保持冷却液数量充足

冷却液数量不足时,容易引起发动机"开锅"。这样,不仅影响发动机的正常工作,而且由于冷却液大量蒸发,需要经常加冷却液,使冷却系统内积垢增多,更易造成水温过高或发动机"开锅"。冷却液数量不足的主要原因是渗漏,渗漏部位主要有散热器、水泵和橡胶软管等处。为防止渗漏,应注意各部位的紧定和减少锈蚀。

散热器连接胶管老化或管壁过薄时,会影响冷却液的正常循环,会造成发动机过热。因此,应更换已经老化的胶管。

(3)保持节温器工作良好

节温器损坏、帽形阀不能打开、冷却液不能进入散热器大循环,易造成发动机温度过高。如节温器损坏应及时予以更换。

(4)冷却系统各部件应装配适当

风扇皮带的张力要符合要求,风扇叶片的角度不能任意改变,如因碰撞而变形时,应予修理复原。不得拆掉护风圈。否则,将使风力不集中,影响散热效果。

(5)发动机"开锅"时,应怠速运转

行驶途中,遇发动机"开锅"时,应停车,使发动机怠速运转;不准用更换冷却水的方法降低发动机温度。否则,气缸盖骤然冷却会产生变形或破裂。如发动机突然熄火,则应立即转动曲轴,以防活塞与气缸"咬死"。

1-204 怎样防止发动机温度过低?

发动机温度过低会使发动机腐蚀磨损加剧,据试验,冷却水在50℃时,发动机的磨损量是90℃时的2~3倍;温度为30℃时的磨损量要比90℃时大4~5倍。实验表明,在低温时,即使是用几乎不含硫的燃料,水凝结在气缸壁上,由于冲刷油膜,也会使磨损增大,如图1-94所示。在低温情况下,如果使用含硫量大的燃料,磨损更为严重。在汽油中加入0.3%的硫和不加硫进行对比试验表明,当温度为20℃的相同条件下,加硫的磨损量比不加硫的磨损量高达四倍左右。

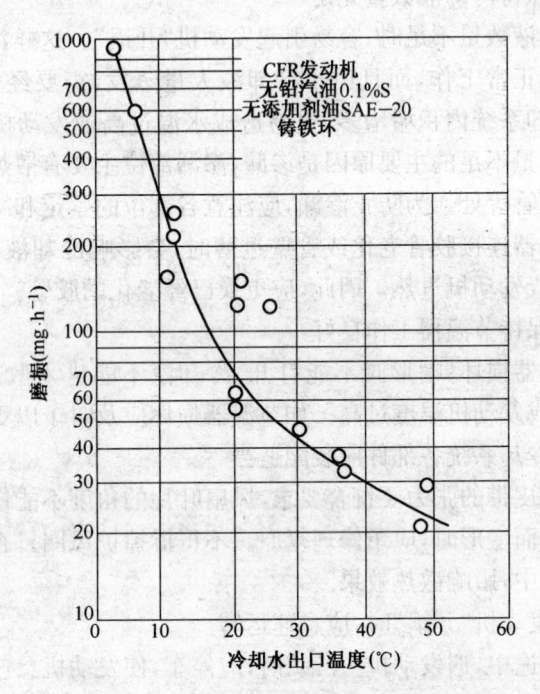

图 1-94 汽油发动机在低温下的异常磨损

为防止冷却水温度过低,使用中必须保持节温器工作正常和正确使用温度装置。

节温器的作用是自动控制发动机正常水温,在低温起动时,能使发动机迅速升温,以减轻气缸磨损。试验表明,如将节温器拆掉,则发动机起动升温时间要延长4～5倍,磨损增大5～6倍。因此,任意拆掉节温器的做法是不正确的。在使用中,节温器膨胀筒较易损坏,损坏后帽形阀门就会长时间开启,失去控制作用,故应定期检查。

第一章 发动机的检修与故障排除

1-205 为什么停车后发动机温度突然升高？

车辆在使用过程中，有时发现车辆停车后发动机温度骤然升高，有时甚至开锅。这种现象是完全正常的。当走热的发动机停止运转时，冷却液的温度往往会升高10℃左右。这是因为发动机不工作，风扇和水泵也不工作，冷却液不再循环。这样，发动机工作时产生的热量不能及时散发，致使发动机和冷却液的局部温度升高，直到热辐射对流、冷却液使发动机温度不再升高为止，然后才开始逐渐降温。在炎热气候条件下，高速行驶之后突然停车时，这种现象尤其明显。由于气压低及环境温度高等因素，散热器还可能开锅。

1-206 发动机缺水时应加什么水好？

冷却水应使用在发动机内部不易形成水垢的软水，可用自来水或经过沉淀的雨水和雪水，不应直接使用河水或井水作为冷却水。因为河水和井水与土壤接触会将土壤中的无机物溶于其中，水中含有大量的钙、镁等盐类。钙、镁等盐类受热后会产生不溶解于水的碳酸钙(镁)，这就是水垢，必将影响冷却系统的散热效果。

水的软硬使用硬度单位计量。一升水中若含10mg当量的氧化钙，其硬度为1度。如果水的硬度不超过12~14度为软水。如超过12~14度则为硬水。河水或井水硬度大都超过20度。在化验设备缺乏的情况下，用泡沫试验法可简便测定出水的硬度。如果肥皂在水中搓擦而易产生泡沫，则此水为软水。反之，则为硬水。硬水软化处理的方法通常是在河水或井水内按60L水中加入40g纯碱的比例来进行软化。也可在一升水中加入含量为10%的重铬酸钾30~50mL。如果没有重铬酸钾，用重铬酸钠或磷酸三钠也可以。重铬酸钠或重铬酸钾俗称红矾，不仅能保证水的软化，且还能作为防止冷却系统腐蚀的钝化剂。但重铬酸钾含有一定的毒性，因此，使用时应谨慎，手接触此物后应及时用肥皂清洗，以防中毒。

1-207 水泵为什么吸水量小？

冷却水泵所吸的水量应能满足发动机冷却的需要。如果冷却水泵出现吸水量小或甚至不吸水的情况，主要是以下原因所致：

①水泵的传动带松动或损坏。

②水泵叶轮轴上的键销脱落或固定螺钉松脱，以致引起叶轮在轴上游动。

③水泵叶轮被杂物堵塞。

④水泵叶轮磨蚀过甚。

⑤水泵叶轮与泵壳的间隙太大。

⑥水泵吸水管堵塞。

1-208 怎样预防发动机水套生锈？

铁与水和空气中的氧起化学作用，而变成铁锈。气缸水套由合金铝和生铁铸成，由于水套内有气泡存在，于是逐渐锈蚀，甚至不能使用。在散热器内阻塞水道的固体物质中，铁锈占90%。

散热器内的空气多半因散热器上水箱水面过低，进入散热器的冷却水运动速度快，带进一部分空气。空气随水流进水套后，水套内的锈蚀作用可能较平常加快30倍。空气的另一来源是水泵吸水时有泄漏，发动机运转时，由缝隙处吸进空气。

水的温度也能加快锈蚀作用。80℃正常工作温度时的锈蚀速度较20℃时更快些。

水内含有矿物盐，对冷却系统金属部件尤其不利。天然水（硬水）内含有大量的石灰质和其他矿物质，能在水套内结垢，加速锈蚀。

为保证冷却系统性能的正常发挥，除做好经常性的保养和清除工作之外，还必须设法防止锈蚀。如果处理得当，可以减少95%的铁锈。

防锈应注意不使冷却系统缺水，保持冷却系统的密封性，不能漏气，以及尽可能加注清洁的软水。另外，还可以加一种防锈剂，即可溶性的油液或盐类，作用是防锈，但不能排斥原有的铁锈。在加注前,要将冷却系统冲洗干净。在合格的防冻液内,已加入适量的防锈剂,所以,冬季加入防冻液时,不必再加防锈剂。

1-209　发动机水泵运转时有响声怎样排除?

(1)响声的原因:

①风扇叶碰击散热器、曲轴皮带轮或发电机皮带轮。

②风扇固定螺钉松动。

③风扇皮带轮或水泵叶轮与水泵叶轮轴配合松旷。

④水泵轴轴承磨损、松旷、缺油。

⑤水泵轴轴承与水泵壳轴承座松旷。

(2)排除的方法

①如风扇碰击散热器,则在碰击处有划痕或磨亮处,应检查皮带轮和风扇的固定情况。如风扇叶片变形、破裂,应修补或更换;如风扇、曲轴或发电机皮带轮松动,应拧紧固定螺钉及螺母;如水箱松动,应检查并拧紧水箱挡板或水箱的固定螺钉或螺母。

②在发动机运转时,应仔细倾听发动机在不同转速时水泵有无杂音。

③用手转动风扇,检查水泵轴有无松旷现象。如松旷过大,并感觉有振动响声,应拆下水泵进行检修。

1-210　润滑系统的作用是什么?

发动机润滑系统的功能,就是把清洁、有压力和温度适宜的润滑油送至各摩擦表面进行润滑,使发动机各零部件能正常工作。润滑系的主要作用是:

①减摩作用。减轻零件表面之间的摩擦,减少零件的磨损和摩擦功率损失。

②冷却作用。润滑油可带走零部件所吸收的部分热量,保证零部件温度不致过高。

③清洗作用。循环运动的润滑油可冲洗零部件表面,带走由于零件磨损造成的金属屑和其他杂质。

④密封作用。润滑油具有黏性,附着在运动零部件表面时,可

提高零部件的密封效果。如活塞与气缸套之间保持一层油膜,可增强活塞的密封作用。

⑤防锈作用。润滑油附着于零部件表面,可防止零部件表面与水、空气及燃气接触而发生氧化和锈蚀,使之减少腐蚀性磨损。

1-211 发动机为什么要设置润滑系统?

发动机工作时,各运动零部件的接触面(如曲轴与主轴承,凸轮轴与凸轮轴承,活塞、活塞环与气缸壁,正时同步齿轮副等)之间以很高的速度作相对运动。各接触面虽然都经过精细加工,表面平滑,但若用放大镜仔细观察,其表面则高低不平,如图 1-95 所示。当两个零部件相对运动时,

图 1-95 零件表面放大图

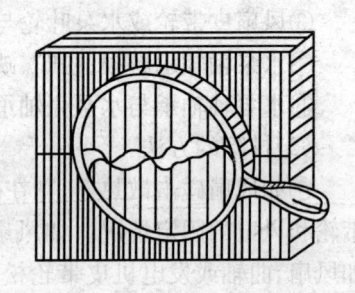

表面上的细小凹凸相互摩擦并且阻碍运动,出现干摩擦现象。当金属表面直接接触时,将出现大的摩擦力,不仅会增大发动机内部的功率消耗,使零部件工作表面迅速磨损,而且由于摩擦而产生大量的热可能使某些零部件表面熔化,致使发动机无法运转。因此,为保证发动机正常工作,必须对各相对运动表面加以润滑,也就是在各摩擦表面上覆盖一层润滑油(机油),使金属表面之间形成一层薄的油膜,形成液体摩擦。这样可使摩擦阻力减小,功率消耗降低,机件磨损减轻,延长发动机的使用寿命。

1-212 汽车润滑系统由哪些主要装置组成?

①形成油压的装置:机油泵。

②机油引导、输送、分配装置:油道、油管、机油软管、开关等。

③机油滤清装置:集滤器、粗滤器和细滤器,用以滤除金属碎屑和机油本身因受热氧化而生成的胶质等,保证润滑系统正常工作。

第一章　发动机的检修与故障排除

④机油冷却装置：机油散热器、热交换器等使机油冷却和不因温度过高而黏度下降，有利于保持油膜、防止机油老化。

⑤安全和限压装置：限压阀、旁通阀。限压阀用以限制系统内的最高压力，不使密封元件和管路及散热器等遭到破坏；与滤清器并联的旁通阀用以当滤清器堵塞时，使其短路，而保证机油不致中断。

⑥机油储存装置：油底壳。

⑦检查润滑系统工作的装置：机油压力表及其传感器。

发动机工作时，润滑油在发动机内运动线路如图1-96所示。

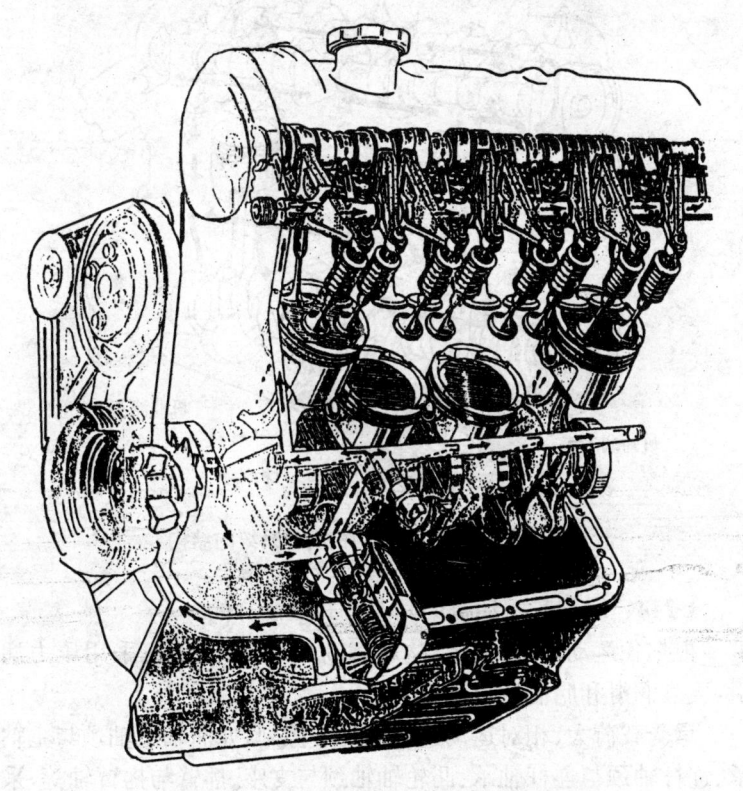

图1-96　长安之星发动机内润滑油运动路线

1-213 长安之星发动机润滑系统有什么特点?

长安之星发动机机油泵安装在曲轴皮带轮一侧。发动机工作时,机油通过机油泵的滤网后,进入机油滤清器,如图1-97所示。过滤后的机油在缸内分为两条油路,一条油路使机油进入曲轴轴承,经过曲轴油道供给连杆轴承,通过连杆轴承小孔喷出机油,润滑气缸壁、活塞和活塞环。另一条润滑油路将机油送入气缸盖,通过摇臂轴油道,润滑凸轮轴和摇臂等。机油泵上装有限压阀,当压力超过400kPa时,限压阀卸油,使过多的机油流回到油底壳。

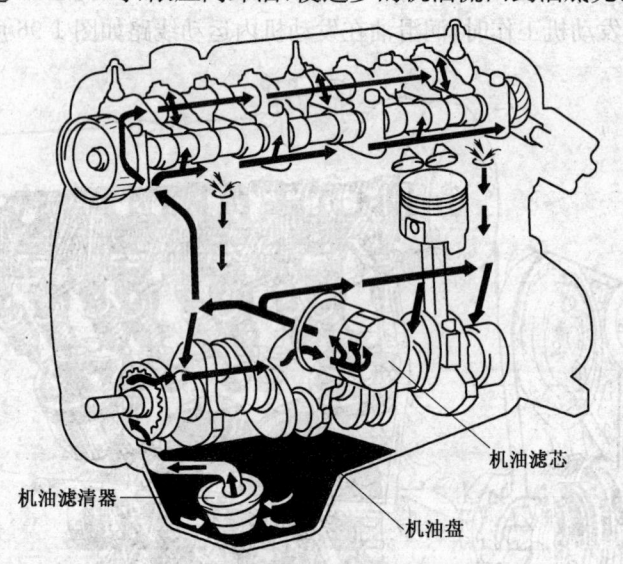

图1-97 长安之星发动机润滑系统的结构

1-214 微型车发动机的润滑方式是怎样的?

根据各运动零部件的结构和载荷的不同,发动机采用压力润滑、飞溅润滑和脂润滑等不同方式。

承受载荷大、相对运动速度大的摩擦副,如曲轴主轴颈与主轴承、连杆轴颈与连杆轴承、凸轮轴轴颈与支座、摇臂与摇臂轴等,采用压力润滑方式。

承受载荷不大、相对运动速度小的摩擦副,如活塞与气缸壁、活塞与活塞销、凸轮与摇臂,采用飞溅润滑。

发电机轴承、离合器轴承等零部件采用定期加注润滑脂的方式进行润滑。

1-215 微型车发动机的润滑油路是怎样的?

机油存放在油底壳中,被机油泵经集滤器吸入,经机油泵加压后进入机油滤清器。经机油滤清器过滤后的机油从上曲轴箱第二隔板进入主油道后分成两路:一路通过上曲轴箱的五条斜油道进入五个曲轴主轴颈,再经过曲轴上的四条斜油道进入连杆轴颈,飞溅到连杆小头、活塞销、气缸壁;另一路由第三横隔板上升至凸轮轴的第三道轴颈,进入进、排气摇臂轴的中间,润滑摇臂、凸轮轴轴颈,并飞溅润滑凸轮。从第五道凸轮轴轴颈飞溅的油在分电器齿轮箱内飞溅,润滑分电器传动齿轮和汽油泵凸轮后,经凸轮轴后端的中心油孔定量回到气缸盖的上部,最后经回油路到达油底壳。润滑油路如图1-98所示。

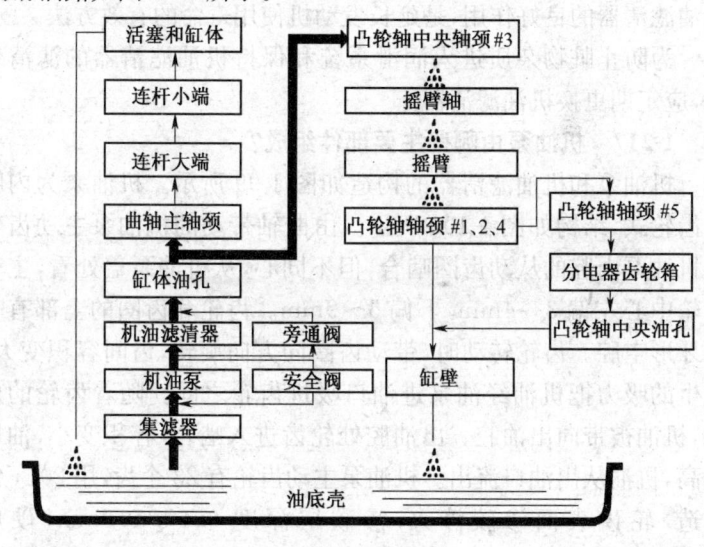

图1-98 润滑油路

与机油滤清器并联的旁通阀的作用是:当机油滤清器被堵塞时,机油可不经过滤清器直接进入主油道,以保证润滑。主油道的油压应保持在441kPa以内。超过490kPa时,机油泵上的限压阀便会打开,多余的机油流回油底壳。

1-216 机油滤清器有什么作用?

发动机中的润滑油在使用过程中,由于混合气燃烧产生的酸性气体的侵蚀和高温影响、燃烧室中炭质沉积物的侵入、外界杂质的侵入、机件磨损所造成的金属屑的增加、水分的侵入等,均能加速润滑油的变质和沉淀物的形成,使润滑油的黏度下降、颜色变黑、润滑性能变坏、腐蚀性增大。润滑油中机械杂质的存在是发动机零部件磨损的主要原因之一。这些微粒和润滑油一同流到摩擦表面上,破坏了润滑油膜,微粒形成磨料使零部件的磨损速度增加数倍。

排除润滑油中的机械杂质、防止润滑油变质的最有效方法,是在发动机工作时不断地将其滤清。机油滤清器就能够在发动机运转过程中,从润滑油中除去机械杂质和氧化生成物等。所以,发挥机油滤清器的良好作用,是延长发动机使用寿命的有效方法。

为防止脏物杂质进入润滑系统和保持机油滤清器的滤清效果,应定期更换机油滤清器。

1-217 机油泵由哪些主要部件组成?

机油泵和机油滤清器的构造如图1-99所示。机油泵为内啮合齿轮式,结构如图1-100所示。由曲轴带动的机油泵主动齿轮与机油泵内腔的从动齿圈啮合,但不同心,从机油泵盖处看,主动齿轮中心左偏3~4mm,下偏5~9mm。齿轮和齿圈的上部有一月牙形空腔。齿轮转动时,带动齿圈同方向旋转,齿间容积变大,产生的吸力把机油经油泵进油口吸进齿轮之间。随着齿轮的旋转,机油被带向出油腔。出油腔处轮齿进入啮合,容积变小,油压升高,机油从出油口流出。机油泵主动齿轮有23个齿,用20Cr钢制造,轮齿表面渗碳淬火,渗碳层深度0.4~0.8mm,硬度HRC51~62。从动齿圈齿数为28,用40Cr钢制造,调质硬度

HB220~250。从动齿圈外圆与泵体的间隙为 0.12~0.27mm。从动齿圈与月牙块的间隙：月牙块与主动齿轮的间隙为 0.35~0.51mm，从动齿圈、主动齿轮与泵体间的端面间隙均为 0.05~0.14mm。泵体和泵盖用 6 个 M6 螺钉连接，拧紧力矩为 5.88~7.84N·m，中间涂以 603 密封胶。

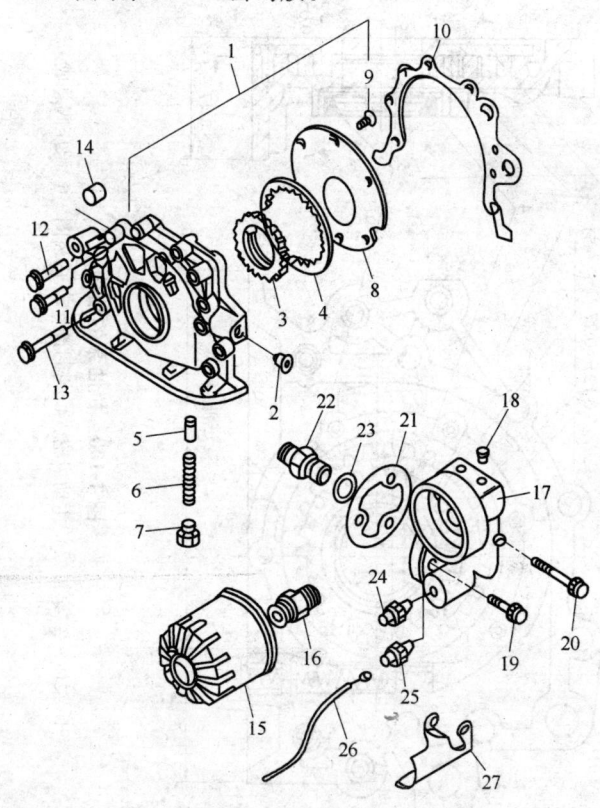

图 1-99　机油泵和机油滤清器的结构
1. 机油泵总成　2. 锥形螺塞　3. 齿轮　4. 齿圈　5. 限压阀阀芯　6. 限压阀弹簧　7. 限压阀螺塞　8. 泵盖　9. 螺钉　10. 机油泵密封垫　11、12、13、19、20. 螺栓、垫圈　14. 定位套　15. 机油滤清器总成　16. 连接管　17. 机油滤清器支座　18. 锥形螺塞　21. 机油滤清器支座密封垫　22. 管接头　23. O 形密封圈 20×24　24、25. 机油压力传感器　26. 机油压力传感器导线　27. 机油压力传感器罩

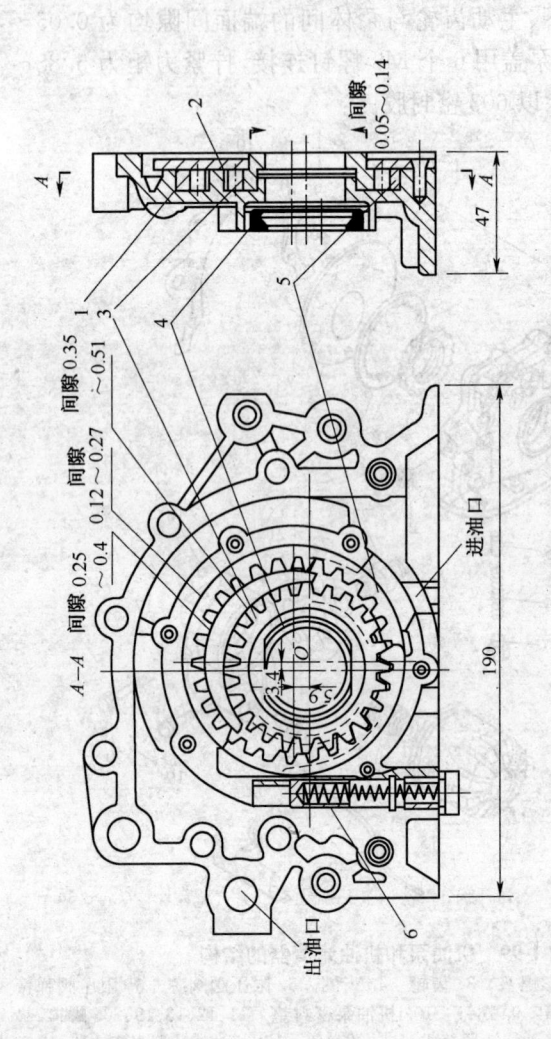

图 1-100 机油泵的结构

1. 泵体 2. 泵盖 3. 主动齿轮 4. 密封圈 5. 内齿圈 6. 限压阀总成

当机油泵转速为 3000r/min、油温为 76℃～85℃时,机油压力应为 343～441kPa,流量 18L/min。当转速为 5500r/min、油压为 490kPa 时,流量为 48L/min。

1-218 内齿轮式机油泵是怎样工作的?

机油泵内装有一个像圆环的齿轮与其内部的内齿轮啮合,两者之间有一个分开的月牙状的定子。油泵装在发动机前部,由曲轴驱动。昌河牌等微型汽车均采用内齿轮式机油泵。

油泵把油底壳内的润滑油泵进机油滤清器。机油经滤清后,流入机体内的两条油道:一条通向曲轴轴承和连杆轴承,并从连杆大头流向活塞和缸壁,用以润滑气缸壁、活塞环、活塞和活塞销。另一条经油道进入气缸盖,通过凸轮轴中央轴颈流入摇臂轴的内油道,润滑摇臂凸轮的轴颈。

机油泵内装有限压阀。当机油压力高于 441kPa 时,限压阀开启,减轻机油压力。

1-219 转子式机油泵是怎样工作的?

转子式机油泵壳体内装有主动内转子和从动外转子。内转子固定在主动轴上,外转子在泵壳内可自由转动,二者之间有一定的偏心距。内转子旋转时,带动外转子旋转。转子的齿形齿廓可使转子转到任何角度时,内、外转子每个齿的齿形齿廓线上总能互相接触。这样,内、外转子间便形成四个工作腔。某一工作腔从进油孔转过时,容积增大,产生真空,机油经进油孔吸入。转子继续旋转,当该工作腔与出油孔相通时,腔内容积减小,油压升高,机油经出油孔压出。

转子式机油泵结构紧凑,吸油真空度较高,泵油量较大,且供油均匀。

1-220 怎样检查转子式油泵?

转子式油泵的内齿轮和月牙卡铁之间的径向间隙为 0.60～0.8mm。

外齿轮和月牙卡铁之间的径向间隙为 0.25～0.40mm,如图

1-101所示。

外齿轮和泵壳之间的径向间隙限值为 0.30mm,如图 1-102 所示。

可使用塞尺测量直尺和齿轮之间间隙(侧隙),使用限度为 0.17mm,如图 1-103 所示。

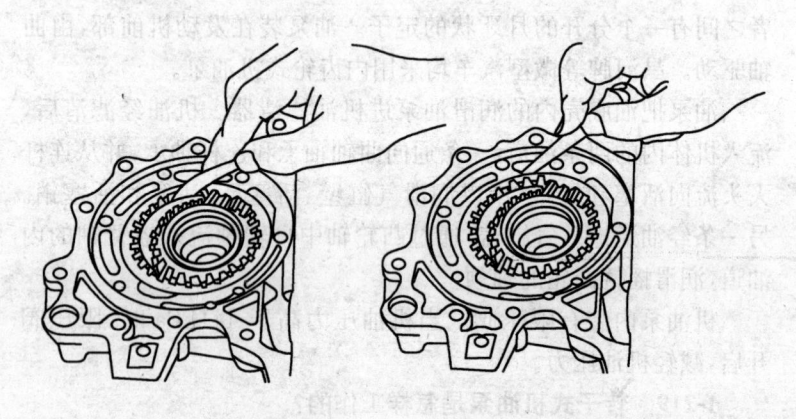

图 1-101　测量外齿轮与月牙卡铁之间间隙　　**图 1-102　测量外齿轮与泵壳间隙**

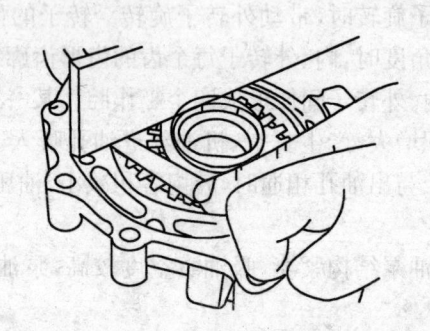

图 1-103　测量齿轮端面与泵盖之间的间隙

1-221　怎样检修机油泵?

①用直尺或塞尺检查泵盖与齿轮端面的间隙。若间隙过大,

机油泵在工作时机油压力较低。

②用塞尺测量齿轮的啮合间隙(也可用压铅法测量)。测量时,应相隔120°,齿隙相差应不超过0.1mm。

③用游标卡尺测量齿顶与泵壳之间的间隙。先测出齿顶圆直径,再测量泵壳齿轮腔孔直径,两尺寸之差,即是齿顶与泵壳的间隙值。

④用外径百分尺测量与衬套的配合尺寸。

⑤检查传动齿轮、油泵主、从动齿轮表面是否有毛刺、剥落或其他伤痕。

⑥泵体内腔与齿顶之间的间隙超过0.35mm时,应更换泵体。

⑦泵盖磨损出现不平或凹槽超过0.05mm时,应在平面磨床上磨平。

⑧主、从动齿轮啮合齿隙超过0.75mm、各齿的齿隙差超过0.1mm及齿面出现剥落、缺口等现象时,应换新齿轮。

⑨限压阀弹簧出现磨损、不圆、麻点和密封不严时,应换新件。

⑩主动轴弯曲超过0.06mm时,可进行矫正修复;主动轴与泵壳尾端间隙超过0.12mm时,应选适当厚度的钢垫圈调整;主动轴与壳孔配合间隙超过0.16mm时,视磨损情况修复或换新件。

⑪从动齿轮与轴的配合间隙超过0.15mm时,应对齿轮孔镶套或换新件。

⑫传动齿轮磨损超过有关规定时,应换新齿轮。传动齿轮横销松动时,应换横销。

1-222 组装机油泵时有什么要求?

修复后的机油泵零件经检验合格后方可装配。装配时,应检查主动齿轮轴孔与从动齿轮轴中心线的平行度,一般误差应不大于0.03mm,泵件接合端面的平面度误差应不大于0.05mm。

应按拆卸的相反顺序装配机油泵。装配好机油泵后,转动主动轴应灵活、不发卡；各配合间隙应符合原厂规定；传动齿轮（或联轴器）的横销应铆紧。最后应做压力试验。

1-223 机油泵易损件有哪些？

微型汽车机油泵易损件见表1-20。

表1-20 微型汽车机油泵易损件

零件名称	零件号	零件名称	零件号
机油泵总成	16100-73001	外齿圈	16132-73000
机油泵总成	16100-73003	卸荷阀	16151-73000
螺栓	02122-06128	卸荷阀弹簧	16152-73001
机油泵壳衬垫	16119-73001	弹簧定位螺钉	16153-73000
油道油塞	09246-06001	齿轮板	16161-73001
内齿轮	16131-73001		

1-224 微型汽车机油泵哪些车型可以通用？

微型汽车机油泵可以通用的车型见表1-21。

表1-21 机油泵可以通用的车型

发动机型号	通用的车型
JL462Q	长安SC1010、SC1010A、SC1010X、SC1010XA、SC5010系列； 汉江SFJ1010、SFJ1010X、SFJ1010E、SFJ1010E、SFJ1010E、SFJ1010X、SFJ1010X、SFJ1012(选装)； 吉林JL1010B、JL1010D、JL6320、JL6350、JL1010H(选装)； 五菱LZW1010D,LZW1010SD,LZW1010PB,LZW1010VHB,LZW1010FB(选装)
DA462 DA462-1A	松花江中意、松花江HFJ1010、HFJ1010D、HFJ1010E； 昌河北斗星、昌河CH1010、CH1010F、CH1011、CH1011G、CH1012、CH5010系列； 汉江SFJ1010、SFJ1010X、SFJ1010E、SFJ1010E、SFJ1010E、SFJ1010X、SFJ1010X、SFJ1012(选装)； 吉林吉林JL1010B、JL1010D、JL6320、JL6350、JL1010H(选装)； 五菱LZW1010D,LZW1010SD,LZW1010PB,LZW1010VHB,LZW1010FB(选装)； 沈微SYW1010A； 西安汉江

第一章 发动机的检修与故障排除

1-225 微型汽车机油泵齿轮哪些车可以通用？

微型汽车机油泵齿轮可以通用的车型见表 1-22。

表 1-22 微型汽车机油泵齿轮可以通用的车型

发动机型号	通 用 车 型
JL462Q DA462 DA462-1A	长安 SC1010、SC1010A、SC1010X、SC1010XA、SC1011A、SC5010 系列(JL462Q)； 松花江 HFJ1010、HFJ1010D、HFJ1010E； 昌河 CH1010、CH1010F、CH1011、CH1011G、CH1012、CH5010 系列； 沈微 SYW1010A、(DA462、DA462-1A)； 汉江 SFJ1010、SFJ1010X、SFJ1010E、SFJ1010E、SFJ1010E、SFJ1010X、SFJ1010X、SFJ1012(选装)； 吉林 JL1010B、JL1010D、JL6320、JL6350、JL1010H(选装)； 五菱 LZW1010D、LZW1010SD、LZW1010PB、LZW1010VHB、LZW1010FB(选装)

1-226 机油的运动黏度与温度有什么关系？

机油的黏度随温度变化而变化。当温度降低时，其黏度迅速上升。运动黏度值通常用不同温度下的运动黏度的比值来表示。国产机油规定机油在 50℃ 与 100℃ 时运动黏度比为 V50/V100 的最大值。该比值小，则表示机油黏度随温度的变化小，对发动机工作有利。通常选用能满足高低温下工作需要、而黏度变化不大的机油。

机油黏度随温度变化的特性给使用上带来了麻烦，因为适合于夏季用的机油到冬季就会变得太稠，适合于北方用的机油在南方就过稀。因此，必须随气温变化更换和选用机油。

1-227 怎样保养润滑系统？

发动机润滑系统的作用是润滑、清洗、密封、冷却、防锈蚀。应定期对润滑系统进行检查和更换润滑油等，以提高零部件的使用寿命。润滑系统的维护、保养应注意以下几方面：

①曲轴箱内的油面必须保持适当的高度。检查油面时，应将

车停在平坦的地方,并在发动机未起动前进行。

②用机油尺检查油面高度,若机油不够,应立即添足,但不得超过机油尺上限标记。检查油面高度时,应同时用手捻搓机油尺上的机油,检查其黏度及有无汽油或水泡。含水的机油呈灰色。

③如发现机油平面升高,应立即查找原因并予以排除。可能的原因是冷却水或汽油进入曲轴箱所致。

④更换机油时,应趁热放出曲轴箱和机油滤清器中的废机油。若放油塞有磁性,应将放油塞上吸附的金属屑清理干净,并注意按季节要求加入规定牌号的新机油。

⑤运行中,机油压力应符合规定;如车上装有机油表,读数应为 $30\sim40N/cm^2$;如车上装有机油警告灯,机油警告灯在发动机运转中不允许点亮;如发现发动机在运转中机油警告灯不熄灭,应立即停车检查润滑系统故障。

1-228 怎样选用微型车发动机机油?

发动机机油一般分为汽油机油和柴油机油。我国过去是按100℃时机油运动黏度的厘斯数值来确定牌号的。现在生产的汽油机油、柴油机油的牌号均由黏度等级和质量等级两部分组成。

我国机油的黏度等级是等效采用国际通用的美国汽车工程师协会(SAE)的黏度分级标准,分为单级油与多级油两种。例如:5W、10W、20W 等属于单级油,只适用于发动机在高温或低温某一种条件下使用;标明为 10W—30W、10W—40W 等属于多级油(即稠化机油)。多级油使用范围宽,冬夏季均可通用。例如,10W—30W 机油的黏度等级既符合 10W 级油的低温黏度标准,又符合 30 号油的高温黏度标准。

我国机油的质量等级是参照国际上通用的美国石油学会(API)的质量标准制定的。汽油机油分为 QB、QC、QD、QE、QF 五种,其质量依次增高,分别相当于 API 的 SB、SC、SD、SE、SF 各级。微型汽车一般使用 SC、SD、SE、SF 级机油。因为汽车发动机主要是根据其压缩比、转速来选定汽油机油的质量等级。压缩比大、转速高的发动机对机油的质量等级要求高。选择机油的黏度等级主要根据发动机使用的环境的温度。根据上述要求,几种微型汽车发动机选用的汽油机油如下:

QC 或 QD 级汽油机油:-5℃ 以上用 SAE30;-15℃ 以上用 SAE15E 或 14 号高级轿车油;-23℃ 以上用 SAE10W/30 或 11 号高级轿车机油;-30℃ 以下用 SAW5 W/30。

1-229 怎样清洗润滑油道?

在发动机工作过程中,润滑油除起润滑、减少摩擦的作用外,同时也起冷却及清洁作用。因此,必须保证润滑油不间断地循环流动,使各条大小油道保持畅通。清洗发动机润滑系统油道一般采用以下方法:

①用细铁丝缠上干净的布条,蘸些干净的煤油,清洗曲轴内的油道后,再用压缩空气吹净,直到油道内已无油污、贯通为止。

②气缸体上的油道,应先拆下主油道的油塞,用蘸上煤油的细圆毛刷放入油道内清洗。缸体上各隔板上的油道应用细铁丝缠上布条清洗。

③各连杆轴承油孔和活塞销衬套油孔可用煤油清洗,再用压缩空气吹净。如无压缩空气,可用气筒代替。

④油道全部疏通清洗吹净后,应重新装好油塞,拧紧各油管接头,并检查有无松动和漏油现象。

1-230 发动机润滑系统有哪些常见故障?

润滑系统的常见故障有下列两大类:

①进油管接头松动或破裂,渗入机油或堵塞,曲柄臂油道堵塞,隔板通道堵塞,气缸体主油道堵塞,限压阀调节不当,机油泵齿轮啮合间隙过大或齿轮与泵盖间隙过大,散热器限压阀调节不当,机油散热器堵塞,机油散热器出油软管断裂。

②粗滤芯过脏,粗滤器壳和粗滤器盖衬垫未压紧或损坏,粗滤器滤芯轴转不动,旁通阀密封不良或其弹簧过软、折断;细滤器进油管凹瘪断裂,细滤器出油管断裂,细滤器壳与盖衬垫未压紧或损

坏,细滤芯脏污过甚而堵塞或中心孔两端不密封。

1-231 怎样检查微型汽车的机油压力?

检查步骤:查看机油量是否充足,机油滤清器是否堵塞,油路是否漏油。从机油滤清器支座上取下机油压力传感器,在该螺孔旋上接头,安装油压计,空转至水温达 75~85℃ 之间时,提高发动机转速到 3000r/min,机油压力应在 294~539kPa 范围内。如达不到此要求,则说明机油泵功能有问题,应送修理厂检修。

1-232 怎样排除机油压力过低的故障?

①机油不足。按规定加足机油。

②机油泵限压阀工作失灵,有杂质卡在限压阀阀门上,或限压阀弹簧失效。应清除阀门上的杂质,清洗机油泵或更换调整限压阀弹簧。

③连杆轴承和曲轴主轴承间隙过大。要光磨曲轴,更换轴承。

④机油传感器损坏。检查、更换传感器。

⑤机油管接头漏油。检修机油管路。

⑥机油集滤器堵塞。清洗滤网。

1-233 怎样排除机油压力过高的故障?

①机油泵限压阀卡死或弹簧弹力调整过大。检查调整机油泵限压阀弹簧弹力或更换阀门。

②选用的机油牌号不符合要求,机油黏度过大。应根据不同季节选用不同牌号的机油。

③润滑油道堵塞。清洗油道。

1-234 为什么油底壳油面突然升高?

造成油底壳内油面突然升高的原因大都因水分泄漏到油底壳中所致。

①气缸垫损坏或安装不当,水漏到油底壳中。应更换气缸垫。

②气缸盖或气缸体出现裂纹,水漏到油底壳中。应更换气缸盖或气缸体。

③水泵中的水漏入油底壳。应检查水泵壳下部的泄水管是否

堵塞。如水封不严,应更换。

1-235　机油使用时间长了为什么变黑?

新机油使用很短时间即变成黑色,润滑性能降低。这是由于两种不同成分和不同特性的机油相混合的结果。

在使用中,如添加了不是此牌号的机油,而是矿物质机油,两种机油一经混合使用,便不能保持原有的润滑性能,同时颜色变黑。因此,在更换机油时,一定要添加同一牌号的机油。如果牌号不同,应将油底壳内原存的机油全部放尽,并用柴油彻底清洗润滑系统,然后再加入新机油。

1-236　行驶中机油压力突然消失是什么原因?

在行驶期间,发动机机油压力值突然下降至"0",主要是通往主油道的机油突然中断供应所致。具体原因多为:

①油底壳放油螺钉松脱或出现裂纹,致使机油外漏。

②机油泵传动齿轮的连接销钉折断或脱落,使机油泵无法供油。

③机油管路破裂,大量泄漏。

④机油滤清器的衬垫装错或破损,致使主油道堵塞。

⑤机油压力表突然发生故障。

⑥机油泵进油口被污物堵塞,使机油不能进入泵内,造成机油泵空转,机油无压力。

1-237　为什么要定期更换机油?

更换润滑油要在发动机热态下进行。操作程序是:把空油盆放在发动机的排油孔下面,拧开放油塞。曲轴箱内的旧机油在热态下流动性好,所以能从油孔中全部流出。旧机油流出后将油塞旋好,然后加入新润滑油,加到油面处为止。

四冲程发动机的润滑油使用久后会发生变质。一部分未燃烧的汽油会从活塞环的间隙中流入曲轴箱内,使润滑油变稀。零部件磨损后的碎金属屑及燃烧后形成的积炭,也会进入润滑油中,使润滑油变脏,破坏润滑的作用,加大发动机的磨损。这种情况下,必须放掉旧润滑油,换上新润滑油。

1-238　怎样延长机油的使用时间?

①经常按要求保养空气滤清器,防止滤清效能降低,使过多沙土、杂质进入润滑系统;加机油口盖应密封好;加强对机油的保存。

②保持机油滤清器良好的滤清效果。车辆回场后,熄火前、起动后不应大轰油门,同时应定期清洗或更换滤芯。

③定期放出油底壳内的机油,较长时间沉淀和滤清后再使用。

④定期保养、清洁油道、油底壳。

⑤防止机油上窜下漏,并保持曲轴箱通畅完好。

1-239　润滑系统在使用过程中应注意什么?

①要选用合格的润滑油,必须按说明书中的要求加注润滑油。

②要经常检查油底壳油面高度,并保持油面高度不过高,也不过低。新修的发动机应加入略多的机油,经运转后,停车检查油面高度,多则放,少则添。

③在运转中,应注意油压和油温,发现不良现象时,应及时停车检查,并排除故障。

④注意观察并记录机油消耗量。当出现不正常情况时,应及时查找出原因,并排除故障。

⑤定期清洗润滑系统零部件,保证润滑系统清洁、畅通。

⑥发现润滑油变质变色、油底壳沉积物过多或油中混入水、燃油时,应及时更换,并应严格执行冬夏交替的季节性换油。

1-240　为什么发动机起动后要等温度正常时再起步?

因为发动机温度低时,润滑油黏度较大,摩擦阻力也大,润滑油不能从油道顺利流至各润滑部位,造成润滑不良。同时,低温使燃油雾化不良,未燃烧的燃油会沿气缸壁流入曲轴箱,不仅冲淡甚至破坏了气缸壁上的润滑油膜,而且稀释了曲轴箱中的机油,使润滑性能降低。此外,低温会加剧发动机腐蚀磨损,影响发动机使用寿命。因此,发动机起动后,必须运转到水温上升到40℃以上时,方能起步。

第一章　发动机的检修与故障排除

1-241　怎样更换润滑油?

①换油前,应走热发动机,使机油流动性提高,曲轴箱放油塞处于最低位置,保证旧机油能排放干净。

②把油盒放在曲轴箱放油箱下面,用扳手松开放油塞,然后用手逐渐拧下。当放油塞快脱离油底壳体时,用手压住,慢慢拧开,防止烫伤、流油。

③用滤清器扳手拆下机油滤清器,接好油盆。因这时滤清器内充满机油,而且较热,防止烫手或将机油漏出。取下机油滤清器,清洁发动机缸体及滤清器支座上的机油,换上新的机油滤清器,用清洁的机油润滑机油滤清器的密封胶垫(因干燥的密封圈密封性不好,会使滤清器漏油)。然后,用手把新的机油滤清器旋入缸体支座上,当感到密封垫碰到支座时,用手旋紧即可,根据情况还可以用扳手用力拧一下,用抹布擦净油渍。

④装上放油塞时,应用手把螺栓旋到底,即旋平,再用扳手紧一下,擦去油渍(每次拆卸放油塞时,不要弄坏密封垫,否则应更换新垫)。

⑤打开气门室加油孔盖,加入机油,起动发动机,检查机油滤清器的密封垫、油底放油塞处是否漏油,这时,机油灯会亮几秒钟(刚注入的机油进入主油道需几秒钟的时间)。当机油灯一灭,就关闭发动机,拔出机油尺,检查曲轴箱的机油平面高度是否合乎标准。如高于标准,应放出多余的油,如低于标准应予补充。

1-242　怎样检修发动机漏机油?

发动机漏油的原因主要有以下三点:

①部分固定螺钉松动,机油感应塞损坏。

②各附件与缸体接合处的衬垫破裂。

③油封损坏(使用过久或装配不当)。

如果发现发动机在使用中有漏机油的现象,应起动发动机,检查机油由何处漏出。如从发动机的前后油封处漏出,即为油封损坏;如从汽油泵和缸体之间的接合处漏油,即为螺钉松动或衬垫损坏；如从曲轴箱与缸体接合处漏油，即为螺钉松动或衬垫损坏；如从机油滤清器处漏油，可能是机油滤清器损坏或密封橡胶圈损坏。

排除的方法为：

①如油封、衬垫或密封圈损坏，应拆下更换。

②如螺钉松动，应及时拧紧。

③如附件本身损坏，应及时更换新件。

1-243　怎样排除机油消耗过多的故障？

机油消耗率超过 $0.1\sim 0.5L/km$，即为发动机机油消耗过多故障。

机油消耗过多，应从检查泄漏和燃烧入手诊断。

首先检查有无漏油处。仔细检查曲轴前端和后端漏油部位及油底壳衬垫处。打开离合器检视孔盖，观察飞轮下部有无机油。若有机油，多半是因为曲轴后端油封密封不良引起曲轴后端漏油。拆下起动爪，查看曲轴皮带轮前端孔内是否有机油。如有机油，说明曲轴前端油封破损老化，或曲轴皮带轮与油封接触表面磨损严重引起漏油，可在起动爪端加垫石棉绳堵塞漏油。

如不是因泄漏引起的油耗过多，就应检查机油燃烧情况。首先应检查机油是否被吸入燃烧室燃烧。具体做法是：加大油门高速运转，若排气管排出大量蓝烟，同时加机油口处大量冒烟或脉动冒烟，则说明机油进入燃烧室。机油进入燃烧室的原因：一是曲轴箱内的机油沿缸套进入燃烧室；二是机油沿气门室气门导管间隙进入燃烧室。如高速运转，排气管冒蓝烟而加机油口处不冒烟，则机油多半是从气缸套上部进入燃烧室；如排气管冒蓝烟，同时加机油口处大量冒烟或脉动冒烟，则机油从气缸套下部进入燃烧室。可根据发动机的工作情况，判断出烧机油的具体原因。如烧机油，但发动机工作基本正常，则可能是扭曲环或锥形环装配时装反。如烧机油的同时伴有发动机功率不足，则多为活塞与缸壁间隙过大，活塞环磨损失效或活塞环抱死及对口所致。不管以何种方法进行检查，应首先弄清油耗过多的根本原因。

除泄漏和燃烧两个方面外,机油消耗过多还有以下一些原因:

①活塞与缸壁的间隙过大,活塞环弹力不足,活塞环端隙、侧隙、背隙过大,活塞环抱死或对口。

②进气门导管磨损过甚,扭曲环或锥形环装反。

③曲轴箱通风不良或正时同步齿轮室密封不良,油底壳或气门室偏差漏油。

1-244 润滑油黏度过大过小对发动机有什么影响?

润滑油黏度与发动机摩擦功率大小、运动零件的磨损量、活塞环的密封程度、润滑油及燃料的消耗量、发动机的冷起动性能等有密切的关系。

(1)润滑油黏度过大的影响

①发动机低温起动困难。润滑油黏度大,起动时,转动曲轴所需的扭矩大,因而转速低,不易着火。

②起动过程零部件磨损加剧。润滑油黏度大,在发动机起动时上油很慢。此时,零部件表面最容易出现短暂的干摩擦或半干摩擦,引起零部件表面的严重磨损。据试验,发动机从起动到润滑油进入摩擦表面这段时间的磨损量约占总磨损量的1/3。随着润滑油黏度的增加,起动过程的磨损量还会成倍增加。

③功率损失大。润滑油黏度大,不仅摩擦表面的阻力会增加,而且曲轴搅油的阻力也大,发动机的内部功率损失增多,输出功率减少,油耗相对上升。

④清洗作用差。黏度大的润滑油流动速度慢,单位时间通过滤清器的次数少,不能及时将零件表面的金属屑等杂质带走,因而清洗作用差。

⑤冷却作用差。黏度大的润滑油循环流动速度慢,散热效能差,易使摩擦表面出现过热。

(2)润滑油黏度过小的影响

①油膜容易破坏。黏度小的润滑油,在高温摩擦表面不易形成足够厚度的油膜,且油膜承载能力小,在载荷作用下很容易被破

坏而流失，零部件得不到正常润滑，因而磨损较大。

②密封作用差。黏度小的润滑油密封效能差，气缸易漏气，不仅会降低发动机的功率，而且常会使大量的废气窜入曲轴箱，使曲轴箱的机油稀释、变质、结胶。

③机油耗量增大。黏度小的润滑油容易蒸发，特别是缸壁和曲轴箱的润滑油蒸发后会进入燃烧室，造成烧机油，不但增大了机油的消耗量，而且燃烧不完全，容易形成积炭、发动机冒烟、功率下降等。

可见，发动机润滑油黏度过大或过小都不好。选择发动机润滑油除根据发动机工作条件选用不同质量等级的油品外，还必须根据季节和地区的气温情况，选用适当黏度指标的油品，才能保证发动机正常工作和良好的润滑条件。

1-245 怎样检修离心式机油滤清器？

(1) 修理要求

①拆卸转子时防止磕撞。

②转子罩壁内若有杂质，应用竹片或木条刮除干净，然后清洗外罩、转子罩、导流罩等，再用压缩空气吹干。禁止用棉纱一类东西擦洗，防止堵塞喷孔。

③检查喷嘴是否有脏物堵塞，应用压缩空气吹通，不能用钢丝等硬物去通，以免刮伤喷孔表面。

④密封圈损坏时应换新。

⑤检查转子轴是否松动。轴若松动，将可能引起轴的微小变形，而使转子不转。

⑥装配时，转子罩和转子座的记号应对准。

⑦各附件不得漏装。

⑧细滤器外壳上的盖形螺母不要拧得过紧，否则，将造成转子轴变紧，卡住转子不转。经常出现的情况是，拿掉外壳转子旋转正常，但装上外壳时(适当拧紧盖形螺母)转子却不转。此时，可把外壳转一个角度拧紧盖形螺母，若还转不动，再转一个角度，直到转

子旋转为止。

(2)分析说明

离心式机油滤清器利用旋转产生的强大离心力将机油杂质从机油中分离出去,从而达到滤清机油的目的。当油压超过限度时,带有杂质的机油进入转子,经过一系列的运动从转子下端两个方向相反的喷嘴喷出。喷嘴喷出的高速油流产生的反作用力驱动转子高速旋转,形成离心力。在离心力的作用下,机油中的杂质不断分离出来,沉积到转子罩内壁上,使机油得到滤清。

转子滤清器正常工作时,在发动机熄火后,仍可听到"嗡嗡"的转子惯性旋转声,一般持续 2～3min。若滤清器惯性旋转持续时间短或没有响声,则应检查滤清器,按以上要求进行修理和装配。

1-246 怎样检修机油灯不灭的故障?

正常情况下,汽车发动后,机油灯应熄灭。但常会遇到发动机运转时而机油灯不熄灭的情况。一般情况下,这是机油不足或有故障的表示。不过,要是机油指示灯导线搭铁,机油中进水或汽油、机油传感器油压开关失效或机器内部有问题,等等,都会导致这一现象。检修的方法有如下几种:

①拔下机油油压开关的导线插头,如机油灯仍亮,说明导线有搭铁,应检查机油灯。

②检查机油的黏度。机油中如渗入了汽油或水,应排除并更换机油和机油滤清器。

③如机油灯熄灭,则为油压开关失效,必须更换开关。

④以上检查不能排除故障时,多为机器本身有问题,应及时到专业厂家修理。

1-247 怎样检修机油压力过低警告灯亮的故障?

微型汽车发动机多数装有机油压力过低警告灯。警告灯亮,即表示机油压力不够。如果在行驶途中灯亮,则应立即停车,将发动机熄火。首先检查机油数量,如机油油面过低,应添加机油。若再次起动发动机此灯还亮,则应立即将发动机熄火,查明原因进行检修。否则，即使短距离行驶也难免会损坏发动机。如发动机怠速运转时警告灯亮，慢慢加速后此灯即熄灭，则表示正常。

1-248 怎样检修机油压力表？

发动机起动后，如机油压力表指针不动，应立即进行检查，找出原因，加以排除，否则，易造成发动机损坏。检查时，先用旋具将传感器的接线柱与机体短接。若油压表指针仍不动，说明油压指示表有故障或连接导线断路；若油压表指针转动，说明油压表良好，可能是传感器有故障或是发动机润滑系统的工作不正常。这时，可换装一只新传感器。如油压表指针所指数值符合要求，说明原传感器确已损坏，应更换。若油压表指针还停在"0"的位置上或所指数值很低，则表明是发动机润滑系统压力过低，润滑油太少。

第二章 底盘的检修与故障排除

2-1 离合器的作用是什么?

离合器是传动系统中的第一个总成,其主动部分与发动机的飞轮相连,从动部分与变速器相连。在汽车从起步到行驶的整个过程中,驾驶人可根据需要操纵离合器,使发动机与变速器暂时分离或逐渐接合,以切断或传递发动机向传动系统输出的动力。其具体功用有如下三个方面:

①使发动机与传动系统逐渐接合,保证汽车平稳起步。车用活塞式发动机的最低稳定转速约为 300~500r/min,而汽车起步则是由静止开始的。因此,在变速器空挡位置起动发动机后,若没有离合器而强制地将变速器挂挡,使传动系统与发动机刚性连接,则由于二者原先速度相差很大,不但会冲击造成机件的损伤,而且发动机产生的动力远不足以克服汽车由静止突然急加速产生的巨大惯性力,从而造成发动机转速急剧下降到最低稳定转速以下而熄火,汽车无法起步。有了离合器,则在汽车起步时使离合器逐渐接合(与此同时,逐渐加大油门,增加发动机的输出扭矩),它所能传递的扭矩也就逐渐增加,于是发动机的扭矩便可由小到大逐渐传给传动系统,到足以克服行驶阻力时,汽车便由静止开始缓慢地逐渐加速,实现平稳起步。

②暂时切断发动机与传动系统的联系,便于发动机起动和变速器换挡。发动机在寒冷天气起动时,润滑油的黏度大,阻力更大,使发动机难以起动甚至不能起动。让离合器切断发动机与传动系统的联系,就可除去这部分阻力,便于发动机的起动。

汽车行驶中,变速器要经常变换挡位,即变速器中的齿轮副要经常脱开啮合或进入啮合。脱开时,离合器切断发动机传来的动力,减小啮合齿面间的压力才能顺利脱开(操纵加速踏板来改变发动机的转速也可短暂地解脱齿面间的压力,但要求较熟练的操作技能);挂挡时,由离合器切断与发动机的联系,便可较容易地配合以适当的操作,使待啮合的齿轮副圆周速度相等,避免或减小其冲击而顺利地进入啮合(恰当地操纵加速踏板,选择发动机的合适转速,也能使待啮合齿轮副圆周速度同步而顺利挂挡,但要求有更熟练的操作技能)。这就是离合器起到的便于换挡的功用。

③限制所传递的扭矩,防止传动系统过载。如果发动机和传动系统是刚性连接而没有离合器,则当汽车紧急制动时,传动系统将迫使发动机急剧降速,于是发动机运动件将产生很大的惯性力矩(其数值可能远远超过发动机所能发出的最大扭矩)反作用于传动系统,造成传动系统过载而损坏。有了离合器,可在紧急制动时使其分离,从而免除发动机反作用于传动系统的惯性力矩。即使在不分离的情况下,由于离合器能通过滑转来限制所传递的扭矩,从而也可以防止传动系统的过载,起到一定的保护作用。

2-2 离合器的构造是怎样的?

离合器为单片干式膜片弹簧离合器,其构造如图2-1所示。

膜片弹簧兼有压紧弹簧和分离杠杆两种作用,故结构简单,质量轻,尺寸小。膜片弹簧由中心向外辐射18个径向切口,形成弹簧杠杆,切口的底部用铆钉连接在离合器盖上,其两侧有钢丝支承圈。压盘总成未固定到飞轮上时,膜片弹簧处于自由状态,当压盘总成用螺栓固定到飞轮上时,钢丝支承圈压迫膜片弹簧外圆端对压盘产生压紧力,离合器处于接合状态。分离离合器时,分离轴承推压膜片弹簧中部,膜片弹簧被压在另一侧钢丝支承圈上,并以此为支点转动,解除对从动盘的压紧力。

膜片弹簧离合器压紧力分布均匀,且不受转速影响。压紧力对从动盘磨损不敏感。且操纵轻便。

离合器在工作过程中,压盘的温度应在180℃以下。当温度超过180℃时,摩擦片磨损将明显增大。为尽量降低压盘的工作

第二章　底盘的检修与故障排除

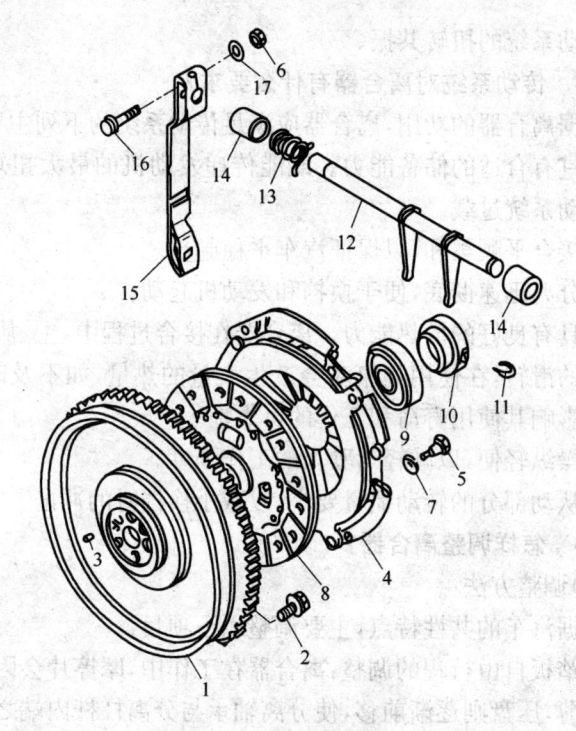

图 2-1　离合器的构造

1. 飞轮　2. 带肩螺栓　3. 定位销　4. 压盘总成　5. 螺栓　6. 螺母　7. 弹簧垫圈　8. 从动盘总成　9. 分离轴承　10. 分离套筒　11. 锁紧簧片　12. 拨叉轴总成　13. 扭簧　14. 轴套　15. 分离叉臂　16. 螺栓　17. 垫圈

温度,压盘凸出部与通槽在圆周环形面上为相间布置,离合器盖边缘面也为凸凹相间,以利于通风散热。

摩擦片是以石棉为基材的摩擦材料,由石棉、金属丝、特种添加剂、粘接剂热压而成。这种材料的成本低,但工作温度不能超过250℃,否则,摩擦系数明显下降,相对滑动趋势加大,使磨损加剧。摩擦片与从动钢片用铆钉连接。由于从动钢片为波形弹簧片,因此,从动盘轴向弹性较好,可压缩0.8~1.2mm,从而使接合柔和。从动钢片与花键毂间装有4个扭转减振弹簧,可以吸收振动能量,

201

防止传动系统的扭转共振。

2-3 传动系统对离合器有什么要求？

根据离合器的功用,离合器应满足传动系统的下列主要要求:

①具有合适的储备能力。既能传递发动机的最大扭矩,又能防止传动系统过载。

②接合平顺柔和,以保证汽车平稳起步。

③分离迅速彻底,便于换挡和发动机起动。

④具有良好的散热能力。离合器在接合过程中,主、从动部分有相对的滑转,在使用频繁时会产生大量的热量,如不及时散出,会严重影响其使用寿命和工作的可靠性。

⑤操纵轻便,以减轻驾驶人的工作强度。

⑥从动部分的转动惯量要小,以减小换挡时的冲击。

2-4 怎样调整离合器？

(1)调整方法

根据汽车的共性特点,主要调整以下项目:

①踏板自由行程的调整:离合器在工作中,摩擦片会因磨损而逐渐变薄,压盘则逐渐前移,使分离轴承与分离杠杆内端之间的间隙变小,因此,踏板工作时的自由行程也随之变小甚至消失。此时,压力弹簧的弹力将受到分离杠杆的限制,不能全部作用在离合器摩擦片上,以致造成离合器在工作中打滑。因此,应对离合器踏板自由行程进行检查和调整。调整时,调节拉杆的长短即可。

②分离杠杆高度的调整:所有离合器分离杠杆的内端与分离轴承都必须同时接触,汽车才能平稳起步。若分离杠杆内端高低不一,离合器就会发生抖动现象。因此,分离杠杆的高度必须调整好。调整方法一般是调整分离杠杆内端或外端的调整螺栓。

③操纵机构总泵推杆间隙的调整:新生产的汽车离合器操纵机构多为液压式。离合器总泵推杆的间隙应经常进行检查和调整。调整总泵推杆间隙时,应使离合器踏板返回原位,拧松推杆的锁紧螺母,转动推杆使其间隙达到规定值即可。一般情况下,间隙

过大时伸长推杆,间隙过小时缩短推杆。

(2)分析说明

以上第①、②、③条是一般汽车所共有的调整项目。车型不同,调整数据也有所不同。调整时,可视具体情况边试验边调整,不一定非要达到规定的尺寸,但必须保证有行程间隙。分离杠杆不能压死分离轴承,推杆与总泵不能没有间隙。

2-5 离合器的技术要求是什么?

①压板(包括前压板)的磨损沟槽超过 0.5mm,或平面度误差超过 0.12nm 时,应磨削平面,但磨削的总限度应不超过 1.5mm。磨削后,应进行静不平衡试验,其不平衡量应不大于 100g·cm。

②离合器被动盘换铆新摩擦片时,铆钉头应低于摩擦片表面不少于 1mm;铆合后对盘毂轴线的端面圆跳动一般不大于 0.8mm。

③离合器弹簧的主要参数应符合规定。装配时,应进行选配,同一组弹簧压力差应不大于 39.2N,自由长公差应不大于 2mm。

④离合器分离杠杆端面磨损超过 1mm 时,应予修理。调整好的分离杠杆端面应在同一平面内,并与压板的内平面平行,各分离杠杆端面至压板内平面的距离彼此相差应不大于 0.2mm。

⑤离合器被动盘上的键槽与变速器第一轴花键的配合间隙应符合有关规定。

⑥离合器总成与曲轴、飞轮装合后,应进行动不平衡试验。试验结果应符合原厂规定。

2-6 怎样检查和保养离合器?

离合器的打滑现象。汽车在满载或上坡行驶时,如出现动力不足、冲劲不大,是由于汽车长期行驶,离合器片磨损逐渐变薄,离合器间隙增大,踏板自由行程逐渐变小,从而使离合器打滑,影响了动力的传递。如在平坦的路面行驶感到动力不足时,则说明离合器片磨损较严重,同样也出现打滑现象。为避免上述情况,应及时调整离合器间隙。

检查时,应挂上低速挡,用右脚同时踏住加速踏板和制动踏板,缓慢放松离合器踏板。如发动机立即熄火,则说明离合器未打滑;如放松离合器踏板时,发动机不立即熄火,则说明离合器开始打滑。这时,应及时调整离合器间隙,以免故障更加严重。

离合器打滑严重时,会嗅到焦臭味,如发现不及时,就要更换离合器片。这样既费工费时,还要增加车辆修理成本。

如离合器片磨损严重,就要到修理厂进行大修。

正常的保养应做到:

(1)经常在踏板轴套处和离合器拉线上加油,以减少磨损。

(2)根据使用情况及时调整离合器间隙。

注意:正确使用离合器,杜绝半踩离合器踏板的现象,能延长离合器的使用寿命。

2-7 怎样检修离合器?

在使用过程中,离合器各部件不可避免地会产生磨损或损坏,如果使用和调整不当,将使部件的磨损、损坏加剧,影响汽车的正常行驶。因此,必须正确使用离合器,出现故障时应及时排除,对损坏的零部件进行修复或更换,以确保汽车技术状况良好。

拆卸离合器盖时,应在离合器盖和飞轮上做好定位记号,如图2-2所示。

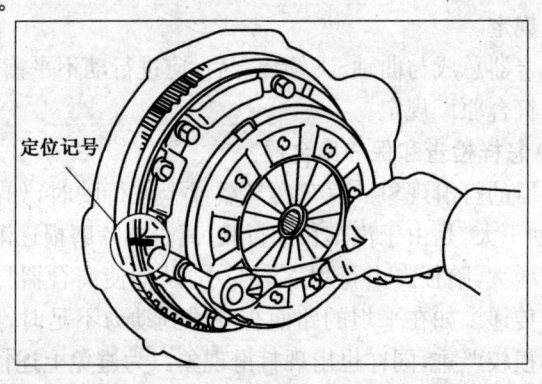

图 2-2 拆卸离合器总成作好定位记号

第二章 底盘的检修与故障排除

(1)检查离合器摩擦片的技术状况

如离合器从动盘摩擦片的技术状况不良,将会影响离合器的正常工作,不能有效传递发动机的动力。故应对离合器摩擦片的技术状况进行检查,必要时予以修理或更换。

①检查从动盘摩擦片的表面质量。离合器摩擦片表面质量不良时,由于主、从动部分所能产生的摩擦力减弱,或使摩擦力不均匀,使离合器在传递扭矩的过程中出现打滑或发抖现象,影响汽车的正常运行。在对离合器摩擦片的技术状况进行检查时,如其技术状况比较良好,则可继续使用;如摩擦片表面轻微烧蚀、硬化或沾有油污时,可用粗纱布或锉刀光磨后再用;如摩擦片表面已烧蚀严重无法修复时,即应更换摩擦片,必要时更换从动盘组件。

②检查摩擦片的磨损情况。检查离合器摩擦片的磨损程度,是通过测量摩擦片表面距铆钉头的深度来确定的。

应测量每个铆钉头的深度,如图 2-3 所示。以确定摩擦片的磨损程度,从而决定该摩擦片可否继续使用。昌河、长安牌微型汽车离合器摩擦片表面距铆钉头的标准深度应为 1.2mm。当摩擦片表面磨损到距铆钉头的深度≤0.5mm 时,则应更换离合器摩擦片或更换从动盘组件。

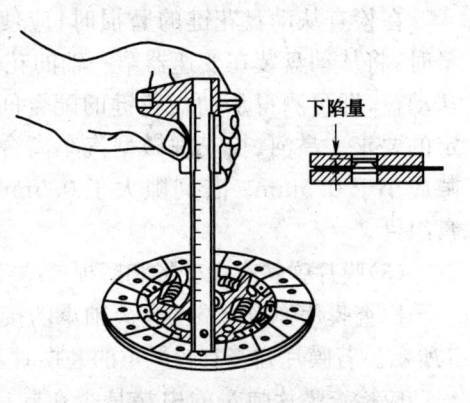

图 2-3 测量摩擦片磨损情况

③摩擦片边缘测量摆差应≯0.8mm,如图 2-4 所示。如摆差过大,应更换新件。

(2)检查从动盘花键的磨损情况

离合器从动盘通过内花键装在变速器第一轴的花键上。在离

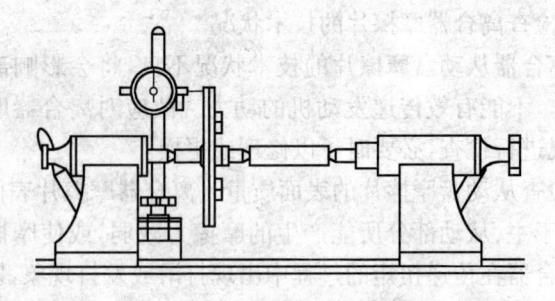

图 2-4 测量摩擦片的摆差

合器工作过程中,花键部分会磨损松旷。当离合器从动盘花键配合间隙过大,致使离合器离合时产生碰撞的响声,影响离合器的正常工作,并加速其磨损和损坏。故应对离合器从动盘花键的磨损情况进行检查,必要时予以更换。

在检查从动盘花键的磨损时,应使用千分表进行测量。测量时,将从动盘装在变速器第一轴的花键上,然后轻轻来回转动从动盘,即可测得从动盘花键的配合间隙。该间隙不得大于规定的要求。昌河、长安牌微型汽车离合器从动盘花键的配合间隙应小于 0.5mm。若间隙大于 0.5mm 时,应更换离合器从动盘组件。

(3)膜片弹簧有无变形和磨损

检查膜片弹簧内端与分离轴承的接触部位有无磨损,如图 2-5 所示。若膜片弹簧有较严重的磨损时,应予以更换。

应检查膜片弹簧的内端是否在同一平面上,如图 2-6 所示。如离合器的膜片弹簧有弯曲变形时,离合器在工作中将会产生振动或犯卡现象,故应检查膜片弹簧内端,使其保持在同一平面上,否则,应用工具将其扳平,直到膜片弹簧的各内端都近似地处于同一平面时为止。

同时,应检查离合器盖的隔膜簧铆钉有无松动现象。若铆钉松动,当踏下离合器踏板时将会发出"卡搭"的响声,应及时紧固,

第二章 底盘的检修与故障排除

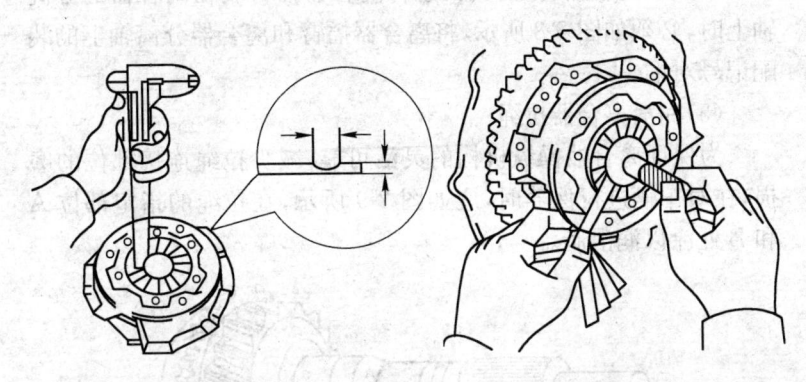

图 2-5 检查膜片弹簧的磨损量　　图 2-6 检查膜片弹簧内端
　　　　　　　　　　　　　　　　　是否在同一平面上

必要时,更换离合器盖组件。

还应检查离合器分离轴承的技术状况。检查方法是用手转动分离轴承,应能灵活自如地转动,若转动不灵活、犯卡或发出"卡搭"等异响时,则应更换分离轴承。

(4)离合器的装配

离合器总成检修完毕后,应按拆卸时相反的顺序,按规定的技术要求,将离合器总成通过螺栓固定在飞轮上。具体操作方法是:

先在发动机曲轴后端变速器第一轴支承轴承和油封之间的空腔内,装上占空腔 60% 的超级润滑脂,以确保支承轴的良好润滑。

然后装上离合器总成。为保证装配位置的准确,在装离合器总成时,应使用一个类似变速器第一轴的导向工具,将其插入变速器第一轴的支承轴承内,接着装上离合器从动盘和离合器盖。在离合器与飞轮上的螺孔对准后,用螺栓将其固定。离合器总成装好后,再将导向工具取下。

在离合器分离套筒的内表面和如图 2-7 所示的变速器第一轴的花键部位涂上超级润滑脂。

在安装离合器时,需要留意将离合器摇臂装在离合器的分离轴上时,必须如图 2-8 所示,将离合器摇臂和离合器分离轴上的装配记号对准。

(5)润滑离合器拉绳

为保证离合器操纵机构的灵活可靠,减少拉绳连接部位的磨损,在对车辆进行保养时,应如图 2-9 所示,在拉绳的指定部位 A 和 B 处涂以润滑脂。

图 2-7 润滑变速器第一轴花键

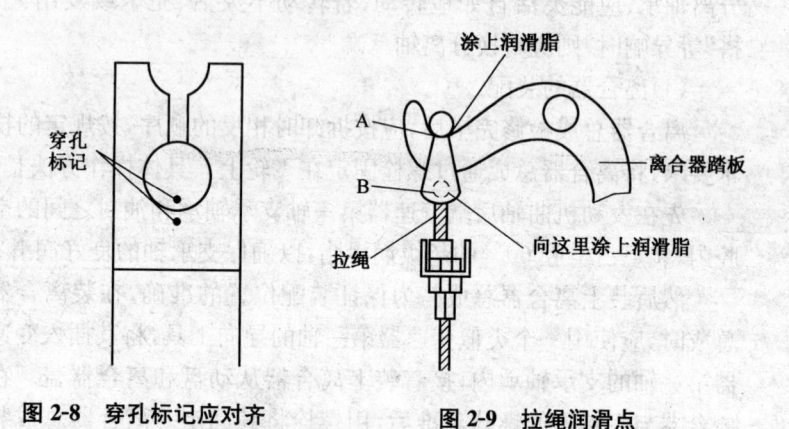

图 2-8 穿孔标记应对齐

图 2-9 拉绳润滑点

2-8 微型汽车离合器零部件哪些车型可以通用?

微型汽车离合器零部件可以通用的车型见表 2-1。

第二章　底盘的检修与故障排除

表 2-1　离合器零部件可通用的车型

统一编号	零件名称	通用车型
1900	离合器从动盘总成	
1902	离合器盖总成	
2060	离合器轴承保持器	昌河 110　吉林 110
2071	离合器分离轴	松花江 110
2072	离合器分离叉	
2881	离合器分离轴承	

2-9　怎样判断和排除离合器打滑故障？

离合器打滑是指离合器处于半接合状态。其判断和检查的方法如下：

在汽车处于静止时，将变速器挂入空挡，拉紧驻车制动器，踏下离合器踏板，起动发动机，将变速器挂入低挡，缓缓抬起离合器踏板，并逐渐加大油门，而发动机无承受负荷的感觉；或在汽车静止时，拉紧驻车制动器，将变速器挂入低挡，推动车辆发动机不能转动，均说明离合器打滑。有经验的驾驶人在汽车行驶过程中，从车速和对应的发动机转速或发动机的声响，便可判断出其是否"丢转"，就是指离合器打滑现象。

微型汽车产生离合器打滑现象有以下几种原因：
①离合器踏板自由行程不符合规定值。
②离合器摩擦衬片异常磨损、翘曲或有油污。
③离合器压盘有划痕、裂纹、变色等缺陷。
④膜片弹簧失效，分离指端磨损、锈蚀或断裂。

对上述故障进行检查、调整、维修或更换坏件后，即可排除故障。

2-10　汽车起步时为什么发抖？怎样检修？

发抖的主要原因：
①调整不当。如分离杠杆内端与压盘平面不平行；离合器踏板自由行程过小等。

②离合器机件变形或损坏。如压盘翘曲不平,压盘弹簧弹力不足或不均;离合器片的钢片挠曲和扭力弹簧折断等。

③磨损松旷。如变速器与飞轮壳固定螺钉松动或发动机固定螺钉松动;离合器钢片铆钉松动,摩擦片沾油或松脱;离合器片花键槽与变速器第一轴花键齿磨损松旷等。

检修方法:如果因离合器接合不平稳引起车身抖动,而影响正常起步时,应及时排除。首先检查调整离合器踏板自由行程和变速器、飞轮壳固定螺钉的紧固情况。然后拆下离合器底盖,检查分离杠杆内端面是否与压盘平面平行;离合器片是否翘曲;键槽是否磨损松旷。必要时,应拆下离合器将其解体检修。

2-11 离合器自由行程应该是多少?怎样调整?

微型汽车的离合器大部分采用膜片弹簧离合器、吊挂式踏板、绳索传动机构。离合器自由行程:华利汽车为20~35mm;夏利汽车为15~30mm;长安汽车为15~25mm;五菱汽车为15~25mm。虽然随各型车的离合器踏板自由行程不一致,但对于采用膜片弹簧式离合器的微型汽车来讲,其分离轴承端面与膜片弹簧分离指的端面之间的间隙一般均为3~4mm。

微型汽车的离合器踏板自由行程一般是通过调整分离拨叉一侧的绳索长短来实现的。为便于调整,在与离合器踏板相连接端的绳索处也设有调整螺母,如华利汽车。调整时应注意,在满足离合器踏板自由行程符合规定值的同时,应保证离合器踏板的安装高度和踏板到底时踏板与地板之间的间隙均应符合规定要求。

离合器踏板高度规定为:夏利汽车181.5~186.5mm;华利汽车198~210mm。五菱汽车离合器踏板总行程的标准值为120mm。

2-12 怎样更换离合器摩擦片?

在更换之前,应检查从动盘钢片的挠曲度。如钢片挠曲超出0.8mm时,应用夹钳或用专用校正扳子在虎钳上进行冷校。另外,还要重视摩擦片的质量。对摩擦片的要求是性能稳定,受温度变化影响小,无开裂现象,在高温时摩擦系数应无明显下降。由于石棉等级低,纤维短,性能不稳定,不能保证规定的行驶里程,并易出现滑摩现象而引起烧蚀,现已改用铜丝石棉酚醛混合物摩擦片,质量有了提高,其表面开有通风槽,提高了散热性,提高了强度,性能稳定,能保证离合器的正常工作,安全行驶里程可达 4 万～5 万 km。

更换的新摩擦片的厚度与直径应符合规定尺寸。摩擦片的铆接步骤如下:

①把两片新摩擦片同时放在从动盘钢片一侧,对正位置后,用夹具夹紧,选用与钢片铆钉孔相适应的钻头,按钢片各孔的位置,依次钻出铆钉孔,并用专用钻头按铆钉孔的直径再钻出埋头孔。埋头孔的深度一般为摩擦片厚度的 3/5～2/3。如摩擦片内含铜丝,其深度为摩擦片厚度的 1/2。

②将摩擦片分别放在钢片两侧(埋头坑向外),对正铆钉孔后,用 2～3 个夹子夹紧进行铆接。铆钉一般选用与铆钉孔规格一致的紫铜或铝质铆钉。

③最好在专用铆接压力机上进行铆接,以保证铆接质量。如无压力机时可手工操作。铆合时,应先将四角铆好,再对称地铆其余部分。铆接时不能用力过猛。为使摩擦片与钢片可靠地铆接,应采用单铆方法,即一颗铆钉只铆一片摩擦片。铆钉头的位置应间隔均匀地交错排列。

④摩擦片铆合后,要求铆钉头低于摩擦表面不少于 1mm,铆钉不得有松动现象,摩擦片不得有裂纹,与从动盘钢片间应无裂缝。

为使摩擦片与飞轮、压盘很好地接触,可在飞轮上涂上白粉,放上从动盘,略施压力后转动检查。发现摩擦片接触不良时,应锉去较高的部分,逐次修磨,直至其均匀地接触为止。

2-13 怎样检修离合器从动盘与从动盘毂?

①从动盘钢片与从动盘毂铆钉不应松动。可用敲击法检查,

如有松动和断裂,应更换从动盘或重铆。

②从动盘花键槽与变速器第一轴花键的啮合间隙不得超过允许值。

检查方法:将离合器从动盘装在变速器第一轴上,在盘的外缘做一标记,转动从动盘,测量转动弦长值,其值的 1/10 即为花键配合间隙近似值。

③从动盘钢片的翘曲检查。从动盘端面对盘毂轴线的端面圆跳动一般应不超过 0.8mm。

④离合器从动盘减振弹簧如裂损或弹力减弱时应更换。弹簧支承座磨出沟槽或从动盘毂与波形弹簧之间铆钉松动,均应钻去减振盘上的支承销,焊修支承座沟槽,然后铆合。

2-14 怎样判断离合器异响?

离合器的异响是指在发动机处于怠速运转时,汽车起步时,汽车在行驶中换挡时,离合器在分离、接合过程中,从离合器处所发出的不正常声响。

判断方法:将变速器处于空挡,拉紧驻车制动器,起动发动机,然后慢慢踏下离合器踏板,再缓缓地放松,反复多次,注意倾听声响的变化。离合器的声响是出现在其各部件进入工作状态之后,而所谓离合器异响一般都是由于参与工作的零件不良而引起。不同部位的零件不良而引起的异响也有所差别。可从异响的特征来判断故障产生的原因。

①当踏下离合器踏板,在离合器分离轴承和膜片弹簧接触时,有"沙沙"的声响。这一般是由于分离轴承损坏,或膜片弹簧分离指端异常磨损或损坏。

②当踏板全部抬起时,听到间断的金属碰击声。一般是由于分离轴承卡簧或分离拨叉的扭簧松弛或折断所引起。

③当踏下离合器踏板时,发出"哗哗"的金属干摩擦声。这一般是由于分离轴承损坏或撑烧。

④在摩擦片与压板接触时,有连续不断的"嗷嗷"尖叫声。这

一般是由于摩擦片翘曲或异常磨损,造成铆钉外露而引起。

⑤在离合器接合的瞬间,有"咯咯"的响声。这一般是传动部分有松动和卡滞现象所引起。应检查传动部分的花键和花键槽是否有异常磨损而松旷,各连接部位的紧固螺栓是否松动。

应对上述故障进行检查、调整、维修或更换损坏件,即可排除此故障。

2-15 怎样排除离合器发响?

①踏下离合器踏板时,听到有"沙沙"或"哗哗"的响声,抬起离合器踏板,响声消失。再踏下离合器踏板少许,使分离轴承与分离杠杆接触,又可听到"沙沙"的摩擦响声,即为分离轴承响。如加注润滑油后仍响,则为轴承磨损或损坏,应予更换或修理。

②放松离合器踏板后,提高发动机转速,如有间断碰撞响声,则为分离轴承前后滑动响。可拆下离合器底盖检查分离轴承回位弹簧有无折断或损坏,如有,应换新件。

③发动机怠速运转时,听到离合器外有"哗啦、哗啦"的响声,当稍踏加速踏板提高发动机转速时,在油门发生变化的瞬间,响声更为严重,同时挂挡时又有离合器分离不开的感觉,可断定是分离杠杆螺栓折断,应检查修复。

2-16 怎样判断排除离合器分离不开的故障?

离合器分离不彻底的现象是汽车在起动发动机后,踏下离合器踏板,挂挡时变速器齿轮有撞击声;或挂上挡后,未抬离合器踏板,汽车就起步或发动机熄火。产生上述现象的原因如下:

①离合器踏板自由行程过大。

②分离拨叉杠杆不能正常工作。

③摩擦片轴向跳动量过大或摩擦片损坏。

④离合器压盘变形。

⑤膜片弹簧的分离指端异常磨损。

⑥变速器输入轴与摩擦片总成花键啮合处发生粘结。

对上述故障进行检查、维修或更换损坏件后,故障便可排除。

2-17 为什么放松离合器时,汽车起步仍困难?

微型汽车起步时,离合器完全放松,车仍不走动,属于离合器打滑。但为排除其他可能原因,应进行以下试验:汽车停驶时,拉紧手制动,将变速换入某一挡位,松开离合器,用旋具拨动飞轮。若能拨动,说明离合器打滑。此外,起动车后,将变速杆换入某一挡位,拉紧手制动后,缓慢放松离合器,使离合器处于完全接合状态,发动机不熄火,也说明离合器打滑。或者,汽车行驶中,车速不能随发动机的转速升高而提高,也属离合器打滑。打滑严重时,还可嗅到焦臭味。

离合器打滑的原因:离合器间隙过大(即踏板自由行程过小),离合器膜片弹簧弹性减弱,摩擦片磨损过甚或露出铆钉,离合器片有油污。其次是离合器调整不正确,离合器拉线卡滞不回位,分离轴承弹簧脱落等。由于离合器打滑,造成发动机动力不能输送到行驶机构,因而车辆起步困难。

2-18 怎样分解或组装离合器总成?

在缺乏离合器专用压具的情况下,如果要分解或装合离合器总成,可以按以下方法进行:用千斤顶将本车的前桥顶起,其高度以离合器总成能顺利放入前轮胎下面为宜;将需要分解体或组装的离合器总成推入前轮胎底下;慢慢放下千斤顶,利用汽车前部的重量压紧离合器的压力弹簧,待离合器的压力弹簧被压缩到足够程度时,就可以分解或组装离合器总成了。

2-19 怎样排除换挡困难的故障?

如果选挡连锁板调整不当,使连锁板拨叉没有卡入所需换挡拨叉轴的缺口内,选挡杆固定螺母松动,在行车中会发生换挡困难的问题。其现象为一、二挡换挡容易,倒挡、换挡困难。或倒挡换挡容易,而一、二挡换挡困难,或换不上挡。

修理调试时,应拧紧固定螺钉。当一、二挡换不上挡而倒挡易挂上时,应将固定在选挡连锁板上的选挡杆所接拉杆伸长,调整拉杆头螺钉,并向车后方向移动。当倒挡挂不上,一、二挡容易挂时,

第二章　底盘的检修与故障排除

应将选挡连锁板所接拉杆缩短,调节拉杆头螺钉。

2-20　怎样给离合器助力装置放气?

液压操纵式离合器的油路中时常会有空气,应及时排除。在通常情况下,传统做法是两个人配合放气。如果一个人开车外出又要在半路上排气,可用一根软管,一头接打气筒,另一头紧压在离合器储液室的加油盖通气孔处,拧松离合器分泵放气塞,放一容器回收排出的液压油。此刻,离合器总泵处于吸油位置,储液室液压油直接通过总泵流向分泵放气塞。在排气时,特别要注意添加液压油。当排出的液压油没有气泡时,就可拧紧放气螺塞。这样,油路中的空气就可以一次排净,比两人配合排气的方法要简单方便得多。

2-21　维修离合器有哪些特殊的技术?

微型汽车均采用膜片弹簧式离合器。膜片弹簧本身兼起压紧弹簧和分离杠杆的作用。在检查和保养离合器时,要特别注意其膜片弹簧的使用情况,有无异常磨损或断裂。如夏利汽车,要检查膜片弹簧分离器的高度是否一致,允许高度变化极限为 0.7mm(华利汽车为 0.5mm)。应使用专用工具检查,如图 2-10 所示。

如需调整,应使被调的分离器数为最少。要使用专用工具调整,如图 2-11 所示。

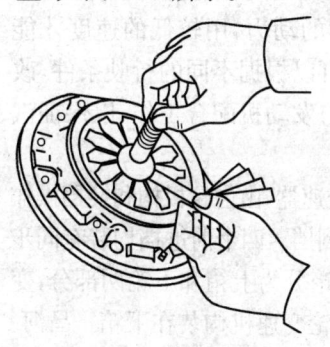

图 2-10　检查膜片弹簧分离器的高度

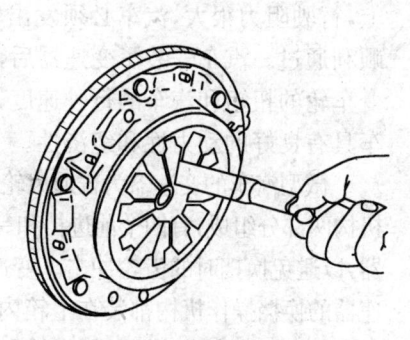

图 2-11　调整膜片弹簧分离器的高度

2-22 变速器的作用是什么？

目前,汽车上广泛采用的是往复活塞式发动机,其输出的扭矩变化范围较小,而汽车的使用条件却非常复杂。为使汽车的行驶速度和驱动力能在相当大的范围内变化,现代汽车上均设置有变速器。

变速器的功用首先是增大发动机传到驱动轮上的扭矩,扩大转速变化范围,以适应各种行驶条件的需要。其次,在发动机旋转方向不变的条件下,可满足汽车掉头、出入货场、车库等情况下倒车行驶的需要。另外,该装置可切断发动机与驱动轮间的动力传递,以满足汽车短暂行驶和滑行等情况的需要。还有一些汽车的变速器还可驱动其他附属装置。

为保证变速器和主减速器与发动机良好的配合,并实现其功能,对变速器的基本要求是:首先应具有合理的挡数和适当的传动比;其次,应具有倒挡和空挡;三是传动效率要高;四是操纵轻便可靠。

2-23 变速器结构有什么特点？

变速器是汽车传动系统的主要总成之一。变速器的第一轴与离合器的从动盘连接,第二轴通过万向传动装置与驱动桥相接。

汽车的行驶条件复杂多变。在良好的平坦道路上,行驶阻力很小,汽车可以用较高的速度行驶。但在有较大坡度或不平道路上,行驶阻力很大,汽车必须发出较大的动力,用较低的速度才能顺利通过。汽车安装了变速器后,就可以根据不同的行驶条件,改变车轮的扭矩和汽车的行驶速度,并与发动机配合工作,以保证汽车具有良好的动力性和经济性。

微型汽车的变速器为普通齿轮式变速器,由齿轮机构和换挡操作机构两部分组成,有四个前进挡和一个倒挡。四个前进挡均装有同步器,以避免换挡时的齿轮冲击。变速器箱分为上箱和下箱两部分,变速器的换挡操作机构都装在上箱内,齿轮变速机构装在下箱。昌河、长安牌微型汽车变速器包括齿轮和轴等组件。变速器的第一轴通过花键与离合器的从动盘相结合,第二轴通过万向节与传动轴相连。发

第二章 底盘的检修与故障排除

动机的动力经离合器传给变速器的第一轴,再经变速器的齿轮机构由第二轴将动力传给传动轴,保证汽车在各种不同道路条件下的正常行驶。其各挡传动比见表2-2。

表2-2 昌河、长安牌微型汽车变速器各挡传动比

挡位	传动比	挡位	传动比
一挡	3.428	二挡	2.108
三挡	1.379	四挡	1.000
倒挡	3.600		

昌河和长安牌微型汽车变速器换挡机构结构如图 2-12 所示。操纵机构如图 2-13 所示。

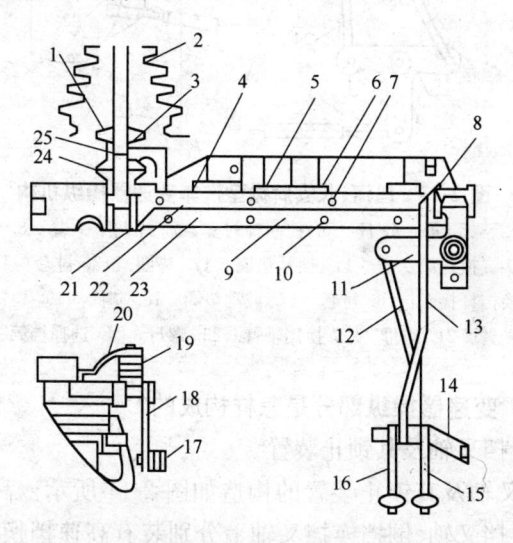

图 2-12 昌河、长安牌微型汽车变速器换挡机构
1、2、24. 罩 3. 座 4. 轴罩 5. 选择挡回位弹簧支架 6. 选择挡回位弹簧
7. 弹簧销 8. 换挡第一臂 9. 倒退调整弹簧 10. 垫圈 11. 选择挡第一臂
12. 选择挡第一杆 13. 换挡第一杆 14. 换挡支撑 15. 选择挡第二臂
16. 换挡第二臂 17. 换挡第二杆 18. 换挡轴臂 19. 选择挡第二杆
20. 选择挡轴臂 21. 弹簧销 22. 换挡控制轴 23. 轴衬套 25. 控制套

217

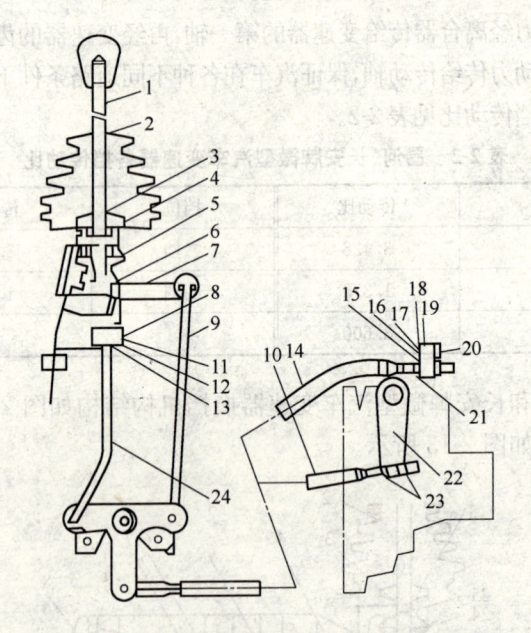

图 2-13 昌河、长安牌微型汽车变速器操纵机构
1. 换挡杆 2、3、5. 罩 4. 座 6. 控制杆衬套 7. 控制第一臂 8. 螺母 9. 换挡第一杆 10. 换挡第二杆 11. 锁紧垫圈 12. 垫圈 13. 衬套 14. 选择挡第二杆 15. 换挡杆接头 16. 衬套 17. 波动垫圈 18. 垫圈 19. 扁销 20. 选择挡轴臂 21. 螺母 22. 换挡轴臂 23. 螺母 24. 选择挡第一杆

2-24 变速器操纵部分是怎样构成的？

（1）换挡叉轴及其锁止装置

换挡叉轴及其锁止装置的构造如图 2-14 所示。高速换挡叉轴、低速换挡叉轴、倒挡换挡叉轴上分别装有高速挡换挡拨叉、低速挡换挡拨叉和倒挡换挡拨叉。高、低速挡换挡叉轴上各有三个沿轴向分布的半圆形凹坑，中间的一个是空挡锁止位置。高速挡换挡叉轴的前后圆形坑分别为一、二挡锁止位置槽。倒挡叉轴上只有两个沿轴向分布的半圆形槽：前面一个为倒挡空挡锁止位置槽，后面的一个为倒挡锁止位置槽。低速挡换挡叉轴的空挡限位凹槽侧面有一小孔,是安装互锁销用的。

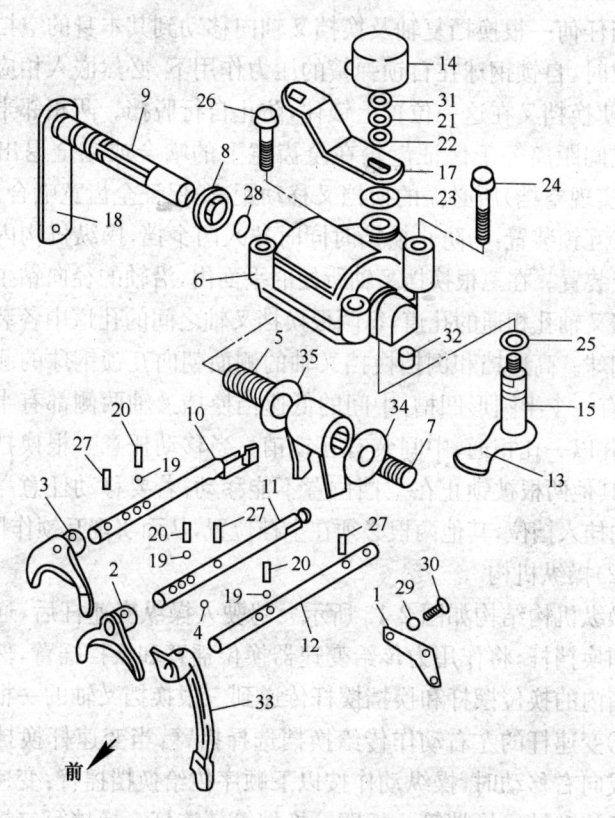

图 2-14 换挡叉轴及锁止装置

1. 限位板 2. 一、二挡拨叉 3. 三、四挡拨叉 4. 互锁销 5. 换挡轴第二弹簧 6. 换挡杆箱 7. 换挡轴第一弹簧 8. 换挡杆罩 9. 换挡轴 10. 高速挡换挡叉轴 11. 低速挡换挡叉轴 12. 倒挡换挡叉轴 13. 换位轴臂 14. 换位轴罩 15. 换位轴 16. 换挡杆 17. 换位摇臂 18. 换挡轴臂 19. 自锁钢球 20. 自锁弹簧 21. 保险垫圈 22. 垫圈 23. 垫圈 24. 螺栓 M8×40 25. O 形密封圈 14×2.4 26. 螺栓 M6×35 27. 弹性销 28. O 形密封圈 16×2.5 29. 保险垫圈 30 螺栓 M8×18 31. 螺母 M8 32. 定位销 6×12 33. 倒挡拨叉 34、35 垫圈

①自锁装置:上箱中部凸起的三个部位各钻有一个孔,其位置

正在三根换挡叉轴的正上方,每个孔内都装有自锁钢球和自锁弹簧。当任何一根换挡复轴及换挡叉轴向移动到其本身的空挡或某一挡位时,自锁钢球在自锁弹簧的压力作用下,必然嵌入相应的凹槽内,使换挡叉在这一位置上锁住,防止自行脱出。两相邻半圆形凹槽之间距离等于保证齿轮在全齿宽上的啮合或完全退出啮合(确保实现空挡)所必需的换挡叉移动距离,保证全齿宽啮合。

②互锁装置:为防止换挡时同时挂入两个挡,操纵机构内还装有互锁装置。在三根换挡叉轴所处的平面内,沿轴的径向钻了与三个换挡叉轴孔相通的孔道,每两根换挡叉轴之间的孔道中各装一个互锁钢球。高速挡和倒挡换挡叉轴的侧面朝向互锁钢球的侧表面上,都有一个半圆形凹槽,中间的低速挡换挡叉轴两侧都有半圆形凹槽,并以一孔相通,中间装有互锁销。当移动任意一根换挡叉轴后时,其他两根被锁止在空挡位置不能移动;若要移动任意一根换挡叉轴挂入挡位,其他两根必须在空挡位置,从而实现互锁作用。

(2)操纵机构

操纵机构结构如图 2-13 所示。驾驶人操纵变速杆后,通过换位杆和换挡杆,将作用力传给变速器换位摇臂和换挡摇臂,然后由换挡箱内的换位摆杆和换挡摆杆传递到三根换挡叉轴的一根。

①变速杆的左右动作传给换挡选择摇臂:当变速杆换挡位置向左或向右移动时,操纵动作按以下顺序传给换挡摇臂:变速杆→变速杆传动轴→换挡第一摇臂→换挡第一连杆→换挡第二摇臂→换挡第二连杆→换挡摇臂→换挡摆杆,使换挡摆杆处于相应的位置上。

②变速杆的前后动作传给换挡摇臂:上述左右选位动作完成后,再向前或向后推动变速杆,操纵动作按以下顺序传递:变速杆→变速杆传动轴→换挡第一摇臂→换挡第一连杆→换挡第二摇臂→换挡第二连杆→换挡摇臂→换挡摆杆→换挡叉轴→拨叉。拨叉前后移动可使同步器齿套或倒挡空转齿轮轴向移动,完成换挡操作。

2-25 变速器的技术要求有哪些？

①变速器壳应无裂纹和损坏，其上平面的平面误差应不大于 0.2mm。

壳体上各轴孔径应符合原厂的有关规定，表面粗糙度应不大于 $Ra1.6\mu m$，圆度误差应不大于 0.0075mm。

②变速器壳第一、二轴轴承孔轴线的平行度误差一般应不大于 0.1mm，倒挡轴的轴承孔轴线与上列轴线的平行度误差一般应不大于 0.1mm。壳体前端平面对第一、二轴轴承孔轴线的端面圆跳动应不大于 0.1mm，后端面不大于 0.15mm。各轴承孔轴线距离在修理后应符合原厂有关规定。

③各滚动轴承与轴承孔的配合为过渡配合（间隙为 0～0.05mm），大修允许 0～0.075mm，不超过 0.1mm 的间隙；与轴颈的配合一般为过盈配合，大修时不允许有任何间隙，最多不超过 +0.02mm 的间隙。滚针轴承与轴颈的配合间隙一般为 0.02～0.1mm，大修允许 0.02～0.13mm。使用限度为 0.3mm。

④各轴的轴颈磨损应不超过 0.04mm；第一、二轴及中间轴以及两端轴颈支承时，其中部的径向圆跳动应不大于 0.1mm，矫正各不大于 0.05mm。第二轴花键与齿轮的侧隙一般为 0.04～0.3mm。各轴的轴向间隙根据各车型结构和所采用的滚动轴承而定，一般应不大于 0.3mm。

⑤齿轮工作表面不允许有明显的斑点或阶梯形磨损；常啮齿轮的齿隙一般为 0.15～0.5mm，使用限度为 0.8mm，接合齿轮的啮合间隙为 0.1～0.4mm，使用限度为 0.6mm。齿端面磨损均不应超过齿宽的 15%。

⑥变速器盖应无裂纹或损坏；接合平面的平面度误差一般应不大于 0.2mm，使用限度为 0.3mm，与变速器壳表面接合间隙一般应不大于 0.4mm。

⑦变速杆球形中心到杆下端的距离应符合原厂规定。

⑧变速器装配后，应放在专用试验台上，当第一轴转速达

1000～1400r/min 时,进行无负荷和有负荷试验。在走合运转中,齿轮不许跳挡和脱挡,换挡的操纵机构必须轻便、灵活、可靠。运转及换挡不得有异常响声。各挡运转时间都不得大于 1h,发热到正常温度时所有密封装置不得有漏油现象。

2-26 影响变速器技术变化的原因有哪些?

(1)变速器壳体变形的影响

变速器壳体是构成变速器的基础件,一般由灰铸铁铸造。变速器中各齿轮、轴、轴承靠变速器壳来保证使其处于规定的正确位置。因此,壳体各部相互位置的精确度对变速器总成的技术状况影响很大。在修理过程中,如何正确检验和修复以保证其相互位置精确度是非常重要的。影响壳体变形的主要因素有:

①壳体毛坯在进行机械加工之前未经过很好的时效处理。由于壳体本身存在内应力的作用,致使壳体在使用中由于这些不平衡的残余应力的扩大而产生变形。

②在使用中所产生的工作载荷的作用。特别是当汽车重载荷、低速挡行驶以及驻车制动等,变速器壳承受很大的扭矩。这种外载荷将加剧变速器壳的扭曲变形,将导致变速器出现跳挡、发响、抖动现象,并使齿轮的啮合长度受到很大影响。

③当变速器壳体出现裂纹需进行焊接修复时,焊接应力所引起的变形。

④机械加工的影响。壳体在进行机械加工修复时,由于局部切削如轴承座孔镶套等,可能破坏壳壁局部的平衡应力而引起加工部位产生再变形。另外,加工工艺不够完善,基准选择不当等也会导致壳体变形。

变速器壳体的变形对变速器修理质量和使用寿命有严重影响,在修理中必须充分引起重视。由于壳体的变形不易察觉,修理中往往被忽视。实际上,壳体的变形会使轴心线及轴承座等变位,破坏齿轮、轴、轴承之间的正常配合关系,这必将导致齿轮等运转时,其旋转平面产生偏摆,沿轴线方向产生较大的轴向分力。当轴向力增加到一定程度足以克服变速叉轴自锁弹簧的弹力时,会使自锁装置失效,产生自动跳挡。齿轮运转中产生的偏摆,可能破坏轮齿的正常啮合,使轮齿实际啮合接触面积减小,工作载荷只集中分布在齿面较小的区域内,致使接触点的接触应力大大增加,加速了轮齿的磨损,轮齿工作面很快会出现点蚀和剥落损伤。

此外,前端面对第一轴轴心线垂直度公差超过规定值过大时,还会影响变速器的装配,使轴承负荷增加而出现早期磨损等。因此,修理时,对变速器壳体的检查和修复是极为重要的。

(2)齿轮的影响

变速器内各齿轮、花键的长期使用可能引起齿形变化。原因如下:

①齿轮齿面磨损的影响。变速器齿轮齿面一般比花键齿磨损快,特别是使用中频繁地换挡,而滑动齿轮又比常啮齿轮磨损快,磨损的结果使轮齿沿齿高方向破坏了齿的外形,沿齿长方向磨成锥形。花键磨损后,增大了相互配合的滑动齿轮的径向位移量和偏移量,因而破坏了齿轮的啮合状态,使齿面接触部分的相对运动形式发生了变化(即滑动摩擦增多,滚动摩擦减少),进而加速了齿面磨损,产生滑磨冲击响声,同时,由于齿面磨成锥形和轴线偏摆,会产生较大的轴向力,严重时会引起跳挡和齿轮损坏。

②齿轮配换和修磨的影响。在修理过程中,齿轮一般是成对配换,通过磨合改善其啮合状态。这种方法较好。但齿轮不一定是成对损坏,为节约材料,降低修理费用,有时只更换损坏的一个。这时,应根据啮合印痕先用油按齿形参数或样板进行修磨,然后再进行磨合。在配换和修理齿轮的过程中,齿形的修理不可忽视。否则,将容易出现因齿轮啮合不正常而发响,并且会加速齿轮的磨损。

(3)齿轮啮合长度变化的影响

由于使用中经常变换挡位,变速器滑动齿轮要求沿轴向移动的距离保持一定,否则,将会改变齿轮的啮合长度。影响齿轮啮合长度变化的原因如下：

①齿轮或轴的轴向间隙过大。齿轮或轴的轴向间隙过大时，可使啮合的齿轮工作面产生滑动摩擦，加速齿轮或键齿的磨损，甚至改变齿轮的啮合长度。特别是齿轮长度本身结构较短或磨成锥形，其啮合长度减少后容易脱挡。端隙过大主要是由于各轴承和止推垫圈等磨损或调整不当所致。

②拨叉磨损、变形的影响。拨叉主要的磨损部位是拨叉上部拨块缺口以及叉的下端面磨薄或形成沟槽，使齿轮正确啮合的稳定性受到破坏。拨叉下部受力产生弯曲变形，破坏了拨叉下部侧面与滑动齿轮上环形槽端面的平等位置，迫使齿轮在运转中摇摆，不仅加剧了齿轮端面的不均匀磨损，而且严重时会损坏齿轮。

(4) 自锁互锁可靠性的影响

拨叉轴的变形、磨损、定位球凹槽、互锁凹槽的磨损以及定位球、互锁销等的磨损，定位弹簧弹力减弱和折断，均会使变速器跳挡、乱挡的可能性增大。

2-27 怎样分解变速器？

①旋出放油塞，放净变速器内的齿轮油，拆掉传动轴，卸下变速器与离合器（飞轮壳）的连接螺栓，用专用拆装工具将变速器连同离合器分离轴承座、驻车制动器总成一起平行退出后卸下来。

②将变速器置于空挡位置，拆下变速器盖总成。

③拆下变速器后部盘式驻车制动器架与变速壳体连接的三个螺栓，取下手制动器总成。

④从变速器前端拆下紧固第一轴轴盖螺栓上的钢丝线和螺栓，取下轴承盖，用铜棒抵住第一轴用锤由里向外轻轻敲击铜棒，将第一轴连同轴承一起从前端取出，并从第一轴中取出滚针轴承。

⑤拆下变速器第二轴后部槽形锁紧螺母上的开口销及槽形螺母，敲击驻车制动盘凸缘连同驻车制动盘一起拆下。拆下第二轴后轴承盖，用手托起第二轴前端上下晃动，并用铜棒由内向外敲击第二轴，使其向后退出，用拉器拉下后轴承，从里向前抽出第二轴。

第二章　底盘的检修与故障排除

⑥拆卸倒挡轴。拆去倒挡轴锁片,利用倒挡轴上的螺纹孔,用专用工具拉出倒挡轴,取出倒挡齿轮。

⑦拆下中间轴。拆下中间轴前后轴承盖、轴承锁紧螺母,用铜棒抵住中间轴的前端,用锤敲击铜棒,将后轴承退出壳体,用轴承拉器拉出后轴承,从变速器壳体内取出中间轴总成。

⑧变速器盖的分解。拆去变速器拨叉和导块固定螺栓的钢丝锁线,拧下固定螺栓,用专用工具顶住变速轴后端向外冲出变速叉轴,使轴顶掉盖上三个堵头盖,从前面抽出变速轴。注意:当变速轴向前抽出一定距离时,可用手握住自锁装置弹簧锁球孔,边转动边向外抽,以防钢球和弹簧弹出伤人或丢失,最后取下锥形弹簧和操纵杆。

2-28　怎样检修变速杆?

变速杆球节中定位槽磨损超过 0.50mm、杆下端面磨损超过 0.40mm 时,应进行焊修。焊修后,球形中心下端距离应符合原厂规定。

2-29　怎样检修变速器盖?

①变速器盖裂纹翘曲的检修与变速器壳的检修相同。

②变速杆中部球形承孔的磨损超过基本尺寸 0.5mm 时,可堆焊后机械加工修复;或用局部更换法将磨损的座孔部分切除,另制新件镶接,并焊接牢固。修复后变速杆球形中心至盖接合平面的距离应符合原厂规定。

③变速叉轴孔磨损大于 0.10mm 时,可用刷镀修复,严重磨损时,镶套或更换变速器盖。

2-30　怎样检修变速器壳?

①用检视和敲击法检查变速器壳裂纹。轴承孔、螺纹孔有裂纹时,应更换新件。其他部位的裂纹可用环氧树脂胶粘接修理。

②壳体上平面度公差为 0.2mm。将壳置于平板上,用塞尺检验,超过要求时,可用铲刀、锉削修平。修理时,应注意保持与轴承孔轴线的位置公差。修复后,壳体上平面与轴承孔轴线的平行公

差应为 0.20mm。

③检查轴承承孔的磨损。当轴承承孔基本尺寸为 50～80mm、磨损＞0.020mm 时；或基本尺寸为 80～120mm、磨损＞0.040mm时,可刷镀或镶套修复。修复后的轴承孔的表面粗糙度应低于 3.2,圆度公差为 0.008mm,各轴承轴线的平行度公差为 0.10mm 轴。承孔几何尺寸应恢复到原厂标准。

2-31 怎样检修变速叉？

变速拨叉轴的弯曲、磨损,定位球凹槽、互锁销凹槽的磨损以及定位球、互锁销的磨损,定位弹簧变软、折断等,均会使变速器"跳挡"、"乱挡"的可能性增大。

可用百分表或平板与塞尺配合检查拨叉轴的弯曲。若采用百分表检查,可将轴顶于车床顶针之间或放于 V 形铁上,用百分表在其中部测量摆差。用平板与塞尺配合检查,是在平板上用塞尺测量轴与平板间的缝隙。缝隙不得超过 0.20mm。超过规定者,应通过冷压校正,使其达到规定的技术要求。

变速器拨叉轴直径磨损超过 0.15mm 或与变速器盖上的轴孔配合间隙超过 0.25mm 时,可将轴磨削后镀铬修复或更换轴。变速拨叉轴上的定位球凹槽、互锁销凹槽有明显沟痕或深度超过 0.70mm 时,则应采用堆焊后钳工加工至规定尺寸或更换轴。

2-32 怎样检修变速器互锁定位装置？

定位球、互锁销磨损严重,定位弹簧过软或折断时,应予以更换。定位弹簧过软,在缺件的情况下,可采用在定位弹簧下加垫的办法,使弹簧的弹力增加,减少因弹簧弹力减弱及定位球、球座的磨损等引起跳挡的可能。在检查定位弹簧弹力时,经验的做法是将弹簧放入变速器盖的定位弹簧孔内,当弹簧与孔的边缘平齐或接近平齐即为合适。

2-33 变速器卡挡怎么办？

卡挡是指变速杆不能或不易退回空挡。这是由于变速叉轴连锁销尺寸过长,或变速叉轴连锁销的限位钉磨损失效所致。

处理方法:检查装用自配变速叉轴连锁销的变速器锁销尺寸是否过长,再拆下变速器盖,检查变速叉轴连锁销是否滑出过多而被变速叉轴导孔端面挡住。若锁销滑出过多,连锁销限位锁钉失去限位作用,在行驶中可选鱼脊状凸直明显的路面行驶,并左右晃动变速杆,也可退回空挡操作。

变速器卡挡时最好请专业厂家调整修理。

2-34 怎样修理变速器齿轮?

①齿轮出现裂纹应换新件。

②齿轮齿部工作表面出现明显斑点超过齿面的25%、或出现阶梯磨损时,应换新件。

③齿顶部有微小剥落斑点时,可用油石修磨平整。

④接合齿轮或相配合的滑动齿轮端部磨损超过齿宽的15%时,应换新件。

⑤齿轮上键槽磨损,厚度超过0.2mm、配合间隙超过0.4mm时,应换新齿轮。

⑥齿轮不相邻的个别齿裂断又无备件时,可用堆焊修复。其方法如下:选用"上焊19A"铬基1号电焊条进行堆焊。施焊前,将齿轮预热,并迅速将所焊齿处的氧化物除净。焊接时,焊条应与焊齿表面呈垂直状。堆焊电流:焊条直径为4mm时,电流应为120~160A;焊条直径为5mm时,电流应为140~190A;焊条直径为6mm时,电流应为150~210A。施焊工作温度不高于500℃。每次堆焊的焊道长以20~70mm为宜。焊层厚以2.5~3.5mm为佳。焊后应在600℃~700℃时回火1h,再缓慢冷却至室温。堆焊的齿须修整,使齿形符合规定要求。

用氧焊焊修齿轮的方法:堆焊前,将损伤的齿部用砂轮打磨光洁。如焊补齿轮端面时,可先将齿轮平置在水槽中,使齿轮齿的长度有1/3至1/4部浸入水中。用焊枪从齿根部起至轮齿进行预热(微熔程度),再用硼砂作焊剂,用铬基1号焊条焊接,使齿轮缺口部位厚度达到所需尺寸为止。将所有各齿堆焊完毕后,齿轮在于水槽中冷却,然后修磨到规定尺寸。

焊补齿轮侧面时,将齿轮安置在圆钢上,立放在水槽中。首先在以水面为起点的第 2 齿上施焊,将焊补面加热至微热程度,用铬基 1 号焊条滴于磨损部分,待齿轮冷至樱红色时,将已焊补的齿轮放入水中淬火。如出现裂缝、漏焊或收缩孔眼时,应将齿轮照前法焊补,然后修磨到技术要求为止。

2-35 怎样判断和排除变速器发响?

①汽车行驶中有金属干摩擦声,用手摸变速器外壳有烫手感觉,这是由于缺少润滑油或润滑油变质而引起的响声,应加油或检查油质,必要时更换。

②空挡时就听到异响,踏下离合器踏板后声音消失,一般为第一轴前后轴承磨损松旷或常啮齿轮响。如换入任何挡都响,多为第二轴后轴承响。严重松旷或损坏的轴承,应进行修理或更换。

③车辆起步或在行驶中改变油门使车速发生变化时,听到有"咯啷、咯啷"的齿面互相撞击声,而行车速度相对稳定时,响声即消失,则为主从动齿轮齿隙过大的响声。如发生连续不断的"嗯"的响声,且车速越快,响声越严重,同时挂挡感到吃力,则为齿隙过小的响声。以上两种响声如不严重,可以继续行驶;响声严重时,应拆下检查,必要时应予更换。

④车辆低速行驶时出现无节奏的"嘎啦、嘎啦"的噪声,而车速增高时则变为较杂乱的齿轮撞击声,且有时挂空挡也响,这多半是由于变速器内齿轮啮合不正常所致。尤其是大修后或新装配的齿轮不合标准时,容易出现此类响声。响声如轻微且较均匀,可继续磨合使用,如较严重且不均匀时,应拆下检查磨合情况,必要时,应重新调整或更换。

⑤发动机怠速运转时,发出"嘎啦、嘎啦"有节奏的响声,加大油门时响声更严重,并感到变速器有振动的现象,一般是由于齿面剥落或轮齿断裂掉牙所致。如果修理后装配错位,齿轮中心线偏移,也会发出此种响声。遇此情况,应解体检查,必要时更换新件。

⑥行驶中听到无节奏的"呱嗒、呱嗒"好像打竹板的响声,而稍拉点驻车制动时响声即消失,一般是由于驻车制动盘和蹄片松动所致,应拆检修复。

⑦行驶中,某挡出现无节奏而沉闷的"咯噔、咯噔"的响声,而用手握住变速杆手柄时响声即消失,多半是由于该挡齿轮拨叉凹槽磨损或变速杆下端工作面磨损所致。应拆检修复或更换。

2-36 变速器在空挡位上发响是什么原因?

汽车挂空挡行驶中,变速器如出现响声,其主要原因如下:

①润滑油黏度不当。如夏天过稀,冬季过稠,变速器工作时得不到良好润滑。应根据要求更换合适的润滑油。

②缺油。

③轴承松旷发响。这是由于轴承磨损,轴向或径向间隙过大;轴承内、外座圈与轴颈(孔)配合松动;轴承钢珠(针)损坏,引起响声。

④同步器磨损发响。

⑤齿轮发响。这是由于齿轮牙齿磨损过于严重,间隙增大,运转中齿面啮合不良;齿面有疲劳剥落或个别牙齿损坏折断;齿轮与轴上的花键配合松旷或齿轮轴向间隙过大,轴弯曲或轴承松旷等。

⑥主轴轴向间隙过大或里程表齿轮磨损。变速器空挡时发响的原因主要是:轴承磨损松动,轴向或径向间隙过大;轴承润滑不良;第二轴磨损或弯曲,止推片或垫片损坏。应根据响声部位出现的故障进行检查、调整、润滑或修复更换。

2-37 为什么变速器换挡困难?

①离合器分离不彻底,不能完全切断动力,或由于离合器分离杠杆高度不一,分离轴承移动困难,主动盘和离合器片严重变形所致。

②离合器踏板自由行程过大,使离合器分离困难。

③变速叉轴弯曲、锈蚀、前后移动困难。

④换挡拨叉松脱或弯曲,变速杆弯曲变形,无法换入挡位。

⑤同步器损坏。

2-38　为什么变速器跳挡？

汽车在行驶时常常出现自动跳回空挡。造成这种现象的主要原因是：

①轴或齿轮磨损，造成轴向间隙过大或零件松动。

②轴承磨损，造成接触面松旷而跳挡。

③同步器磨损或有缺陷。

④啮合齿的长度方向磨损成梯形，齿轮受轴向力的作用而脱出。

⑤叉轴定位弹簧折断或失效，也易造成跳挡。

2-39　怎样检查变速器跳挡？

变速器跳挡多发生在常用挡。检查和排除此故障可从以下几方面进行：

①输出、输入轴四挡齿磨损是否过大。

②三、四挡接合套四挡齿磨损是否过大。

③三挡齿轮接合齿圈齿磨损是否过大。

④三、四挡接合套三挡齿磨损是否过大。

⑤输入轴导向轴承磨损是否过大。

⑥同步器是否损坏和异常磨损。

⑦拨叉轴锁止钢球弹簧失效或钢球磨损是否过大。

⑧变速杆调整不当。

2-40　变速器产生噪声的原因有哪些？

由于车轴经常处于高速、高负荷的条件下工作，各部零件的质量、精度、装配质量、清洁度及非正常操作，都会引起零部件的磨损、烧蚀、破裂、疲劳损伤、腐蚀等现象，导致轴向间隙增大；各齿轮副的异常磨损、轴的变形及联动件之间的松动，也会使相互配合间隙增大。因此，在车速、负荷变化时，都会产生撞击的声响，即变速器的噪声。

判断噪声的方法是：将驻车制动器拉紧，变速器置于空挡位置,起动发动机后怠速运转,然后踏下离合器踏板,再慢慢松开,反复多次,注意倾听声响的变化、发出的部位、出现异响的时机。

如抬起离合器踏板时变速器有异响,踏下离合器踏板后噪声消失或减弱,主要是由于输入轴轴承异常磨损、松旷所造成的噪声。如需判断某一挡位产生的噪声,必须在汽车行驶中将变速器挂入该挡进行判断。当挂入某挡、噪声随车速的提高而增大,即为该挡齿轮磨损严重,造成间隙过大所致。行驶中变速杆产生明显的振动而造成噪声,主要是该挡变速拨叉变形或其端部异常磨损,造成间隙过大所致。变速器产生噪声的原因较多,只要注意噪声出现的时机、部位、变化,不难判断故障发生的原因和确定排除故障的方法。

2-41 怎样检修同步器?

(1)惯性或锁环同步器的检修方法

①检查锁环内锥面的螺旋槽的磨损。当两锥面接触后,同步锁环与接触端面之间的距离应不小于 0.8mm。当锁环磨损严重时,应更换新件。

②检查花键齿的磨损。磨损严重时应换新件,磨损不严重时可修键齿,使花键齿两侧的倒角为 45°。

③锁环花键毂的三个轴向槽磨损后,可铜焊修复,焊后修整到标准尺寸(槽宽 16+0.24mm;深 5.38±0.2mm)。

(2)锁销式同步器的检修方法

①检查锥盘与锥环磨损,消除螺纹槽中结焦。如螺纹槽深度不小于 0.10mm、锥环前端与锥盘的间隙小于 0.03mm 时,可车削锥环端面,但减薄量应不大于 1.0mm。

②锥环螺纹槽深度已小于 0.1mm 时,应更换同步器总成;新锥盘端面与锥盘距离为 3mm,否则,应同时更换锥盘。

③锁销如有松动,应重新锁好,铆钉头部不得高出锥环端面。

2-42 怎样延长同步器的使用寿命?

微型汽车的变速器在前进挡上都采用锁环或惯性同步器,可使换挡操作方便,延长齿轮的使用寿命。如果正确使用,一般在10万km内同步器不会出现故障;但如果使用不正确,会加速同步器的损坏。

正确的使用方法是:在换挡时,一定要踩两脚离合器,减少换挡时的转速差。绝对不允许违反操作规程。

违反操作规程的做法是导致同步器过早损坏的根本原因。特别是汽车空挡熄火滑行终了时,不踩离合器强行挂挡,利用同步器的摩擦作用带动发动机重新点火工作(不符合操作规程)。由于发动机的旋转惯性很大,同步器的摩擦力矩又有限,加上转速差大,换挡时间需加长。因此,同步器的锥面的摩擦力急增,使其温度急剧升高,很容易使同步器烧损。

下坡空挡熄火滑行(这也不符合操作规程,而且很不安全)时,也很容易引起同步器的烧伤。由于同步器的轴向间隙很小(由于振动或零件摆动),会引起两接合锥面表面之间发生瞬间接触产生摩擦热。如果两摩擦面间润滑不充分,也会引起烧损。

当采用熄火滑行时,三轴式变速器的输入与中间轴不转,输出轴随汽车惯性旋转。这样,变速器中的润滑油搅动不起来,摩擦表面间的残存润滑油会很快被甩尽,造成干摩擦现象,时间一长,产生高温,造成烧损。若滑行时发动机不熄火,即便是空挡滑行,变速器的输入轴和中间轴也是旋转的,润滑油不断地被搅动,能保证摩擦面的正常润滑而不会产生烧损现象。因此,正确的操作方法是延长同步器使用寿命的保证,滑行时切记不要使发动机熄火,否则还会诱发行驶事故。

2-43 行驶中突然失去动力怎么办?

汽车在行驶中,有时突然失去动力传递,使汽车无法前进,可采用以下两种方法判断:

①检查变速器每个挡位。若各挡都失去动力传递,则可判定故障为变速器中间轴的常啮合齿轮半月键被剪断。

②若变速器的全部挡位都失去动力传递,一般可认为故障不

在变速器。对此,可运转发动机,拉紧手制动器,挂入低速挡,慢慢加大油门,放松离合器踏板,听发动机转速的变化。若声响无变化,则可判断是离合器从动盘的毂与从动盘的钢片之间的铆钉被切断或离合器严重打滑;若声响有明显的下降,且发动机有熄火的倾向,则可确认传动轴在传递动力,故障在主减速器。对此,应检查主减速器。首先要检查半轴是否被扭断。若半轴完好,再检查主减速器内的从动锥齿轮与轴的连接螺栓或铆钉是否被剪断。

2-44 怎样保养变速器?

汽车的变速器部件处于经常的变换转动中,其润滑保养一般有如下几个方面:

①用润滑脂经常润滑摩擦变速器部件的表面、摆杆及连动机构、滑动及转动的轴孔部位,使各部位灵活自如。应经常检查油面,先用棉纱擦拭上面加油塞周围的污物,旋下加油螺塞,用手指弯曲伸入加油塞螺孔中(此时发动机熄火)检查油平面。油平面应刚好在加油口下 5mm 以内。如果缺油,应用机油枪或手压球型加油器添加。

②每经过 2 万 km,就要放掉变速箱内的旧油,更换新齿轮油。放出旧机油时,最好在变速器走热后进行,这样容易把旧油放干净。如果放油塞具有磁性,就会在上面粘附变速箱内轴承和齿轮摩擦产生的金属屑,故装回时,一定要把放油塞清理干净。为防止在装回放油塞时产生漏油现象,应在放油塞螺钉上涂一些密封胶后拧回原位。

③如变速器后油封漏油,应把传动轴凸缘螺钉拧掉,从变速器上抽出传动轴,更换好油封后重新装回传动轴。换油封时,要注意在油封的唇口上涂上润滑油,必要时应在油封外缘(油封与变速下箱相对静止处)涂上密封胶。

2-45 传动轴的组成有哪些?

长安系列微型车采用发动机前置、后轮驱动的布置形式。万向传动装置用于将变速器输出的动力传至后驱动桥,其结构如图

2-15 所示。传动轴套管叉套在变速器第二轴的花键上,在传递扭矩的同时,可相对于变速器第二轴前后滑动,故传动轴中间不需有相对滑动的花键,传动轴两端的万向节叉与传动轴焊接成为一体。万向传动装置(传动轴总成)经动平衡试验,故在传动轴表面焊有不同质量的平衡块。万向节十字轴上装有滚针轴承和油封,十字轴中部有一润滑脂嘴。为防止滚针轴承飞脱,用弹性卡环或采用冲铆方法将滚钉轴承用 8 个冲铆点铆牢在万向叉上。SC1010 系列和 SC6331 微型车传动轴总长为 763.5mm,SC1011 系列微型车轴距加大,传动轴总长为 924mm。

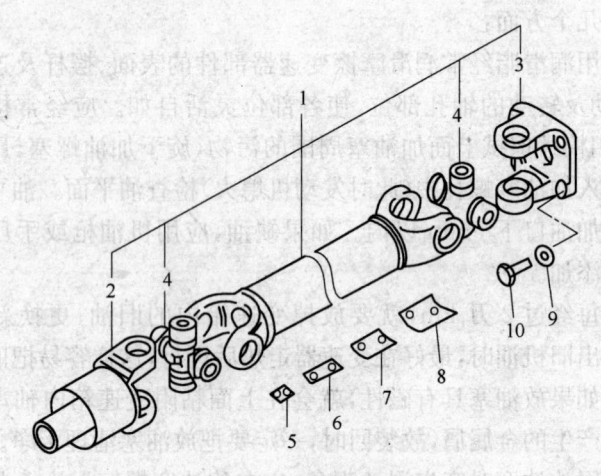

图 2-15 万向传动装置
1. 传动轴带万向节总成 2. 套管叉 3. 凸缘叉
4. 十字轴带轴承总成 5、6、7、8. 平衡块 9. 弹簧垫圈 10. 螺栓

2-46 传动轴的技术要求是什么?

①传动轴管、花键齿及万向节叉、套管叉、凸缘叉等均不得有裂纹。以万向节叉两端面及花键中心孔定位检验时,传动轴上的花键及支承轴承接合面的径向圆跳动应不大于 0.15mm;轴管全长上的径向跳动,全长小于 1m 的传动轴应不大于 0.8mm,全长

234

大于1m的传动轴不大于1mm。

②传动轴的万向节叉、套管叉两轴承孔轴线对传动轴轴线的垂直度误差应不大于0.3mm。万向十字轴不得有裂缝、金属剥落及明显凹痕。十字轴,轴承及叉装合后的轴向间隙一般为0.02～0.25mm,中间传动轴支承轴承与轴颈,万向节轴承与承孔,以及万向节轴承与十字轴之间的配合应符合原厂的规定。

③传动轴轴管与万向节叉、花键轴为过盈配合。安装套管叉后,应保证同一转动轴两端万向节叉轴承承孔轴线位于同一平面内,其位置误差应符合原厂规定。

凸缘叉与变速器或驱动桥凸缘接合面径向间隙为0～0.18mm,使用极限为0.25mm。

修理后传动轴的长度不得短于基本长度10mm。

④传动轴装上万向节后,应进行动动平衡试验,在任一个端上的不平衡量应符合原厂规定。在轴管上焊的校正平衡块每端不得多于3片。

2-47 万向传动装置有什么特点?

微型汽车的总布置均是发动机前置后驱动,传动装置采用两个十字轴式万向节和一个传动轴组成。手制动器是借用后轮制动器。传动轴长度的变化是利用万向节套筒叉臂的内花键与变速器输出轴的滑动轴花键相配合来实现的。这样布置结构紧凑,整体的几何尺寸缩小。

夏利、奥托微型轿车的总布置在发动机罩下面,主减速器、差速器和变速器也合成一体。变速器的输出端成为主减速器的主动齿轮,通过从动齿轮驱动差速器外壳,差速器的半轴齿轮通过花键带动内半轴,再经过一对等速万向节和中间轴,由外半轴驱动前轮。

2-48 拆装传动轴时应注意什么?

微型汽车的传动轴与一般汽车的传动轴的拆卸保养要求基本一样。

①要注意检查传动轴的损伤或挠曲现象。华利汽车的传动轴的挠曲极限值为1.0mm。

②万向节叉凸缘螺栓的拧紧力矩要符合规定要求。华利汽车为14.7～21.6N·m；五菱汽车为14.7～19.6N·m；长安汽车为14.7～24.5N·m。

③注意滑动花键副是否异常磨损而松旷，或轴向方向能否自由滑动。

④拆装万向节十字轴时，应注意保护轴承和密封圈，并涂上多用途润滑脂。

⑤要特别注意的是，在拆装传动轴之前，要在凸缘叉和传动轴壁上做出对应标记，以便正确安装。否则，装错位置或颠倒方向，会破坏传动轴原来的动平衡，降低传动轴的使用寿命。

⑥检查十字轴与轴承配合的松紧程序，应既无晃动，又无卡滞现象。华利汽车传动轴的十字轴与轴承调整和检查方法是：选择安装适当厚度的开口环(1.20、1.25、1.30mm)，并使其能如下所述进行自由动作：

a. 将弹簧测量器挂在万向节叉和套筒叉末端的螺栓孔内。

b. 慢慢地拉动弹簧测力器测量其沿十字轴的两个轴向方向的起动力矩。凸缘臂规定值为0.78～40.8N，套筒臂规定值为0.29～12.2N。

注意：不能使用旧开口环；两侧均使用同样厚度的开口环。

2-49 怎样正确装配传动轴？

①伸缩套管叉和传动轴管应在同一平面；传动轴管和伸缩套管叉如有箭头记号，装配时应按照箭头对准内齿键装上。

②十字轴、针形滚柱和万向节轴承套，装配时应进行选配。针形滚柱用外径百分尺测量，按0.005mm进行分级分类，同一轴承的针形滚柱直径相差不得大于0.005mm。十字轴与滚柱的配合间隙为0.02～0.09mm。

③传动轴的装配顺序：清洗全部零件，用压缩空气吹干油孔和

第二章 底盘的检修与故障排除

气孔中间传动轴支承轴承,装好两端油封,然后装在前传动轴上。万向节轴承涂以齿轮油,配上油封,分别压入前传动轴端的万向节叉和凸缘孔中,以及后传动轴伸缩套叉和凸缘叉孔中,并套在十字轴上。装上盖板或锁环,在伸缩套管叉内涂润滑脂,并套上传动轴的花键轴,旋紧油封盖,连接前传动轴凸缘叉与变速器二轴凸缘,将前传动轴安装在中间传动轴支架上,将万向节轴承涂油,配油封装在后传动轴万向十字轴上。用螺栓将后传动轴凸缘和后桥主动齿轮凸缘连接紧固。

2-50 怎样保养传动轴?

传动轴在使用中常遇到的问题是传动轴发响。造成传动轴发响的主要原因是由于传动轴不平衡所致。传动轴在加工完毕之后要经过动平衡试验。在对传动轴进行保养前需要拆卸时,为保证传动轴在装配时装复原位,在拆卸传动轴时,必须做好装配记号,以避免错装。

传动轴有弯曲变形时,也会由于传动轴产生不平衡而发响。为防止传动轴变形,应做到以下几点:一是要避免汽车超载行驶。因为汽车超载行驶时,传动轴的负荷增加,容易造成传动轴的变形;二是在拆卸传动轴时,不要用铁榔头猛击传动轴,同时要做到轻拿轻放,以避免传动轴变形;三是当汽车行驶在不平路面时,要注意选择道路,避开障碍物,以防路面的障碍物碰撞传动轴而引起变形。若在汽车行驶中发现传动轴有不正常响声时,应仔细检查,找出原因,予以排除,必要时更换传动轴。

在汽车每行驶 2 万 km(12 个月)时,应检查传动轴有无变形和损坏,检查连接螺栓和螺母有无松动。若传动轴有变形时应予校准;零件如有状况不良或损坏时,应进行修理或更换;如果连接螺栓有松动,应使用扭力扳手按规定力矩将松动的螺栓和螺母拧紧。

2-51 怎样检修传动轴?

(1)传动轴的检查

①传动轴管、花键轴、万向节叉、套管叉和凸缘叉均不得有裂

纹。传动轴管表面不得有明显凹痕。

②传动轴管弯曲检查。以专用支架安装传动轴万向节叉的两轴承孔,并以万向节两端面及花键轴中心孔定位,用百分表测量轴管中部的径向全跳动量应≯1.00mm;中间支承轴承接合轴颈、花键末端油封轴颈的径向圆跳动量应≯0.15mm。

③传动轴花键与滑动叉键齿磨损宽度减小应≯0.20mm。

④万向节叉、套管叉两轴承承孔公共轴线对传动轴轴线的垂直公差为0.3mm。

⑤传动轴中间支承轴颈与轴承为过渡配合。当轴颈磨损量超过0.02mm时,应予修理。

(2)传动轴的修理

①传动轴弯曲超限时,一般用冷压校正。压头的形状应与轴管的外径相吻合,否则将会压扁轴管。

②当花键宽度磨损时,可以堆焊修复,也可用局部更换法修复。先将旧花键轴头与轴管的焊缝切去,然后将新花键轴头压入轴管,注意保持两端万向节叉在同一平面内及花键轴与传动轴的同轴度和传动轴的长度。焊接时,先在焊口圆周上均匀点焊数点,冷却后校正,再用对称法焊牢。焊修的传动轴长度不得短于基本尺寸10mm。

③传动轴万向节承孔、中间轴承轴颈磨损不大时,用刷镀修复至原厂尺寸。

④传动轴修理后应进行动平衡检查,其允许不平衡量一般为30～10g·cm;所加的平衡块每端不得多于3块。

(3)传动轴管弯曲和凹陷的检修

传动轴轴管表面不得有明显的凹陷和任何性质的断裂。当以专用支架安装传动轴万向节叉的两轴承孔,并以万向节叉两端及花键轴中心孔定位时,用百分表检查,传动轴上的花键轴及支承轴承接合面的径向圆跳动应≯0.15mm。在轴管全长上的径向全跳动:全长小于1m的传动轴应不大于0.80mm;全长大于1m的传

第二章 底盘的检修与故障排除

动轴应不大于1mm,或用"V"形铁把传动轴轴管两端支起来,用百分表测量轴管外圆的径向跳动。

当弯曲超过规定、若弯曲变形在5mm以内时,应在压床上进行冷压校正。具体方法是:将需校直的传动轴放到压床上的夹持位置,把两端夹持牢固,开始用压头向传动轴中间施加压力。注意:压时,压头与传动轴的接触面积尽可能大些,以防局部变形,同时根据变形的程度,应有一定量的超变形和持续施压时间。

传动轴轴管上有明显凹陷或弯曲形超过5mm时,可采用加热校直法校正。如轴管上有明显凹陷、热校时,可先将花键轴头和万向节叉在车床上切下来,在轴管内穿一根较轴管内径略细而长的心轴,架起心轴两端,沿轴管弯曲或凹陷处加热至600℃～850℃,垫上型锤敲击校正修复。校正后,把切下来的花键轴头及万向节叉按原记号对正焊好。

(4)传动轴花键套与花键头的检修

传动轴花键套与花键轴头的主要损伤是花键磨损,花键轴头键齿磨损或有横向裂纹。花键套与花键轴头的磨损主要表现在其扭转侧隙增大。

检查时,将花键套夹在虎钳上,把花键轴插入并使部分花键露在外面,用百分表的触头抵在花键轴的键齿上,然后来回转动花键轴,表针上摆动值即为其配合侧隙,一般应≯0.30mm。磨损超过规定者,可采用局部更换、压力加工收缩法、堆焊修复法或更换新件。

①堆焊修复法:把磨损或有横向裂纹的键齿部位堆焊后,按技术标准要求从新加工出键齿。此方法在旧件修复中被广泛用来修复花键轴。

②压力加工修复法:将伸缩套加热至850℃,用一标准花键轴插入花键套,在轴套的外面加ращ小的压模,压模的内径较轴套的外径每次缩小为0.50～1mm,按需要缩小量决定其缩小次数。缩小

后,还需进行机械加工和热处理,并检查其啮合侧隙。

③局部更换法:当花键轴磨损严重或键齿有横向裂纹而无堆焊修复能力时,可采用局部更换法修复。利用局部更换法修复花键轴或万向节叉时,首先在车床上车去焊缝,并同时车出花键轴、万向节叉以及轴管上的焊接坡口侧角,并作好原配合位置的记号,然后冲出花键轴或万向节叉,对准旧件记号压入新件。新的万向节叉端或花键端其镶入轴管部分与轴管为过盈配合,一般过盈量为 0.25～0.50mm。

当向轴管里压入新花键或万向节叉时,应当注意安装伸缩套后,保证同一传动轴两端的万向节叉轴承承孔轴心线位于同一平面内,其位置公差应符合原厂规定,测量传动轴的全长应符合规定,不得大于原设计尺寸,缩短最大不得超过 10mm。

焊接一般是在专用架上进行。首先在坡口周围均匀点焊 4～6 点,然后再沿坡口填焊,焊缝要求均匀一致。清理焊渣后,在车床或其他专用设备上检查轴的直线度公差,不得大于 7mm,然后经动平衡试验。

(5)传动轴万向节叉、凸缘叉的检修

万向节叉、凸缘叉的主要故障是平面磨损,螺纹孔损伤,装轴承壳座孔磨损等。

万向节叉平面磨损时,用锉削的方法将其修平。装轴承盖板螺纹损伤时,可采用镶螺套或加大螺孔等方法修复(因此处位置较小,修复时应考虑其强度、位置的许可)。万向节叉主要是修复装轴承壳座的磨损,装轴承壳座孔与轴承壳外径的配合为过渡配合,轴承座孔磨损使其配合间隙超过规定,可用反极电弧焊或铜焊堆焊轴承座孔,然后将其镗至公称尺寸,无修复条件者可换新件。

2-52 传动轴轴承发出响声怎么办?

①如行驶中中间轴出现响声时,可做变速试验。若车速越快响声越大,即为中间轴承响。如低速起步时,有"咯楞、咯楞"的响声,并有振动的感觉,则为支架不正或固定螺栓松动、脱落。

②停车后用手扭动传动轴试验,如感到阻力很大,应检查支架螺栓紧固情况和轴承位置,必要时进行调整。如扭转传动轴感到松旷时,可分解检查轴承是否磨损过甚或损坏,润滑油是否缺少,支架橡胶是否损坏,必要时进行修理或更换。

2-53 为什么传动轴花键槽易松旷?

传动轴花键槽磨损松旷后,当汽车起步时,会出现响声,并引起全车发抖;当改变车速时,响声更加明显。花键槽松旷的是润滑不良造成的。因为:

①从结构上说,滑动叉花键与花键轴承受的扭矩较大,花键的接触应力很大,相互之间又有滑动,所以,摩擦面不易形成油膜,经常在缺油或无油情况下工作。当道路不平时,磨损更为严重。

②从使用上说,没有及时加注润滑油,或加注数量不够。

③护套松脱或损坏,使泥沙进入。为防止花键槽加速磨损,应及时加注润滑油。花键表面拉毛严重的部位,最好用细锉或砂布将毛刺打磨掉。

2-54 怎样排除传动轴不平衡的故障?

传动轴在使用、维修过程中,为保证其不平衡度在规定的要求内,应注意如下几点:

①检查传动轴总成及其零件是否有损伤和缺陷。

②传动轴的挠曲值是否超标。华利汽车挠曲极限值为1.0mm;五菱汽车传动轴外径跳动标准值为0.2mm。

③传动轴上的平衡片是否完整无损。

④万向节叉臂在传动轴上的各个方向是否能自由动作而无松旷。

⑤滑动花键在转动方向是否松旷,轴向方向能否自由滑动。

⑥万向节叉臂凸缘连接螺栓拧紧力矩是否符合规定要求。传动轴的不平衡度要求:华利、长安汽车不超过15g·cm,五菱汽车不超过12g·cm。

2-55 行驶中传动轴摆动怎么办?

微型汽车传动轴发生摆动而引起振动,一般有以下一些原因:传动轴因受力而弯曲变形,失去平衡;万向节叉偏心,使传动轴运转不平衡;万向节磨损;变速器第二轴花键齿与传动轴套管叉内花键严重磨损及第二轴滚球轴承严重磨损;传动轴管弯曲或凹陷;平衡片脱落;传动轴与后桥连接松动等。

处理摆动、振动时可按以下几方面进行:

①微型汽车经过长期使用,特别是在路况不佳情况下行驶较长,传动轴弯曲变形,失去平衡,产生振动。处理时,通常可用手横向晃动传动轴,若十字轴在叉内发出"咔嗒"声,则表明十字轴轴颈和滚针已经磨损或滚针已折断,应及时更换。

②万向节叉偏心,使传动轴失去平衡,造成传动轴摆动,从而引起振动。应调整万向节叉的准确度。万向节十字轴轴颈磨损和滚针轴承磨损,使配合间隙逐渐增大不平衡引起振动。由于滚针轴承采用冲铆定位,只能采用更换整根传动轴进行修复。

③变速器第二轴输出端花键和传动轴套管叉总成的内花键发生轴向运动和功率传递,磨损加剧,间隙增大,发生摆动,引起振动。另外,变速器第二轴滚球轴承严重磨损或损坏后,也会使传动轴发生摆动、产生振动。若内外花键、滚球轴承严重磨损,则必须更换。

传动轴管弯曲或凹陷,也会引起振动。传动轴管弯曲时,应重新校直。校直可用压床冷校直,但冷校直容易把轴管压扁,如采用火焰校直亦可。一般弯曲在0.5mm左右,加热点直径可为10mm大小。如弯曲太严重无法校直,则应加以更换。

④如平衡片脱落引起振动,可重新补焊上平衡片。传动轴弯曲校直及补焊后,应进行动平衡检查,以转速为4000r/min时,不平衡量不大于10~14g·cm为基本标准。

⑤传动轴与后桥连接松动时,则会出现传动轴摆动,拧紧连接螺母即可。

2-56 怎样判断与排除传动轴的故障？

①当汽车停驶或低速状态加速时产生抖动，则表明万向节凸缘紧固螺钉松动，轴承损坏。应重新拧紧紧固螺钉或更换万向节。

②换挡时传动轴发出很响的金属声，原因是万向节磨损，必须更新。

③在任何转速下，出现噪声或异常振动的故障，是因为传动轴失去平衡、弯曲或凹陷，要进行检修并重新校正平衡。万向节螺钉松动，应重新扭紧。

④如低速时产生短促刺耳声，则是因为万向节缺油。润滑万向节后如仍有响声，就需更换万向节。

⑤检查拆卸万向节的方法如图 2-16 和图 2-17 所示。

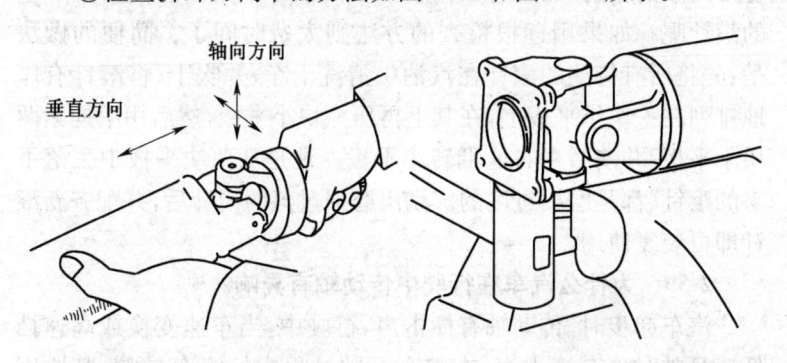

图 2-16 万向节检查方法   图 2-17 万向节拆卸方法

2-57 怎样校正传动轴？

当传动轴轴向中心线摆差不大时，可用压床冷校正，但容易有压扁轴管的可能。如采用火焰校正法，若传动轴弯曲在 1.5mm 以内，均可校直。

火焰校正所用的设备、仪器：装有两个车床尾架的导轨工作台，用于支承传动轴；气焊设备一套（用 100 号焊嘴）；水槽一个；百分表一只。

操作时,以传动轴两端的顶针孔为基准,用尾架顶起传动轴,使之能自由转动。用百分表找出弯曲处的凸出点,记下摆差数值。取下传动轴,用焊枪加热弯曲部凸出点。加热温度不宜过高,以免局部熔化,一般以700℃～800℃为宜(呈樱红色)。然后将传动轴投入水槽中急速冷却。冷却后重新检查,如校正后仍有弯曲,可继续多次加热校正。一般弯曲在0.5mm左右时,加热点直径可为100mm。

2-58 怎样检查万向节轴承滚针磨损?

汽车万向节磨损松旷,有的是因为万向节轴承内的滚针磨损过度造成的。维修时,只需要换其中的某些滚针就可达到暂时修复万向节的目的。那么,如何在众多的滚针中剔出磨损较为严重的滚针呢? 如果用逐根检查的方法则太费时间了。简便的做法是:先将所有待测的滚针在汽油中清洗干净,并吹干;将滚针有序地排列在一块小平板上,在其上再压一块小平板,然后用手捏紧两块小平板,并前后左右地翻转小平板。凡是从两块平板中丢落下来的滚针,都是磨损过度的。剔出磨损过甚的滚针后,并配齐新滚针即可装复使用。

2-59 为什么汽车在行驶中传动轴有异响?

汽车起步时,传动轴有撞击声,行驶中,当车速变换或高速挡低速行驶时也有撞击声,在整个行驶过程中始终有异响,其原因是:传动轴各凸缘连接处有松动;万向节十字轴及滚针磨损松旷或滚针断碎倾斜,中间轴承支架固定螺栓松动,中间轴承内座圈松旷;后钢板弹簧U形螺栓松动。

上述故障可采用以下方法诊断:

①若汽车在行驶中突然改变速度时,总有一声金属敲击声,一般来说是个别凸缘或万向节轴承松旷。

②在制动减速时,若传动轴出现沉重的金属敲击声,应检查后钢板弹簧U形螺栓是否松动。

③如果在起步或变换车速时,撞击声明显,低速行驶比高速行

驶时异响明显,多系中间轴承内座圈静配合松动。

④在起步或行驶中,若始终有明显异响并感到振动,一般为中间轴承支架固定螺钉严重松动。

⑤停车后,目测并晃动传动轴各部位,可以验证上述诊断结果。

2-60 安装传动轴万向节时应注意什么?

万向传动装置装配质量的好坏,直接影响传动轴的正常工作,装配质量不好,会造成装置中零件的过早磨损和损坏,降低传动效率。因此,在装配时,需注意下列几点:

①保证变速器第二轴与减速器主动轴的等速。在安装传动轴滑动叉时,应使两端万向节位于同一平面上,在汽车总安装时,应保持钢板弹簧的原来规格,发动机支架的垫块厚度不得任意改变。

②保证传动轴的平衡。传动轴的平衡被破坏,将导致弯曲振动的产生,加速零件的损坏。因此,在装配时,必须严格注意平衡问题。

a. 传动轴轴管两端焊接的平衡片,不得任意变动。

b. 在十字轴轴承盖板下装有的平衡片,在拆卸时,应注意平衡片的数量和安装位置,装配时应如数装回原来位置。

c. 防尘套上两只卡箍的锁扣,应装在传动轴径向相对(相差180°)的位置。

③中间支承前后轴承盖的三个紧固螺栓在紧固时,应按规定力矩(25N·m)均匀拧紧。过紧或过松都会加速轴承的磨损,造成轴承发响。

④安装十字轴时,有加油嘴的一面应朝向传动轴;传动轴上的各加油嘴均应位于同一平面上,为保养传动轴提供方便条件。

⑤中间轴承支架应正直固定在车架上。中间传动轴与轴承装配后,应能转动自如。

2-61 怎样延长传动轴万向节的使用寿命?

十字轴轴颈轴颈槽严重磨损、在传动中发响时,如无新品更换,可继续使用旧品。把万向节相对于原装连接关系转移90°,可以排除传动中的响声,延长万向节的使用寿命。因为在汽车前进时,传递扭矩方向是一定的,因此,十字轴轴颈的受力面也是一定的。十字轴轴颈单边严重磨损时,转移90°,使单边磨损面换位,可改善受力面的状况,响声可以消失。

2-62 驱动桥的结构有什么特点?

驱动桥是微型汽车传动装置中最后的一个总成,它的功用是将发动机传来的动力进行减速和增扭后分配给左右驱动车轮,产生牵引力,使汽车行驶。当汽车在良好道路上行驶时,道路阻力较小,只需减速器的增扭就能克服行驶阻力,故变速器可用高速挡,以提高汽车的行驶速度;当汽车在不平路面或上坡行驶时,行驶阻力较大,变速器可换成适当的低速挡位,配合减速器一起增大扭矩,产生较大的牵引力,以提高汽车的通过能力。

汽车在行驶过程中,驱动桥承受着较大的扭矩和负荷,同时,在汽车起步过猛或进行紧急制动时,驱动桥内各机件都承受了较大冲击力矩。鉴于上述工作状况,为保证驱动桥正常工作,除对驱动桥内部各机件在设计加工方面有一定的要求外,在装配精度上也有着特殊的要求。但是,随着汽车行驶里程的增加,驱动桥零部件的技术状况将会逐渐变坏,正确的装配关系也因机件的磨损遭到破坏,驱动桥将会不可避免地出现这样或那样的故障,故在汽车的使用中,应及时对驱动桥的技术状况进行检查,发现问题必须适时修理,使之保持良好的技术状况。

昌河长安微型汽车驱动桥的结构和组件如图2-18所示。微型汽车的减速器采用双曲线齿轮。该减速器为单级减速器,主从动齿轮在设计上采用了准双曲面锥齿轮传动。一般螺旋锥齿轮啮合时,其两齿轮轴线相交于一点,而准双曲面齿轮的主动锥齿轮与从动锥齿轮的两轴线不能相交于一点,而是相差一定距离。这样,可使驱动桥在保持一定离地间隙的情况下,能降低主动锥齿轮和传动轴的位置,从而使整车的重心降低,有利于提高汽车行驶的稳

第二章 底盘的检修与故障排除

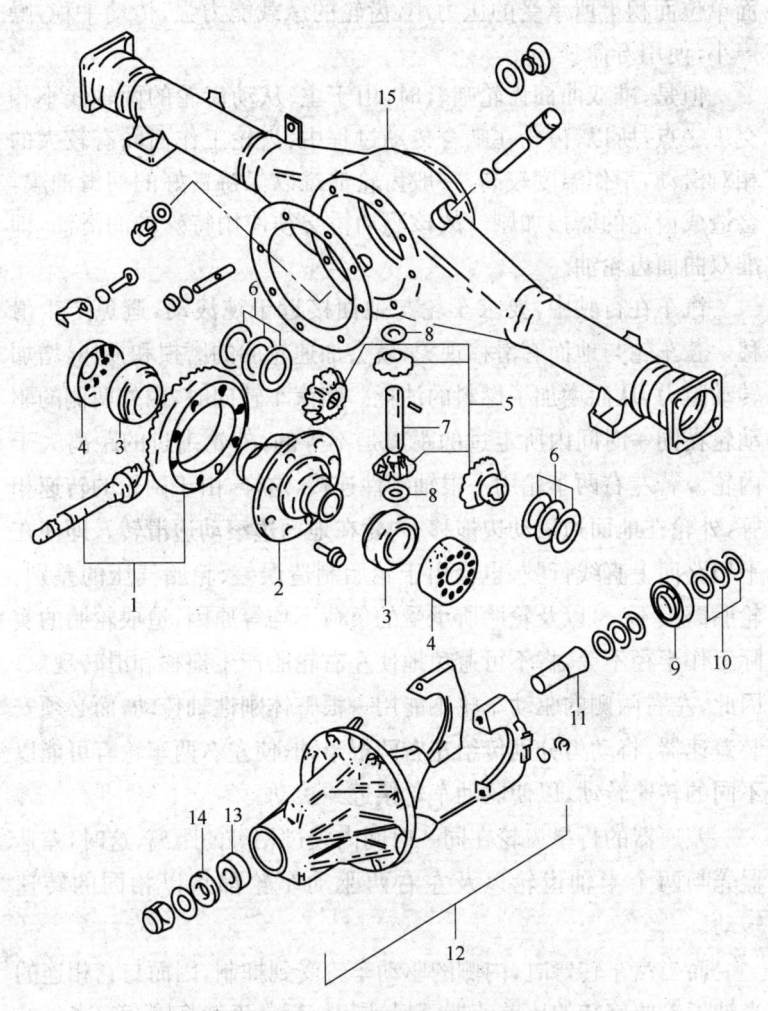

图 2-18 驱动桥的结构及各部组件
1. 主从动齿轮 2. 差速器壳 3. 侧轴承 4. 轴承调整螺母 5. 行星和半轴齿轮 6. 调整垫圈 7. 行星齿轮轴 8. 球形垫圈 9. 后轴承 10. 调整垫片 11. 轴套 12. 差速器支架总成 13. 前轴承 14. 油封 15. 后桥壳

定性。准双曲面锥齿轮较螺旋锥齿轮同时进入啮合的齿数多,齿面单位面积上所承受的压力小,齿轮的承载能力强,传动平稳,噪声小,使用寿命长。

但是,准双曲面齿轮啮合时,由于主、从动齿轮的两轴线不相交于一点,所以,齿轮在啮合传动过程中,齿轮工作面间有较大的相对滑动,工作温度较高,一般齿轮油难以保持良好的润滑油膜,会造成齿轮的磨损加剧。故该驱动桥必须使用特殊的润滑油,即准双曲面齿轮油。

汽车在行驶中,要求车轮与地面接近于纯滚动,避免产生滑移。若车轮与地面有滑移现象,就会加速轮胎的磨损和损坏,增加转动阻力,从而增加了燃料的消耗。当汽车转向时,内外两侧的驱动轮在同一时间内所走过的距离是不等的,外轮走过的距离大于内轮。若左右两车轮用一根轴刚性连接,这样,由于两轮的转速相等,外轮在地面边滚动边拖移;内轮在地面边滚动边滑转。即使在平坦路面上直线行驶,也会由于轮胎制造误差、轮胎气压的差别、轮胎磨损不一,以及轮胎所承受的负荷不均等原因,造成轮胎的实际工作半径不等,将不可避免地使左右轮胎产生拖移和滑转现象。因此,左右两侧的驱动车轮不能用一根整体刚性轴传动,而必须安装差速器,将动力分别传给左右两根半轴,使左右两车轮有可能以不同的转速转动,以使驱动车轮接近纯滚动。

差速器的行星齿轮在同一时间内驶过相等的距离,这时,差速器壳与两个半轴齿轮以及左右两驱动车轮都将以相同的转速转动。

而当汽车转弯时,内侧的驱动车轮受到抑制,因而与它相连的半轴齿轮便旋转的比差速器壳慢,同时,行星齿轮将围绕它本身的轴转动,而加速另一半轴齿轮的旋转,从而保证了左右两侧的驱动轮具有不同的旋转速度,以使左右驱动车轮在接近纯滚动的状态下转动,减少了轮胎的磨损和机件的损坏。

2-63 怎样正确使用和保养驱动桥？

驱动桥的主减速器、差速器、半轴齿轮、轴承和油封等经常受到较大负荷的作用，加剧了相配合部位的磨损，使相对位置发生改变，并造成轴承的松旷、损坏等。如果驱动桥齿轮啮合不良、齿面擦伤或桥壳变形，都会在汽车起步、加速或正常行驶中产生不正常的响声或其他故障。

所以，对驱动桥的正确使用和及时保养是保持其良好技术状态、延长使用寿命的重要环节。

驱动桥在使用中出现早期损坏的主要原因如下：一是润滑不良，特别在冬季低温条件下行驶时更为突出，因冬季气温低，驱动桥内的润滑油相对变稠、黏度大、流动性差，且升温较慢。所以，在起动后开始行驶的一段时间内，行星齿轮、半轴齿轮以及行星齿轮轴得不到良好的润滑，处于半干摩擦状态，造成驱动桥内零部件的早期损坏。二是驱动桥打滑，当汽车行驶在泥泞或冰雪道路上时，由于道路的附着系数较小，可能造成一侧后轮滑转。因为滑转的车轮以两倍于差速器的转速转动，如果这时再加油门，已滑转车轮的转速会更高，处于高速运转条件下的行星齿轮的温度会很高，造成驱动桥内的润滑不良，使齿轮擦伤、咬死，甚至使行星齿轮折断等。为防止驱动桥的早期磨损和损坏，应按规定使用并及时更换润滑油；冬季行车时，为使驱动桥的各部件得到良好润滑，汽车起步后应低速走热，以增强润滑油的流动性，改善润滑条件。驾驶人在操作上需要注意的问题是，当驱动车轮有滑转现象时，不要猛踏加速踏板，因为加大油门是无济于事的，应采取急救措施，在滑转的车轮下垫些柴草、木板或沙土等，提高滑转车轮与地面间的附着力，使汽车顺利通过，以防驱动桥损坏。

2-64 差速器是怎样工作的？

差速器的结构如图 2-19 所示，为普通行星齿轮式。差速器壳通过两个圆锥滚子轴承支承在后桥壳内，两个行星齿轮浮套在行星齿轮轴上，它们与差速器壳共同组成行星齿轮架。两个半轴齿轮支承

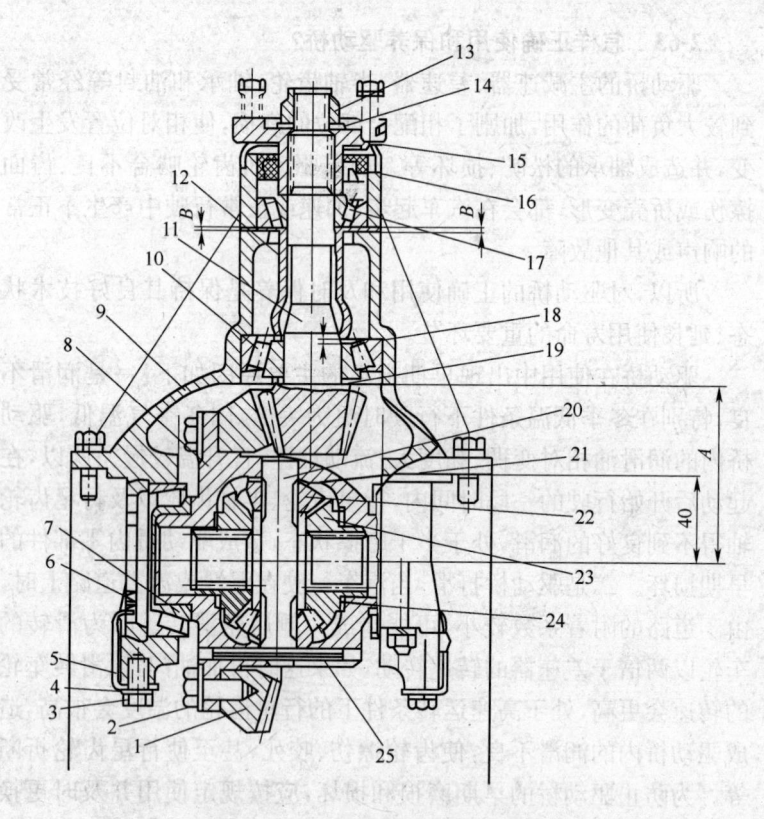

图 2-19 主减速器和差速器的结构

1. 从动锥齿轮 2、3. 螺栓 4. 弹性垫圈 5. 调整螺母锁销 6. 调整螺母 7. 圆锥滚子2007108 8. 差速器壳 9. 主减速器壳 10. 圆锥滚子轴承 11. 主动锥齿轮 12. 轴承隔套 13. 螺母 14. 凸缘垫圈 15. 防尘罩 16. 油封 17. 圆锥滚子轴承7204 18、19. 调整垫片 20. 行星齿轮轴 21. 止推垫片 22. 行星齿轮 23. 半轴齿轮 24. 止推垫片 25. 锁销

在差速器壳左右的座孔中,左右半轴的花键部分插在相应的半轴齿轮的内花键孔中,两个行星齿轮同时与两个半轴齿轮啮合。由主减速器齿轮副传来的动力,经过差速器壳、行星齿轮、半轴齿轮和半轴传给驱动车轮。当左右车轮以相同的速度转动时,行星齿轮只绕半

轴中心线旋转，即只有公转而无自转。当左右车轮的滚动阻力不同时，行星齿轮在公转的同时，还绕行星齿轮轴自转。这时，左右半轴齿轮的转速不同，保证了两个驱动车轮在任何情况下都做纯滚动。在传力过程中，行星齿轮和半轴齿轮的轴向力很大，为减少摩擦和磨损，调整齿轮的啮合间隙，半轴齿轮和行星齿轮与差速器壳之间都装有止推垫片，垫片磨损后应予更换。为防止行星齿轮轴转动和轴向窜动，用销子将其固定在差速器壳上。

2-65 怎样检查调整主动齿轮轴承的预紧力？

主动齿轮轴承的预紧力是指在消除了滚锥轴承内外座圈与滚锥之间的间隙后，再加以适当的压紧力。这样做的目的，主要是为了增加轴向刚度，减小主动齿轮的位移量，以保证主、从动齿轮的正确啮合。轴承预紧力的大小，主要由调整垫片的厚度来决定。改变调整垫片的厚度，可以调整轴承的预紧力。

检查、调整主动齿轮轴承预紧力的方法：在检查调整轴承预紧力之前，先使用1mm厚的垫片，把主动齿轮按常规的装配要求装在差速器支架内，但这时不要装上油封。然后再装上主动齿轮端的连接凸缘和紧固螺母，并按要求力矩将紧固螺母拧紧。昌河、长安牌主动齿轮拧紧力矩为110～170N·m。

主动齿轮和轴承装好后，使用弹簧秤钩住主动齿轮连接凸缘的螺栓孔，弹簧秤以切线方向拉动连接凸缘，边拉动边注意观察，当连接凸缘开始转动时，弹簧秤的读数就是主动齿轮轴承的预紧力。昌河、长安、吉林牌轴承预紧力为6～14N。

经检查，若主动齿轮轴承的预紧力不符合上述规定要求时，则应通过增加或减少调整垫片的厚度来进行调整。昌河、长安微型汽车主动齿轮轴承预紧力调整垫片的标准厚度有五种规格：0.03、0.05、0.1、0.3、0.5mm。

如果预紧力大于规定标准时，则应增加调整垫片的厚度，可使预紧力减小；如果预紧力小于规定标准时，则减少调整垫片的厚度，可使预紧力增大。所以，在调整主动齿轮轴承预紧力时，只要选择适当厚度的调整垫片，即可使轴承预紧力达到规定要求。

2-66 怎样检查调整主、从动齿轮的啮合间隙？

主、从动齿轮在工作中承受着很大的变负荷。为改善其工作条件，延长齿轮的使用寿命，从动齿轮的啮合间隙应符合规定标准。若其齿轮的啮合间隙不符合规定要求时，则应进行调整。

在调整主、从动齿轮的啮合间隙之前，应先检查调整侧轴承的预紧力。检查侧轴承预紧力的方法与检查主动齿轮轴承预紧力的方法相同，用弹簧秤测量侧轴承的预紧力，其预紧力的数值应符合规定要求。

该预紧力的数值是根据主动齿轮轴承预紧力和从动齿轮轴承预紧力反映到测量点的数值之和来决定的。例如，当主动齿轮轴承预紧力为10N时，在测量点上测得侧轴承预紧力的大小应为11.2～12.8N，即为主动齿轮轴承预紧力和从动齿轮轴承预紧力之和。

检查主从动齿轮的啮合间隙时，应将减速器组件按常规技术要求安装好，并按规定力矩将侧轴承盖螺栓拧紧。

昌河、长安、松花江牌侧轴承盖螺栓拧紧力矩为20～25N·m。

将千分表触针置于从动齿轮大端的凸面，且与齿面垂直。一手固定主动齿轮，另一手轻轻来回拨动从动齿轮，此时千分表的读数即为主、从动齿轮的啮合间隙，该间隙应符合规定要求。若间隙不当时，则应进行调整。昌河、长安、松花江牌微型汽车主动齿轮的规定啮合间隙为0.08～0.12mm。

调整昌河、长安、松花江牌微型汽车主、从动齿轮啮合间隙的方法是通过调整螺母进行。调整时，先将侧轴承盖螺栓略转松，然后将一个轴承调整螺母拧进一定圈数，而将另一个轴承调整螺母拧出相同的圈数，使从动齿轮靠近或离开主动齿轮以改变啮合间隙。若主、从动齿轮的啮合间隙过小时，则应将从动齿轮稍离开主动齿轮；如主、从动齿轮的啮合间隙过大时，则应将从动齿轮稍靠近主动齿轮。但是，在调整主、从动齿轮的啮合间隙时，两个轴承调整螺母拧进和拧出的圈数必须相等,以保持已经调整好的轴承预紧力不变。

2-67 怎样检查调整主、从动齿轮接触情况?

主、从动齿轮的啮合印痕的形成:在主动齿轮轮齿上涂上红丹油,然后用手使主动齿轮往复转动,于是从动齿轮轮齿的两个工作面上便会出现红色的齿痕。若从动齿轮轮齿正转和逆转工作面上的印痕均位于齿高的中间偏小端,并占齿面宽度的 60% 以上,则为正确啮合。正确啮合的印痕位置,可以通过增、减主减速器壳与主动齿轮轴承座之间的调整垫片的总厚度(即移动主动齿轮的位置)而获得。

微型汽车的主、从动齿轮的啮合印痕的调整方法如图 2-20 所示。

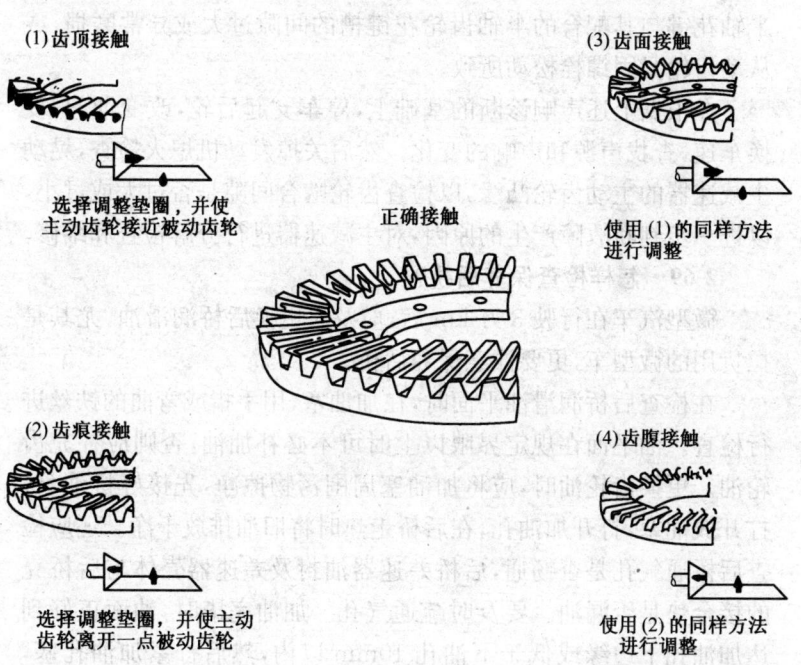

(1) 齿顶接触
选择调整垫圈,并使主动齿轮接近被动齿轮

(2) 齿痕接触
选择调整垫圈,并使主动齿轮离开一点被动齿轮

正确接触

(3) 齿面接触
使用(1)的同样方法进行调整

(4) 齿腹接触
使用(2)的同样方法进行调整

图 2-20 微型汽车主、从动齿轮啮合印痕的调整方法

2-68 造成主减速器异响的原因有哪些？怎样判断和排除？

主减速器异响是指汽车在行驶中后部发出的金属撞击声响。声响随车速的增高而增大，车速减低后，声响减弱或消失。判断方法如下：

①在汽车起步或改变车速时，后部发出的异响表现为"咯啦"的冲击声，主要是主动齿轮与从动齿轮的啮合间隙过大所致。

②在急加速或急减速（松油门）时，后部有连续的"咝咝"声响。停车检查时，主减速器外壳过热，主要是主动齿轮和从动齿轮间的啮合间隙过小或润滑不良所致。

③车速越高，噪声越大，滑行时声响消失或减小，主要原因是轴承间隙过小或过大，或者是轴承磨损失效。

④在急剧改变车速时，有"咯噔、咯噔"的金属撞击声，主要是半轴花键与其配合的半轴齿轮花键槽的间隙过大或异常磨损，或从动齿轮紧固螺栓松动所致。

在根据上述声响诊断的基础上，停车支起后轮，改变油门、变换车速，查找声源和声响的变化。然后关掉发动机熄火检查，晃动主减速器的主动齿轮凸缘，以检查齿轮啮合间隙是否过大或过小，以进一步判断故障产生的原因，对主减速器进行分解检查和维修。

2-69 怎样检查保养后桥？

微型汽车在行驶 3 万 km 后，应及时更换后桥润滑油，尤其是拉货用的微型车，更要注意保养后桥。

在检查后桥润滑油平面时，在加油塞，用手指或弯曲的铁丝进行检查。油平面在规定界限以上时可不必补加油，否则应补充齿轮油。更换齿轮油时，应将加油塞周围污物擦净，先接好机油盆，拧开放油塞，打开加油孔，在后桥走热时将旧油排放干净。还应检查后桥通气孔是否畅通，后桥差速器油封及差速器壳体与后桥壳的接合垫是否漏油。要及时疏通气孔。加油完毕时，油面正好到达加油孔下边缘或低于下油孔 10mm 以内，然后拧紧加油孔塞，并擦净加油孔塞和放油孔塞周围的油迹。

2-70 后桥发热怎么办？

后桥发热是指车行驶一段路程后，后桥毂发热烫手，转动困难。

后桥发热时，可按如下步骤处理：

首先抽出半轴，架起车轮，进行试转。若车轮转动吃力，则表明轴承装配过紧，应做相应调整。若转动不吃力，一般是润滑方面出了问题，引发了后桥发热，此时应进行润滑保养。

2-71 为什么差速器行星齿轮被打坏？

行星齿轮被打坏可能是以下几种原因所致：

①由于车辆使用年限较长，差速器行星齿轮材料本身的耐疲劳强度已达到极限状态，因而断裂损坏。

②差速器的润滑情况不正常：一是差速器中缺少润滑油，或未按规定时间更换添加，致使差速器处于缺油状态，使差速器齿轮与其十字轴发热咬住，从而打坏；二是所用润滑油的品质不合规定或油质不纯，如油中含有金属屑等机械杂质等，使齿轮和轴承的摩擦加重，引起表面损伤，并逐步扩大，使强度减弱而损坏。

③由于装配不当，例如齿轮的啮合不正、十字轴装配过紧或定位不当，也能引起损坏。

④汽车后桥轴套松旷。如果经常超载，或行驶道路情况较差，更促使轴套松动和后桥变形，以致差速器中齿轮机构定位失常，造成过大的局部应力（特别是在转弯过程中），结果使齿轮打坏。

2-72 为什么差速器行星齿轮十字轴会烧坏？

差速器的行星齿轮（小齿轮）十字轴的烧坏，可能是下列几种原因所致：

①缺少润滑油。微型汽车差速器，规定每次一级保养，加润滑油1次。如不按时加油，缺乏润滑，就要烧坏。

②后轴壳漏油。虽然按时加油，也会因漏油而润滑不良。

③油质不纯。油中含有金属屑，夹入摩擦面之间，引起过分磨损和发热。故应定期换油，并按季节加注适当牌号的齿轮油。

④十字轴装配过紧、位置不当或十字轴磨损过多。这种情况也会引起过分摩擦而至发热烧坏。

⑤轴上油槽积炭过多,引起行星齿轮与十字摩擦面润滑不良(其他车在行星齿轮上钻有油眼,靠齿轮啮合时的压力把润滑油挤进摩擦面,比较可靠)。

2-73 怎样检修差速器?

(1) 差速器壳

①差速器壳不允许有任何性质的裂缝。

②差速器壳两端装柱(锥)轴承的颈部磨损不得超过 0.05mm。超过时,可将轴承内圈镀铬,或将颈部焊补或镶套修复。

③差速器壳与行星齿轮的接触面有轻微的磨损时,可修磨使用。

④差速器壳十字轴孔的磨损不得超过 0.10mm。超过时,应堆焊修复。差速器壳与半轴齿轮的接触端面应光滑,如有轻微沟槽磨损,可修磨使用。

⑤差速器与行星齿轮接触球面磨损可焊补修复或修磨至修理尺寸。

(2) 差速器十字轴

①差速器十字轴装有行星齿轮的轴颈,允许有不大于工作表面 25% 的剥落腐蚀和不超过 0.08mm 的磨损,超过时,可镀铬或振动堆焊修复。

②差速器十字轴有任何性质的裂缝时,应予更换。

(3) 差速器半轴齿轮和行星齿轮

①齿轮牙齿剥落部分不超过齿长的 1/10 和齿高的 1/3,齿数不多于 2 个且不相邻者,在修整磨光后允许继续使用。

②半轴齿轮轴颈外部磨损超过 0.15mm 时,可镀铬修复;键齿磨损、厚度减少 0.30mm 以上时,应予更换。

③行星齿轮轴孔磨损不得超过 0.12mm。

(4) 球形垫圈

行星齿轮端面磨损修磨后或差速器壳加工至修理尺寸后，可用青铜球形垫圈（或塑料耐磨垫圈）补偿。

2-74 怎样检修后桥各机件？

①主、从动齿轮的齿面磨损、疲劳剥落如超过规定时，一般应成套更换。

②主动齿轮轴轴颈与轴承是过盈配合，如有松动现象，可用喷镀焊修。

③差速器壳如有裂纹，行星齿轮、半轴齿轮、十字轴磨损间隙过大时，应更换相应部件。

④后桥壳如有变形、裂纹或损伤时，可进行校正或焊修。

⑤半轴套管如有裂纹、变形时，可进行冷压和焊修。

2-75 后桥齿轮早期磨损的原因有哪些？

在后桥中，双曲线齿轮的损坏频率较高，损坏形式表现为严重磨损和轮齿断裂，不能继续使用。为避免双曲线齿轮的早期损坏，应在制造上从改进设计、工艺和材料等方面着手，不断提高齿轮的使用寿命。以下介绍由于使用保养不当而造成齿轮早期损坏的原因和解决的办法。

①润滑不良。主要是由于润滑油不足、油料变质和用油不当三方面原因所致。润滑油不足的原因往往是忽视后桥上通气孔的作用，未清洗而堵塞，引起后桥内压力过高，使后桥的前后垫渗油。而驾驶人在保养时又不注意检查和补充，久而久之，后桥内缺油而烧蚀。油料变质是指在保养中，添加的双曲线齿轮油没有保证质量。如用盛装普通黑油的容器盛装双曲线齿轮油；泥沙进入润滑油中；换油周期过长，甚至只添不换。这样就使润滑油发生质的变化，加速了双曲线齿轮的磨损。用油不当是指保修时加添普通齿轮油，弄不清润滑油的型号，冬季不注意换油等。

②调整不当。双曲线齿轮的啮合印痕和啮合间隙必须按规定调整，不得马虎。

③主动锥齿轮轴承的预紧度降低,后轴承损坏,以及差速器、从动锥齿轮的连接螺栓松动或折断,破坏了齿轮的啮合间隙和正常工作面,从而加速了齿轮的磨损和损坏。

④使用不当。指严重超载,操作不当,而使齿轮早期损坏。

2-76 怎样分解主减速器总成?

①将主减速器总成放在工作台上。

②拆下差速器左、右调整螺母的锁片。

③拆下差速器轴承盖的紧固螺栓,即可拆下轴承盖和差速器左、右调整螺母。

拆下前,应在轴承盖上做好装配对合标记,拆下后,应分别将左右调整螺母和轴承外圈等零件标上识别标记。

④采用下述方法将差速器总成取下并分解:

a. 用专用拉具拆下差速器总成两端的轴承。

b. 将从动轮固定螺栓的锁片拉开,拆下各固定螺栓,用铜锤轻轻敲击从动齿轮外缘,即可拆下从动齿轮。在取下从动齿轮之前,做好装配对合标记。

当需要更换从动齿轮总成时,应同时将从动齿轮和主动齿轮一起更换。

c. 在差速器壳上做好装配对合标记,再将壳体分开。

d. 拆下十字轴、行星齿轮和半轴齿轮、止推垫圈等。

e. 拆下主动齿轮总成。用专用工具固定凸缘,拆下紧固凸缘的螺母,并拆下凸缘。用专用工具拆下油封。用压具将主动齿轮从前轴承中推出,同时拆下轴承内圈、调整垫圈等。

2-77 怎样判断后桥异响?

判断时,值得注意的特点是:车辆在行驶时底盘后面发响,车速加快响声增大,脱挡滑行时响声明显减弱或消失,或在直线行驶良好,在转弯时出现异响,这就是后桥发生异响的特点。根据这一特点,再结合下列几种现象,就容易判断后桥异响发生的部位。

第二章　底盘的检修与故障排除

(1) 减速器的异响

①汽车在低速行驶时有"嗷嗷"的响声,加速或降速时有"咝咝"的响声,即是齿轮啮合间隙过小。

②汽车起步短时间内或换挡时有金属撞击声,在车速稳定后撞击声变为连续噪声,在缓速或急剧改变车速时有"咯啦、咯啦"的响声,即是齿轮啮合间隙过大。

③车辆在行驶中有"哽哽哽"或"嗯嗯嗯"的响声,或类似传动轴共振时的声响,中间又有金属摩擦声,加快车速,响声增大;脱挡滑行,响声明显减弱或消失,即是齿轮啮合面损伤。

④车辆在行驶中突然出现强烈而有节奏的"铛铛"的金属敲击声,脱挡滑行便消失,即是齿轮个别齿损伤或折断。

⑤减速器壳烫手,继续行驶起步困难,脱挡后传动轴有撞击声,噪声尖锐,即是轴承安装不合理或损坏。

(2) 差速器的异响

①汽车直线行驶良好,转弯时有异响,即是差速器齿轮有故障。

②汽车低速尤其是脱挡滑行接近停车时,后桥出现断续而低沉的"嗯嗯"声,车身略有颤抖,但高速行驶时噪声不明显,即是差速器轴承损坏。

③汽车起步或车速急促变化均有金属撞击声,且转弯时车身后裙部略有抖动,即是差速器壳固定铆钉或螺栓松动。

(3) 半轴异响

车辆在行驶中突然出现异响,车辆不能前进。这时,应重新起动发动机挂上挡。如果传动轴转动,车辆不能前进,即是半轴折断。如果在路试中不够明显,也可将后桥架起就车检查。

2-78　怎样排除后桥噪声?

可参照表 2-3 所示顺序进行排除。

2-79　怎样检修后桥在行驶时发响而脱挡后响声消失的故障?

微型汽车在挂挡行驶时后桥有响声,车速加快而声音大,脱挡滑行时响声减弱或消失，说明后桥在传递扭矩时产生异响，不传递扭矩时，异响消失。该现象说明故障与各齿轮副的齿隙及啮合情况有关。根据异响特征，可再进行下列检查：

表 2-3 后桥噪声排除顺序表

故障现象		原因	处理方法
有连续杂声和金属声	加速时	齿轮牙齿磨损	交换齿轮或调整齿隙
		齿轮间隙过小	交换齿轮或调整齿隙
	高速时	齿轮牙齿磨损	交换齿轮或调整齿隙
		齿轮啮合不当	交换齿轮或调整齿隙
	等速行驶时	齿轮油不足	添加齿轮油
		主动齿轮或差速器轴承磨损松旷	更换轴承或调整轴承
		轮毂轴承磨损、松旷	更换轴承或调整轴承
		从动齿轮松旷	更换螺栓，锁紧螺栓
连续杂声	转弯时	差速器齿轮或止推垫圈磨损	更换零件
		齿轮牙齿断裂	更换零件
连续巨响	等速时	后桥壳中有异物	检查
		半轴花键磨损过度	更换零件

①有齿轮过大的异响时，应先测量后桥传动件的总间隙。方法是：架起一个后轮，将变速器置空挡。将该轮先向一个方向转动。当圆锥主动齿轮轴凸缘刚欲转动时停转轮胎，在轮辋边缘处标一记号。然后以同样方法使该车轮反向转动并作出标记。两记号间隔距离即为驱动轮自由量，是后桥总成各传动件间隙的总和。间隙一般应为 18～25mm，老旧车不应超过 45mm。间隙过大时，应首先检查圆锥主、从动齿轮的齿隙。

②有齿隙不匀的异响时，也可停车检查。方法是：架起后桥，在圆锥主动齿轮前轴承盖与凸缘接近处划一对标线，然后每转动 1～2 圈圆锥主动齿轮轴，测量一次圆锥主、从动齿轮。

第二章 底盘的检修与故障排除

2-80 怎样检修后桥在行驶时和脱挡时都有响声的故障?

汽车行驶时后桥出现噪声,脱挡滑行时虽有所减弱,但并不消失。此类响声与传动轴响相似,但往往在车速低时更为明显。当停车检查传动轴时,若未发现问题,应顶起后桥原地运行,听发响部位,结合行驶中的异响特征作出判别。

①汽车以较低速度行驶时,有连续的"嗷嗷"声,车速加快,响声加大,脱挡滑行时有所减弱,说明圆锥主、从动齿轮啮合间隙过小。

②行驶中突然出现噪声,应停车检查减速器壳温度,若感烫手,检查后桥壳内润滑油数量。若噪声伴有起步困难,脱挡后传动轴有撞击声,则可能是圆锥主动齿轮轴承烧结,应立即修理。

③车速提高后,出现尖锐的噪声,减速器发热,低速滑行时传动轴有撞击声,但齿轮油充足,一般系圆锥主动齿轮轴承过紧。应拆下传动轴,用手转动圆锥主动齿轮轴凸缘,若感到相当吃力,表明轴承过紧。

④行驶中出现类似传动轴所发出的不规则的金属撞击声,当车速急剧变化时尤为明显,但滑行时有所减弱。可晃动传动轴后万向节,若圆锥主动齿轮轴凸缘随之摆动,说明凸缘螺母松动。若圆锥主动齿轮轴径向旷量过大,说明轴承间隙调整不当或凸缘未压紧轴承。

⑤汽车低速行驶时,尤其在脱挡滑行接近停车时,后桥出现断续而低沉的"嗯嗯"声,且车身略有颤抖,但高速行驶时噪声不明显,表明差速器圆锥滚子轴承松旷或损坏。拆下两半轴,从套管孔见差速器下垂,以致重装半轴时,感到困难,便可进一步证实。此外,也可顶起一后轮。若后桥在运转时有异响,则可拆下后桥壳后盖,撬动圆柱从动齿轮,若其松旷,则表明差速器圆锥滚子轴承有故障。

2-81 怎样排除后桥改变速度时发响?

后桥的响声比较复杂。有的在微型汽车加速时发响,有的在

261

减速时发响,响声随车速的提高而增大。

(1)故障原因

①主、从动齿轮啮合印迹调整不当或磨损。

②差速器轴承磨损过大或调整不当。

③半轴轴承损坏。

④后桥中的润滑油不足。

⑤主动齿轮轴法兰盘固定螺栓松动。

⑥主、从动齿轮侧隙不当。

(2)排除方法

①检查主、从动齿轮的啮合质量,按规定重新调整。

②取下减速器,修理并更换损坏的机件。

③更换半轴轴承。

④按规定加足润滑油。

⑤拧紧主动齿轮轴法兰盘固定螺栓。

⑥检查齿轮,必要时更换,重新调整。

2-82 怎样排除后桥转弯时的响声?

微型汽车转弯时后桥有响声,直线行驶时响声消失。此故障可按下列步骤进行诊断:

①顶起后桥,将变速器置空挡,转动任一侧后轮。若两后轮旋转方向不同,但有异响,说明行星齿轮牙齿有损伤。若两后轮转向一致,是行星齿轮与十字轴卡滞或行星齿轮止推垫片过厚,使其转动困难。

②做上述试验时,若两个后轮转向不同且无噪声,但微型汽车行驶转弯时仍有异响,则表明行星齿轮与半轴齿轮不配套。

③微型汽车低速滑行转弯时虽无异响,但感到车身略有抖动,则应检查差速器壳固定螺栓或铆钉是否松动,行星齿轮是否转动困难。

④若微型汽车起步或车速急促变化时,均有金属撞击声,且转弯时车身后部略有抖动,则说明差速器壳固定铆钉或螺栓已严重

松动,应立即停车修理。

2-83 怎样诊断驱动桥起步和停车时的响声?

产生故障的可能原因如下:

①圆锥主、从动齿轮啮合间隙超过使用限度。如果为双线主减速器第一级和第二级减速齿轮副的啮合间隙超过使用限度,均会出现这种不正常的响声。可调整齿轮的啮合间隙,消除响声。

②行星齿轮和半轴齿轮啮合间隙超过使用限度时,可用更换止推垫圈的方法来调整啮合间隙,从而消除这种响声。

③半轴齿轮和半轴花键啮合间隙超过使用限度时,可用更换磨耗件(如半轴齿轮的内花键或半轴的外花键)的方法来消除响声。

④圆锥从动齿轮在差速器壳上的安装螺栓松动。可重新紧固该螺栓。

⑤半轴凸缘的锁紧螺母松动,使半轴端部自由间隙过大。拆卸后,如发现有磨损严重的部件,应予更换,或拧紧锁紧螺母,消除不正常的间隙。

2-84 制动系统由哪些零件组成?是怎样工作的?

微型汽车制动系统为液压双管路(一轴对一轴)式,由制动踏板、制动总泵、制动管路和车轮制动器等组成,其布置如图 2-21 所示。

制动总泵的一个油腔经制动管路、油管接头、油管、软管、油管到右后轮制动分泵,从右后轮分泵出来的制动液经过油管进入左后轮制动分泵,形成后轴两车轮独立的制动系统。制动总泵的另一个油腔经过油管进入管接头的三通孔处分为两路:一路经油管、软管进入右前轮制动分泵;另一路经油管、软管进入左前轮制动分泵,前左右两轮制动器在同一回路中。前后轴各自独立的制动管路互不干扰。汽车行驶中,万一一条制动管路发生故障,另一条制动管路仍能正常工作,保证汽车有一定的制动能力,提高了行车安全性。为保证双管路制动系统的工作可靠性,还必须使用双腔制动总泵。两个腔供油的制动液储油箱彼此隔绝,制动液储油箱的中间有一个高 21.5mm 的隔板将其分为两部分,分别通过两个进油管和制动总泵相连。当一条制动管路漏油时,只能将储油箱中一个腔的制动液漏掉,另一个腔仍然有足够的制动液供另一条管路使用。

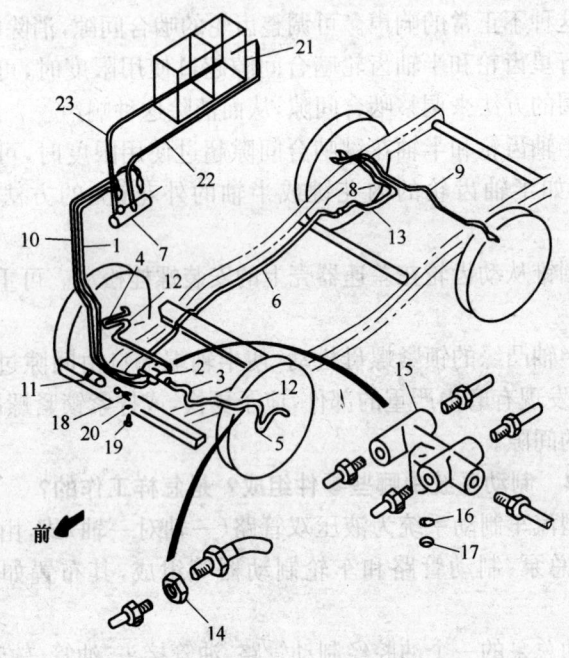

图 2-21 微型汽车制动系统的布置
1. 前制动管路 2. 前右制动管路 3. 前左制动管路 4. 前右制动管路进油管 5. 前左制动管路进油管 6. 后制动管路 7. 制动总泵 8. 后制动软管 9. 后制动油管 10. 后制动管路 11. 油管定位块 12. 前左、右制动软管 13. 后制动软管 14. 接管螺母 15. 油管接头体 16. 弹簧垫圈 17. 螺母 M6 18. 卡子 19. 螺钉 M6×12 20. 垫圈 21. 制动液储油箱 22. 后进油管 23. 前进油管

2-85 制动总泵结构和工作原理是怎样的?

微型汽车制动总泵为串联式双腔液压式,其结构如图 2-22 所

第二章　底盘的检修与故障排除

示。总泵的缸体为铝合金压铸件,缸径为 19.05mm,缸体上设置有两个出油孔,每个出油孔上部各装有橡胶出油阀、出油接头和螺套。缸体上还设置有前腔补偿孔、前腔旁通孔及后腔补偿孔、后腔旁通孔。旁通补偿孔上部安装有进油密封螺塞。缸体侧面上有两进油孔与此相通,通过进油管将制动液从储油箱引入进油孔。

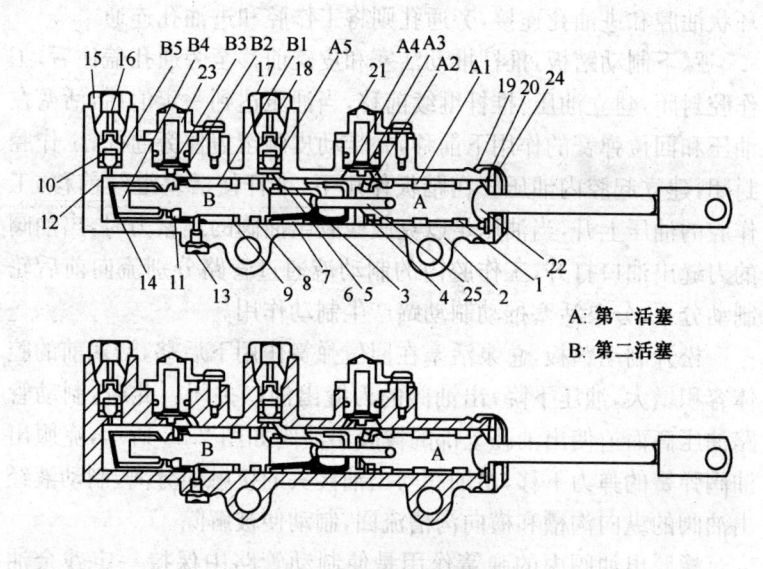

图 2-22　制动总泵的结构

1. A 活塞密封皮碗　2. 缸体　3. 橡胶出油阀　4. A 活塞主皮碗　5. 橡胶出油阀弹簧　6. A 活塞回位弹簧　7. 导管　8、9. B 活塞密封皮碗　10. 橡胶出油阀　11. B 活塞主皮碗　12. 橡胶出油阀弹簧　13. B 活塞行程限位螺钉　14. B 活塞回位弹簧　15. 螺套　16. B 腔出油接头　17. 螺套　18. A 腔出油接头　19. 防尘罩　20. 卡环　21. A 腔进油密封螺塞　22. 推杆　23. B 腔进油密封螺塞　24. 堵片　25. A 活塞行程限位螺栓
A. 前轮制动活塞　B. 后轮制动活塞　A1. A 活塞进油腔　A2. 前腔补偿孔　A3. 前腔旁通孔　A4. 前腔工作腔　A5. 前腔出油孔　B1. B 活塞进油腔　B2. 后腔补偿孔　B3. 后腔旁通孔　B4. 后腔工作腔　B5. 后腔出油孔

缸体工作腔内装有两个活塞 A 和 B。活塞 A 外端由推杆驱

265

动,活塞 B 位于工作腔的中间部分,把工作腔分为前腔和后腔。两腔分别和前后两条制动管路相通。两个活塞的头部周向分布四个小孔,用弹簧片(也称止回阀)盖住,形成单向阀。弹簧片的前部装有皮碗、回位弹簧。在回位弹簧的作用下,活塞主皮碗恰好处于补偿孔之间,使两孔保持开放。补偿孔将缸体与活塞中部形成的环状油腔和进油孔连接,旁通孔则将工作腔和进油孔连通。

踩下制动踏板,推杆推动活塞和皮碗前移至旁通孔盖住后,工作腔封闭,建立油压;推杆继续前移,当油压达到一定值后,活塞在油压和回位弹簧的作用下前移,并带动皮碗至盖住旁通孔,工作腔封闭,建立起腔内油压。在踏板作用下,推杆使活塞继续前移,工作腔的油压上升,当油压足以克服橡胶出油阀的预紧力时,出油阀的刀缝出油口打开,工作腔内的制动液通过管路分别流向前后轮制动分泵,分泵活塞推动制动蹄产生制动作用。

松开制动踏板,总泵活塞在回位弹簧作用下后移,活塞前的腔体容积增大,油压下降,出油阀的刀缝出油口关闭。此时,制动管路油压高而迫使出油孔上部的橡胶出油阀如图 2-23 所示,克服出油阀弹簧的弹力下移,出油阀与出油接头的接触面分离,制动液经出油阀的纵向沟槽和横向沟槽流回,制动便被解除。

橡胶出油阀内的弹簧作用是使制动管路中保持一定残余油压。当管路的油压下降到等于该弹簧的装配预紧力时,出油阀回到与出油接头接触的位置,纵向沟槽关闭,油液不再回流,使制动管路中保持一定的残余压力,防止空气进入液压系统。

活塞前部的弹簧片(止回阀)是一个油液止回单向阀。活塞前移时,在液压作用下。弹簧片变形,盖住活塞外圈上的四个小孔,防止油液从工作腔流回环状油腔。在快速松开制动踏板时,由于管路阻力和出油阀的节流,油液不能很快充满活塞所让出的空间,便在工作腔中产生一定的真空度。此时,止回阀打开,如图 2-24 所示,油液从补偿孔和活塞头部的四个小孔进入工作腔,防止空气进入总泵。

第二章 底盘的检修与故障排除

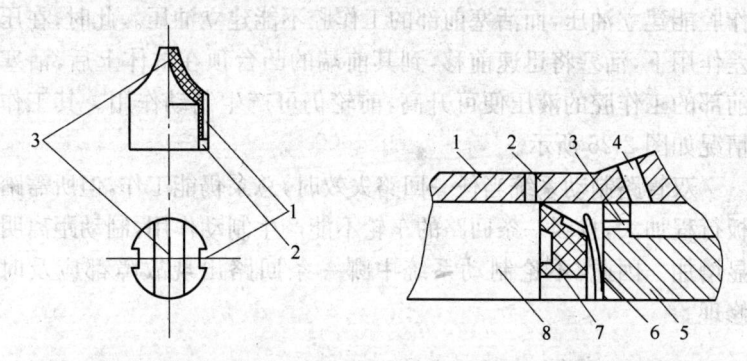

图 2-23 橡胶出油阀
1. 纵向沟槽 2. 横向沟槽
3. 刀缝开

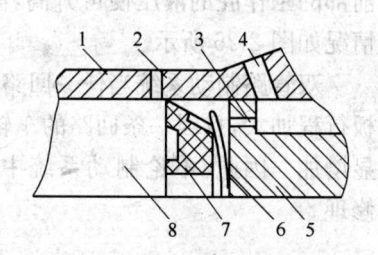

图 2-24 快放制动踏板，止回阀打开
1. 缸体 2. 旁通孔 3. A(B)活塞头部的四个小孔 4. 补偿孔 5. 活塞 6. 止回阀 7. 主皮碗 8. 工作腔

前轮制动管路损坏漏油时，踩下制动踏板，活塞前移，但因前轮制动管路不能保持油压，所以，活塞前部的工作腔不能建立油压。当活塞继续前移、压缩前部回位弹簧直到活塞上的限位螺钉顶住活塞时，活塞开始移动，使该工作腔建立必要的油压而使后轮产生制动作用，其工作情况如图 2-25 所示。

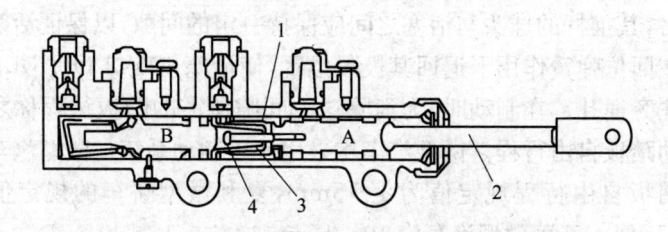

图 2-25 前轮制动管路失效时制动总泵的工作情况
1. 前缸工作腔 A4 2. 推杆 3. 导管 4. 限位螺栓

后轮制动管路损坏漏油，踩下制动踏板时，只有活塞前部的工作腔能建立油压,而活塞前部的工作腔不能建立油压。此时,在压差作用下,活塞将迅速前移,到其前端的凸台顶在缸体上后,活塞前部的工作腔的液压便可升高,前轮仍可产生制动作用。其工作情况如图 2-26 所示。

双管路制动系统当任一回路失效时,总泵仍能工作,但所需踏板行程加大,且因一条回路的车轮不能产生制动作用,制动距离明显增加。因此,不论制动系统中哪一条回路出现故障都应及时修理。

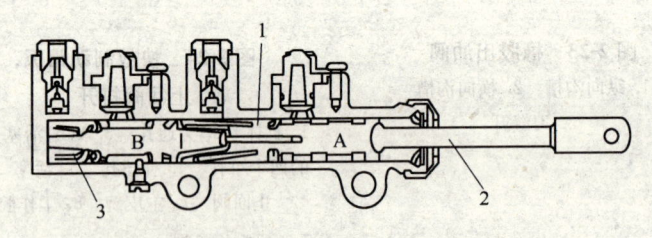

图 2-26 后轮制动失效时制动总泵的工作情况
1. 前缸工作腔 A4 2. 推杆 3. 后缸工作腔 B4

2-86 制动踏板为什么要有一定的自由行程?怎样检查调整?

液压制动系统中的制动主缸也称为制动总泵,在不工作、不制动时,其推杆的球头与活塞之间应保持一定的间隙,以保证活塞能够在回位弹簧作用下退回其极限位置,使活塞皮碗口 O 形圈不致堵住旁通孔。在制动时,为消除这一间隙所需的踏板行程称之为制动踏板自由行程。微型汽车均采用液压制动系统。微型汽车制动踏板自由行程规定值为 1~5mm,夏利微型轿车的规定值为 3~7mm。五菱微型汽车为 10~15mm。

微型汽车的制动踏板的检查和调整方法如图 2-27 所示:

①检查和测量踏板高度(踏板上表面中心至前围板的距离)是否符合规定值。规定值为 176~181mm。

②制动踏板高度的调整:拆开制动灯开关导线插头,旋松锁紧螺母,旋出制动灯开关,直至踏板臂与开关之间存在间隙。再旋松螺母,转动推杆,以调整踏板高度,然后用螺母锁住。旋入制动灯开关,使制动灯开关的螺纹端部与踏板缓冲垫接触,然后用螺母锁住。接上制动灯开关导线插头。调整工作完成后,应确保踏板自由行程和制动灯工作正常。

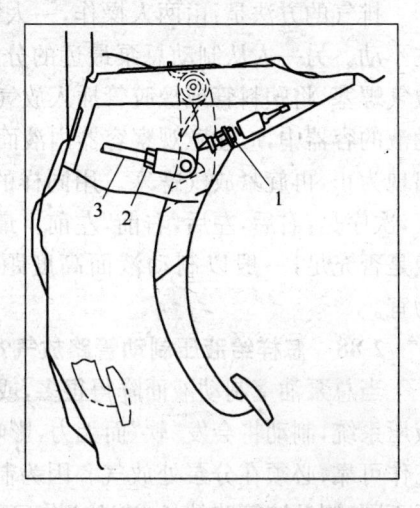

图 2-27 微型汽车制动踏板的调整
1、2. 锁紧螺母 3. 推杆

③制动踏板自由行程的检查:关闭发动机后,重踩制动踏板数次,使真空助力器内的真空度为零。用手轻轻推动踏板,以手感到总泵的反作用力时来测量踏板的自由行程。规定值为 3~7mm。

④制动踏板自由行程的调整:拧松螺母、转动推杆以调整踏板自由行程。在调整工作完成后,应确保踏板高度和制动灯开关工作正常。

⑤制动踏板储备行程的检查:松回驻车制动操纵杆,使发动机怠速运转,测量踏板背面至车身前围板之间的距离。制动踏板储备行程规定值应小于 102mm。

2-87 怎样检查液压制动管路里是否有空气?怎样排除?

首先检查制动储液罐中的制动液是否充足,然后脚踏制动踏板,踏板的高度应能随踏板的次数增加而增高,并且感到制动力增大。踏板升起后,继续用力踩住踏板,如此时感到有弹性时,说明制动管路中有空气。

排气的方法是：由两人操作，一人缓慢地踩下制动踏板，并踩住不动。另一人从制动总泵最远的分泵处开始，旋松分泵外面的放气螺塞，将塑料管或橡胶管插入放气螺塞上，另一端浸入盛有制动液的容器中，应注意观察容器内液面下的皮管口，直到没有气泡出现为止，再旋紧放气螺塞。用同样的方法放出其他分泵中的空气，次序是：右后，左后，右前，左前。最后再次检查储油罐内制动液是否充足，一般以制动液面高度距加油孔口下缘 15～20mm 为宜。

2-88 怎样给液压制动管路放气？

当总泵油室制动液面降得很多，或拆开管路时，由于空气进入液压系统，制动将会发"软"而无力，影响制动效果。为使液压系统工作可靠，必须在分泵处放气。因为制动总泵离各车轮的分泵远近不同，制动液管路越长，渗入空气可能就越多，所以，放气总是先从液压管路长的地方开始。放气过程为：

①取下分泵的放气阀上的腔套。

②在放气阀上装一根长度合适的胶管，把管子的下端放入盛有少许制动液的玻璃杯内（胶管下端不要露出液面）。

③用力迅速踩制动踏板 2～3 次，把它踩高，并保持此踏板力，让踏板停在此位置。

④松开放气阀 1/2～1/4 圈，踏板便自行下行，直至终了，待拧紧放气阀后才能放松制动踏板。

⑤这样反复踩放几次，直至胶管中流出的制动液中没有空气为止。

⑥取下胶管，装回胶套。

⑦往总泵油室内加添制动液至规定高度，从分泵中放出的制动液最好不要再用。

2-89 前轮制动器的结构是怎样的？

前轮制动器为单向平衡鼓式制动器，结构如图 2-28 所示。两个单活塞制动分泵分别固定在制动底板的对角线方向上，由两个

第二章　底盘的检修与故障排除

回位弹簧拉往制动蹄。前进制动时,两个制动蹄绕支撑点(制动间隙调整螺栓螺母)压向制动鼓。在摩擦力的作用下,制动蹄进一步压紧制动鼓,此时,两蹄均为助势蹄,制动效能大。倒退制动时,在摩擦力的作用下,制动蹄对制动鼓的压紧力变小,制动效能差。这种单向平衡式车轮制动器仅用于前轮,因为前进制动时,前轴载荷增加,倒退制动时,前轴载荷减小。

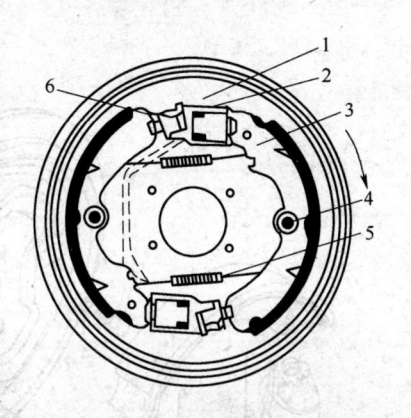

图 2-28　前轮制动器结构(右轮)
1. 制动底板　2. 制动分泵　3. 制动蹄带摩擦衬片总成　4. 制动蹄压簧拉杆　5. 制动蹄回位弹簧　6. 制动器间隙调整螺栓及带齿螺母

前轮制动器零部件如图2-29所示。制动底板用螺栓紧固在转向节上。两个制动分泵安装在制动底板上,用油道将其联通。制动分泵内径为25.4mm,装有进油管、放气螺塞。具有T形截面的制动蹄上下端分别松嵌入制动分泵活塞和调整螺母凹槽中,转动调整螺母就可调整制动器间隙。前制动鼓通过内外轴承安装在转向节的轴颈上。

2-90　后轮制动器的结构是怎样的?

后轮制动器零部件如图2-30所示。制动底板和防尘盖用螺栓一起紧固在后驱动桥壳半轴套管的凸缘上。制动地板上装有制动蹄鼓间隙调整装置总成,上部装有双活塞制动分泵,分泵缸直径为20.64mm。右后轮制动分泵的进油孔通过油管与左后轮制动分泵的进油孔相连。左后轮分泵上装有放气螺塞,用以排除后轮制动管路中的空气。制动蹄片总成上端松嵌在制动间隙调整装置的凹槽中。两个制动蹄总成通过回位弹簧拉紧。制动鼓用螺栓与半轴凸缘相连。

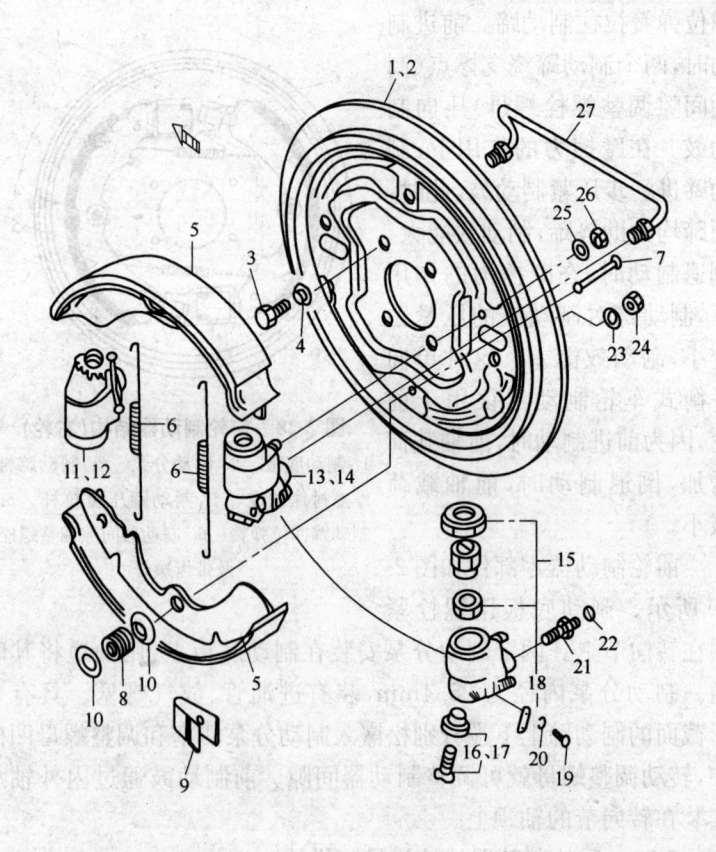

图 2-29 前轮制动器零部件

1、2. 前制动器制动底板 3. 螺栓 4、20、23、25. 垫圈 5. 制动蹄总成 6. 前制动蹄拉簧 7. 制动蹄压簧拉杆 8. 弹簧 9. 制动蹄压簧 10. 制动蹄夹持垫圈 11、12. 前制动分泵总成(左、右) 13、14. 前制动分泵总成(左、右) 15. 前制动分泵活塞皮碗及保护罩组件 16. 制动蹄左(右)

制动蹄鼓间隙调整装置总成上有两个带齿的调整螺母和一个调整套定位锁止簧片。簧片的两端加工出两个凸起与调整螺母的齿配合,起到调整定位的作用,保证调整后的制动间隙不变。

第二章 底盘的检修与故障排除

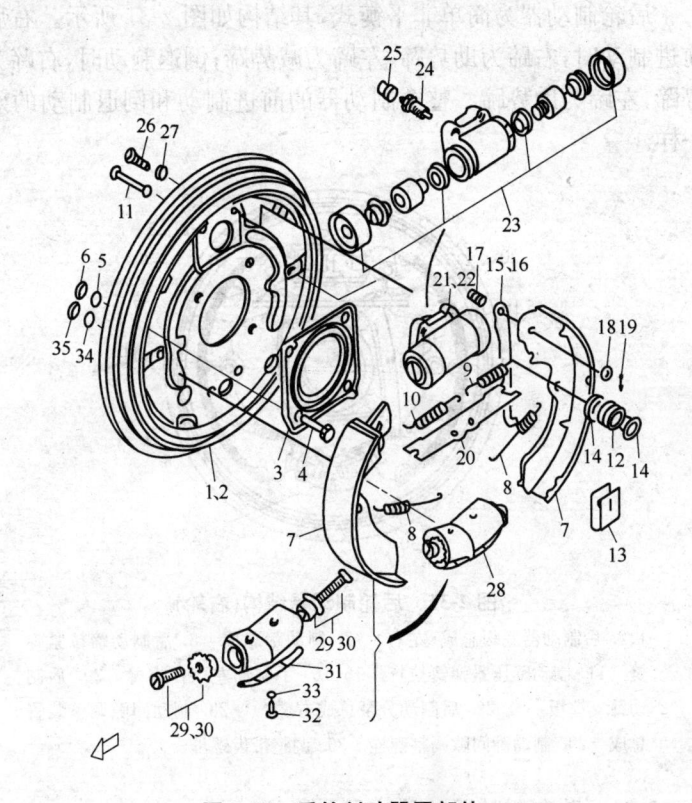

图 2-30 后轮制动器零部件

1、2. 后制动器地板总成(左右) 3. 防尘盖 4、26. 螺栓 5、27、33、34. 垫圈 6、35. 螺母 7. 制动蹄总成 8. 后制动蹄拉紧弹簧 9. 后制动蹄左拉紧弹簧 10. 后制动蹄右拉紧弹簧 11. 制动蹄压紧弹簧拉杆 12. 弹簧 13. 制动蹄压簧 14. 制动蹄片夹持垫圈 15、16. 手制动左(右)摇臂 17. 摇臂固定销 18. 摇臂固定销垫圈 19. 开口销 20. 后制动蹄支撑板 21、22. 后制动分泵总成右(左) 23. 后制动分泵组件 24. 制动分泵放气螺钉 25. 放气螺钉护罩 28. 制动间隙调整装置总成 29. 制动蹄间隙调整螺栓 30. 调整带齿螺母 31. 调整套锁止簧片 32. 螺钉

273

后轮制动器为简单非平衡式,其结构如图 2-31 所示。右后轮前进制动时,右蹄为助势蹄,左蹄为减势蹄;倒退制动时,右蹄为减势蹄,左蹄为助势蹄。整个制动器的前进制动和倒退制动的效能一样。

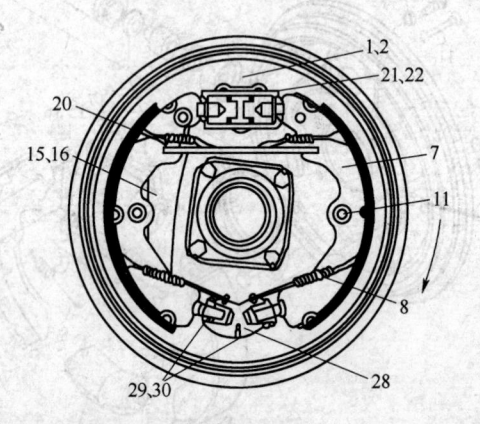

图 2-31 后轮制动器结构(右轮)
1、2. 后制动器底板总成(左右) 7. 制动蹄总成 8. 后制动蹄拉紧弹簧 11. 制动蹄压紧弹簧拉杆 15、16. 手制动左(右)摇臂 20. 后制动蹄支撑板 21、22. 后制动分泵总成右(左) 28. 制动间隙调整装置总成 29. 制动蹄间隙调整螺栓 30. 调整带齿螺母

2-91 驻车制动器的结构是怎样的?

后轮制动器兼作驻车制动器。驻车制动系操纵机构如图 2-32 所示,由制动手柄总成、操纵拉索总成、制动拉索总成等组成。操纵拉索的一端固定在手柄的杠杆板上,另一端固定在拉索叉上。该拉索叉上装有叉销,可在拉索叉上转动。叉销中部有一小孔,制动拉索总成中的拉索贯穿在该孔中。拉索总成的外带为钢带绕制成的软管,其一端装在驾驶室底板上,另一端装在车架横梁的支架上。

驻车制动时,拉动手柄,操纵拉索被拉紧,同时牵动了索叉,又通过叉销牵动拉索,因为右软管顶着叉销,使右侧拉索总成的软管

第二章 底盘的检修与故障排除

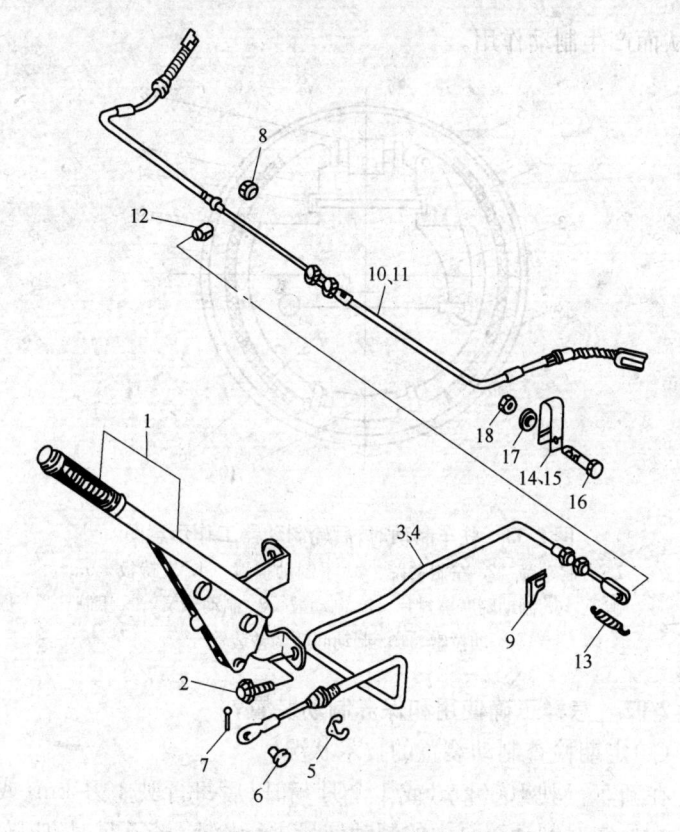

图 2-32 驻车制动系操纵机构
1. 手制动操纵杆 2. 螺栓 M8×20 3、4. 操纵拉索总成 5. E 形圈
6. 销轴 7. 开口销 3×12 8. 橡胶环 9. 挡板 10、11. 制动拉索总成 12. 连接销 13. 回位拉簧 14、15. 固定弯板 16. 螺栓 M6×25
17. 垫圈 18. 螺母 M6

出现弯曲变形,叉销牵动拉索,拉动后制动器中的手制动摇臂。

驻车制动时,后轮制动器的工作情况如图 2-33 所示。手制动摇臂与左制动蹄用销子连接在一起,在拉索的作用下,手制动摇臂绕销子转动,在 a 处与支撑板接触,由支撑板推动右制动蹄压向制动鼓,同时,手制动摇臂也以 a 为支点通过销子将左蹄压向制动鼓,从而产生制动作用。

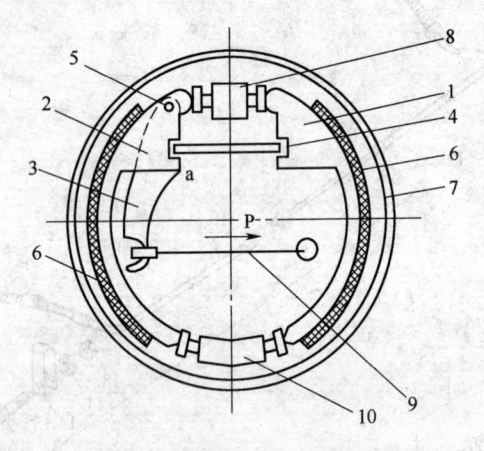

图 2-33 驻车制动时,后轮制动器工作示意图
1. 右制动蹄 2. 左制动蹄 3. 手制动摇臂 4. 支持板 5. 销子 6. 制动蹄摩擦衬片 7. 制动鼓 8. 制动分泵 9. 手制动拉索 10. 制动间隙调整装置

2-92 怎样正确使用和保养制动装置?

(1)定期检查制动装置的技术状况

在新车行驶 1000km(或 1 个月)和以后每行驶 1 万 km(或 6 个月)时,应对制动总泵内的制动液量进行检查,若不足时,应随时加注。每行驶 4 万 km(或 2 年)时,应更换制动液。

在新车行驶 1000km(或 1 个月)和以后每行驶 1 万 km(或 6 个月)时,应对脚制动踏板、手制动杆和钢丝绳的技术状况进行检查,如不符合技术要求时,应予调整或修理。

在汽车每行驶 1 万 km(或 6 个月)时,应检查制动蹄摩擦片和制动鼓的磨损情况、制动器间隙、制动管路的连接等是否良好和有无漏油现象。若状况不良时,应予调整、修理,必要时更换损坏的部件。

(2)正确使用制动装置

制动装置是在减速或停车、遇有紧急情况或下坡时使用的。

除紧急制动外,一般踩制动踏板不要过猛、过急,这样不仅可以减少制动器的磨损和避免制动装置部件的损坏,同时还有利于延长轮胎的使用寿命;防止悬架装置的机件因受到剧烈冲击而损坏。为此,在准备停车前,应提前减速行驶。先踏下离合器踏板,将变速杆换入空挡,再踩下制动踏板,使汽车平稳停下,拉紧手制动器,熄灭发动机,把变速杆推入一挡或倒挡,以防汽车自行滑溜。

在炎热季节,当汽车下长坡时,若长时间使用制动,会造成制动器发热,加剧制动蹄摩擦片的磨损,并使制动液受热产生气阻,制动作用降低。为避免因长时间使用制动而导致制动效能下降,可采用发动机制动。

2-93 怎样检查与维修制动总泵和分泵?

制动总泵和分泵是制动装置的主要部件,其技术状况是否良好,对制动效能有直接影响。制动总泵和分泵的损坏大多是活塞环的磨损和泵筒的腐蚀,使活塞和泵筒之间的配合间隙增大,制动效能下降,尤其是当制动液不洁时,会大大增加机件的磨损。所以,在对车辆进行保养和修理过程中,要特别注意清洁工作。总泵和分泵的零部件在装配之前,应用制动液或酒精进行清洗,切不可用煤油或汽油洗零件,以防橡胶件变形、发胀,影响其正常工作。在使用过程中,若发现总泵和分泵有制动液渗漏时,应检查活塞环有无磨损或损坏,如发现状况不良时,应及时对磨损严重或损坏的机件进行更换。制动总泵和分泵内部零件的使用期限为 2 年,即使用满 2 年后也应及时更换,以确保制动装置工作可靠和保持良好的制动性能。

对昌河、长安、松花江车的制动总泵和分泵进行检修或更换活塞环时,必须检查主活塞组件的长度,如图 2-34 所示。主活塞组件的总长度应为 94.1mm。经检查,若其长度不符合规定要求时,可通过转动组成螺钉来进行调整,直至达到规定要求为止。

组成螺钉

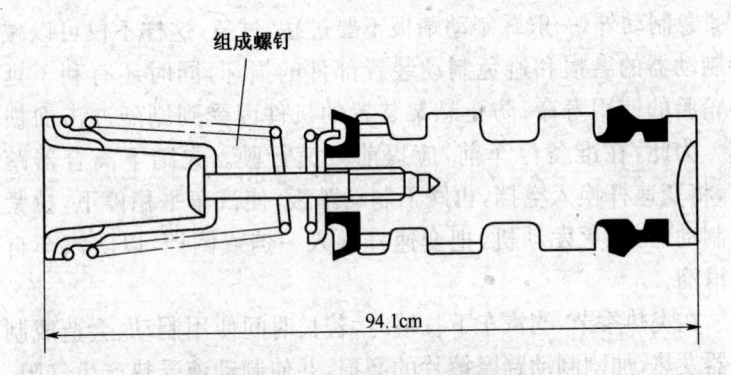

94.1cm

图 2-34 检查主活塞组件的长度

2-94 使用真空助力器对制动有什么好处？

真空助力器的助力源是利用发动机进气管中节气门后的真空度（负压）得到的。微型汽车一般采用直动式真空助力器，即助力器置于踏板与制动总泵之间，其控制阀直接由踏板通过推杆操纵。助力器气室的输出力也作用在总泵活塞上，以助踏板力之不足。在真空助力器的控制阀中设计了反作用杠杆或反作用橡胶块，驾驶人可以通过施加给踏板力的大小来感知当时的制动强度大小，即所谓有"踏板感"（或称"路感"），亦称之"制动感"。夏利微型轿车采用真空助力器制动系统，制动管路中并设置了比例阀，可使前、后轮的制动力得到最佳的分配比，从而可提高汽车制动的稳定性。

2-95 怎样检修驻车制动器？

(1) 驻车制动鼓的磨损

驻车制动鼓的工作表面如磨损起槽超过 0.50mm 时，可对鼓进行镗磨或车削，其内径加大不得超过 2.00mm，径向圆跳动应 $\not>$ 0.15mm。后端面的端面圆跳动应 $\not>$ 0.40mm。驻车制动鼓如有裂纹，应予更换。

(2) 驻车制动蹄片及衬片损伤

① 驻车制动蹄摩擦片如磨损至距铆钉头 0.50mm 时，应更

换。新片的铆接方法与车轮制动器蹄片相似。

②制动蹄片不得有裂纹,弧度应正确。

③驻车制动蹄铆钉孔如磨损过大,应堆焊后重钻标准孔(可按铆钉杆直径尺寸)。

④驻车制动蹄销孔如磨损过大,应堆焊重新钻标准孔。

⑤更换衬片工艺与车轮制动蹄片相似,摩擦片铆紧在制动蹄上,铆钉头距摩擦片表面厚度约3mm,相当于总厚度的1/3。

(3)其他零件的损伤

①驻车制动蹄支承销磨损超过0.15mm以上时,应镀铬或堆焊修复。支承销与底板正常间隙为0.025～0.12mm,最大不得超过0.15mm。支承销偏心与制动蹄偏心孔的配合间隙为0.03～0.11mm,最大不得超过0.14mm。若两处均超过上述标准值时,应更换支承销。

②驻车制动蹄回位弹簧弯曲、断裂、拉力达不到标准时,应予更换。

③驻车制动盘与凸轮衬套磨损松动时,应配新衬套。座孔与衬套应有过盈0.01～0.09mm。凸轮轴与凸轮轴衬套互相磨损不得超过0.20mm,凸轮轴可镀铬或堆焊后磨圆。标准轴颈为$\phi 28.50_{-0.20}^{0}$mm,衬套孔径为$\phi 28.50_{+0.11}^{+0.13}$mm。

④其他零件与盘式制动器基本相同。

2-96 怎样装配与调整驻车制动器?

(1)鼓式驻车制动器的装配

①在修理装配变速器后,将驻车制动底板与驻车制动底板支架装在变速器第二轴后轴承盖上。

②将驻车制动器凸轮轴和限位片装入支架,拧紧固定螺栓。

③在制动盘下端装上两个驻车制动蹄偏心调整轴,使偏心向内,拧上紧固螺母。

④在驻车制动蹄上端装入滚轮与滚轮轴,下端蹄孔套入偏心调整轴内,并将回位弹簧扣在两蹄片弹簧孔内,使两驻车制动蹄片

与滚轮夹在凸轮轴凸轮上(此时是蹄片外圆的最小位置)。

⑤将驻车制动鼓凸缘与甩油环装在变速器第二轴花键槽内,垫上蝶形弹簧,拧紧锁紧螺母,将制动鼓按定位螺钉放置,同时将传动轴前缘叉一并旋紧。变速器在空挡时,转动制动鼓应无阻力,转动自如。

⑥套在驻车制动凸轮轴摇臂及弹簧挡圈拧紧夹紧螺栓。

(2)鼓式驻车制动器的调整

①调整驻车制动蹄片与驻车制动鼓的间隙时,应将驻车制动鼓检视孔转到靠近驻车制动蹄支承位置,能将规定尺寸的塞尺片插入蹄片与驻车制动鼓之间,用扳手向外转动驻车制动蹄片承销,直至塞尺片拉动时稍感有阻力为止,旋紧锁止螺母。

②再将驻车制动鼓检视孔转到上端,用塞尺片插入蹄片与驻车制动鼓之间,扳动凸轮摇臂(向下扳),直到塞尺片拉动时稍有阻力。上端与下端反复检查1~2次即可。再检查蹄片与驻车制动鼓的间隙,应为0.20~0.40mm。

③把驻车制动杆推到最前位置,转动调整叉,改变拉杆长度,使拉杆上叉形销孔与拐臂下端销孔相重合,装上销子。

④应使摇臂小端微向上倾,套在拉杆上,上装弹簧、球面调整垫片、调整螺母、锁紧螺母,直到拉动驻车制动操纵杆的行程1/2~2/3时,棘爪与扇形齿板有3~5响,操纵杆感觉有力,而且汽车能按规定停车即可。在操纵杆放松时,驻车制动蹄片与制动鼓之间应保持适当间隙。调整后的制动效能要求与盘式制动器相同。

2-97 怎样修理制动鼓?

制动鼓在使用时常见的损伤主要是摩擦表面的磨损和起槽,以及制动鼓的变形和失圆。无论以上那种损伤都将直接影响汽车的制动效能。因此,制动鼓的工作表面应光滑且接触良好,在不影响正常使用的情况下,允许工作面有轻微的擦伤或微小的划痕。

在对制动鼓进行技术状况检查时,主要看其工作表面有无异常磨损或划伤,有无裂纹或损伤。使用卡尺检查制动鼓的内径和圆度时,亦可用千分表检查,这样更为准确。制动鼓的内径和圆度均应符合如下标准:

昌河、长安、松花江牌制动鼓内径标准尺寸为 220mm;使用限度为 222mm;制动鼓圆度使用限度为 0.5mm。

2-98 怎样修理制动蹄摩擦片?

制动蹄支承销与车轮旋转轴线的平行度误差应不大于 0.2mm;支承销与制动销孔的配合间隙应符合有关规定。制动踏板不得有变形和裂纹,弧度应正确。制动蹄与制动凸轮的接触面磨损一般不得大于 0.5mm,超过时,应修理至基本尺寸;制动蹄摩擦片铆钉孔剩余厚度应为摩擦片厚度的 1/3,摩擦片光磨后与制动鼓的接触面积应达 50% 以上,并保证两端首先接触;摩擦片与制动鼓的间隙在装车后应按原厂规定调整。

摩擦片磨损到距铆钉头 0.5mm 时,应拆除旧片重新铆新片。其铆接工艺如下:

①拆除旧摩擦片,检验蹄片铆钉孔有无凸出现象,不圆度如超过 0.4mm 时,将孔填焊,另钻标准孔。

②制动蹄弧面变形时,应进行矫正。制动蹄装交点销处出现扭曲的,应进行敲击矫正。摩擦片应与制动鼓接触紧密。

③铆接摩擦片时,将摩擦片、衬垫和制动蹄放正,用夹具夹紧,用钻头钻出铆钉孔,用钻在摩擦片钻孔处钻出 2/3 的盲孔。

④用铆钉铆接摩擦片时,铆好的摩擦片应紧密贴合,用 0.12mm 厚的塞尺片检查间隙时,不应通过。铆钉头应低于摩擦片工作面 0.8~1.2mm,铆好的摩擦片不应有裂纹、缺口及铆接不紧密等现象,摩擦片两端应用木工锉锉成斜角。

⑤检查摩擦片制动鼓的接合面。将制动鼓涂上白粉,把蹄片贴在制动鼓上来回移动。正常接合时,接合面积应不少于摩擦片总面积的 50%,并且两端重,中间轻。否则,应用光磨机

光磨。

2-99 怎样安装制动灯开关？

在安装制动灯开关时,制动踏板应在放松状态,与制动灯开关螺钉之间的距离保持在 0.1～0.6mm,如图 2-35 所示。螺钉距离调整好后,再以 10～15N·m 的力矩将螺母拧紧。然后,踩下制动踏板,检查制动灯是否亮。

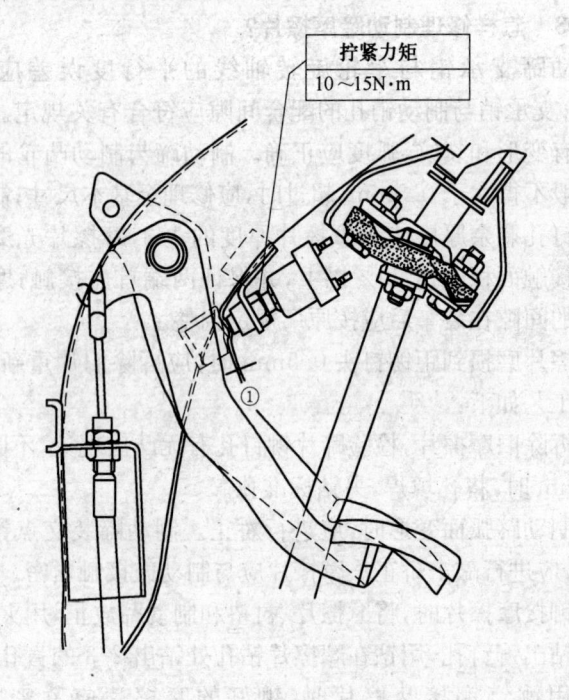

图 2-35 制动灯开关的距离

2-100 制动蹄片与制动鼓间隙不当对制动有什么影响？

①间隙过大时,制动作用力不足,制动不灵。

②间隙过小时,会使制动拖滞,行驶阻力增大,造成制动鼓发热,从而加速制动蹄片与制动鼓的磨损。

③左右轮间隙不一,会发生制动时单边跑偏。

第二章 底盘的检修与故障排除

2-101 制动时突然跑偏是什么原因？怎样排除？

制动突然跑偏往往是因制动系统和行路系统突然发生故障所致。这种故障虽然偶发，但造成的危险性极大。制动突然跑偏的原因是：

①一侧车轮制动管路突然失灵。如管道受硬伤凹瘪，造成进气困难或无法进气；制动气室推杆或制动凸轮轴锈蚀或卡死，无法制动。

②一侧钢板弹簧固定螺栓松动而突然发生位移，使前后桥不能保持平行而制动跑偏。遇有这种情况，必须查出原因，排除故障后才能继续行驶。

2-102 制动鼓为什么发烫？

制动鼓发烫是由于制动蹄片和制动鼓接触的次数过于频繁，接触时间过长所致。其原因如下：

①道路的影响。如连续下坡、转弯，经常利用制动来控制车速，增加了蹄片和制动鼓的滑磨时间，使制动鼓很快升温，热衰退现象加重，摩擦系数明显下降，制动效能降低。在这样的道路上行车，必须严格控制车速，适当休息降温。

②驾驶操作不当，不恰当地或过多地使用制动。

③制动器间隙过小或制动鼓变形，使蹄片经常接触制动鼓而发烫。要及时检查调整，制动鼓严重变形时应予修理。

④蹄片回位弹簧松软或折断，使制动后解除制动困难。此时，应更换蹄片回位弹簧。另外，制动系统技术状况不良，也有可能使制动鼓发烫。如液压制动分泵皮碗发胀卡住；液压总泵回位弹簧过软，回油困难；气压制动控制阀排气不彻底，解除制动缓慢等，都会引起制动鼓发烫。

2-103 制动失灵怎么办？

①连续踩下制动踏板时逐渐升高，升高后不抬脚继续下踩时感到有弹力，松开踏板稍停一会儿再踩，如无变化，即为制动系统内有空气。

②一脚制动不灵,连续踩下制动踏板位置逐渐升高并且效果良好,说明踏板自由行程过大或摩擦片与制动鼓间隙过大。应先检查调整踏板自由行程,再调整摩擦片与制动鼓的间隙。

③若连续踩下制动踏板,踏板位置能逐渐升高,当升高后,不抬脚继续往下踩不感到有弹力而有下沉的感觉。说明制动系统中有漏油之处,或总泵出油阀关闭不严。应检查油管接头、油管和总、分泵有无漏油之处,如有应修复。

④当踩下踏板时,踏板位置很低,再连续踩踏板,位置还不能升高。一般为总泵通气孔或补偿孔堵塞,应检查疏通。

⑤当踩下踏板时,踏板高度合乎要求,也不软弱下沉,但制动效果不好,则为车轮制动器的故障,如摩擦片硬化,铆钉头露出,摩擦片油污,制动鼓失圆或鼓臂过薄等。另外,制动液质量不佳,易受热蒸发,以及油管凹陷堵塞等,也会引起制动不灵。

2-104 制动拖滞怎么办?

①车辆行驶一段后,用手摸车轮制动鼓,若全部制动鼓都发热,说明故障发生在制动总泵;若个别车轮发热,则说明故障在车轮制动器。

②如故障在总泵,应首先检查踏板自由行程。若自由行程合乎要求,可将总泵储油室盖打开,并连续踏下和放松制动踏板(放松踏板不要猛抬,以免回油冲出储油室外),看其回油情况。如不能回油,则为回油孔堵塞;如回油缓慢,则是皮碗、皮圈发胀或回位弹簧无力。应拆下制动总泵分解检修,同时,还应观察踏板回位情况,如踏板不能迅速回位或没有回到原位,说明踏板回位弹簧过软或折断,应更换。

2-105 制动发咬怎么办?

微型汽车起步时,若感到阻力、较大起步困难;微型汽车在行驶中,采用制动放松踏板后,再加速时,感到加速困难或有明显阻力,则为制动发咬。应在平坦路面上检查汽车的滑行性能是否良好;行驶中途停车,检查制动鼓是否有发热现象;放松制动踏板时,观察制动凸轮轴能否迅速回位等,判明制动是否发咬。

造成制动发咬的原因有:制动蹄片与制动鼓的间隙过小;制动踏板没有自由行程;制动凸轮轴、蹄片回位弹簧过软等。

此外,车辆在行驶一段距离停驶后,应立即用手摸驱动桥、轮毂、转动轴中间支架等有无过热现象,以便进一步判明是否制动发咬。

2-106 制动装置关键部位的螺母拧紧力矩是多少?

昌河、长安、松花江牌制动装置关键部位的螺母拧紧力矩见表2-4。

表2-4 昌河、长安、松花江牌微型汽车制动装置关键部位螺母的拧紧力矩

拧紧部位	拧紧力矩(N·m)
制动踏板轴螺母	18～28
制动总泵螺母	25～40
制动管接头螺母	15～18
制动软管螺母	20～40
五管连接螺母	4～7
制动器支承板螺母	18～28

2-107 盘式制动器在维修和安装时应注意什么?

微型汽车中的夏利轿车采用前盘后鼓式的制动器。盘式制动器的热稳定性好,制动可靠,又能自动调整间隙。夏利轿车前轮采用浮动式盘式制动器。现以该车为例加以说明。

(1)维修和检查注意事项

①检查制动钳各总成部件,制动钳体是否变形或出现裂纹;缸孔是否有不均匀磨损;活塞、密封圈、卡簧是否有不均匀磨损和损坏,必要时更换新件;支架、导套、螺栓是否有变形和损伤,必要时更换。

②制动衬片磨损是否均匀。衬片规定厚度为10mm,磨损极限厚度为1mm。

③检查制动盘磨损是否均匀、有无划伤。制动盘厚度规定值为 11mm，极限厚度为 10mm。

(2) 安装注意事项

①在导套、连结套、活塞、缸孔、密封圈等处涂上"皮碗专用润滑脂"。

②将制动钳总成安装在转向节上，螺母的紧固力矩为 31.36~41.16N·m。

③轮毂轴承装配是否正确，对制动盘的端面跳动影响很大，应注意检查。

④安装后，应将转向盘向左、向右打到底，观察制动软管，应不与任何部件发生干涉。

⑤对制动系统放气。检查制动系统是否渗漏。最后，加注制动液，使总泵储液罐内的液面符合规定高度。

2-108 为什么制动时车辆有时偏左有时偏右？

制动时车辆跑偏和回油慢，可能的原因有以下几点：

①油道中有空气；

②蹄片拉簧弹力不足；

③总泵没有洗干净，总泵活塞推杆位置没调整好；

④制动鼓与摩擦片的间隙不一。

先介绍一下总泵的作用原理和推杆的校准方法，弄懂了原理就不难找出毛病所在。

踩下制动踏板时，推杆向右移，活塞皮碗将补偿孔盖住。这时，油开始压到油管中。放松制动踏板时，分泵中油液要经过较长的制动油管回到总泵，油的流动受到较大阻力，一时不能回到总泵。这时，活塞后面的油经过活塞头上的小孔流入工作室，目的在于避免工作室产生局部真空而将空气吸入。如小孔堵塞、踏板放松时，活塞后面的油不能补充进去，就会出现回油慢的现象，这时最易吸入空气，在下次制动时，空气被挤入油管，形成制动无力，或偏左偏右。

推杆与活塞有 1.5～2.5mm 间隙，推杆与踏板杠杆亦有同样的间隙(指不工作时)，未制动时，活塞头应保证停留在补偿孔与进液孔之间。

每次制动之后，活塞后面的油要补充到工作室，等到制动蹄片拉簧收缩后，由分泵回到总泵的油，工作室已不能容纳，多余的油经补偿孔回到储油室。如推杆校准不当，活塞头将补偿孔堵死，则后来从分泵回来的油无处容纳，留在油管中，保持较高压力，即使蹄片拉簧是合格的，也不能(或者不容易)把蹄片拉回。

2-109　为什么制动时汽车发抖？

制动时汽车发抖的原因是：制动蹄片校准不当；制动器底盘弯曲或松动；制动摩擦片铆钉松动；制动摩擦片磨损、染油污；轮毂轴承松；前后桥钢板弹簧座松动或制动鼓失圆等。

2-110　为什么踩两脚制动踏板制动才起作用？

制动器应灵敏有效，也就是说踏板必须以一脚即能制动为合格。但踏板必须有相应的自由行程。踩两脚或三脚才产生制动作用的必须检修，应检查整个制动系统。

2-111　使用液压制动时应注意什么？

(1)使用制动液时的注意事项

①不同规格的制动液严禁混装、混用。如需要更换制动系统内的制动液种类时，必须将原制动系统中的制动液放净，然后可用酒精进行清洗，再加注新的制动液。进口汽车换国产制动液时，同样应进行彻底清洗。

②矿物油型制动液对天然橡胶有严重的溶胀，只能用在耐油橡胶密封元件及软管的制动系统。如需在一般制动系统中换用矿物油型制动液，必须将原橡胶元件换成耐油橡胶元件。

③醇型制动液沸点大多低于 100℃，易挥发，使用醇型制动液时应注意防火和产生气阻。

④制动液是制动系统的专用油液，只能在液压制动系统和操纵系统中使用，不能当作油使用。同时，因制动液(特别是合成制

动液)成本较高,检修或更换制动液时,应按规定的程序进行,并注意节约。

(2)制动液的正确更换

①换液原则。进口汽车使用一个阶段之后,由于检修损失、漏失或制动液的变质,都需要换用国产制动液。此时,首先要搞清原车所用制动液的种类和牌号,然后确定待换的国产制动液品种和规格。换用前,先要排净制动系统内原车制动液,然后拆卸并清洗主要制动部件(包括制动主泵、分泵、各种制动阀、储液罐、制动管路等)。清洗液多用酒精。清洗完毕的部件要擦干或吹干后装复,加注相应的国产制动液,然后逐级排放空气。在排放空气的同时,不断向储液罐中补充制动液,直到制动系统空气全部排出为止。

②排放制动系统空气时的注意事项:排放空气的顺序应先从总泵开始,再到各制动分泵。各分泵排放空气的顺序也应从离制动总泵最近的一个分泵开始,直至全部排放完毕。

③排放制动系统空气时,最好使用专用工具。

④换油期:制动液没有固定的换油期。平时应随时添加并注意观察。发现变色、乳化时,即可更换。

2-112　怎样排除制动不良故障?

(1)制动不良的表现

①在行驶中,一脚踩制动时,不能马上减速停车,连踩几脚制动,效果也不好。

②踩下踏板后,从其高度来看情况正常,但感到制动力较弱,汽车不能立即减速和停车。其原因如下:

　a. 制动油管和分泵内有空气。

　b. 踏板自由行程过大。

　c. 总泵出油阀损坏或补偿孔和通气孔堵塞。

　d. 总、分泵皮碗损坏变形,活塞与缸筒磨损过甚。

　e. 油管和接头漏油。

　f. 摩擦片与制动鼓间隙过大。

g. 摩擦片硬化,铆钉头外露或油污。

h. 制动鼓失圆,有沟槽,或鼓壁过薄。

(2)诊断与排除

诊断与排方法参见第 2-103 题中的内容。

2-113　为什么制动踏板高度降低?

(1)故障原因

①制动器自动调整不灵,使蹄片和制动鼓之间的间隙过大。

②后制动蹄片磨损严重。

③制动蹄弯曲变形。

④液压系统中有空气。

⑤液压系统泄漏。

⑥使用不合格的制动液,在温度变化时,制动液汽化。

⑦制动总泵活塞密封圈磨损或总泵缸内孔刮伤、泵缸磨损或锈蚀。

⑧制动钳与其固定支板的接合面形成油污、铁锈或腐蚀,制动衬块结在支板接合面上。

(2)排除方法

①开动汽车,向前和向后使用制动停车,制动器即自动调整。如果制动踏板行程仍过大,需要调整制动蹄片和制动鼓的间隙。

②检查制动蹄片磨损程度,如果磨损超过使用限度,应予以更换。

③检查制动蹄是否变形,必要时应换新品。

④排除液压系统中的空气。

⑤往制动总泵储液罐中加注制动液至规定液面。踩下制动踏板检查制动钳、制动分泵、压差阀、油管、软管及接头处是否漏液。按需要进行修理或更换新件。

⑥用清洁的制动液清洗液压系统,按原厂规定使用合格的制动液。

⑦更换制动总泵活塞密封圈或制动总泵。

⑧清除制动钳和导轨接合面上的污垢。

2-114　为什么制动踏板没有弹性？

(1)故障原因

①液压系统中有空气。

②制动蹄弯曲或变形。

③制动蹄片或衬块和制动鼓或制动盘没有完全贴合。

④后制动器调整不当。

(2)排除方法

①排除液压系统中的空气。

②更换不合格的制动蹄。

③研磨制动蹄片或衬块,使制动蹄片或衬块和制动鼓或制动盘完全贴合。

④调整制动器。

2-115　为什么制动时发出尖叫声？

(1)故障原因

①制动蹄摩擦片磨损,蹄片铁直接与制动蹄(制动盘)接触。

②制动蹄摩擦片松动,或回位弹簧折断。

③制动底板凸凹不平。

④制动盘或制动鼓破裂,磨出沟痕。

⑤使用不合适的制动蹄片。

⑥制动蹄弯曲、制动片烧结或粘有泥土、水、油污等。

⑦制动盘表面铁锈过多。

⑧制动卡钳有毛刺或生锈。

(2)排除方法

①更换制动蹄。

②更换不合格的制动零件。

③检修或更换制动底板。

④更换制动盘或制动鼓。

⑤选用质量合格的制动蹄片。

⑥更换全部制动蹄。
⑦清洁制动盘周围铁锈。
⑧清洁制动钳上的毛刺或铁屑。

2-116 安装制动防抱死装置(ABS)有什么优点?

制动防抱死(ABS)系统能缩短汽车制动距离;提高驾驶人在制动过程中控制转向盘、绕开障碍物的能力;保证制动时的方向稳定性。根据试验,在干燥路面上行驶装有 ABS 汽车比不装 ABS 的汽车制动距离缩短了 7.3m。为增强制动效果,新型微型汽车广泛采用了制动防抱死装置。

2-117 ABS 装置由哪些部件组成?

ABS 装置由车轮速度传感器、电子控制器和制动压力调节器三大部分组成。

①车轮速度传感器采用电磁感应式,由传感头和齿圈组成。传感器由永久磁铁、电磁线圈和磁极等组成。安装时,应注意在传感头的磁极与齿圈的端面之间留有 1mm 左右的间隙。

车轮速度传感器用来监测车轮的运动状态。在车轮转动时,它便在传感头中产生变电压脉冲信号,其频率与车轮的速度成正比。在汽车制动过程中,ECU 便以 10 次/s 的速度进行计算,并进行制动力的调整,保持或提高制动总泵的压力,以防车轮抱死,保证制动处于最佳状态。

②ECU 多为数字式,由输入级、CPU、输出级和电源及保护装置组成,使汽车具有最佳的制动效能。

③制动压力调节器是汽车制动系统中电子控制的执行器。根据来自电子控制器的电信号,调节器控制电磁阀的动作,适时地调节制动管路中的压力。

2-118 怎样检查长安之星微型汽车的 ABS 信号系统?

①将点火开关置于 OFF 位置,断开 ABS 控制模块插接件。
②打开点火开关,转至 ON 位置,发动机不运转。测量 ABS 控制模块插接器插孔"A"与地之间的电压应在 10~14V。

291

③ABS信号器电路如图2-36所示。

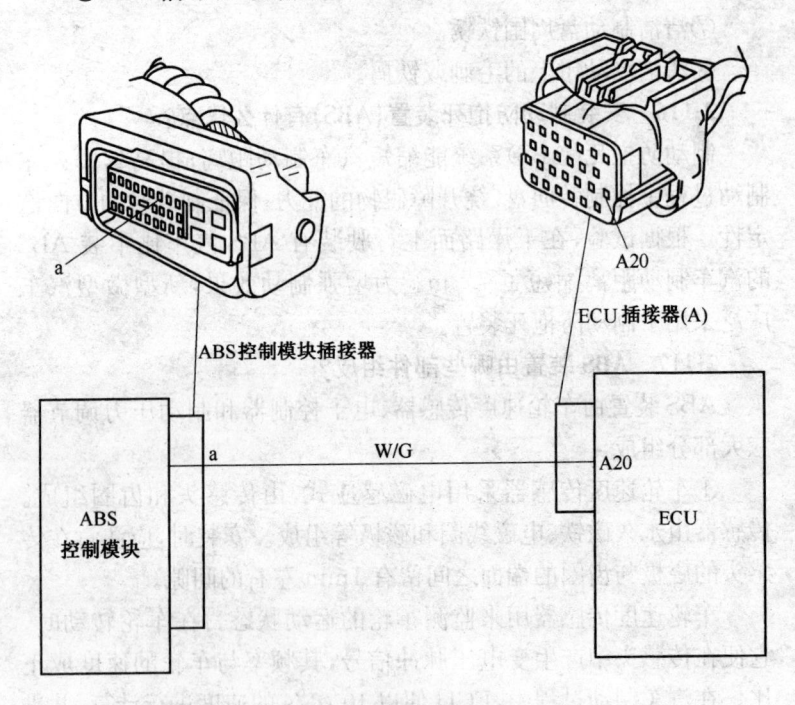

图2-36　ABS信号器电路图

2-119　使用ABS时要注意什么？

没有ABS的汽车制动，前轮抱死时汽车将改变转向能力，后轮抱死时汽车将跑偏或者侧滑。而装有ABS的微型汽车，可以防止制动时车轮抱死，保持对汽车的操纵性能，很好地控制汽车行驶方向。为使制动性能有所改善，驾驶操作时应注意以下事项：

①要始终踩住制动踏板不放松。制动时这样操作，才能保证有足够和连续的制动力，使ABS有效发挥作用。

②要保持足够的制动距离。当在良好的路面上行驶时，至少要保证离前面的车辆有3s的制动时间；在不好的路面上行驶时，要留给制动更长一些时间。

③要事先了解带 ABS 的汽车。ABS 工作时,制动踏板会有振颤和 HCU 工作的噪声,对此应有所准备和适应能力。事先感觉在紧急制动时 ABS 的工作特性是十分必要的。

④不要驾驶带 ABS 汽车随意急转弯和快速变道,以及其他急打转向盘的做法。

⑤不要反复地踩制动踏板。在驾驶具有 ABS 的汽车时,反复踏制动踏板会使 ABS 时断时通,导致制动效能减低和制动距离增加。

⑥不要忘记转动转向盘。ABS 为驾驶人提供了转向盘的可控能力,但它本身并不能自动完成汽车的转向操作。

⑦不要担心制动踏板振颤和工作噪声。ABS 工作时,制动踏板震颤和工作噪声是正常的,而且可使驾驶人感觉到 ABS 正在起作用,此时不必怀疑制动系统有故障。

2-120　ABS 制动装置是怎样工作的?

ABS 装置主要由 ABS 控制器(包括电控单元、液控单元、液压泵等)、4 个车轮转速传感器、ABS 故障警告灯、制动警告灯等组成。

ABS 的基本工作原理是:微型汽车在制动过程中,车轮转速传感器不断把各个车轮的转速信号及时输送给 ABS 电控单元(ECU)。ABS ECU 根据设定的控制逻辑对四个转速传感器输入的信号进行处理。计算汽车的参考车速、各车轮速度和减速度,确定各车轮滑移率。如果某个车轮的滑移率超过设定值时,ABS ECU 就发出指令控制单元(HUC),使该车轮制动轮缸中的制动压力减小;如果某个车轮的滑移率还没达到设定值,ABS ECU 就指令 HCU,使该车轮的制动压力增大;如果某个车轮的滑移率未达设定值时,ABS ECU 就指令 HCU,使该车轮制动压力保持一定,从而使各个车轮的滑移率保持在理想的范围之内,防止 4 个车轮完全抱死。

在制动过程中,如果车轮没有抱死趋势,ABS 将不参与制动压力的控制,制动过程与常规制动系统相同。如果 ABS 出现故障,ABS ECU 将不再对 HCU 进行控制,并将仪表板上的 ABS 故障警告灯点亮,向驾驶人发出警告信号。此时,ABS 不起作用,制动过程将与未装 ABS 的常规制动系统的工作相同。

2-121　怎样维修 ABS 制动系统?

①ABS 是车辆安全系统,维护操作这一系统时,需要有相关知识。

②系统发生故障后,由 ABS 警告灯和制动警告灯显示。某些故障只能在车速超过 20km/h 后,才被检测到。

③如果 ABS 警告灯和制动警告灯不亮,但制动效果仍不理想,则可能是系统排气不干净或常规制动系统存在故障。

④在修理 ABS 前,为检查故障,先用 V·A·G1552 询问故障存储。

⑤在拔掉 ABS 电器插头之前,必须关闭点火开关。

⑥开始修理前,要从蓄电池上拆下接地线。

⑦防抱死制动系统工作必须绝对清洁,绝不要使用含矿物油的物质。

⑧拆卸前,必须彻底清洁连接点和支承面,绝不要使用像机油、稀释剂等类的清洁剂。

⑨把控制单元和液压单元分开后,必须把液压单元放在专用支架上,以免在搬运中碰坏阀体。

⑩拆下元件后,如果不能立刻完成修理工作,必须小心地将其盖好或者用密封罩罩好。

⑪不要使用起毛的抹布。

⑫配件要在安装前再从包装内取出。

⑬必须使用原装配件。

⑭系统打开后不要使用压缩空气,也不要移动车辆。

⑮注意不要让制动液滴落到线束插头上。

⑯打开制动系统完成作业后,由 SVW1238A 液充放机要与

第二章 底盘的检修与故障排除

V·A·G1552故障阅读仪配合使用,对系统进行排气。

⑰在试车时,要至少进行一次紧急制动。当ABS系统正常工作时,会在制动踏板上感到有反弹,并可感觉到车速迅速降低而且平稳。

2-122 怎样检修ABS控制器?

ABS控制器的分解如图2-37所示。

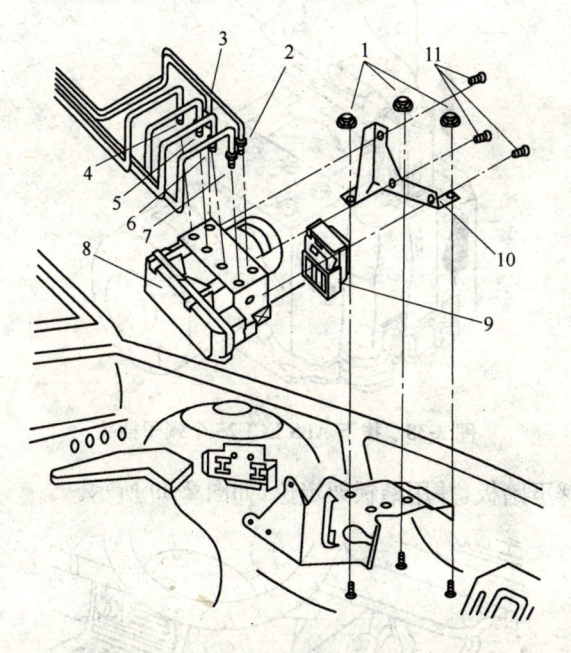

图2-37 ABS控制器及其附件分解图

1. ABS控制器支架紧固螺母(拧紧力矩20N·m) 2. 制动主缸前活塞与HCU的制动管接头(拧紧力矩15N·m) 3. 制动主缸后活塞与HCU的制动管接头(拧紧力矩15N·m) 4. HCU与右前制动轮缸的制动管接头(拧紧力矩15N·m) 5. HCU与左后制动轮缸的制动管接头(拧紧力矩15N·m) 6. HCU与右后制动轮缸制动管接头(拧紧力矩15N·m) 7. HCU与左前制动轮缸制动管接头(拧紧力矩15N·m)8. ABS控制器 9. ABS器线束插头(25针插头) 10. ABS控制器支架 11. ABS控制器安装螺栓(拧紧力矩10N·m)

(1)拆卸顺序
①关闭点火开关,拆下蓄电池。
②拆下蓄电池支架。
③从 ABS ECU 上拔下 25 个端子插头,如图 2-38 所示。

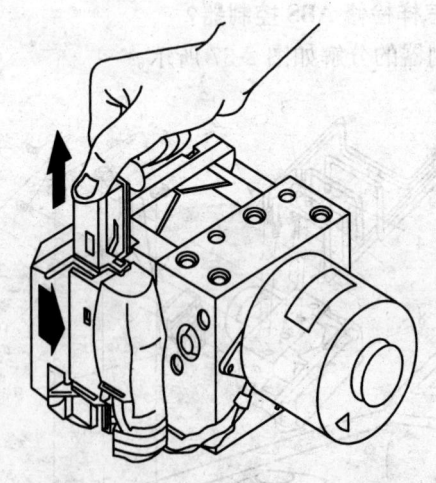

图 2-38 拔下 ABS ECU25 个端子插头

④踩下踏板,并用踏板架定位,如图 2-39 所示。

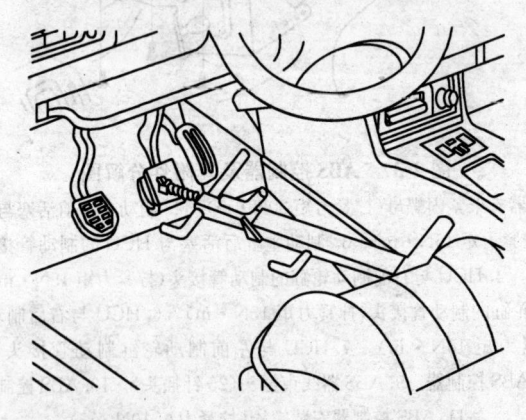

图 2-39 用踏板架固定制动踏板

第二章 底盘的检修与故障排除

⑤在 ABS ECU 下垫一块抹布,用来吸干从开口处流出的制动液,如图 2-40 所示。

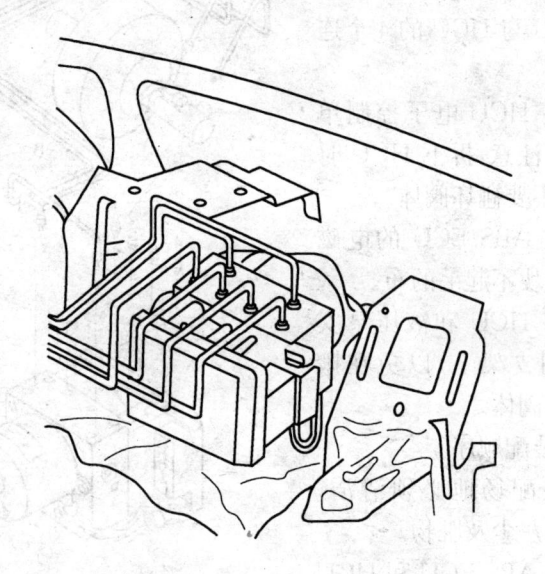

图 2-40 在 ABS ECU 下垫一块抹布

⑥拆下制动主缸到 HCU 的制动油管 A 和 B(如图 2-41 所示),并标上记号,立即用密封塞将开口部位塞住。

⑦用软铅丝把制动液管 A 和 B 扎在一起,挂到高处,使开口处高于制动储液罐的油平面。

⑧拆下 HCB 通到各轮的制动液管,并做上记号,立即用密封塞将开口部塞住。

操作过程必须特别小心,不能使制动液滴落到 ABS ECU 中去。如果制动液进入到 ABS ECU 中去,会使触点腐蚀,损坏系统。如果壳体脏污,可用压缩空气吹干净。

⑨把 ABS ECU 从支架上拆下来。

(2)分解顺序

①压下接头侧的锁止扣,拔下 ABS ECU 上液压泵(V64)电

线插头。

②用专用套筒扳手拆下 ABS ECU 与 HCU 的 4 个连接螺栓。

③将 HCU 电子控制单元分离。注意:拆下 HCU 时要直拉,不要碰坏阀体。

④在 ABS ECU 的电磁阀上盖一块不起毛的布。

⑤将 HCU 和液压泵安放在专用支架上,以免在搬运时碰坏阀体。

(3)装配顺序

①装配场地必须清洁,不允许有灰尘及脏物。

②把 ABS ECU 和 HCU 装成一体,用专用套筒扳手拧紧新的螺栓,力矩不得超过 40N·m。

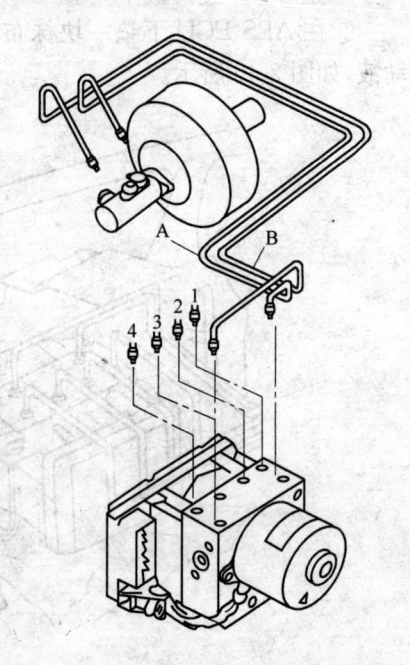

图 2-41 拆下制动油管 A 和 B 示意图

③插上液压泵电线插头,注意锁扣必须到位。

(4)安装顺序

ABS ECU 开口处的密封塞只有在制动液管要装上去的时候才能打开,以免异物进入制动系统管路中。

①将 ABS 控制器装到架上,以 10N·m 的力矩拧紧固定螺栓。

②卸下液压口处的密封塞,装上各轮制动液管,检查液管位置是否正确,以 20N·m 的力矩拧紧管接头。

③装上连接主缸的制动油管 A 和 B,以 20N·m 的力矩拧紧管接头。

④插上 ABS ECU 线束接头。

⑤对 ABS 系统充液和放气。

⑥如果换装了新的 ABS ECU,必须对其的 ECU 重新编码。

⑦打开点火开关,ABS 故障警告灯须亮 2s 后再熄灭。

⑧使用 V·A·G1552 故障诊断仪,先清除故障存储,再查询故障码。

⑨试车检测 ABS 功能,须感到踏板有反弹。

2-123 微型汽车转向装置结构有什么特点?

微型汽车转向装置的功用是用来改变汽车的行驶方向和保持汽车直线行驶的稳定状态,以适应道路的复杂多变和随时改变汽车行驶方向的需要。汽车转向装置的工作必须可靠,各零部件要有足够的强度,以保证行车安全;要求转向轻便灵活,以减轻驾驶人的劳动强度;同时还要求汽车转向时,左右转向车轮应有正确的运动轨迹,以确保转向车轮的滚动而防止滑拖。

昌河、长安、松花江牌微型汽车转向装置的组成如图 2-42 所

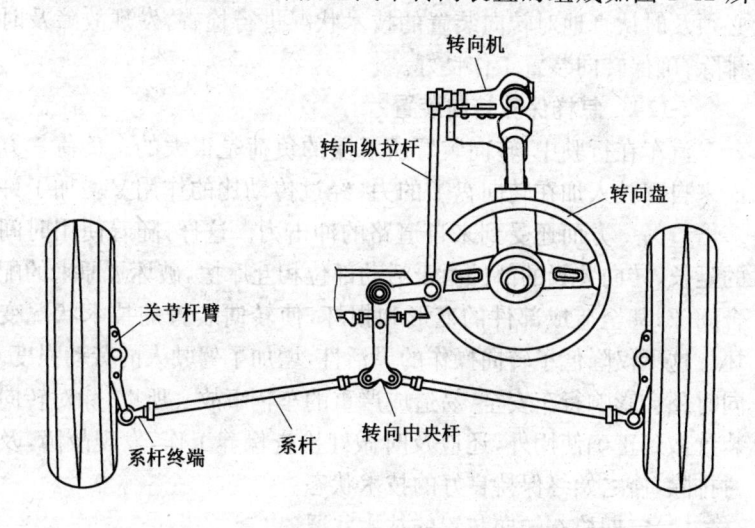

图 2-42 微型汽车转向装置的组成

示,由转向盘、转向器、转向臂、纵拉杆、横拉杆和中央杆等组成。转向时,驾驶人转动转向盘,通过转向器和转向臂,拉动纵拉杆,再由纵拉杆推拉中央杆,并带动横拉杆旋转左右转向轮,实现汽车的转向。

微型汽车转向器为循环球式,其结构如图 2-43 所示,由螺杆、螺母、钢球、扇齿和转向臂等组成。当转动螺杆时,螺母便沿轴向方向上下移动,并带动扇齿,使转向臂转动,再经过转向机构带动转向车轮偏转,实现汽车的转向。

在转向时,循环球式转向器的螺杆和螺母之间的钢球在滚动,所以,该转向器在工作时摩擦阻力小、传动效率高,并且操纵轻便、磨损小、使用寿命长。

转向装置在汽车行驶时其摩擦副的运动频繁,要承受来自不平路面的冲击负荷。因此,随着行驶里程的增加,转向装置的某些零部件会因磨损而改变原来的几何形状和配合间隙,这不仅增加了转向时的阻力,而且还会直接影响行车安全。所以,在使用中,必须及时认真地对转向装置的技术状况进行检查,发现故障及时排除,确保转向装置工作良好。

2-124 怎样保养转向装置?

汽车在行驶中,转向装置所承受的负荷是很大的。负荷一方面来自驾驶人加在转向盘上的力(经过传动比的作用又增加了许多倍);另一方面还受到来自道路的冲击力。这样,随着使用时间的延长,转向装置的部件由于活动部位相互摩擦,破坏了原来的配合间隙,甚至造成部件的变形和损坏,使转向装置的技术状况变坏。这不仅降低了转向操作的灵活性,增加了驾驶人的劳动强度,同时还会影响行车安全,易造成严重的车辆事故。所以,除对转向装置做到正确使用外,还应及时做好检查保养工作,发现故障,及时排除,使之始终保持良好的技术状态。

(1)定期检查转向装置的技术状况

转向装置在使用中,其转向器内的润滑油液由于挥发和渗漏

第二章 底盘的检修与故障排除

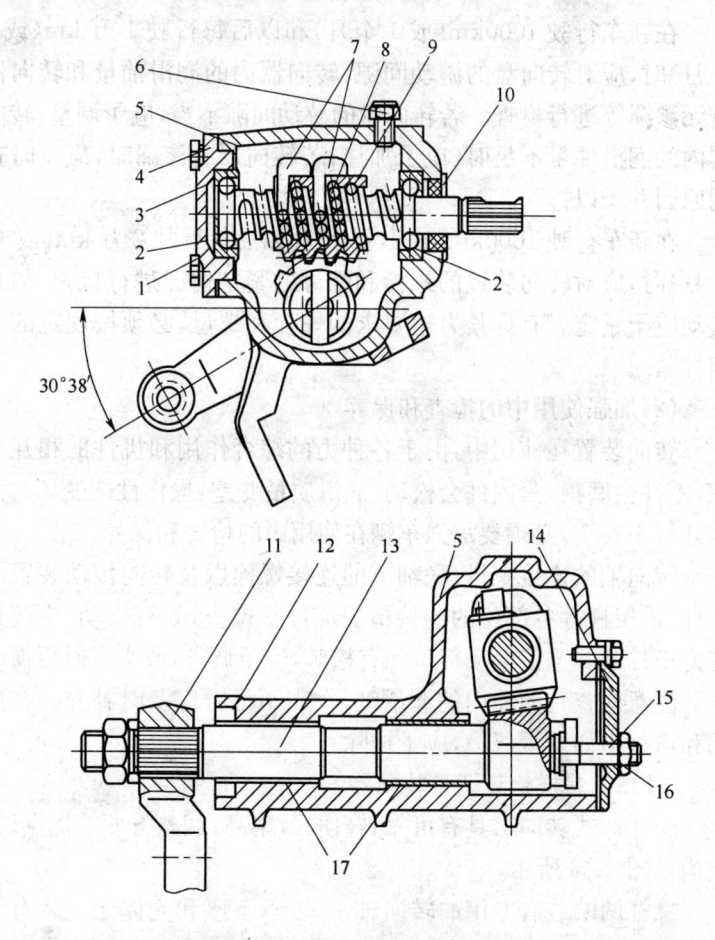

图 2-43 循环球式转向器的结构
1. 螺杆 2. 轴承 3. 轴承下座 4. 调整垫片 5. 壳体 6. 加油螺塞
7. 导管 8. 钢球 9. 螺母 10. 油封 11. 摇臂 12. 油封 13. 摇臂轴
14. 侧盖 15. 调整螺栓 16. 锁紧螺帽 17. 铜套

会消耗减少,机件磨损间隙会增大,使转向装置的技术状况下降,为防患于未然,使之保持良好的技术状态,应定期对转向装置进行检查。

在新车行驶1000km(或1个月)和以后每行驶1万km(或6个月)时,应对转向盘的游动间隙、转向器内的润滑油量和转向器有无渗漏等进行检查。若转向盘的游动间隙不当,应予调整;转向器内的润滑油量不足时,应予加注;若转向器有渗漏时,应及时查明原因并予以排除。

在新车行驶1000km(或1个月)和以后每行驶2万km(或12个月)时,应对转向装置的螺栓和螺母的紧定情况进行检查,如有松动应予紧定。有拧紧力矩要求的螺栓和螺母,必须按规定的力矩拧紧。

(2)加强使用中的检查和保养

转向装置在使用中,由于各种力的综合作用和机件的相互摩擦,零件会磨损,紧固件会松动,润滑质量变差,操作性能变坏。为保证行车安全,必须要加强车辆在使用中的检查和保养。

转向轴的连接螺母、联轴节的连接螺栓以及转向传动装置纵拉杆、横拉杆等各部位的连接情况应经常检查,如有松动,应按规定力矩拧紧。连接活动部位如有松旷,应予调整,或必要时更换组件。注意检查转向器内的润滑油,发现不足时应及时补充。在使用和检查中如发现故障,应予排除。

2-125 怎样检查调整转向器?

循环球式转向器具有可靠、轻便、效率高、调整方便等优点,其结构见图2-43所示。

螺杆两端装有专用的转向轴承,轴承下座和壳体之间装有调整垫片。此垫片可调整螺杆轴承间隙。

摇臂轴一端为扇齿,与螺母相啮合。当转动螺杆时,螺母沿轴向移动,带动摇臂轴转动。

侧盖上有一螺孔,调整螺栓固定其上,并用锁紧螺母将调整螺栓锁紧。松开锁紧螺母,再转动调整螺栓,就可以使摇臂轴沿轴向移动,调整齿扇齿条啮合间隙,右旋减小间隙,左旋增大间隙。调整好的转向器的齿扇在中间齿的部位时(即汽车直线行驶时),应该是无间隙啮合。

转向器调整后,用手正、反方向转动摇臂轴时应感到有滞感,但注意不要调得过紧,否则会加速磨损,甚至损坏零件。

转向器出厂前已调整好,只有在零件磨损、更换零件或自由行程增大时,才进行调整。

2-126 怎样检查转向器内的润滑油?

微型汽车在使用中应注意转向器内的润滑油量,特别是当发现转向器有渗漏现象时,应及时检查转向器的润滑油量。检查时,将转向器的通气螺塞拆下,检查转向器内的润滑油平面。昌河、长安、吉林、松花江牌微型汽车转向器内的油面不得低于检查线的12mm,若油面过低时,应按规定标准和要求补充润滑油。

2-127 怎样检查与调整前轮最大转向角?

微型汽车前轮最大转向角与汽车最小转弯半径有直接关系,影响汽车行驶的通过性。因此,最大转向角是否符合规定要求,不仅影响汽车的可靠性、安全性和机动性,同时也影响轮胎的磨损和寿命。若转向角过大,汽车转弯时所产生的离心力也大,这就加剧了轮胎与地面的横向滑移,同时还使轮胎与其他机件相碰撞的可能性增加,容易造成轮胎的磨损和损坏。如转向角过小,汽车转弯困难,机动性变差,影响汽车的行驶安全。因此,汽车进行保养和修理时,应对转向角进行检查与调整。

检查前轮的最大转向角时,应在前轮的前束调整正常的前提下进行。检查时,将两前轮置于前轮转角检查仪上,并使前轮处于直线行驶状态,然后轻轻向左(或向右)将方向打到底,记下内侧车轮和外侧车轮的转角。内侧车轮和外侧车轮的转向角均应符合规定要求。昌河、长安、松花江牌微型汽车转向角规定:内侧车轮转角为33°,外侧车轮转角为27°。

这里所说的内侧车轮和外侧车轮的概念是:当汽车向左转弯时,左边的车轮为内侧车轮,右边的车轮为外侧车轮;相反,当汽车向右转弯时,右边的车轮为内侧车轮,左边的车轮为外侧车轮。

2-128　怎样装配转向装置？

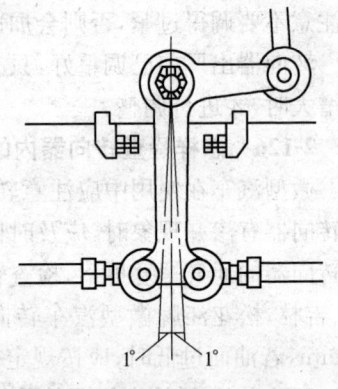

(1)转向中央杆的安装

转向中央杆的安装如图2-44所示。转向中央杆安装好后,当汽车的前轮处于直线行驶时,其转向中央杆的纵向臂轴(即转向横拉杆连接的臂轴)必须与汽车的纵轴平行。在安装转向装置时,转向中央杆纵向臂轴与汽车的纵轴所允许的最大偏差应小于1°。

图2-44　转向中央杆的安装

(2)转向盘的安装

为方便操作和减轻驾驶人的劳动强度,转向盘装好后,其游动间隙应满足规定要求;转向盘的安装位置应符合如图2-45所示的要求,即当汽车的两前轮处于直线行驶位置时,转向盘的两幅条应与地面平行,所允许的最大偏差必须保持在6°之内,否则应予校准。

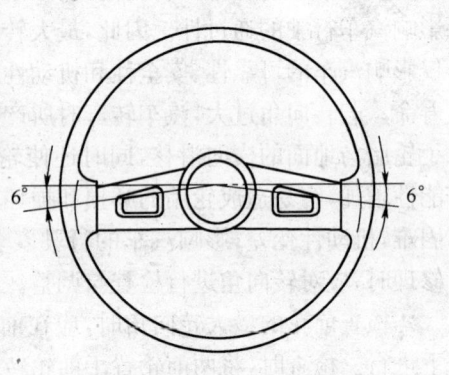

图2-45　转向盘的安装

(3)关键部位的安装

为确保转向装置的装配质量,保证转向装置良好的技术状况,关键部位的装配与安装必须严格遵照技术要求进行,其螺栓和螺母均应按规定的力矩拧紧。昌河、长安牌微型汽车转向装置关键部位的安装如图2-46所示。

第二章 底盘的检修与故障排除

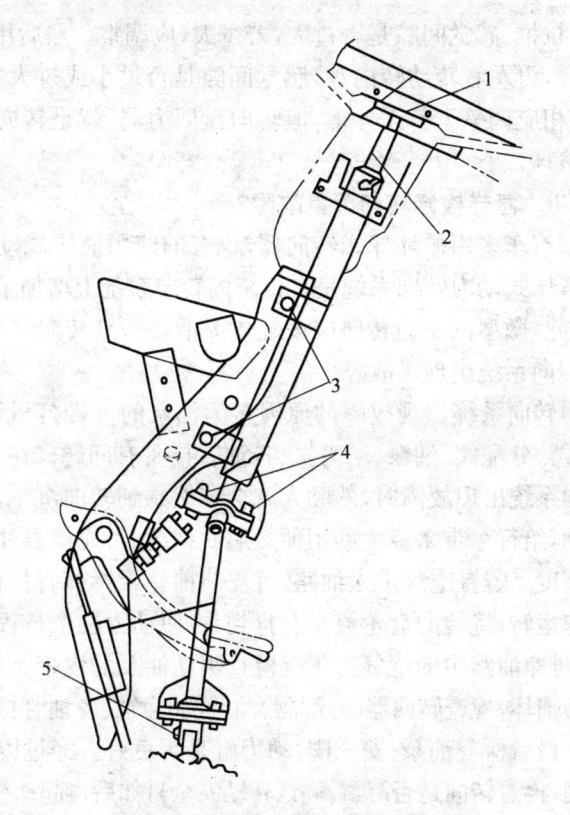

图 2-46 转向装置关键部位的装配
1. 转向轴螺母 2. 间隙调整 3. 转向盘支柱支撑螺栓
4. 转向盘橡胶连接螺母 5. 转向轴连接螺母

2-129 转向器出了故障怎么排除？

微型汽车所用的转向器基本上都是循环球式。这种转向器故障少,寿命长,但使用中常会出故障。故障的一般表现为转动转向盘时,间隙过大或行驶中方向回不过来;在不好的路面上行驶时,路面冲击性的反作用力还会传给转向盘,驾驶人双手有明显感觉,方向会左右摆动。

若发生上述故障,可先做一些简单检查。先用双手握住转向盘,上下拉推,感觉间隙是否过大,若过大,应调整。然后用手抓住转向垂臂,再左右转动转向盘,感觉间隙是否过小或过大,若有异常,则作相应调整。若无异常,但转向盘回力弱,就是转向盘内发卡或缺滚球。

2-130 怎样检修转向沉重故障?

微型汽车多用循环球式转向器,也有的使用液压式动力转向系统。液压式动力转向系统是在传统的转向系统上增加了液压助力器,因此,微型汽车的转向应该轻便灵活。一旦转向沉重,肯定是动力转向系统出现了故障。

动力转向系统出现故障的原因多为油泵的皮带打滑,齿轮损坏,转向器、分配阀、油泵、动力缸、各油管接头有问题。在行驶中,动力转向系统出现故障时,驾驶人就会突然感到转向沉重,或转向盘转不动,给行车带来极大的不便。遇此情况时,应检查油的质量和油面高度。若有空气进入油路,可支起前轮或拆掉直拉杆,使发动机怠速运转,将转向盘轮流左右打到头,使动力缸全行程往复运动,逐步排净油路中的空气。还应检查驱动油泵的皮带是否打滑,齿轮是否损坏,检查转向器、分配阀、油泵、动力缸、各油管接头等有无渗漏。最后检查油泵、安全阀、动力缸是否良好。经过以上的检查和处理,再看转向是否沉重,确认转动安全自如后再起动行车。

2-131 转向盘自由回正力弱怎么办?

汽车转向盘在转动后,有自动回正能力。转向盘自动回正力弱是指在驾驶中转动转向盘后,转向盘不能自动回正,必须用力才能拨正转向盘。

若转向盘的自动回正力弱,必然增加驾驶人的工作强度。该故障的原因及处理方法如下:

①左右两侧车轮轮胎磨损不均匀,相差较大;左右两侧车轮充气不均匀,轮胎气压不一致是回力弱的主要原因之一。判断此故障必须用轮胎压力表。用脚踢胎面,只能大致判定胎压的大小。左右两轮胎压不一致引起不能回正的原因是,胎压低的车轮接触地面的

面积大，路面阻力较大，因此，汽车向胎压低的一侧偏转。这时，应重新调整左右车轮胎气压，保持左右两侧的轮胎气压一致。

轮胎磨损相差较大，转向盘被拉向一边，通常可以采用轮胎换位的方式来处理。为了解决转向盘被拉向一边及延长轮胎使用寿命，汽车在行驶 1 万 km 后，即应将轮胎换位。通常把左前轮换到左后轮，左后轮换到右前轮，右后轮换到左前轮，右后轮使用备胎。

②前轮定位失准也会引起方向自动回正力弱，特别是前轮外倾角超过设计规定值时，汽车会朝外倾角大的一方偏驶。应说明的是，前轮定位（前轮校准）是一门专业性较强的转向几何学，是指前轮与前轮相互间的位置及前轮与车辆之间的相对位置。为了行车安全，转向盘的自动回正、转向精确、行驶稳定及减少轮胎的磨损都十分重要。判明前轮是否失准，有一种简便易行的前轮外倾角检查方法：将车辆停在平坦路面上，用一根端部系有砝码的细绳紧贴车轮上沿外侧，铅坠下重，测量细绳与车轮下沿外侧（接地部）间的距离。若左右轮所测出的尺寸相同，则符合规定值，说明前轮定位正常，否则，即为前轮定位失准。此时，应到专业厂家进行定位调整。

③左右车轮中有的车轮制动拖滞也是自动回正力弱故障的原因之一。制动拖滞是左右车轮中的某一车轮制动器不正常所致。如果一个前轮的制动器有阻力，转向盘被拉向一边，这样，转向盘就不能回到正中的位置，汽车将绕着产生制动拖滞的一侧车轮打转，这对车辆的正常行驶和安全都会造成不利影响。某个车轮制动器有阻力，原因是该车轮制动间隙太小，应重新进行间隙调整，将制动拖滞一方的制动器调松一点即可。

此外，车身或车架扭曲变形，由于后桥装配位置移动，导致轴距失准，悬架元件损坏等也会引起方向回正力弱。这些故障不是自己可以处理的，应送专业厂家排除。

2-132 汽车转向时为什么会有"吱吱"响声？

汽车转向时出现"吱吱"的响声，肯定是汽车转向系统有故障。

造成这种噪声的原因通常为:后钢板弹簧座松动,前轮滚子轴承严重磨损或滚球碎裂,横摆臂球头销及转向横拉杆球头销润滑不良,严重磨损等。

针对以上原因,排除汽车转向时的"吱吱"噪声的方法很简单:若后钢板弹簧座松动,则重新拧紧即可;若前轮滚球轴承损坏,横摆臂球头销及转向横拉杆球头销润滑不良,严重磨损,则应及时更换。

2-133 怎样向转向节主销内加注润滑脂?

检验向转向节主销内加注的润滑脂是否到位,通常是以润滑脂能否从主销上下压板的缝隙处挤出作为判断的依据。但在实践中,往往会出现黄油枪从黄油嘴"打不进"润滑脂的情况。这里介绍一种简单的加注方法。

具体做法是:用千斤顶将"打不进"润滑脂的那边前桥顶起,使前轮胎离地悬空;一人在驾驶室内缓慢地、大幅度地来回打方向,另一人用黄油枪对准黄油嘴,注入润滑脂。在绝大多数情况下,用此方法,均能使润滑脂注入主销与衬套的间隙内。

若出现润滑脂"打不进"的情况,就得更换黄油嘴。若更换黄油嘴后,仍"打不进",肯定是主销孔套与主销抱死,且主销衬套在转向节的承孔内走外圆,从而导致润滑油道被堵塞。遇此情况,应更换主销衬套。

2-134 转向盘抖动的原因是什么?怎样排除?

①车轮气压不一致。可按标准重新调整气压。

②车轮摆动。修理校正轮辋或更换轮辋。

③左右轮胎摆差大。更换轮胎。

④轮辋螺栓松动。按要求拧紧螺母。

⑤车轮轴承磨损或损坏。更换新的轴承。

⑥大小球销松旷。更换新的球销。

⑦转向器松旷。松开转向器调整螺母锁,将螺母拧进到转动转向盘的自由摆动量为100~150mm时,再锁紧螺母。

⑧转向器固定螺钉松动。重新拧紧即可。

第二章　底盘的检修与故障排除

2-135　怎样排除车辆行驶中摆头的故障？

微型汽车行驶在某一低速范围内或某高速范围内,有时会出现两前轮各自围绕主销进行角振动的现象,这就是前轮摆头故障,驾驶时,握转向盘的手感到有较大的振动,严重时有麻木的感觉。

如果汽车在不平道路上行驶时前轮摆头,简便的紧急处理方法是:立即降低车速,大幅度左右转转向盘,可使前轮摆头现象暂时减弱或消失,返回后再进行修理。

如果在高速行驶时,两前轮左右摆振严重,握转向盘的手有强烈的麻木感,表明摆头的故障非常严重,必须及时排除。

前轮摆头的原因较多,可按下面方法查找故障:

先查看前轮是否装用了翻新轮胎。由于翻新胎几何尺寸和旋转质量方面的偏差都比较大,转动起来易产生偏摆和不平衡。目前,微型车一般都不使用翻新胎。所以,应重点检查前桥与转向系统各连接部位是否松旷。连接部位松旷会导致前轮摆头。如无松旷之处,再检查前悬架连接螺栓或衬套处是否松旷、左右两侧悬架状况是否相等。这些也是导致前轮摆头的因素。另外,还可支起并转动前轮,用大型划针检查前轮径向跳动量和端面跳动量、车轮的不平衡度、前轮前束值。如果前束值在规定范围内,则故障可能在前轮外倾、主销后倾角的变化上。另外,转向系统的刚度不足也可能造成前轮摆头。

2-136　什么是前轮定位？

为保持汽车直线行驶稳定,转向轻便,以及减小轮胎与机件的磨损,要求转向车轮、转向节和前轴与车架的安装保持一定的相对位置。这种具有一定位置的安装称为转向车轮定位,也叫前轮定位。它包括主销后倾、主销内倾、前轮外倾和前轮前束。

①主销后倾:主销在前轴上安装时,其上端略向后倾斜,叫主销后倾。在纵向垂直平面内,主销轴线与垂线间的夹角叫主销后倾角,如图 2-47 所示。

主销后倾后轴线延长线与路面的交点位于车轮与路面的接触

点之前。这样,此点到主销轴线间就有一段垂直距离。若汽车转弯时,汽车产生的离心力将引起路面对车轮的侧向反作用力,从而形成一个使车轮回复到原来中间位置的趋势。

由上可知,主销后倾的作用是,当汽车直线行驶时保持其稳定性,当汽车转弯后有使前轮自动回正的趋势。

主销后倾角一般不超过3°,由前钢板弹簧在车架上的安装位置来保证。

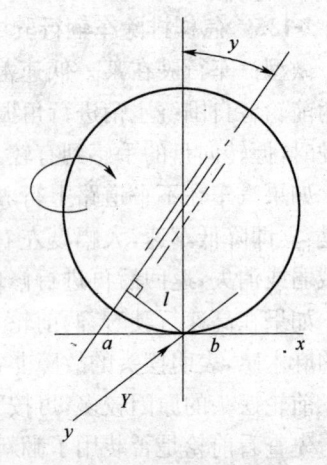

图 2-47 主销后倾角及作用示意图

当钢板弹簧因承受载荷不同而挠度发生变化时,主销后倾角也将相应地改变。在使用和维修时,车架变形、钢板弹簧疲劳等均将使主销后倾角发生变化。

②主销内倾:主销在前轴上安装时,其上端向内倾斜,叫主销内倾。在横向垂直平面内,主销轴线与垂线之间的夹角 β 叫主销内倾角,如图 2-48a 所示。主销内倾的目的也是为了保持汽车直线行驶稳定,并使转向轻便。

由于主销内倾的存在,当前轮因转向或受到其他外力而偏转时,轮胎下部将有压入路面以下的趋势,如图 2-48b 所示。为便于说明,图中假定轮胎偏转 180°。但事实上是不可能的,而只能将前轴,即汽车前部向上抬起一定高度。这样,前轮就在汽车前部重力作用下产生力图回复到原来中间位置的趋势。这就促使了转向时的自动回正,保证了直线行驶的稳定性。此外,由于主销内倾减小了转臂(图 2-48a),使转向操纵轻便。

③前轮外倾:前轮安装后,其上端略向外倾斜,叫前轮外倾。前轮旋转平面与纵向垂直平面间的夹角叫前轮外倾角。

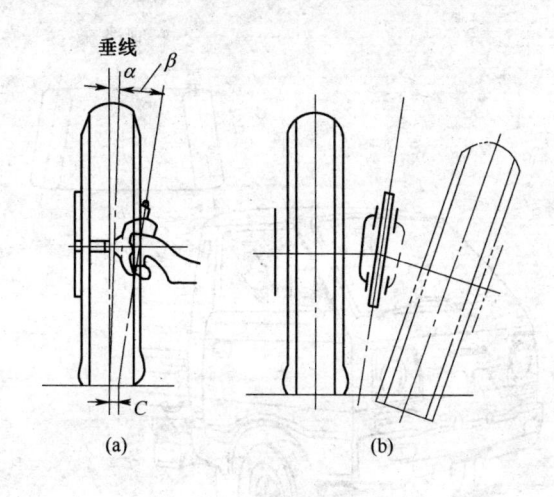

图 2-48 主销内倾示意图

前轮外倾的目的是为了提高前轮工作的安全性和转向操纵的轻便性。由于主销与衬套之间、轮毂与轴承等处均有装配间隙,若空车时,车轮正好垂直于地面,而在满载时,上述各处间隙将发生变化,车桥也因满载而产生变形,这就可能会引起车轮上部出现内倾现象。车轮内倾时,地面的垂直反作用力将产生一沿转向节轴向外的分力。此力将使轮毂外轴承及其锁紧螺母的载荷增大,寿命缩短,严重时使车轮脱出,造成事故。而车轮外倾,则能防止上述不良影响;同时也可使车轮与拱形路面相适应,车轮外倾与主销内倾相配合,还可使转向轻便。

前轮外倾角是由转向节的结构确定的。转向节安装后,其转向节轴相对于水平面向下倾斜,从而使车轮外倾。外倾角一般为 $10°$ 左右。若过大,将使轮胎横向偏磨增加,汽车油耗增多。

④前轮前束:微型汽车两前轮的前端距离 A 略小于后端距离 B,叫前束。两者之差 $(B-A)$ 为前束值,如图 2-49 所示。

前束的作用是为了消除汽车行驶中因前轮外倾所带来的不良后果,使车轮直线滚动而无横向滑拖现象。

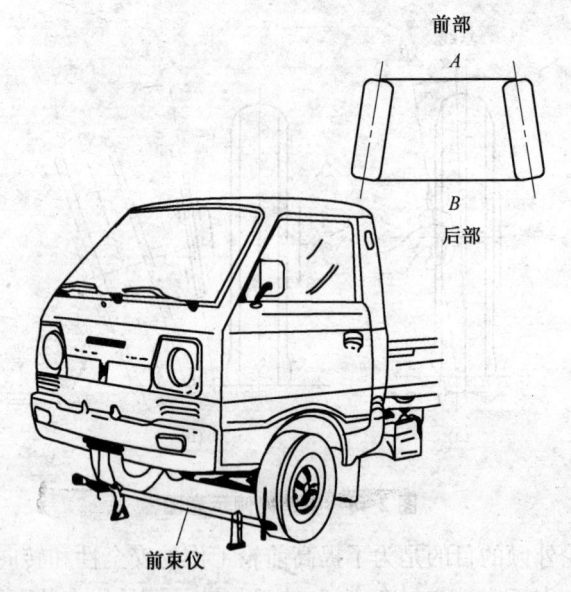

图 2-49 前轮前束

前轮外倾时,前轮向前滚动类似滚锥绕锥尖滚动,其轨迹不再是直线向前,而是逐渐向外滚开,但因其受汽车和转向横拉杆的约束,车轮又不能任意向外滚,只能是边向外滚动边向内滑拖,结果使轮胎横向偏磨增加,轮胎轴承载荷增大。因此,只要前束和外倾配合适当,二者的相互作用会使轮胎的滑拖现象抵消,减小了轮胎的磨损,使车轮向前滚动。

前轮前束由调节横拉杆的长度来保证。值得注意的是,前束的测量位置并无统一标准,各车应严格按照厂家的规定进行测量。常见的有:在轮胎侧面间的最小距离处测量;在轮胎中心线处测量;在轮胎钢圈内侧处测量等。

车轮总成装配时,球销垫内及防尘罩内应涂满锂基润滑脂。

2-137 微型车前轴由哪些主要零件组成?其作用是什么?

汽车前轴为断开式结构,具有稳定拉杆,提高了前轮的侧偏刚度和行驶稳定性,如图 2-50 所示。前轴总成通过 4 个 M10 螺栓

第二章 底盘的检修与故障排除

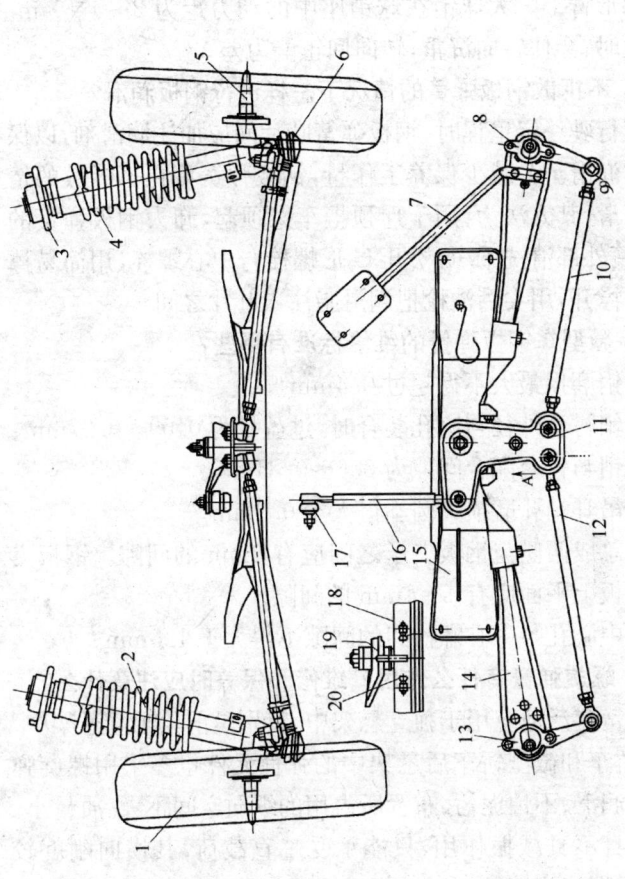

图 2-50 前轴结构

1. 车轮 2. 减振器 3. 主支点总成 4. 缓冲弹簧 5. 前轮半轴(转向节) 6. 大球销总成 7. 稳定拉杆总成 8. 左梯形臂 9. 小球销总成 10. 左转向臂 11. 主转向臂 12. 右横拉杆 13. 右梯形臂 14. 悬臂总成 15. 中臂 16. 纵拉杆 17. 纵拉杆球销 18. 转向限位螺钉座 19. 转向限位杆 20. 转向限位螺钉

313

与车架相连接。中臂与悬臂用螺栓连接,采用橡胶弹簧做轴承。中臂和悬臂靠橡胶轴承的橡胶扭转变形产生相对运动。螺栓与橡胶套没有相对运动。

大球销总成用螺栓连接在悬臂上,球销用螺栓固定在转向节上的转向梯形臂上。大球销在球销座中的动力矩为2~4N·m。此力矩过大时,会使转向沉重,转向回正能力差。

2-138 不拆散钢板弹簧的情况下怎样进行钢板润滑?

当汽车行驶一定里程时,钢板弹簧叶片间应加注润滑剂,以保证叶片正常润滑。为减少保养工作量,钢板弹簧可在不拆散的情况下进行润滑,其方法为:用千斤顶把车架顶起,卸去钢板弹簧的负荷,将弹簧外部清洗干净,松开U形螺栓与中心螺栓,用简易撑开器把叶片撑开,用尖嘴油枪把润滑脂注入叶片之间。

2-139 微型车钢板弹簧的维修标准有哪些?

①钢板销磨损最大不得超过0.4mm。

②钢板销衬套外径与座孔装合时,过盈量为0.09~0.27mm。

③钢板销与衬套配合间隙为0.6~0.24mm。

④钢板吊耳销孔磨损失圆不得大于0.3mm。

⑤钢板总成两侧与钢板夹子之间应有2mm的间隙。钢板夹子套筒与钢板上平面应有1~4mm的间隙。

⑥钢板中心孔与中心螺栓间的间隙不得大于1.5mm。

2-140 螺旋弹簧有什么作用?维修和保养时应注意什么?

螺旋弹簧广泛地应用于独立悬架中,特别是前轮独立悬架中。目前,有些轿车和微型轿车后悬架中的弹性元件也多采用螺旋弹簧。它无需润滑、不怕泥污、布置所占用的纵向空间不大、质量小。螺旋弹簧本身不具减振作用,只能承受垂直载荷,其横向刚度较差。因此,在螺旋弹簧悬架中必须设置减振器,装设导向机构,以传递垂直力以外的各种力和力矩。

在保养和维修时,要注意检查螺旋弹簧是否有塑性变形、断裂、伤痕,必要时应更换。在拆卸和安装过程中,一定要使用专用工具，以避免造成断裂和变形。如有条件，应检查其自由长度和弹簧刚度是否符合规定值。更换新螺旋弹簧一定要符合该车对螺旋弹簧要求的规格。夏利轿车的前螺旋弹簧的规格为：钢丝直径9.5mm，弹簧中径93mm，总圈数7.53，有效圈数6.33，旋向右，自由长度339.0mm，弹簧刚度15.68N/mm。五菱微型汽车的前螺旋弹簧的规格为：钢丝直径12mm，外径95mm，自由长度236±6mm，工作圈数43/4，弹簧刚度74.5N/mm。

2-141 怎样修理微型车前减振器？

修理方法：一般应换新，国产件可换其中损坏的零件。

分析说明：目前，我国微型汽车使用的减振器80%是从日本进口的CKD散件组装的，其余为国产件。日本进口的原件，由于质量较稳定，而且为不可拆卸式结构，所以问题较少。若有损坏，一般应整套更换。由于国产减振器采取了可拆卸式结构，损坏后，可通过局部维修和换件进行修复。

①当感到汽车前减振器性能减弱时，首先要检查减振器外壁是否发热，如果与周围不能发热的部件一样无温热感，说明减振器已失效。另一种方法是用手按压车身，然后迅速放手，如果车身上下跳动3～4次，说明减振器性能已有所减弱。原因可能是减振器油液泄漏，解决方法就是按厂家规定加注减振器液。其次，检查前悬架的支承胶垫和有关橡胶件。如果发现有被油污膨胀、破烂、老化、碎裂或失落的，必须更换新件。安装新橡胶垫时，原装件托架上有"R"和"L"记号，有"R"者装在车体右面的外侧，有"L"者装在车体左面的外侧。再次，检查减振器活塞杆是否弯曲。可将其端部的大螺母旋松1～2圈，然后将活塞杆旋转360°(宜在车轮承受车重的情况下进行)。若车轮上部向内或向外摆动，表明活塞杆已弯曲，其摆动量可用测微表（表头顶住车轮）或用外倾仪测定。旋转活塞杆时，应在减振器、活塞杆顶部使用内六方扳手等工具，千万不要用管钳夹住活塞杆旋转，以免擦伤其表面。若发现活塞杆已弯曲，进口的前减振器必须整个换新；可拆卸的国产减振器只要换一套新的

活塞杆总成即可。更换新的活塞杆总成时,注意加注少量减振液,但不能加满,需留出 2.5mm 左右的空间,以免受热膨胀。

②当前悬架发出异响时,一方面要注意减振器活塞杆端部的螺母是否松动。松动会使活塞杆窜动而产生噪声,此时,应将螺母拧紧。另一方面要注意检查螺旋弹簧是否有裂纹,如有,应更换新件。螺旋弹簧上有蓝红白三种颜色,它表示承受负荷的大小。装配时,注意同一辆车的螺旋弹簧颜色应相同,可使微型汽车左右悬架受力均匀。

2-142 怎样提高钢板弹簧的使用寿命?

钢板弹簧由于在轧压扁钢带、弯卷耳、热处理以及搬运过程中,其表面上会留有裂纹、折叠、凹痕及锈斑等缺陷,促使钢板弹簧表面在受负荷时应力集中,耐疲劳极限大大降低,引起早期损坏。为提高钢板弹簧的使用寿命,在制造上和使用维护上应采取如下措施:

(1)钢板弹簧表面要有残余压应力

由于汽车行驶时产生的跳动和材料表面上的缺陷,因而钢板弹簧表面上受拉应力的作用和应力集中,产生疲劳损坏。为提高其耐疲劳极限,必须使钢板弹簧表面上有残余压应力,这样可以降低表面所产生的拉应力。汽车上常用的钢板弹簧是椭圆形的,它的凹面受后应力,下凸面受压应力。一般钢材在压缩时的耐疲劳极限要比拉伸时的耐疲劳极限大 2 倍以上。所以,钢板弹簧的耐疲劳强度应由受拉应力的凹面的耐疲劳强度来决定。在制造钢板弹簧时,经热处理后,其凹面要进行喷丸处理,这样可以消除钢板弹簧表面上留有的裂痕、折叠、凹痕和锈斑等缺陷,并使它的表面形成一层挤压应力的表皮,具有较高的交变强度。这种钢板弹簧的使用寿命比不经喷丸处理的可以提高 3~7 倍。

(2)防止钢板弹簧表面腐蚀

由于汽车行驶在不平、泥泞、灰沙道路上,经常在交变应力下工作和受到腐蚀性物质的侵袭,钢板弹簧表面上的氧化膜受了交变应力作用而破裂成很细小的裂痕,于是,腐蚀性物质在裂痕中加剧扩展,从而引起钢板弹簧表面产生锈斑,促使应力集中,这样,又加剧了循环应力的作用。所以,在交变应力和腐蚀作用的影响下,钢板弹簧因疲劳极限大大降低而产生早期损坏。因此,在使用维护上应注意防止钢板弹簧表面的腐蚀。其方法为在钢板弹簧的叶片间需经常留有不溶于水而黏性大的润滑剂。润滑剂一般采用车用机油与10%的肥皂配成,或以车用机油与50%的沥青配成。这种润滑剂比用石墨油膏好得多,不容易被水冲洗。汽车在每行驶3000~10000km后,应将钢板弹簧拆下,在叶片间涂抹润滑剂,这样不但可以防止腐蚀,又可以使钢板弹簧在工作过程中,各叶片间不产生干摩擦,钢板弹簧的使用寿命可以延长很多。

2-143 怎样测定车轮前束?

为消除车轮外倾角的不良影响,在安装车轮时,使汽车两轮的中心面不平行,两轮前边缘距离小于后边缘距离,这称为车轮前束。两距离的差值为前束值。

车轮前束值的测定应按如下步骤进行:

①首先要保证转向系统无松旷现象,被测车轮轮毂轴承无松旷和间隙过大现象,车轮轮胎气压正常。

②将汽车停放在平整的路面,调正转向盘,使车轮处于直线行驶位置,然后推动汽车向前移动约5~10m。

③将车轮前束值测量仪指针的高度和车轮中心的高度对准。

④在每个被测车轮后部中心高度的轮胎胎面中心处(胎面上)作一标记,测量两标记的距离。

⑤慢慢地转动车轮,直到车轮转动180°为止。

⑥测定在步骤④中所作标记间的距离。

⑦步骤④和⑥中所测定的两距离之差值即为前束值。注意其值是否符合该车规定值的要求。

⑧前束的检查和调整应在无负载的状态下进行。

华利汽车前轮前束值:5~13mm。

夏利汽车前轮前束值:1mm。

夏利汽车后轮前束值：5mm。
长安汽车前轮前束值：11～15mm。
五菱汽车前轮前束值：6～10mm。

2-144　车轮的结构与安装要求是什么？

轮辋为深槽宽轮辋，轮毂和制动鼓铸成一体，轮毂上开有制动间隙调整孔，并用橡胶堵密封。前轮毂通过内外两个向心球轴承安装在转向节上，轮毂外端用螺栓加紧连接的方法，使前轮毂轴向固定。后轮毂用螺栓直接固定在后半轴外端上。长安牌微型汽车装用的轮胎规格为 4.5-12-8PR 八层级斜交轮胎。

装内胎时，先撒上滑石粉。轮胎与轮辋装配好之后，按规定将轮胎充气至标准值。

车轮出厂时已经做过动平衡，轮辋上装有平衡块，拆轮胎时要做记号，不要错位，更不应将平衡铅块碰掉。在轮胎换位时，装在前轮的轮胎最好要做动平衡，否则可能会引起前轮振摆。

车轮安装时，一定要使气门嘴靠近制动蹄调整孔一侧。

为延长轮胎使用寿命，车辆每行驶 1 万 km 时要进行轮胎换位。

2-145　怎样选用不同花纹的轮胎？

轮胎胎面的花纹式样很多，可归纳为普通花纹、混合花纹、越野花纹三种类型。

普通花纹有锯齿、弓形、菱形、瓶形、烟斗形、波浪形和直条形等形式，适用于水泥路面、沥青路面和较好的砂石路面。

混合花纹是介于普通花纹和越野花纹之间的过渡形式，花纹特点一般是行驶面中部有不同方向分布的窄沟槽，而在两侧有宽的沟槽，适用于硬基水泥路面和碎石路面，也适用于松土路面。

越野花纹有无向型、马牙型花纹和有向型、人字形花纹。这种花纹的轮胎与路面的附着性能极好，适宜于较差的路面，如泥泞、雨雪、湿滑的道路。

2-146　什么是子午线轮胎？使用时要注意什么？

子午线轮胎的结构特点是帘布层帘线排列的方向与轮胎的子午断面一致(即胎冠角为零度)。这样排列,可使帘线的强度能得到充分利用。子午线轮胎的帘布层数一般可比普通斜线胎减少40%～50%。帘线在圆周方向上只靠橡胶来联系,因此,为承受行驶时产生的较大切向力,子午线轮胎具有若干层帘线与子午断面呈大角度(交角为70°～75°)、高强度、不易拉伸的周向环形、类似缓冲层的带束层(亦称硬缓冲层或箍紧层)。带束层通常采用强度较高、拉伸变形很小的织物帘布(如玻璃纤维,聚酰胺纤维等高强度材料)或钢丝帘布制造。

轮胎使用时应注意以下几方面：
① 经常注意检查轮胎气压是否正常。
② 经常检查汽车的前束是否符合正常。
③ 不能与普通轮胎混装使用。
④ 子午线轮胎容易受到侧向机械损伤,在坏路上行驶时要特别注意。

2-147　使用子午线轮胎有什么好处？

子午线轮胎有很多明显的优点,如滚动阻力小,节省燃料,胎面耐磨损,行驶里程高,使用中生热低,适于长时间行驶；对路面附着力大,通过和牵引性能好；缓冲性能好,可减少汽车机件的损坏,乘坐舒适,使汽车钢板弹簧的寿命比斜纹轮胎提高1倍左右；胎面耐刺扎,修补费用小,行驶安全；轮胎着地时印痕扭曲减少,胎面花纹沟保持畅通,能迅速排出轮胎底下的水,使胎面与路面紧密接触,增加抗湿滑能力等。

子午线轮胎也有缺点,其轮胎的侧面稳定性稍差,驾驶时有发飘感。

2-148　怎样识别轮胎标记？

轮胎上的标记可表明其型号、轮胎的规格和性能。

高压胎一般用 $D \times B$ 来表示,其中,D 为轮胎直径,以英寸计;B 为轮胎断面的宽度,以英寸计,如 34×7 即表示轮胎外径 D 为 34 英寸,断面宽度为 7 英寸。安装外胎的轮辋直径为 $d=D-2H$,式中,断面高度 H 随外胎的结构特点而有差异,但可认为其值约等于 B。

2-149 无内胎充气轮胎有什么特点?

近年来,微型汽车对无内胎充气轮胎的使用渐多。无内胎充气轮胎在外观上和结构上与有内胎充气轮胎近似,不同之处是无内胎轮胎的外胎内壁采用硫化的方法粘附上一层厚约 2～3mm 的用来密封空气的橡胶密封层,空气直接充入外胎中,由轮胎与轮辋间良好的密封性来确保气压的要求。在密封层正对着胎面下面,还贴有一层用未硫化橡胶的特殊混合物制成的自粘层,当轮胎穿孔时,自粘层能自行将刺穿的孔粘合,故称之为有自粘层的无内胎轮胎。

安装无内胎的轮辋应是不漏气的,故有着倾斜底部和均匀的漆层。气门嘴直接固定在轮辋上。

无内胎轮胎只在轮胎爆破时才会失效,而在穿孔时,压力不会急剧下降,仍能安全地继续行驶,不存在因内胎与外胎之间的摩擦和卡住而损坏。与有内胎轮胎相比,它的气密性较好,由于可直接通过轮辋散热,所以工作温度较低,使用寿命较长,而且结构简单,质量较小。

无内胎轮胎的缺点是途中修理较困难。自粘层可能软化而向下流动,破坏车轮平衡,一般多采用无自粘层的无内胎轮胎。无自粘层外胎内壁只有一层密封层,当轮胎穿孔后,由于其本身处于压缩状态而紧裹着穿刺物,故能长期不漏气。即使将穿刺物拔出,亦能暂时保持胎内气压,这就部分地代替了自粘层的功能。

2-150 为什么要按规定给轮胎充气?气压过高过低有哪些危害?

整个汽车的质量作用在轮胎上,因此,轮胎必须具有合适的弹性和承受一定负荷的能力。当车轮滚动时,作用在相应轮胎上的部分车辆质量和由于路面不平产生的冲击负荷使轮胎压缩。压缩变形所消耗的功有一部分使轮胎发热,温度升高,轮胎温度过高,将加速其磨损,使用寿命降低。轮胎的发热程度取决于轮胎的结构、内部气压、负荷及行驶速度等。

轮胎内气压过低或过高都会影响其使用安全性和寿命。气压过低时,径向变形增大,帘线伸张变形大,胎面磨损不均匀,会造成轮胎冠及两肩严重磨损;气压过高时,胎体帘线的应力过大,承受极大的拉伸应力,轮胎接地印迹缩小,单位接地压力增高,往往会造成胎冠中部很快磨损。

微型汽车各型轮胎正常充气压力见表 2-5。

表 2-5 微型汽车轮胎正常充气压力表

车型	轮胎规格型号	充气压力(kPa)			
		载质量<200kg		载质量>200kg	
		前轮	后轮	前轮	后轮
夏利轿车	6.00—12—6PR	186			
华利货车	5.00—12—8PR	235.2±19.6	313.6±19.6	235.2±19.6	313.6±19.6
五菱货车	5.00—10—8PR	176.5	235.3	205.9	323
长安货车	4.50—12—8PR	200	200	240	375

2-151 为什么要定期将轮胎换位?

轮胎定期换位,可平衡全车轮胎的磨损,是延长轮胎使用寿命的有效措施。

汽车的总质量不均匀地分布在每个车轮上。车的重心距驱动桥较近,驱动桥车轮轮胎的负荷要大于被动桥车轮轮胎的负荷;在汽车上坡、下坡、转弯、制动以及加速时,前后桥和左右轮轮胎的负荷要发生变化;公路路面呈拱形,使左右与内外轮胎的负荷也有差别。所以,各个车轮轮胎的磨损也必然不同。

轮胎换位时,应注意如下两点:同一轴上的轮胎应为相同型号和花纹的轮胎；转向轮不得装用翻新的轮胎。

微型汽车一般每行驶1万km进行轮胎换位。换位的方法如图2-51所示。换位后,应检查车轮偏斜摆差不超过1.5mm；轮胎气压应符合规定值。

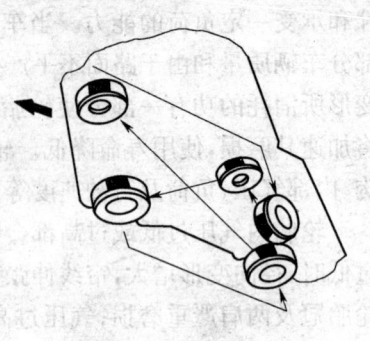

图2-51 轮胎换位

2-152 怎样延长轮胎的使用寿命？

轮胎的寿命除轮胎及轮辋的构造外,基本上取决于轮胎所受负荷、气压、路面状况、行驶条件、外界温度等因素。其他如车轮定位参数的调整、制动次数(特别是紧急制动的次数)也与使用寿命有关,还取决于驾驶人是否正确使用和保养轮胎。

为提高轮胎的使用寿命,应注意如下几方面：

①行车中应严格控制轮胎温度,要保证轮胎温度不超过90℃。

②认真执行轮胎的充气标准,保证轮胎气压在其规定范围内。

③严格控制轮胎所受负荷,禁止超载。

④经常检查汽车各车轮的定位参数,保持转向、行驶、制动系统机构技术状况良好。

⑤合理选用搭配轮胎,按期进行轮胎换位。

⑥严格遵守驾驶操作规程。起步不要猛,尽量避免频繁使用制动和紧急制动,在转弯和坏路上行驶时要适当减速,超越障碍物时要防止轮胎局部严重变形或刮伤胎面,不要将车停在有油污或金属渣集聚的地方,尽量不要在停车后转动转向盘。

⑦认真做好轮胎封存工作,不要让轮胎受到日晒和雨淋。

2-153 安装轮胎时应注意哪些问题？

①若使用人字形花纹轮胎,驱动轮的胎面人字形花纹的尖端应

与轮胎的旋转方向一致,以提高附着性能,防止泥土把花纹填塞。

②标有旋转方向的轮胎,应按规定方向装用。

③轮胎的气门嘴应与制动毂上蹄片间隙检查孔错开安装,以便检查蹄片间隙。

④轮胎与轮辋装配时,挡圈与锁圈必须与轮辋咬合牢靠,充气时,最好将挡圈一侧靠向地面或墙壁,以确保安全。

2-154 轮胎气门有哪些常见故障？怎样处理？

轮胎气门的常见故障有轮胎气门芯折断漏气与轮胎气门漏气。

轮胎气门芯在行车中可能不慎折断,造成轮胎漏气,此时,如有备用胎,应立即更换备用胎。在没有备用胎的情况下,可用一块胶皮剪成与气门嘴内径一样大小的圆块,等轮胎充足气后,将圆胶皮块平放入气门嘴内,然后将气门芯断头压住胶块,拧入气门嘴内即可。如果有内径与气门嘴外径相同或相近的胶管,可用胶管套住气门嘴,用金属丝扎紧,另一头也用金属丝扎紧封口。

在汽车行驶中,突然遇到轮胎气门漏气,可采用下述方法自己动手简单修复:

①自制一个合适的胶皮垫圈放在金属气门嘴帽中,用手钳拧紧气门帽,用水或唾液试验是否漏气即可。制作胶皮垫圈时,可用剪刀剪出皮垫,最好用直径合适的金属帽等,在胶皮上冲几下,这样制出的皮垫较好。

②找一段直径稍大于气门铜杆的胶管,一头用金属丝扎紧,另一头套在金属铜杆上,然后用金属丝将其牢牢扎紧即可。

2-155 为什么轮胎胎面中央部位会出现过度磨损？怎样排除？

如图 2-52a 所示。当充气压力过高时,轮胎胎面两侧悬空,胎面中央部位着地工作形成早期过度磨损。正确的充气方法是使用可靠的轮胎压力表进行充气检查,避免只凭目测判断充气压力。有的个别驾驶员装用了不合适的轮胎,即把比较宽的轮胎装在窄的轮辋上而造成不好的后果,应换用轮胎或合适的轮辋。

2-156　轮胎的胎肩过度磨损原因是什么？怎样防止？

如图 2-52b 所示,这种现象是由于充气压力过低造成轮胎胎肩过度磨损。杜绝这种现象的办法是,不能目测充气检查,而必须使用轮胎压力表,按规定使用气压表进行充气。当发生这种磨损、胎压不正常时,则表示转向部件弯曲或磨损,或者车轮的定位发生改变,转向机件或转向摇臂弯曲,并会使汽车前束值改变,造成转弯时驾驶操作性能变坏。纠正的方法是更换弯曲磨损的转向部件,重新进行前轮定位。

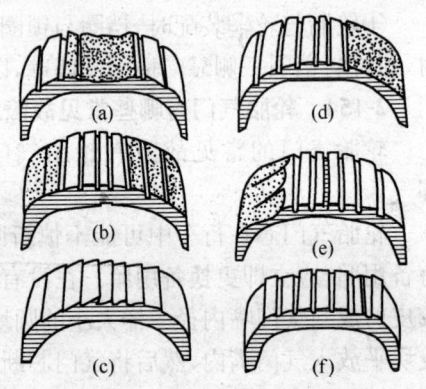

图 2-52　轮胎常见的几种磨损状态

2-157　为什么轮胎胎面会发生锯齿形磨损？怎样防止？

如图 2-52c 所示,锯齿状胎面的形成是由于胎面的每条花纹的一个锐边被磨成小圆角,而另一边轻微转动则形成了锐边,用手摸胎面可感觉到锐边的存在。锯齿(羽毛)状胎面磨损的主要原因是前束校对不准。纠正方法:只要重新校准前束即可。但有时即使已经校准前束,而这种磨损现象仍存在,原因是前悬架系统衬套、减振器损坏,使汽车在路面上行驶时,前轮定位不断变动而产生锯齿形磨损。纠正的方法是更换前悬架衬套和减振器。

2-158　为什么轮胎会发生半边磨损,怎样防止？

如图 2-52d 所示,当轮胎内边或外边的花纹磨损,一边比另一边严重时,应该重新进行前轮定位。前悬架的侧倾过大时,使车轮向内和向外倾斜太大,并使轮胎单边负荷过重。只要重新进行前轮定位即可解决。注意:前轮定位失调的原因,也可能是由于减振器失效造成弹簧下垂、球头磨损或稳定拉杆的衬套磨损。由于负荷会严重影响前轮定位,所以,要经常保持前轮定位准确。这样,轮胎承担的负荷就会正常,行车的情况也会正常。必要时,要更换失效的减振器和定位杆衬套、球头等。

2-159　为什么轮胎会出现杯形或贝壳形磨损？怎样防止？

图 2-52e 所示为杯形(贝壳)形磨损,一般出现在胎肩部位,这是由于悬架部件磨损或变形所致。这种情况仅调整前轮定位不能解决根本问题,因为它与任一个连接车轮与车桥的部位,如球头、轮、轴承、减振器、减振弹簧、定位标衬套等都有关系。这些部件如有磨损,都会出现这种现象。纠正的方法是,凡磨损了的部件应更换新件。此外,磨损了的轮胎也会出现这种现象。

2-160　为什么轮胎会产生第二道花纹磨损？怎样防止？

如图 2-52f 所示,这种情况平时只出现在标准的子午线轮胎上,而且出现在胎中钢带相对轮胎面的端部。正常情况下,如能细心地关注胎压,按要求进行轮胎换位,可以使这种现象减少。一般来说,第二道花纹磨损稍多是正常的,普通车上的轮胎第二道花纹磨损,是轮胎宽度尺寸不标准所致,个别由于前束不准也会造成这种磨损。

综合上述,轮胎磨损出现的六种情况,必须引起注意,要加强前轮定位的保养检查工作,应一周进行一次,要检查全部车轮气压,并定期进行轮胎换位。

2-161　怎样修补内胎？

内胎在使用中常见的损坏有穿孔、破裂以及气嘴损坏等。常用的修理方法有下列几种:

①冷补法:将被刺破漏气的内胎拆下来,充入一定量的空气,找出被刺穿的位置。用木工锉将穿孔部位周围 20～30mm 范围内锉粗糙,呈圆形或椭圆形,除去屑末。取一内胎胶片作修补片,剪成与操作部位相同的形状,但其边缘应较内胎锉糙面周边略小 2～3mm。同时还应将修补片的四周剪成斜坡。斜坡的作用是使

修补片的边缘形成平缓的过渡,分散应力,避免内胎在使用中因反复屈挠造成修补片脱落。用木工锉或砂轮机将修补片的接合面磨锉成粗糙面,除去屑末,使其露出新鲜的表面,以提高粘合强度。将冷补胶浆均匀地涂刷在漏口和修补片的粗糙面上,待冷补胶浆中的溶剂挥发后,将修补片对准漏口中心贴平压实即可。

②用火补胶修补:内胎如有穿孔或破裂,范围不超过 20mm 时,可用火补胶修补。火补胶是利用优质生胶、掺硫制成的胶片。胶片贴于盒底,盒内装有用来硫化加热的燃烧剂。其修补工艺如下:用木工锉将内胎漏损创面锉糙,除去屑末,把锐角修圆,平铺在夹具的平板上,位置要摆正,注意不要使内胎折皱。揭下火补胶表面的一层漆布,将火补胶粘在损坏处,使破洞小孔刚好在火补胶的中心,然后将补胎夹对正火补胶装上,并用压紧螺杆将它们夹紧。点燃铁皮盒内的燃烧材料。燃烧后,火补胶片就开始硫化,待 10~15min 后,即可卸下夹具,除去铁皮盒。当降至室温时,检查修补质量,如粘结严密,即可装用。

③用生胶修补:若内胎破口较大,或无火补胶时,可用生胶修补。其修补工艺是:将破口锉毛。若破口面积较大,应将其修圆,然后剪一块面积与破口相应的内胎皮锉毛后填上。在锉毛的破口处涂上生胶水,如破口较大,应多涂 2~3 次。每次涂时,需在上一次胶水风干后方可进行。待胶水风干后,剪一块面积比破口略大的生胶,用汽油将其表面擦拭干净后,贴附在破口上。生胶的厚度以 2~3mm 为宜,过厚时可在火上烘烤拉薄。

将生胶加温至 140℃,保温 10~20min,使生胶硫化。加温的方法很多,最简便的是用钢板或旧活塞。用旧活塞加温的方法是将沙口袋垫在内胎的下面,上面放一只旧活塞,并用千斤顶压紧,但压力不可过大,否则会使补片过薄。然后在活塞内加入 50~60mL 汽油(可加到低于活塞环槽的回油孔 2~4mm 处),并将其点燃。用钢板加温时,即用一块 20~30mm 厚的钢板,将其加热至 140℃后放在生胶上,同样也用千斤顶压紧。判断铁板温度时,

第二章 底盘的检修与故障排除

可用滴水试验。若温度适当,滴在铁板上的水珠只发响而不滚动。

待钢板或活塞冷却后,取下内胎打气,检查修补质量。

生胶水的配制方法如下:将生胶(即补胎用的生胶)剪成小块放入容器中,加入8倍的汽油浸泡,放置2~4天后即可。为加速生胶的溶解,放置过程中应经常搅拌。配制好的胶水,用毛刷蘸起时,能有较长的拉线。在使用中,如发现黏度变大,可加入汽油调稀。所以,若无胶水时,可在生胶上多涂些汽油,直至生胶表面发黏即可。

④气嘴根部漏气的修补:气嘴根部漏气,有时是由气嘴的紧固螺帽松动所致。所以,在检修时,应先将该螺母确实拧紧。如仍漏气,可用下述方法修补:

拧下气嘴的固定螺母,将气嘴顶入胎内。将气嘴口处锉糙。此处原有帘线层,应将帘线层锉去,直到露出底胶。剪三块直径约20mm、30mm、50mm的帆布和直径约60mm的生胶,在帆布的中央锉一与气嘴直径相同的小洞。在帆布的两面及气嘴口的锉糙处涂以生胶水3~4次,使其具有足够的生胶;而在气嘴口只涂2次即可。待胶水风干后,将帆布以先小后大的顺序铺在气嘴口上,使帆布上的洞口对正气嘴口,然后在帆布的洞口处塞一小纸团,最后铺上生胶。

加温硫化。由于补丁较厚,需要加温硫化的时间较长。若用尖塞加温,可在汽油烧干后,停留一会儿,再加1~2次汽油点燃加温。补好后,用剪刀在中间开一小洞,取出小纸团,将气嘴装回原处,拧紧螺母。若气嘴破口过大,或胶底开裂较长时,可把原气口补死,另开一口,并用上述方法处理。

⑤气嘴损坏的更换:气嘴如歪斜变形、丝扣损坏或折断等,应予更换。更换时,松开固定螺母后将气嘴顶入内胎,在气嘴口附近另开一小洞将气嘴取出,再从此洞放入新气嘴。把新气嘴装好后,再将新开的小洞用生胶或火补胶补好。

⑥内胎的报废:内胎有下列情况之一者应予以报废:有折叠、

破裂,不能再修复的;裂口过大或发黏变质者;老化、发黏变质或变形过甚者;由合成橡胶制成的内胎被油料或有害溶液浸蚀者。

2-162 怎样修补外胎?

①用冷补法修补外胎:此法仅用于处理外胎的小裂口、扎伤等。外胎胶面的破损绝大多数是胎面花纹沟底嵌入石子所致。为不使这种小裂口扩大,日常检查轮胎时,应及时挖除胎面花纹中的夹石,发现裂口时,应用锥子或其他工具将里面的砂土灰渣等杂物清除干净,用木锉锉糙裂口内面,并用压缩空气吹尽杂质,涂上胶浆,塞上生胶条填补。最好再用小型补胎夹具或电烫夹具在标准大气压下夹烘 10min 以上。

②外胎出现裂口、穿洞、起泡、脱层等损伤:通常应送专门工厂用切割法、热硫化修补法等进行修补,但修补成本高,周期长,耽误使用。若仅在车行驶时被利物刺穿,可采用轮胎蘑菇塞修补法进行修理。

轮胎蘑菇塞简称蘑菇钉,是简易、方便、经济、快速的一种修补轮胎钉洞新工艺,用于修补钉洞及小穿洞效果良好,可行驶 3 万 km 以上无移位、爆裂等异常现象。但为安全起见,前轮不宜采用此法。使用蘑菇钉操作简便,成效快,并可减少烘补次数,缩短周转期,增加轮胎翻新率,延长轮胎使用寿命,具有一定的经济效益。

各型汽车轮胎在冠部或肩部若遇有小石块、铁片等刺伤穿洞(洞在 $20mm^2$ 以下)者,均可使用本方法修补。使用蘑菇钉修补汽车轮胎的要求及方法如下:

先清除洞内的淤泥、砂石、杂物等,并测定洞口大小,选用相应规格的蘑菇钉。用木工锉将钉面略微锉毛,用修补胎胶水涂于钉部及钉面、洞口及周围(与菇面相似大小)。用手电钻装上与待补蘑菇钉相同规格的引具,引具锥头对准洞口,旋转推进直至穿透,锥头即会自动脱落。把已涂好胶浆的蘑菇钉插进引具洞口,并用力将钉面与胎内面压紧,然后旋转退出引具。检查钉面与胎内面是否紧靠,若不紧时可用鲤鱼钳夹住钉头上下提拉数次。钉头露出胎面的部分可用刀切平,即可装车使用。

③早期损坏的修补:外胎具有下列情况之一者,即属早期损坏,应根据具体情况分别予以修补:

外胎内侧起黑圈、碾线、跳线;外胎表层脱空(夹空)、起瘤;胎面、胎侧损伤;胎圈子口腐蚀、破损;胎面偏蘑菇、花纹崩裂(开裂、缺块)。

④外胎有下列情况之一者应予以报废:胎体周围有连续不断的裂纹,不堪使用者;胎面胶已磨光,并有大洞,失去翻新条件,无法利用者;胎体帘线层有环形破裂及整圈分离者;胎缘钢丝断裂、无法修理者;其他损坏不堪使用者。

2-163 超载对轮胎有什么影响?

当微型汽车总的超载或者负荷在汽车货箱上分布不正确时,便引起轮胎超载。超载时,车轮外胎损坏的特点和在低气压下行驶的损坏相似。但超载损坏时磨耗更严重。因为在这种情况下,胎体帘线的应力增大,生热大(特别是在外胎胎肩部位),以及轮胎和路面的接触面上压强大和分布不均匀。在这种情况下,轮胎材料的疲劳及其强度的降低,比在同一变形下气压低的轮胎更快。轮胎超载时,胎侧所承受的应力过大,常在胎侧出现帘层折断和爆裂。

当超载的轮胎碰上障碍物时,常发生对角线形或十字形、直线形及Y形胎冠爆裂。超载还能引起胎体脱层,胎面和胎侧脱空,增大轮胎上的负荷。由于压强在轮胎和路面的接触面上分布不均匀,还提高了胎面的磨耗,和轮胎气压低时的情况相似,但是压强比较大,这加重了外胎行驶面温度的急剧升高。必须指出,轮胎超载时,不能用提高轮胎气压的方法予以完全补偿,因为这会引起胎体帘线的应力显著增大。应力可能超过允许的范围,以至于不可避免地造成轮胎的早期报废。

汽车装运的货物的种类对轮胎的行驶里程也有影响。即使在汽车装载量不超过标准的情况下,如果货物的重心高或位于车厢的后部(例如,在运输长圆木或钢材时),也可能出现轮胎超载和损坏的情况。货物在车厢中必须固定好。外形尺寸小而重的货物应当放在车厢的前部。在汽车的车厢放货物时,应使负荷尽可能平均分布在每个车轮上。

汽车如果超载,弹簧变形时,可能使轮胎和车身相接触,引起轮胎损坏,导致胎面脱空,甚至引起轮胎刺穿。轮胎超载时也和气压低时一样,使汽车消耗在车轮滚动上的功率损失和燃料消耗增大。

2-164 拆卸轮胎时无法拧下螺母怎么办?

车轮和轮胎都是易损部件。虽然微型汽车轮胎的拆卸相对方便,但也可能因轮胎螺栓生锈,螺母无法拆下。下述方法有助于拆下螺母:从发动机油底壳内用机油尺取出一些润滑油滴在生锈的螺母、螺栓外,过一段时间后再拆卸螺母。拆卸时,一人用右手持撬胎棒长端,按拆松方向用力扳动,左手压住套筒,以防止轮胎套筒脱出。另一人用手锤敲打撬胎棒短端(短端长一般以10cm为佳)。拆卸轮胎螺母时,还可用一个三角架或相应高度的垫木支撑轮胎套筒的尾端,这样拆卸时支点牢固,操作方便。

2-165 怎样紧急处理轮胎漏气和爆裂?

轮胎漏气和爆裂的故障现象如下:如果轮胎漏气,在操纵时感到车身朝一边倾斜,并随着行驶时间加长而严重,控制汽车不够灵便,现象与轮胎爆裂时相似,但比爆胎时要缓慢得多。如果轮胎爆裂,行驶中有时突然一声巨响,随即车身向下沉,控制车辆感到困难。这就是轮胎爆裂,俗称为"放炮"。

处理这些故障时,要紧握转向盘,慢慢刹车减速,将汽车驶离行车道,停放在道边合适地点。在汽车驶出时,不要急刹车,以免翻车或使后面的汽车因刹车不及而追尾。因情况特殊必须行驶时,驾驶人要打开紧急闪烁指示灯,特别当心地慢慢行驶。不要冒险在不平坦或丘陵地段换胎,如果千斤顶松落,会造成车辆溜滑倾覆的事故。

第三章 电器的检修与故障排除

3-1 点火电路的组成和工作原理是怎样的?

点火电路主要由分电器、点火线圈、火花塞和蓄电池等组成。具体电路如图 3-1 所示。

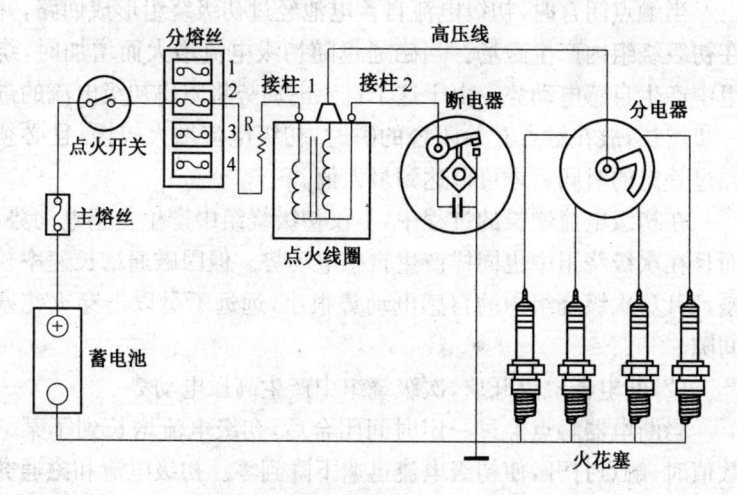

图 3-1 蓄电池点火系统的电路

当点火开关接通后,断电器的触点闭合,电流由蓄电池的正极流出—主熔丝—点火开关—熔丝 2—附加电阻 R—点火线圈(初级)—点火线圈接柱 2—断电器—接铁,回到蓄电池负极构成回路。

初级电流断开时,在点火线圈的次级绕组就产生高压电。由于这个断续的高压电经分电器依次通过火花塞,使火花塞电极之间产生电火花。

分电器是一种旋转开关,它的分火头通过高压电线连接四个火花塞和点火线圈的次级绕组。注意:从次级绕组至分电器盖之间有一条高压电线,从火花塞和分电器盖的四个电极之间又有四条高压线。与初级绕组串联连接的附加电阻 R 用来减小初级绕组的电压,这样能稳定次级绕组的高压。

3-2 点火系统是怎样产生高压的?

蓄电池点火系统产生高压火花的工作过程大体上分三个阶段:

(1)断电器触点闭合,初级电流增长

当触点闭合时,初级电流自蓄电池经过初级绕组形成回路,并在初级绕组内产生磁场。当磁通量随初级电流增大而增加时,绕组中产生自感电动势。由于这个自感电动势将阻碍初级电流的进一步增长,故在触点开始闭合的瞬时,初级电流增大较慢,且必须经过一定的时间后才可以达到最大值。

在初级电流增长的过程中,不仅初级绕组中产生自感电动势,而且在次级绕组中也同样产生自感电动势。但因磁通增长速率较慢,所以,次级绕组中的自感电动势很小,远远不足以击穿火花塞间隙。

(2)断电器触点开启,次级绕组中产生高压电动势

当断电器触点经过一定时间闭合后,初级电流增长到了某一数值时,触点打开,使初级电流迅速下降到零。初级电流和磁通突然减小,就在初级绕组和次级绕组中产生自感电动势。此时,初级电路中由电容器和初级绕组形成了振荡回路,若不计次级电路的影响,该振荡则是一个减幅振荡过程。

当初级电路产生衰减振荡时,线圈铁心中的磁通大小和方向都在随初级电流的变化而变化,故次级绕组中的自感电动势也和初级电动势同时随磁通的变化而变化。当次级电动势增高时,由于次级绕组、高压导线等对发动机的机体(火花塞中的接铁极)之间存在着分布电容,因而在次级绕组、高压导线附近形成了电场。当火花塞被击穿时,这种电场能量将迅速释放出来,且一部分转化

成次级绕组的磁场能量。

(3)火花塞的放电过程

当增长的次级电压达到击穿电压时,火花塞两电极间即形成火花放电。于是,次级电路中产生了电流,随之次级电压骤然下降。次级电路中的分布电容放电,电场被衰减,并形成次级绕组的磁场,称为电容放电。

在正常情况下,第一个火花就足以点燃气缸中的工作混合气,而其余的火花并无特殊作用。但在冷起动时,由于汽油蒸汽有一部分凝结,需靠火花来加热。第一个火花太短,来不及发挥热量的作用而点燃混合气。而其余的火花,即正常工作时不用的火花,在发动机冷起动时往往会起主要作用。

3-3 电子点火系统有什么特点?

微型汽车用电子点火系统是用信号发生器取代了断电器凸轮,用电子开关(也叫点火器)取代了断电器触点(包括电容器)。

信号发生器安装在分火头的下面,向点火器输入发动机的转速信号和曲轴转角信号,以控制次级电压的频率和产生时间。电子开关组装在点火线圈的外部,根据信号发生器的转速信号适时地接通与切断点火线圈的初级电流。直接控制初级电流的是电子开关中的大功率晶体管。

3-4 分电器的结构及作用是怎样的?

(1)分电器的结构

分电器的结构见图 3-2。

分电器盖上有四个侧电极和一个中央电极(和点火线圈次级绕组相连)。安装在轴上的分火头逐次地接触侧电极,向火花塞分配高压电。分电器轴通过涡轮由发动机曲轴驱动,曲轴每旋转两圈,分电器轴就旋转一圈。分电器盖下面是断电器,安装在轴上的凸轮驱动断电臂接通和断开点火线圈的初级电流。

与断电器触点并联的电容器用来防止触点之间产生火花而烧蚀,同时还帮助产生高压电。

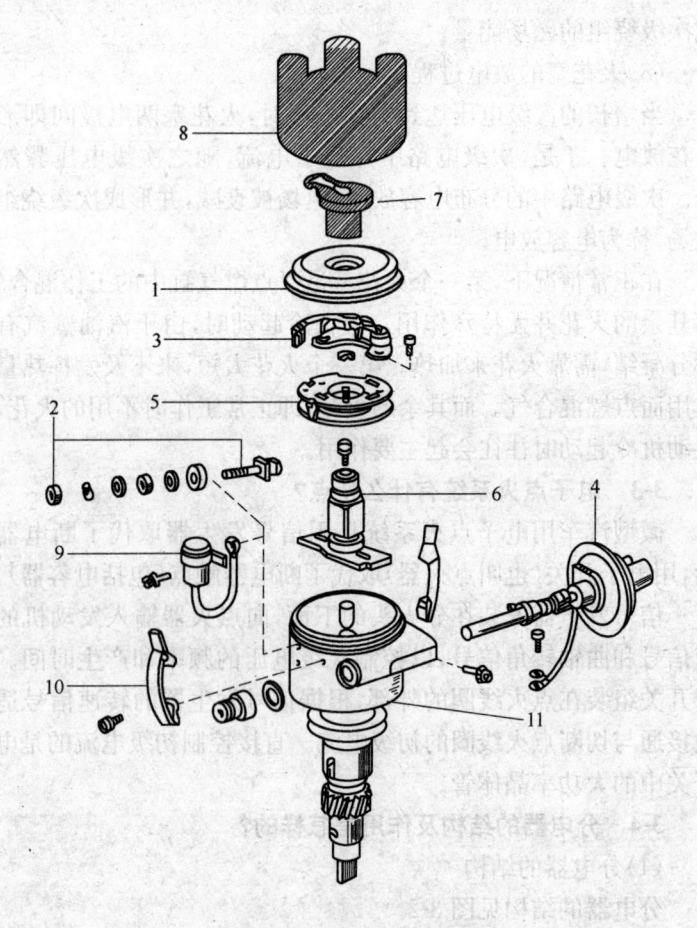

图 3-2　分电器的结构

1. 分电器盖板　2. 接线柱　3. 断电器　4. 真空点火提前调节装置　5. 断电器底板
6. 断电器凸轮　7. 分火头　8. 分电器盖　9. 电容器　10. 分电器卡子　11. 分电器壳

(2) 离心提前装置

离心提前装置的结构见图 3-3。离心调节器的作用是按发动机转速的高低,自动调节点火提前角的大小,从而使点火提前角随发动机转速的变化而变化。

第三章 电器的检修与故障排除

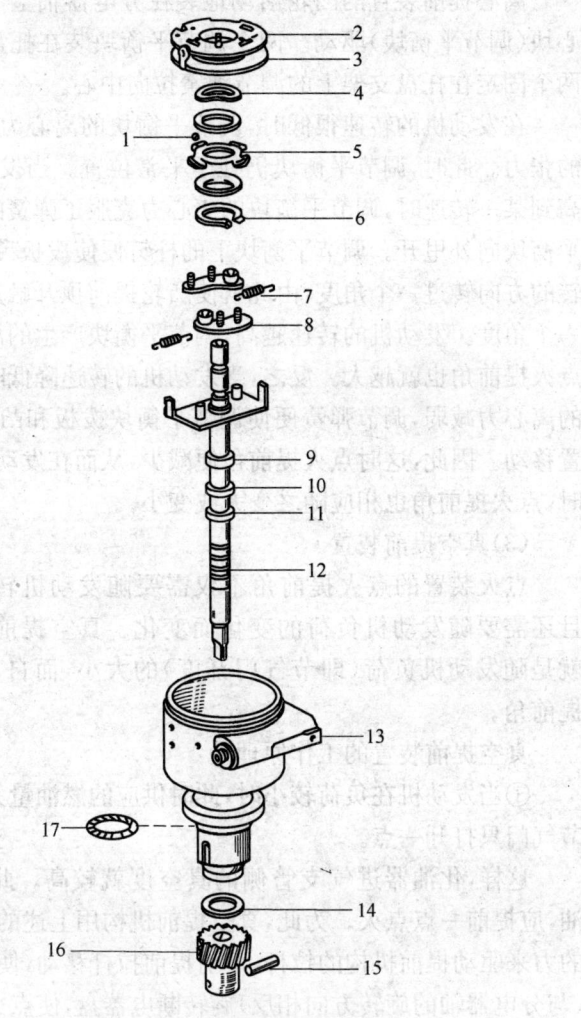

图 3-3 离心提前装置的分解

1. 钢球　2. 断电器活动底板　3. 断电器固定底板　4. 调整垫圈　5. 断电器底板弹簧　6. 卡簧　7. 离心式点火提前调节装置弹簧　8. 离心式点火提前调节装置平衡块　9、11. 钢垫圈　10. 电木垫圈　12. 分电器轴　13. 分电器壳　14. 垫圈　15. 销子　16. 传动齿轮　17. O形挡圈

离心提前装置的凸轮活动地装在分电器轴上,通过拨板受离心块(调节平衡块)驱动。两个调节平衡块装在托盘的销钉上,由两个固定在托盘支架上的调节弹簧拉向中心。

在发动机的转速很低时,调节平衡块的离心力小于调节弹簧的张力。此时,调节平衡块仍处于平常位置。当发动机的转速升高到某一转速时,调节平衡块的离心力克服了弹簧的拉力,使调节平衡块向外甩开。调节平衡块上的柱钉便使拨板带头凸轮沿轴旋转的方向转过一个角度,由此就使凸轮提前顶开触点,点火便提前一个角度。发动机的转速越高,调节平衡块产生的离心力就越大,点火提前角也就越大。反之,当发动机的转速降低时,调节平衡块的离心力减弱,调节弹簧便使调节平衡块拨板和凸轮间原来的位置移动。因此,这时点火提前角便减少,从而在发动机的转速变化时,点火提前角也相应随之变大或变小。

(3)真空提前装置

点火装置的点火提前角不仅需要随发动机转速而变化,而且还需要随发动机负荷的变化而变化。真空提前装置的作用,就是随发动机负荷(即节气门开度)的大小,而自动地改变点火提前角。

真空提前装置的工作原理是:

①当发动机在负荷较小时,此时供应的燃油量并不多,故此时节气门只打开一点。

这样,化油器进气支管侧的真空度就较高。此时,为节省燃油,应提前一点点火。为此,真空提前机构用上述的高度真空产生的力来驱动提前机构的拉杆,牵引提前拉杆移动,使之逆时针方向(与分电器轴的旋转方向相反)旋转断电器盘,使点火提前。

②当发动机在负荷较大时,此时供应的燃油量就要增多,节气门打开在较大的位置。这样,化油器进气支管侧的真空度降低。在弹簧拉力的作用下,隔膜推动拉杆向分电器一侧弯曲,推动分电器外壳顺凸轮旋转的方向转动,使点火提前角减小。

第三章 电器的检修与故障排除

(4)分电器的检查和修理

①分电器盖的检查:分电器盖严重脏污或有裂纹时,供给火花塞点火的高压电就会自行短路,而不能使火花塞可靠地点火。因此,要定期检查分电器盖有无脏污、损坏及裂纹。分电器盖的内部或外部脏污后,可用一块清洁的干布,把脏污擦净。如果发现分电器盖有破裂,应换新分电器盖。

②分电器齿轮的检查:首先应检查齿轮是否过度磨损或损伤,如果分电器轴齿轮磨损或损伤严重,就会使发动机的点火正时受到破坏。当发现齿轮磨损严重或损坏时,应换齿轮。

然后检查传动齿轮与啮合齿轮的间隙。如果齿轮的啮合间隙过大,即晃动分电器轴过于松旷时,应更换分电器驱动齿轮。

③在更换分电器驱动齿轮时,还要检查凸轮轴的驱动齿轮,如果凸轮轴的驱动齿轮磨损很严重,也应更换。更换驱动齿轮较麻烦,必须从凸轮轴上卸下驱动齿轮。更换凸轮轴驱动齿轮的方法如下:

a. 从凸轮轴上卸下应更换的驱动齿轮时,在轴上要画上一个记号。安装新驱动齿轮时,要以该记号为参考标准。

b. 切记驱动齿轮的两个终端面千万不要分开。

c. 要更换驱动齿轮时,齿轮必须通过凸轮轴上的键槽径向对准中心线。

d. 分解或拆卸分电器齿轮箱后,再装配时,必须向箱内加入60mL的机油。切记:齿轮箱没有机油时,千万不要起动发动机。

(5)断电器触点的检查

①检查断电器的触点是否脏污,如触点上沾有机油时,应该用干净的布擦净。

②检查触点的端面是否对正,触点磨损情况如图3-4a所示。发现这种情况后,应把活动触点与固定触点的中心调正。

③检查触点有无烧蚀现象。触点烧蚀后的情况如图3-4b所示。发现触点烧蚀后,首先应检查电容器是否失效,而后再将触点用油石或小锉刀修磨好。

④检查触点接触面是否符合要求。通常情况下,触点的接触面不应小于75%。如图3-4c所示的情况为不符合要求,此时,必须将触点调整好。

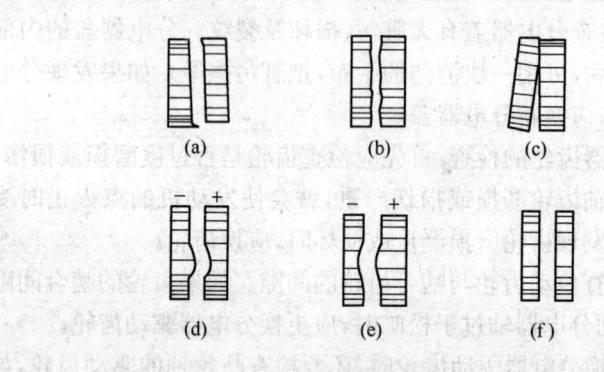

图3-4 断电器触点的检查

⑤检查触点中部有无凸凹情况。当所选用的与触点并联的电容器容量太大时,触点就会烧蚀,情况如图3-4d所示;当电容器容量过小时,触点的烧蚀情况如图3-4e所示。遇到这两种情况时,必须更换符合要求的电容器。触点工作正常的情况如图3-4f所示。

(6)电容器的检查

①将万用表置于R×1k档,测量电容器是否损坏。当两表笔同时接触电容器的引线时,表针有明显的摆动,说明电容器完好。如果表针不动,说明电容器内部断路。如果万用表指示的阻值过小或为零,说明电容器内部短路。

②电容器的标称容量为 $0.25\mu F$。测量电容器的容量必须用电感电容测试仪。所检查的电容器如容量过大或过小均应更换。

(7)分电器的安装

安装分电器时,必须按下述顺序装入分电器齿轮箱内:

①以法线方向翻转曲轴,使飞轮上7°或上10°(上止点前)定时标记1对准定时配合标记2(见图3-5)。需要注意的是,当对准标记后,卸下气缸盖,看摇臂在第一气缸时是否跨在凸轮轴凸轮

第三章 电器的检修与故障排除

上,如果摇臂跨在凸轮轴上,应将分电器取下,转动曲轴一圈,再重新放入分电器,并重新对准两个标记。

②卸下分电器盖,转动分火头,使分火头中线1(如图3-6所示)与分电器壳上凸起的标志2对齐。

③将分电器装入分电器齿轮箱内,使分电器法兰盘凸出标记指向分电器安装螺钉孔的中心,如图3-7所示。

(8)连接高压线

高压线的具体连接顺序如图3-8所示。

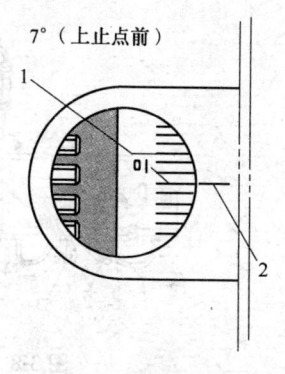

图3-5 提前角的校对
1、2. 定时标记

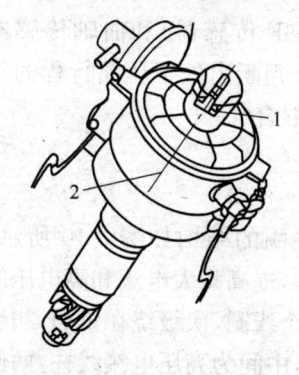

图3-6 分电器分火头中线对齐
1. 分火头中线 2. 标志

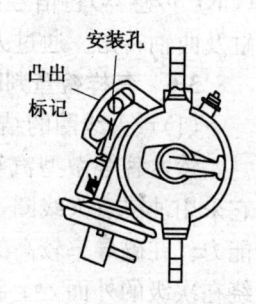

图3-7 分电器法兰盘凸出标记

3-5 长安之星点火系统有什么特点?

长安之星发动机点火系统采用点火控制系统。它根据各传感器传来的信号,对发动机状态进行监测,准确控制点火时间。点火系统电路如图3-9所示。

在点火线圈总成内有一个触发器。此触发器根据 ECU 传来的信号接通和关闭流到初级绕组的电流。电流流经次级绕组就感

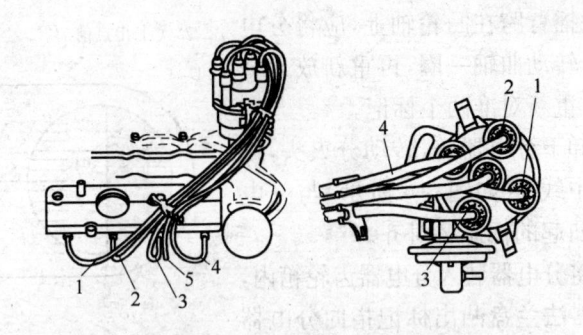

图 3-8 分电器高压线的连接
1. 第1缸高压电线 2. 第2缸高压电线 3. 第3缸高压电线
4. 第4缸高压电线 5. 至点火线圈

应出高压电。凸轮轴位置传感器(CMP 传感器)和曲轴传感器(CKP 传感器)将信号传给 ECU,ECU 判断出处于压缩行程的气缸及曲轴转角。通过火花塞适时点燃混合气。

3-6 怎样检查判断点火线圈?

(1)点火线圈的结构

铃木牌等微型汽车使用的点火线圈的结构如图 3-10 所示。它采用油浸点火线圈,目的是减小体积,提高耐大电流和高电压的能力。在磁导率较高的铁心上绕有两个线圈,次级绕在里面,初级绕在次级的外面。上部有三个接线柱,中间为高压电接线柱,两侧接线柱为低压接线柱。

(2)点火线圈的检查

①测量点火线圈的直流电阻。将万用表置于 R×1 和 R×1k 档,分别测量其初级和次级的直流电阻,正常阻值是初级绕组电阻为 3Ω(包括 1.5Ω 电组),次级绕组电阻为 8kΩ 左右。

如果用万用表所测得的阻值差别过大,说明点火线圈性能不良,应更换。

②火花性能测试。进行火花性能测试的目的是观察点火线圈是否能发出符合要求的火花,特别是点火线圈的温度升到一定值

第三章 电器的检修与故障排除

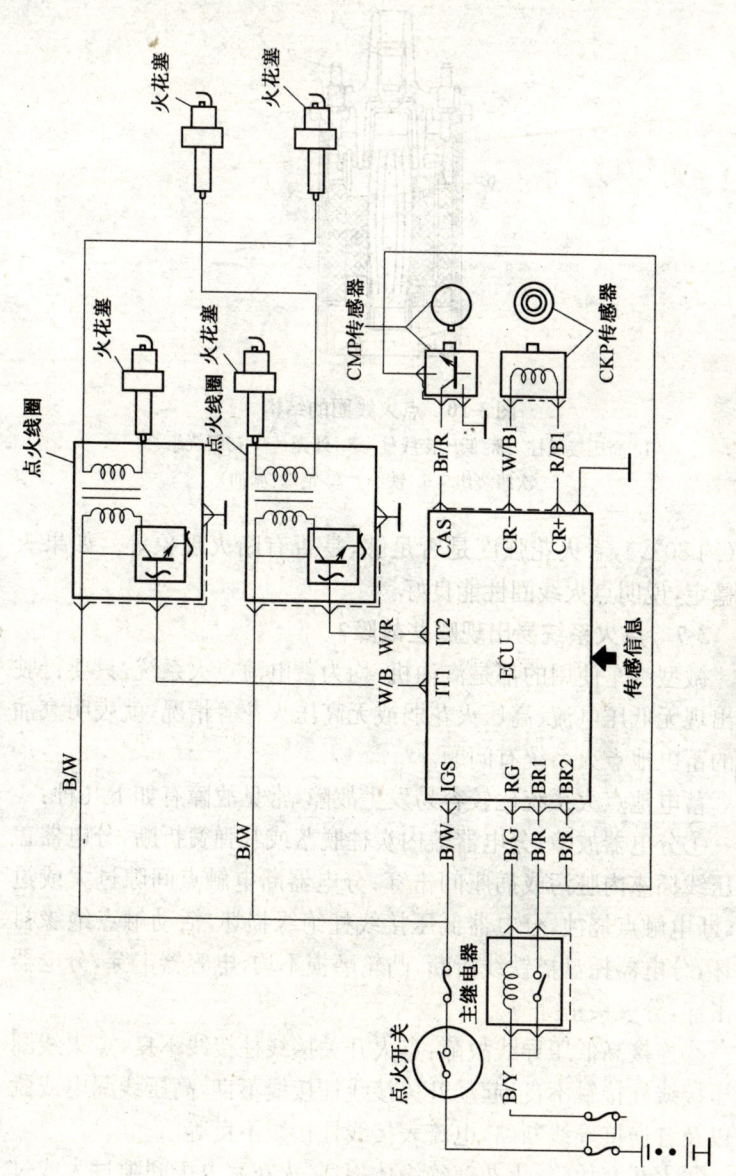

图 3-9 长安之星点火系统电路图

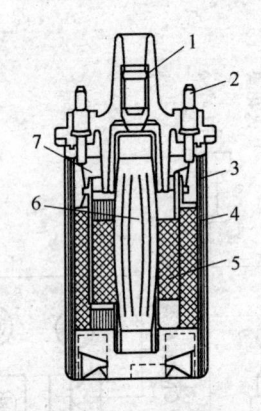

图 3-10 点火线圈的结构
1. 高压接线柱 2. 低压接线柱 3. 外壳 4. 初级绕组
5. 次级绕组 6. 铁心 7. 绝缘物(油)

后(约 80℃),看火花强度是否足够,是否有断火现象等。如果火花稳定,说明点火线圈性能良好。

3-7 点火系统易出现哪些故障?

微型汽车使用的都是汽油机,均为蓄电池点火系统,只要行驶中出现无低压电流、高压火花弱或无高压火花等情况,就表明汽油机的蓄电池点火系统有问题。

蓄电池点火系统比较容易发生故障,常见故障有如下几种:

① 分电器故障:分电器盖内炭柱脱落或其弹簧折断,分电器盖高压线插座内脏污或插座间击穿;分电器断电触点间隙过大或过小,断电触点烧蚀,分电器低压接线柱绝缘损坏,活动触点绝缘衬损坏,分电器托盘搭铁线折断,凸轮磨损不均,电容器击穿,分电器盖击穿,分火头击穿等。

② 连接高低压导线故障:点火开关接线柱接线不良,点火线圈低压接线柱接触不良,起动开关接线柱接线不良,高压线漏电或脱落以及各连接导线断路,电流表接线柱接线不良等。

③ 火花塞故障:火花塞绝缘体损坏,火花塞电极间隙过大或过

小,火花塞积炭过多等。

④点火线圈故障:点火线圈烧毁或击穿。

3-8 怎样检查分电器盖和分火头?

分电器盖应紧密地装在分电器外壳上,不应有明显的径向移动,弹簧钩应将分电器盖牢固地钩紧,车辆在运动时不得有松动现象。分火头应紧密地套在凸轮的顶端。

分电器盖和分火头不应有裂痕,如果有裂痕,就会被高压电击穿,造成高压电短路,使发动机产生断火或不能起动发动机等故障。

可目视检查分电器盖有无裂痕。

在微型汽车上检查分火头时,首先,将分火头从分电器上取下,倒放在气缸盖上。然后将高压线放入分火头的座孔中,用手扳动断电器的触点,使触点接通后再断开来产生高压电。如果此时从高压线的端头上有火花跳过座孔,则表明分火头已经漏电,即有裂痕,应更换分火头。

另外,还应检查分电器盖内中央插孔的炭棒应活动自如,不应有卡滞现象。如果磨损过短应更换。炭棒弹簧如有折断或张力过弱的现象,应进行修理或更换。

3-9 怎样调整长安车的点火正时?

①在调整点火正时时,首先应检查发动机是否能顺利起动,即低压电路和高压电路是否正常。低压和高压电路有故障应分别进行排除。

②检查断电器触点间隙。断电器的触点间隙应为 0.4～0.5mm,如果触点间隙不符合要求,应旋松固定螺钉,然后把旋具插入槽内移动固定触点,使触点间隙符合要求为止。此外,还要求触点接触良好,无烧蚀等不良情况。

③用点火正时灯检查和调整点火正时。首先把正时灯传感器连接在第一缸高压电线上,起动发动机,使发动机的转速为 900r/min。然后把正时灯照向飞轮,如果角度为 7°或 10°,定时标记和

配合标记(见图 3-5 和图 3-11 所示)对齐,表明点火正时正确。

如果定时标记和定时配合标记没有对齐,说明点火正时不正确,应进行调整。在调整点火正时时,首先必须保证断电器的触点间隙符合要求(即 0.4～0.5mm),然后放松分电器固定螺栓,旋转分电器外壳,使点火正时符合要求。

调整方法如下:

a. 顺时针方向旋转分电器外壳时,点火正时提前,逆时针方向旋转分电器外壳时,点火正时延迟。

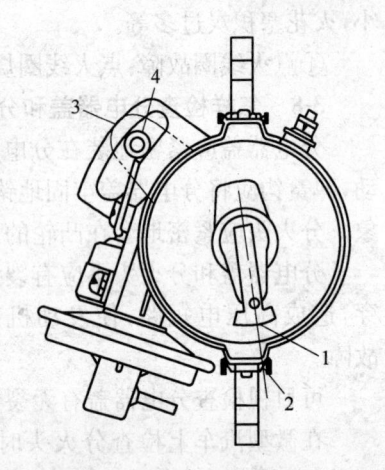

图 3-11 点火正时的调整

b. 调整好点火正时后,应将分电器固定螺栓拧紧。在固定好螺栓后,还应验证点火正时是否有变化,如有变化,应按上述步骤重新调整。

④用定时试验器检查和调整点火正时。定时试验器内装有蜂鸣器。用定时试验器检查点火正时的方法如下:

a. 将定时试验器的一条导线(+接线)接分电器的(+)极接线柱上,另一条导线接分电器外壳或车体。

b. 顺时针方向旋转冷却风扇,带动曲轴(此时关掉点火开关),并同时观察定时标记。当定时标记出现在计数器上时,蜂鸣器即鸣响,表明发动机已调在规定的定时上。

当定时标记基本对齐时,看第一缸摇臂不应在凸轮角上。如果摇臂在上面,应顺时针方向(从前面观看)转动曲轴一圈(即360°)。如果标记对齐时,就会使蜂鸣器停止发出响声。

c. 当点火正时不符合要求时,应按以下方法进行调整:

首先应检查断电器的触点间隙是否符合要求（正常应为0.4～0.5mm）。

将定时标记与定时配合标记对齐。

拧松分电器固定螺栓，慢慢转动分电器外壳。逆时针方向旋转分电器外壳时，定时提前；顺时针方向旋转分电器外壳时，点火定时延迟。当转动分电器外壳时，蜂鸣器开始鸣响，即可拧紧固定螺栓，固定好分电器。

d. 固定好分电器后，应再次检查点火正时。如不符合要求，则应重新调整。

⑤离心提前装置的性能检查。

a. 首先应拧开分电器的真空管，不让真空提前装置工作。

b. 按点火正时的检查方法连接好定时灯电路，然后起动发动机，并逐渐提高发动机的转速，观看发动机的变化。如有变化，说明离心提前装置有问题。其原因主要有调节装置的回位弹簧变弱、损坏或调节平衡块锈蚀、发卡等。

⑥真空提前装置的性能检查。

a. 重新将分电器上的真空管连接好。

b. 起动发动机，使发动机空转数分钟。

c. 连接好定时灯电路，并用定时灯观察点火提前角。

d. 使发动机在 3500r/min 运转，并读出此时的点火提前角数值。

e. 仍然使发动机在 3500r/min 运转，此时，从化油器端拆下真空连接管，然后读出此时的点火提前角度。两次所测得的提前角度之差为真空提前角度值。如果拆下真空管后所测得的真空提前角度值与第一次测量结果相同，说明真空提前装置有故障。其主要的故障原因是真空连接管连接处漏气，连接管有裂缝或膜片损坏等。

3-10 无触点磁脉冲点火系统的构造和原理是怎样的？

JL110B及其改型汽车部分发动机采用了性能高、寿命长、可靠性强的无触点磁脉冲点火方式。图 3-12 为其电路简图。

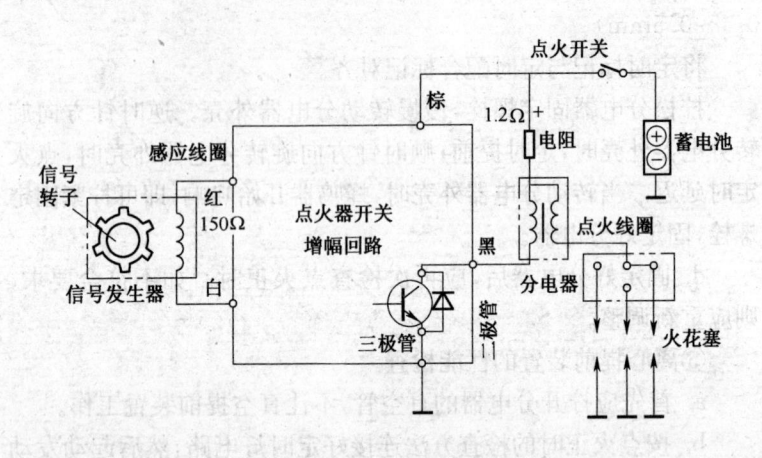

图 3-12 无触点点火线路

无触点磁脉冲点火系统包括点火信号发生器、无触点晶体管开关电路、高压电线圈、火花塞以及蓄电池。

点火信号发生器：点火信号发生器由固定在分电器轴上旋转的信号转子、安装在断路器底板的感应线圈、永磁铁及软铁支架组成。

永磁体发生的磁束经信号转子、感应线圈、软铁支架形成闭合回路。信号转子不转时，通过感应线圈的磁通量不变，线圈中无感应电压产生，即无信号输出。

当信号转子随分电器轴旋转时，信号转子的凸轮与铁心间的间隙将发生变化，使通过感应线圈的磁通量发生变化，因此，在感应线圈内产生交变电动势。

点火器原理（见图 3-13）：

当信号转子不转动时，蓄电池供直流电压，三极管导通，点火线圈初级绕组有恒定电流通过，在次级绕组中无感应电动势产生。

发动机起动后，信号转子开始转动，感应线圈中产生交变电

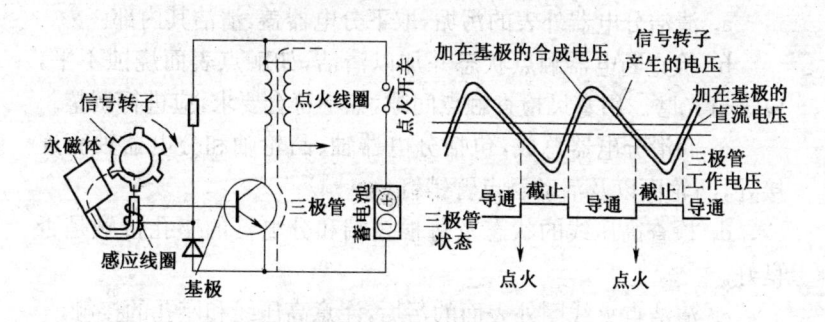

图 3-13 点火器原理

压,并与蓄电池电压合成后加在三极管的基极上。在合成电压低于三极管的基极开启电压时,三极管截止,点火线圈初级电路断开,于是在次级绕组中感应出高压电。

3-11 使用无触点磁脉冲点火系统应注意什么?

①蓄电池的搭铁极性不可接错。

②点火器与车身的搭铁要可靠。

③接线应正确无误。

④刷洗车时,不要使水溅到点火器和分电器上。

⑤发动机运转时,不可拆去蓄电池接线。检查发电机时,切不可用打火方法,以免发生不规则脉冲损坏电器元件。

3-12 点火系统的保养要做哪些工作?

点火系除进行日常保养外,还应进行定期保养。在有条件时,应对主要机件的质量、技术性能和工作情况进行试验,必要时予以调整。

①车辆行驶 1000km 后应进行的工作:

a. 清除分电器盖和体壳外面的灰尘和油污。

b. 检查初级电路的连接,并连接牢固。

c. 擦净火花塞外表面的污垢。

②车辆行驶 5000km 后应进行的工作:

a. 清洁分电器外表的污垢,取下分电器盖,清洁其内部。

b. 检查断电器触点状态并加以清洁,如触点表面烧蚀不平,应进行光磨。用塞尺检查触点间隙,如不符合要求,应进行调整。

c. 润滑分电器总成,包括分电器轴、凸轮轴和分电器轴套连接处,凸轮面以及活动触点臂销钉。

d. 检查高压线的状态及每根线端和分电器的座孔接触是否良好。

e. 清洁点火线圈外表面的污垢,注意高压线和座孔的接触。

f. 检查火花塞绝缘体裙部是否有积炭,间隙是否适当(一般为 0.6～0.7mm),密封垫圈是否良好,火花塞的安装是否牢固。

3-13 怎样判断点火系统的故障?

点火系统和供油系统的故障现象有些是相似的,因此,在发动机不易起动或熄火时,应先检查判断是点火系统还是供油系统的故障。当确认是点火系统发生故障时。可在分电器低压接线柱处搭铁碰火,若有火花,说明蓄电池、低压导线、点火线圈、点火开关均良好,断路故障发生在低压接线柱与断电器之间;若无火花,则表示上述电路为断路。低压电路发生短路时,应将分电器低压接柱导线拆开,用旋具在接线柱处搭铁,若无火花,表示低压导线至点火线圈之间短路;若有火花,则表明短路可能发生在低压接线柱至断电器触点之间。经检查,证明低压电路无故障,应拔出中央高压线,使线端与机体保持 5～8mm 的间隙,接通点火开关,用旋具拨动断电器触点,如在间隙处有较强火花,说明分电器或火花塞有故障。然后装回中央高压线,拆下火花塞的高压导线,让线端与机体保持一定距离,转动曲轴。若火花较强,说明分电器和高压线良好,而是火花塞有故障。

3-14 加速时有爆燃声或声音发闷怎么办?

加速时,发动机有明显的爆燃声,怠速时易熄火,这些都是点火时间过早所致。另外,发动机在起动时运转轻快,但不易着火,行驶无力,发动机水温高易开锅,消声器排气响声沉重并有排烟现象,加速发闷,急加速时化油器回火,是点火时间过迟所致。点火时间过早或过迟统称为点火不正时。点火不正时的原因主要有以下三种:

①分电器外壳与发动机体的安装位置不正确。

②断电器触点间隙过大或过小。

③离心点火提前装置失效或触点臂弹簧过软,易导致点火时间过迟。

点火时间过早的检查及处理方法如下:

点火时间过早时,首先就应查看断电器触点间隙是否得当,无论是过大还是过小,都必须按规定进行调整,拧松分电器外壳紧固螺栓,将分电器外壳朝顺时针方向转动少许,然后拧紧紧固螺栓。最后进一步试验调整,做到起动容易、运转均匀、加速时无明显爆燃声。

点火时间过迟的检查及处理方法如下:

点火时间过迟时,首先也应检查调整断电器触点间隙。松开分电器外壳紧固螺栓,将分电器外壳朝逆时针方向转动,进行试验。如发动机情况好转,可判断为点火时间过迟。进而应再检查断电器活动触点臂弹簧的弹力是否合乎要求,检查离心点火提前装置是否失效,直至找到原因所在,最后根据点火时间过迟的具体情况进一步测试调整,使发动机运转正常。

3-15 发动机发动不着时怎样检查点火系统?

只要点火系统能为发动机各缸提供高压火花,并保证正确的点火时间和点火顺序,即说明点火系统工作正常,否则就存在故障。

根据产生故障的原因和检查故障由简到繁的原则,点火系统可按下列步骤检查:根据电流表的指示情况,辨别故障在低压电路还是高压电路。如故障在低压电路,可依电流表指示情况进一步判断,再对不同性质的故障采取相应的检查方法;如低压电路正常,则应进一步对高压电路进行检查。

3-16 怎样试高压火?

试高压火时,应将分电器盖打开,并将中央高压插线拔出,打开点火开关,一手持拔下来的高压线,使压端头接近缸体大约5~8mm;另一手拨动分电器触点臂(触点闭合),亦可挂挡转动发动机或用起动机起动发动机,视其跳火情况。若发出蓝色发白的火花,并能听到"啪啪"响声时,说明跳火正常。若发出紫红色且火光细弱的火花,说明跳火不正常或跳火过弱。若不跳火,说明断火。

3-17 发动机高速运转时发抖是什么原因?

①触点弹簧的弹力太弱,高速时,触点闭合时间太短或不闭合,造成火花弱或断火。另外,上触点弹簧臂的活动孔和弹簧配合太紧,使触点打开、闭合呆滞(反应不灵敏),也会出现这种现象。

②分电器凸轮磨损松旷,高速运转时凸轮摆动,使触点的闭合、张开不规律而造成时断、时续的跳火而使发动机工作发抖。

③分电器盖有裂纹或火花塞间隙过大,积炭严重,都会产生这种不良的后果,应分别检查。

④触点间隙偏大或接触不良等。

3-18 发动机高速运转时断火是什么原因?

首先应检查点火线圈的高压电火花强度,线路是否清洁、连接牢固。用手拨动触点,将点火线圈高压线头离金属部位5~8mm。如火花强,呈蓝色,表示点火线圈同电容器正常;如跳火弱短而发红,应先检查电容器有无故障。

若用手拨动触点,高压线端跳火良好,应再检查触点间隙是否合乎要求(一般为0.35~0.45mm),否则应予调整。在检查触点间隙的同时,还要检查凸轮角是否一致。凸轮角不一致时,要找一个磨损程度介于中等的凸棱来确定触点间隙。同时要检查触点弹簧的弹力是否正常;上触点活动孔是否活动灵敏;电容器是否部分漏电(参阅电容器的检查);分电器盖有无窜电,跳火顺序和火花塞间隙是否正常。若上述均完好,将其装上,将车发动。

当发动机低速良好、高速时有断续点火时,还应怀疑分高压线或点火线圈的高压线芯子是否断开。有的驾驶人为保护高压线，在高压线外套包一层塑料管，套管时，中间铜线被拉断，外表看不出来；有的使用塑料绝缘炭精芯的高压线，时间过久，塑料管会伸长，使炭精芯中间造成间隙等。另外，高压线受潮，高速运转时断火。

3-19　怎样检查和排除点火错乱？

发动机起动后抖动严重，伴有敲缸声，化油器有规律地回火，排气管有时"放炮"，一般情况是由电点火错乱所致。

造成点火错乱的原因有：高压分线相对两缸插错；高压分线相邻两缸窜电；分电器触点间隙调整不当；分电器凸轮角磨损过甚、不均或凸轮轴、套磨损、松旷。

应按下列顺序检查排除：按发动机的点火顺序，检查分线是否插错；查分火头和分电器盖有无窜电现象；如分火头和分电器盖完好，则应检查凸轮角是否磨损。用手左右摆凸轮轴，若感到间隙较大时，应及时检修。

3-20　怎样检查低压电路短路？

低压电路常见的故障是线路中有短路或断路。检查时，可将蓄电池负极导线与车架搭铁处连接好，关闭电源开关，用蓄电池负极导线在其接柱上划碰试火，如果有火花出现，说明电源开关至蓄电池之间的导线有搭铁短路现象。如果无火花，则接通电源开关，然后再进行划碰试火。如果这时仍无火花，说明低压电路中有断路现象。这时，应该逐段采用直观诊断法，从问、看、听、嗅、摸、试六个方面检查，看导线有无烧蚀烧断之处，手摸导线或电器元件的温度加以诊断，也可用万用表逐段检查。

3-21　电容器的构造是怎样的？

电容器的构造如图 3-14 所示，由两条锡箔和两条石蜡纸带卷制而成，安装在断电器和分电器的外壳上，和触点并联。锡箔带分别覆在纸带上，并卷成筒形装入铝壳内。纸带比箔带宽一些，以保证箔带间的互相绝缘。一条箔带上接有软导线，引出壳体；另一条箔带通过接铁片与壳体相接。在制造过程中,先将锡箔带卷成筒形,并放在真空室中抽去层间的空气,然后浸以熔化的石蜡,再装入金属外壳中。电容器在温度 20℃ 时,应具有不低于 50MΩ 的绝缘电阻(对直流而言)。绝缘不良的电容器会使

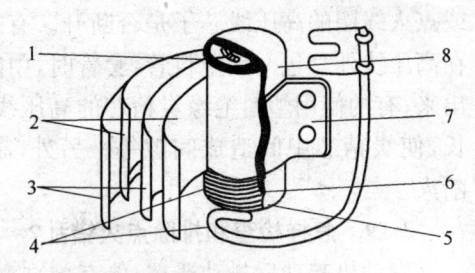

图 3-14 电容器的构造
1. 接铁片 2. 锡箔 3. 绝缘纸 4. 引出线
5. 绝缘板 6. 导电片 7. 固定板 8. 壳体

触点烧蚀,点火困难。严重短路时,根本不能点火。电容器工作时要承担初级绕组产生的 300V 左右的自感电动势。为此,它应具有耐交流电压 600V 的绝缘强度,并且在 60s 内无击穿现象。汽车用电容器的容量一般为 0.15～0.25μF。

3-22 怎样用低压电检查电容器?

将蓄电池的一极接上电线,和电容器外壳相连,用另一极的电线头划碰电容器导线头,如有火花出现,表示电容器内部短路,如图 3-15 所示。

图 3-15 用低压电检查电容器

第三章 电器的检修与故障排除

3-23 怎样用高压电检查电容器？

将电容器放在另一个发动机上，使电容器外壳搭铁。用高压线头对准电容器导线头约 5～8mm 做吊火试验，然后拨动断电器触点，如图 3-16 所示，使高压电流充入电容器 4～5 次。如电容器外壳和气缸盖之间跳火，表示电容器内部短路，应更换新件。如不跳火，再将电容器到线头移近外壳约 3mm。如还不跳火，说明电容器损坏，应换新件；如跳火，且有较大的"啪"声，火花呈天蓝色，说明电容器储电能力强，性能好；如跳火微弱，声音较小，呈暗红色，证明电容器储电能力较弱，性能稍差，可以暂用。

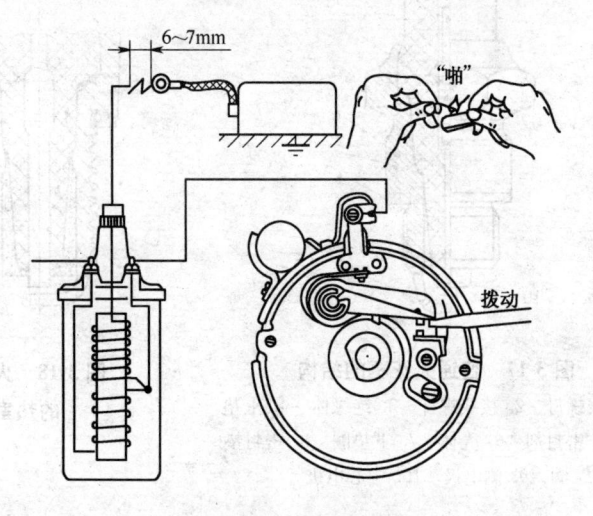

图 3-16 用高压电检查电容器

3-24 火花塞的作用是什么？它的构造是怎样的？

火花塞的作用是使高压电流跳过其两极间的间隙，产生火花，点燃气缸中的可燃混合气体。

普通型火花塞的构造如图 3-17 所示。

(1) 壳体

壳体是一个六角的钢制零件，下部加工有螺纹，供旋入气缸盖

353

的火花塞螺孔中使用。壳体的下端面与侧电极焊接,并且作为侧电极的电流通路。壳体下端内孔与绝缘体裙部之间组成的空间称为"热室",如图 3-18 所示,也是决定火花塞热值的主要因素之一。

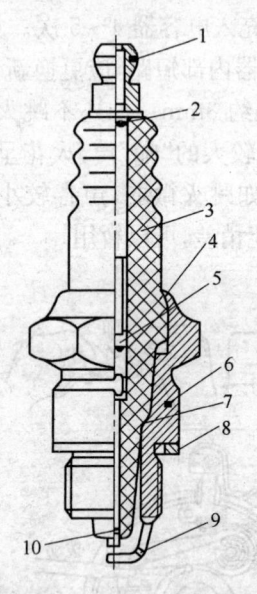

图 3-17　普通火花塞的结构
1. 接线螺母　2. 接线螺杆　3. 绝缘体　4. 上垫圈　5. 密封剂　6. 壳体　7. 下垫圈　8. 密封垫圈　9. 侧电极　10. 中心电极

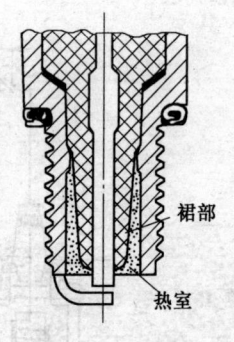

图 3-18　火花塞的热室

(2)绝缘体

它是一个高氧化铝陶瓷的绝缘体,其作用是把引导高压电的接线螺杆和中心电极与外面的壳体隔开,以保证把脉冲高压引导到中心电极发火端。

绝缘体上部要做成一棱一棱的形状,叫做"伞棱",如图 3-19 所示,一般有 3～5 道。它的目的是增加火花塞的表面泄漏距离,使接线帽与壳体之间在高压下不易产生表面闪络,确保电极间隙高压放电。

第三章 电器的检修与故障排除

绝缘体下部的圆锥体叫做"裙部",其几何尺寸是决定火花塞热特性的主要因素。

(3)接线螺杆

它供接线螺帽附着,同时起引导脉冲高压的作用。

(4)接线螺帽

按接线方式的不同分别有以下两种功能:

①压住高压导线接线端。

②供与高压导线连接的接线帽插接。

国外有的把接线螺杆做整体式,供高压线插接,成为整体式接线帽。我国大部分汽车不用接线帽,而直接把高压接线帽套在火花塞接线螺杆上。

(5)密封性

根据密封结构和密封工艺的不同,密封剂也不一样。从火花塞的总体结构来看,这里所说的密封被称为"内密封",如图 3-20 所示。

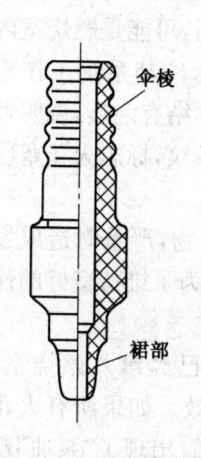

图 3-19 绝缘体的伞棱和裙部

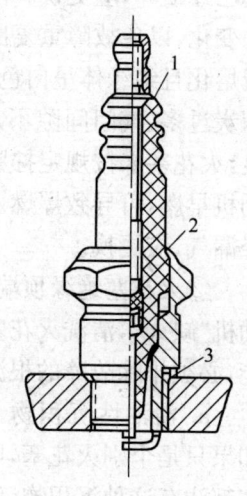

图 3-20 火花塞的密封
1. 内密封 2. 中间密封
3. 外密封

(6)密封垫圈

密封垫圈壳体与气缸盖支承面之间形成密封,称为"外密封",如图 3-20 所示。

(7)中间密封

下垫圈使绝缘体与壳体密封,叫"中间密封"。

(8)中心电极、侧电极

两电极相互构成火花塞的跳火间隙。侧电极用大电流对焊工艺焊接在壳体端面上。

3-25 怎样从火花塞的症状判断故障?

检查火花塞的状况,从某种程度上可判断发动机的工作是否正常。工作正常的火花塞卸下后观察,其绝缘体顶端及两电极呈褐色且比较洁净。若出现下列症状,表明发动机或火花塞工作不良:

①火花塞绝缘体顶端起疤、破裂或电极熔化、烧蚀,表明火花塞已经损坏,应更换。但更换前应检查一下烧损的征象以及颜色的变化,以免故障重复出现,这对排除发动机隐患也有帮助。如电极熔化且绝缘体呈白色,说明燃烧室内温度过高,可能是燃烧室内积炭过多,气门间隙不足等引起的排气门过热,冷却系统工作不良,火花塞未按规定拧紧等。电极变圆且绝缘体结有疤痕,说明发动机早燃,可导致爆燃。绝缘体顶端有灰黑色条纹,标志火花塞已经漏气,应更换。

②火花塞绝缘顶端和电极间有时会粘有污物,严重时造成发动机"缺火",清洗火花塞可暂时得到补救,然而为了维持良好的性能,必须排除故障的根源。

a. 滑油性沉积物。这种情况表明润滑油已经窜入燃烧室。如果只是个别火花塞,则可能是气门杆油封失效。如果所有火花塞都沾有这种沉积物,说明发动机故障较多,气缸出现了"泵油"现象。这时应先检查空气滤清器和通风装置是否堵塞。

b. 黑色沉积物。混合气过浓会在火花塞绝缘体顶端和电极上留一层黑色的沉积物。对于长期怠速和低负荷运行的发动机，遇到这种情况，只要开大节气门运行数分钟，就可能烧掉这一层沉积物。

c. 灰色沉积物。电极上的灰色沉积物通常是汽油中的添加剂造成的。这种沉积物覆盖电极可使火花塞不能引燃混合气，导致某缸"缺火"。

3-26 怎样检验火花塞的好坏？

①消除积炭：洗净擦干，察看瓷芯是否有裂纹，如有，应更换。

②用圆形量规测量火花塞的间隙，如过大或过小，应压下或撬起侧电极调整。

③把火花塞放在气缸盖上，用中央高压线对准接头螺栓做跳火试验，如两电极间有火花，则初步判断良好；如没有火花，应更换。

④在发动机怠速时，用旋具搭火花塞做短路试验，如短路时发动机运转不稳，则该火花塞工作正常；如发动机运转无变化，表明此火花塞工作不良。

⑤发动机工作数分钟后，将发动机熄火，并用手捏火花塞的瓷芯，如温度较低，即为工作不良。

3-27 火花塞不工作怎么办？

如汽车突然不能开动，发动机断火，原因有多种，其中之一是发动机有故障，即发动机窜机油。窜机油的常见结果是使火花塞产生大量的积炭，排气管冒蓝烟，火花塞电极潮湿，无法跳火，产生缺缸断火。这就是所谓火花塞"淹死"故障。该现象表面看是火花塞问题，其实是发动机本身的故障所致。发动机不能正常工作，动力性下降，油耗增加。

要真正排除这一故障，就得对发动机进行彻底修理，以排除窜机油故障。但在行车途中，突然出现这种故障，只能做如下应急处理：拆下火花塞，用火烤火花塞电极，待火花塞烧干后，清除积炭，临时应急。

3-28 清洗火花塞时要注意什么？

(1) 火花塞的清洗

火花塞工作一定时间后，电极会烧蚀，火花塞的裙部也会有正常的燃烧产生的沉积层。有些火花塞由于种种原因会出现油污、积炭等现象。为使火花塞能继续正常地工作，应定期拆下火花塞进行清洗和调整。

残渣和积炭较多时，火花塞应先在汽油中浸泡，然后用非金属刮片把残渣、积炭等刮除，再用毛刷清洗，最后把火花塞晾干。

最好在火花塞清洗试验器上进行喷砂清洗。

清洗火花塞时要注意以下两点：

① 切勿用火烤、灼烧的办法来清除积炭，因为这样做会使火花塞局部受热而损坏。

② 不要用金属刷清洗。因为用金属刷刷洗时，会在火花塞绝缘体裙部留下金属屑，易造成高压电流泄漏使火花塞失效。正确的方法是用毛刷刷洗。

另外，火花塞绝缘圆柱体部分应经常保持清洁和干燥，在遇有水分或油污溅落在绝缘体上时，应随时用干棉纱擦拭干净。因为水分、油污会引起表面闪络，使火花塞电极间隙无法形成火花，导致发动机起动困难或工作不正常。

有些发动机在安装了火花塞后，要对缸体(缸盖)喷涂银粉漆，火花塞也被喷涂上了一层。这种银粉漆是含金属铝粉末的涂料，会导电，可使高压电流沿火花塞绝缘体表面产生泄漏，也使电极间隙处不能形成电火花。因此，在喷涂银粉漆时，不能将它喷在火花塞绝缘体上。如果喷上去，则应立即擦除干净。

(2) 电极间隙的调整

如果间隙长时间不调整，则必然会因电极烧蚀而使电极间隙不断加大，进而使跳火电压提高。而且，间隙扩大后，电极烧蚀会更厉害，从而形成恶性循环，最后导致断火停机。

调整间隙时，应用钢丝制的专用量规(间隙调整规)，因为侧电

第三章　电器的检修与故障排除

极常常被烧蚀成凹陷状态,用钢丝量规可以调整得更准确些。如无专用钢丝量规,采用塞尺也可以,但要充分考虑到侧电极的凹陷情况,以确保准确的间隙值。调整间隙时,不应随意扳动侧电极,以免侧电极根部因反复扳折而开裂脱落。如果调整时需要扳动电极,则扳动角度应尽可能小些。

由于点火系统结构的不同,火花塞的电极间隙也有所不同。该间隙值在发动机产品说明书中均有标明。发动机的使用操作和维修人员应按说明书的数值,定期调整电极间隙。

如果电极间隙太小,所形成的电火花会太弱,不能有效点燃混合气,使发动机工作恶化。电极间隙太小还容易引起电极"跨极"。如果电极间隙太大,那么击穿电压必将提高。因此,往往会因原有点火电压不够而造成断火。

在高原地区,因海拔高,空气稀薄,电极间隙所需的击穿电压也较低一些。例如,蓄电池点火时,高原地区电极间隙可达0.9mm左右。

在调整电极间隙时,应注意轻轻敲击侧电极,不能使中心电极和绝缘体裙部受到碰撞和冲击,以免因此而损坏火花塞。

(3)火花塞的检查

在火花塞清洗和调整间隙以后,应进行外表检查,以判断火花塞是否损坏和有异常现象。检查的主要部位是:

①绝缘体(包括裙部)是否开裂、破碎。

②绝缘体与壳体之间是否松动。

③侧电极根部焊接处是否开裂或脱落。

如果发现存在上述任何一种缺陷,都应更换火花塞。如果密封垫圈损坏,失去密封作用,也应及时更换。

(4)跳火漏气试验

进行外表检查后,有条件时,应进行跳火漏气试验。该试验最好是在火花塞试验器上进行。如果没有条件作专门的跳火试验,可用缸外跳火的方法来代替,即把高压线接在火花塞接线上,使火花塞壳体紧靠缸体(搭铁),发动发动机,观察火花塞是否发出电火花。

在跳火试验时,如果点火系统正常的话,而火花塞不跳火,那么就有可能是下列原因造成的:

①火花塞清洗不干净,仍有严重的油污、积炭,使电流沿裙部表面短路而不跳火,应重新仔细清洗。

②火花塞绝缘体外表面污染形成电流短路,应清洗绝缘体表面,除去污染物。

③如火花塞电极间隙"跨连",直接形成电极短路,这时,应及时除去跨连物即可。

④绝缘体某处开裂或已被击穿,高压电流沿开裂、击穿处与壳体短路,使间隙中不能形成电火花,这时,应更换新火花塞。

⑤电极间隙太大,点火系统电压达不到击穿电压的要求而不跳火。这时,应重新调整电极间隙。

3-29 为什么火花塞易产生积炭?

发动机工作一段时间后,就会在火花塞电极周围及热室里产生积炭,使火花塞过热,工作不稳定,严重时,会把热室的空间填满。有时,积炭粘在火花塞电极之间,形成导体,使火花塞无火,发动机不能运转。

造成火花塞产生过多积炭的原因和产生油污或"淹死"的情况相仿,主要原因有:

①混合气过浓,化油器调整不当。

②化油器油面过高。

③选用热型火花塞。

④空气滤清器太脏,空气流通量不足或阻风门有故障及使用阻风门过多。

⑤火花塞间隙过大或过小,由于发动机燃烧状况恶化引起积炭污损。

在通常行驶条件下,如果发动机的修配状态良好的话,几乎不会发生积炭污损。只是在冬季，由于发动机过冷，车速又低，而且常常短途行驶，开开停停，火花塞多数不易达到自净温度，这时才会发生积炭污损的情况。

3-30 为什么火花塞易产生油污或被淹死？

火花塞电极间产生油污或"淹死"，就是火花塞电极间有发亮的黑色油污。被"淹死"的火花塞可能会导致电流的泄漏而不跳火，使发动机产生以下不正常的现象：

①发动机功率下降，工作情况不稳定，严重时甚至不工作。

②火花塞间断跳火时，发动机会出现排气管"放炮"，因为未点燃的混合气进入排气管。

③发动机起动困难，需起动数次才能起动，火花塞"淹死"严重时不能起动。

造成火花塞油污或"淹死"的主要原因有以下几点：

a. 化油器油面过高，使燃烧室内油量太多。

b. 气缸活塞环和气门导杆磨损，使润滑油窜入燃烧室。

c. 发动机怠速运转，时间过长。

d. 化油器调整不当及混合气过浓等。

如果火花塞的油污不是因为发动机的原因所致，那么，就应换用热值低一些的火花塞，以提高抗油污能力，减少油污倾向。如果是发动机的原因，换用低热值火花塞也可以作为一种临时对策。而作为特别的应急措施，可把火花塞接线拔下，与火花塞接线帽之间保持3mm左右的间隙，通过这个间隙跳火，就是所谓的"吊火"。但是，最根本的措施是检修发动机，调整化油器。

3-31 个别缸不工作怎样检修？

个别缸缺火时，发动机运转不均匀，排气管冒黑烟或"放炮"。

①检查哪个缸缺火：用旋具将火花塞中心电极逐个搭铁，如果被搭铁的气缸原来缺火，搭铁后对发动机运转无影响；如果搭铁后发动机转速下降，同时运转更不平稳，则说明被搭铁的这一缸工作正常。

发动机熄火后,摸火花塞,不跳火的火花塞温度低。

②找出缺火的原因:拆下缺火气缸火花塞的高压线并距中心电极接线柱 2~3mm(吊火)。起动发动机,若运转恢复正常,则故障为火花塞积炭。

③几个缸同时不着火的检查:从分电器盖上拔下中央高压线,使线端离插孔 2~3mm,进行跳火试验,如有火,表明高压电正常,而是分电器盖绝缘不良,或几个火花塞有故障。如果跳火有断续现象,表明断电器、电容器或点火线圈有故障。

有时发动机在行驶中缺火,而空转时正常,多为火花塞电极间隙过大所致。

3-32 硅整流发电机有什么特点?由哪几部分组成?

微型汽车所用的交流发电机的内部装有将交流电变为直流电的硅二极管,又称硅整流发电机。硅整流发电机与直流发电机相比,具有体积小、质量轻、结构简单、维修方便、低速充电性能好、配用的调节器结构简单等特点。因此,微型汽车上普遍装用硅整流发电机。

硅整流发电机内装有硅二极管。二极管具有单向导电的性能,蓄电池的电流不能倒流入发电机,调节器不用断流器。又由于硅整流发电机是交流发电机,交流发电机的电枢线圈自身对输出电流有限制作用,故不用节流器。所以,配用硅整流发电机的调节器较简单。

微型汽车所用硅整流发电机主要由转子、定子、整流二极管、风扇等组成。

(1)转子

转子是发电机的磁场部分,主要由磁爪、磁场绕组、滑环、轴和磁轭等组成。每一块极爪上的磁极交错排列,一个磁爪上的磁极插在另一个磁爪的切槽内,形成六对磁极。在两块磁爪的内腔里,装有一组磁场线圈。磁场线圈绕在磁轭骨架上,磁爪和磁场绕组在圆柱形磁轭场压装在滚有花纹的轴上。磁场绕组的两个线头分别焊在与轴绝缘的两个环上。滑环是由两个彼此绝缘的铜环组成,两个铜环固定在玻璃纤维塑料上后,再一同压在轴上。两个滑环与装在发电机后段上的两个电刷相接触,然后由电刷导线分别引到发电机的外部,其中一个接"磁场"或(F)接柱,另一个"接铁"(或 E)接柱。

当直流电流由磁场接柱进来(因为硅整流发电机都是负极接铁,故电流由磁场接柱流入)后,即在磁场绕组内产生轴向磁通,使两块磁爪上的磁极一个形成南极,一个形成北极。其磁力线由磁轭的一端出来,经过磁爪(这个磁爪就形成北极)后,穿过转子与定子之间的铁心间隙,然后进入定子铁心,由定子铁心再穿过另一端的空气间隙进入另一个磁爪(这个磁爪就形成南极),最后回到磁轭的另一端,而构成磁回路。

(2)定子

定子是发电机的电枢部分,由铁心和线圈组成。为减少涡流损失,铁心由厚 1mm 的硅钢片叠成,在硅铜片的内圆部分制有 36 个线槽孔,槽内放有三相定子绕组,绕组与铁心之间垫有绝缘纸,最后用竹制或尼龙制的槽楔等将线圈固定住。

3-33 怎样拆卸硅整流发电机?

①首先从发电机上拆下各连接导线,并记住原连接导线的位置。

②拆下固定发电机的 V 带调整臂和交流发电机底座上的固定螺栓,并从发动机上取下交流发电机。

③用专用工具拧下固定风扇的螺母。

④拧下固定前后端盖的对销螺栓。

⑤用旋具将前端盖与机体分离,注意拆前端盖时,不能将定子与前端盖一同拆下,这样会弄断三相线圈的连接线。

⑥取出转子。当转子轴与后端盖轴承装配的较牢固、直接用力拆不下时,可用木槌轻轻敲打,使转子与后端盖分离。

⑦拧下固定整流元件板的三个螺母,并压住电枢接柱的另一

个螺母,卸下后端盖。

⑧从定子上拆下电刷架总成。

3-34 怎样组装硅整流发电机?

组装硅整流发电机的步骤与拆卸时正好相反,即后拆的先装,先拆的后装。具体方法如下:

①装复前,应检查轴承是否缺油,如果缺油,应添加符合要求的润滑脂(如钙钠基润滑脂,不能用钙基润滑脂)。添油量不宜过多,以添入轴承孔的 2/3 为合适。如果轴承里的润滑脂过多,容易溢出,溅在滑环上,易造成电刷接触不良的故障。

②将定子与后端盖装合时,先将电刷和弹簧装入电刷架内,用直径 1mm 左右的钢丝插入后端盖和电刷架的小孔中挡住电刷,如果不按上述要求插入钢丝时,当将转子装入定子中时,滑环极易撞断电刷。

③将转子装入后端盖上。

④将前端盖装入转子轴上。

⑤将前后端盖的螺钉孔对齐,并拧上对销螺栓。

⑥抽出细钢丝。

3-35 调节器的构造及工作原理是怎样的?

由于硅整流发电机实际上是交流发电机,其定子绕组具有一定的阻抗,故使发电机的输出电流能自动地得到限制。因此,不需要节流器。同时,又因为硅二极管具有单向导电的特性,可以阻止蓄电池的电流倒流入发电机,所以,不需要另加断流器。但是硅整流发电机的电压会随发电机转速的增高而升高。因此,必须有节流器来进行调节或控制。这就是说,硅整流发电机必须配备节流器。为安装充电指示灯,微型汽车所用的调节器又装有电压断电器。

(1)调节器的构造

微型汽车上的调节器由电压调节器和电压继电器组成。电压调节器的低速触点(P_1 触点)当没有通电或电压较低时,在弹片张力的作用下处于闭合状态。电压继电器的触点 P_4 和活动触点 P_5 平时也处于闭合状态。它们的具体构造如图 3-21 所示。

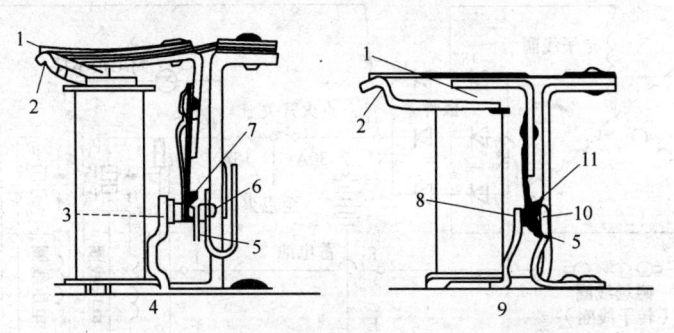

图 3-21 调节器的构造

1. 铁心间隙 2. 调节臂 3. 触点 P_1(低速) 4. 电压调节器 5. 触点间隙 6. 触点 P_1(高速) 7. 活动触点 P_2 8. 触点 P_4 9. 电压继电器 10. 触点 P_6 11. 活动触点 P_5

(2)调节器的工作原理

微型汽车调节器的工作原理与硅整流发电机的连接电路参见图 3-22。调节器工作时的情况如下:

①点火开关接通,发电机没有转动时,发电机不发电,车上用电设备的用电由蓄电池供给。此时,充电指示灯亮,表明发电机不发电或没有向蓄电池充电。充电指示灯电路是:

蓄电池正极—30A 熔断丝—点火开关—15A 熔断丝—电压调节器 IG 接柱—充电指示灯—电压继电器 L 接线柱—电压继电器 P_5、P_4 触点—接铁—蓄电池负极构成回路。在这种情况下,由于发电机不发电,故电压继电器没有工作。而此时发电机的磁场线圈由蓄电池供电进行激磁,其电路是:蓄电池正极—30A 熔断丝—点火开关—15A 熔断丝—电压调节器 IG 接柱—电压继电器 P_1 触点—P_2 触点—电压调节器 F 接柱—连接导线—发电机 F 接柱—磁场线圈—发电机 E 接柱—蓄电池负极构成回路。

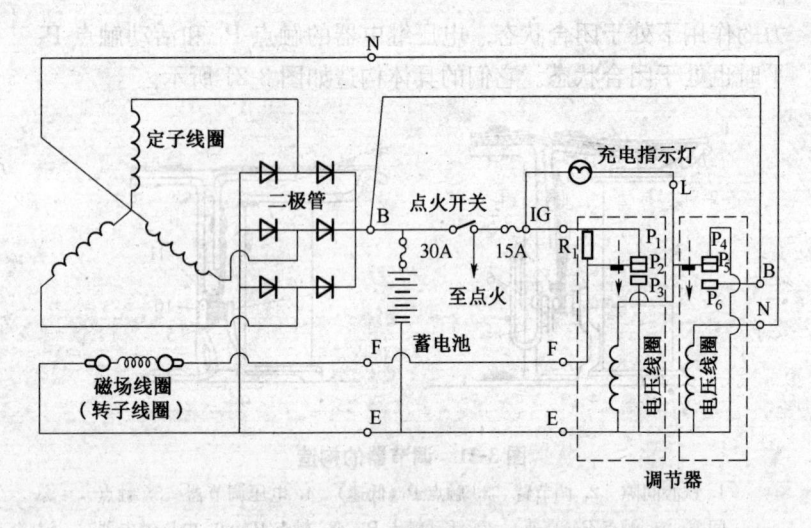

图 3-22 调节器及电路工作原理

这时的激磁电流较强,发电机只要一转动,就会产生较强的电压,而且电压将随转速的增高而升高。

②当发电机转速很低(发电机电压低于蓄电池电压)时,这种情况是指在起动发动机时,发动机在没有起动之前,由起动机带动,故发电机的转速很低,而此时发电机的电压低于蓄电池的电压。故充电指示灯仍亮,表明发电机没有向蓄电池充电。此时电压调节器和电压继电器均不工作,充电指示灯电路和激磁电路与上述情况相同。

③发电机的转速升高,发电机电压高于蓄电池电压、但低于限额电压时,发电机电压高于蓄电池电压,发电机向蓄电池充电,充电指示灯自动熄灭。此时,电压继电器工作,即电压继电器的 P_5 与 P_6 触点闭合(P_4 和 P_3 触点断开)。因为电压继电器的 P_6 触点通过电压继电器的 B 接线柱与发电机 B(电枢)接柱相连接,充电指示灯两端的电压相等,所以,充电指示灯自动熄灭。电压继电器工作后,电压调节器线圈有电流通过,电压调节器线圈的供电由发

电机供给,其电路是:发电机B接柱—连接导线—电压继电器B接柱—电压继电器P_6触点—电压继电器线圈—电压调节器E接柱—连接导线—发电机外壳(E接柱)构成回路。

由于发电机的电压没有达到限额值(限额值通常调为14.5V),电压调节器铁心的吸力小于弹片的张力,故此时电压调节器的P_1、P_2触点仍处于闭合状态。而发电机的激磁电流由发电机供给,其电路是:发电机B接柱—点火开关—15A熔断丝—电压调节器IG接柱—电压调节器P_1触点—P_2触点—电压调节器F接柱—连接导线—发电机F接柱—磁场线圈—发电机E接柱(发电机后端盖)构成回路。

当发电机的电压高于蓄电池电压时,车上用电设备的用电均由发电机供给。需要说明的是,只要发电机的电压高于蓄电池的电压,电压继电器始终处于工作状态,即电压继电器的P_4触点与P_5触点断开,P_5与P_6接通。

④发电机的电压达到限额电压时,电压调节器铁心的吸力增强,克服活动触电臂弹片的张力,使触点P_1与P_2断开(但触点P_2与P_3没有闭合,即P_2触点处于悬空状态),在磁场线圈电路中自动接入附加电阻R_1。此时,激磁电路是:发电机B接柱—点火开关—15A熔断丝—电压调节器IG接柱—附加电阻R_1—电压调节器F接柱—连接导线—发电机F接柱—磁场线圈—发电机E接柱(发电机后端盖)构成回路。

这时,由于磁场电路中串联附加电阻R_1(约11Q),磁场电流减小,磁场减弱,发电机的输出电压随之降低。发电机电压低于限额电压后,通过电压调节器线圈的电流减小,铁心的吸力小于弹片的张力,电压调节器的触点P_1与P_2又闭合,磁场电流因不再经过附加电阻R_1,故激磁电流增大,发电机的电压又重新升高。当发电机电压达到限额时,触点P_1与P_2又断开。附加电阻R_1交替地串接在磁场电路中,使发电机的输出电压基本稳定在限额电压值,保证向全车用电设备提供较稳定的电压。

⑤发电机高转速时,发电机在高转速时,电压可能会高于限额值。在这时,电压调节器铁心线圈吸力增大,把活动触点 P_2 吸得更低,使触点 P_2 与 P_3 闭合,此时,磁场线圈完全无电流通过。其激磁电路是:发电机 B 接柱—点火开关—15A 熔断丝—电压调节器 IG 接柱—附加电阻 R_1—P 触点—B 触点—电压调节器 E 接柱—发电机 E 接柱构成回路。

从上述电路可见,此时,磁场线圈完全无电流通过,发电机的磁极只有少量剩磁,故发电机的电压很快降低。当发电机的电压降低后,电压调节器铁心的吸力减弱,活动触点 P_2 与 P_3 断开。P_2 与 P_3 断开后,磁场圈通过 R_1 又有电流流过,再加上发电机在高速运转,发电机的电压又急速升高。当发电机的电压超过限额电压时,又重复上述过程,从而保证发电机的输出电压稳定在限额值。

3-36 怎样检查调整调节器?

调节器的性能参数:限额电压 13.8~14.8V;电压继电器工作电压 4~5.8V。

当汽车行驶 1 万 km 左右时,应对调节器进行较详细的检查与调整。

首先应检查调节器的连接电路有无接触不良、锈蚀、断线等故障。

然后,卸下调节器并取下外壳,详细观察调节器的各触点有无烧蚀,中心是否偏斜等现象。最后用万用表 R×1 挡分别测量各调节器各脚之间的电阻值。正常电阻值见表 3-1。

表 3-1 调节器各脚之间的电阻值

检查的继电器接线柱的状态	调节器的状态	正常电阻值(Ω)	故 障 部 位
IG-F	停止	0	如果不为 0Ω,便是低速触点接触不良
	动作	11	如果是无穷大,便是附加电阻断路

第三章 电器的检修与故障排除

续表 3-1

检查的继电器接线柱的状态	调节器的状态	正常电阻值(Ω)	故障部位
L-E	停止	0	如果不是0Ω,便是继电器触点接触不良
	停止	100	如果是0Ω,便是继电器触点熔合在一起。如果是无穷大,是线圈断路
N-E		24	如果是0Ω,便是电压继电器线圈短路。如果是无穷大,便是电压继电器线圈断路
B-E	停止	∞	如果不是无穷大,便是电压继电器触点熔合在一起
	停止	100	如果是0Ω,便是线圈短路。如果是无穷大,便是线圈或触点接触不良
B-E	停止	∞	如果不是无穷大,便是电压继电器触点A熔合在一起
	停止	0	如果是0Ω,便是电压继电器触点接触不良

(1)电压继电器触点间隙和铁心间隙的检查调整

电压继电器的触点间隙正常时约为 0.4mm,铁心间隙约为 0.6mm。检查触点或铁心间隙必须用塞尺。

当电压继电器的触点间隙不符合要求时,应进行调整,使其与规定值相同。当铁心间隙过大或过小时,可用尖嘴钳扳动整臂使其与规定值相同。

(2)电压调节器触点间隙和铁心间隙的检查调整

电压调节器触点间隙正常值约为 0.5mm,铁心间隙约为 1.1mm。同样,测量电压调节器的触点间隙或铁心间隙也必须用塞尺来进行。

(3)调节器限额电压的检查调整

检查调节器的限额电压时,用一只电压表或万用表置于 50V 直流电压挡,接在发电机 B 接柱与车体(发电机外壳)之间,使发电机的转速为 2000~3000r/min,看电压表的指示即可。

当限额电压太高或太低时(一般应调为 14.5V),可用尖嘴钳弯曲电压调节器的调整臂,使其调为规定值。当调整臂向下扳动时，限额电压变低。反之，当调整臂向上扳动时，限额电压升高，如图 3-23 所示。

电压继电器的调整。当发电机已经向蓄电池充电后，或发电机没有向蓄电池充电，充电指示灯仍然亮，说明电压继电器调整的不符合要求。此时可用尖嘴钳调节电压继电器的调整臂，如图 3-24 所示，使电压继电器的工作符合要求（通常为 5.5V）。

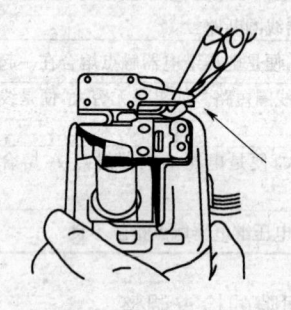

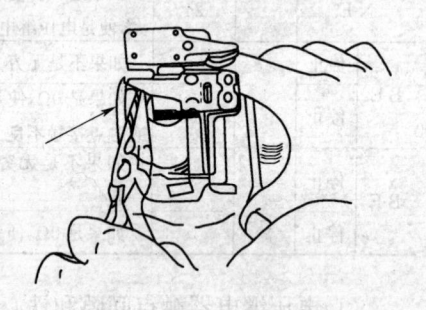

图 3-23 调整限额电压的高低　　图 3-24 继电器的调整

3-37 充电指示灯是怎样工作的？

微型汽车上有一部分车的仪表盘上只装有一个充电报警灯，它的作用是在发电机发电不良时（即对蓄电池充电不良时）提醒驾驶人注意。

指示灯（报警灯）也用来反映当起动发动机时电流由蓄电池流向发电机转子激磁的情况，直到发电机电压上升，能够自己产生磁场开始充电为止（因指示灯接在蓄电池与发电机之间，一旦有电流通过，充电指示灯就亮）。当发电机开始向蓄电池充电，并且充电电压与蓄电池电压已经相等时（因发电同与蓄电池之间的电位差为零），即没有电压，它们之间的电流消失，充电指示灯也就熄灭（如图 3-25 所示）。所以，当汽车在运行中，发电机或蓄电池有一个发生问题，它们之间就会产生电位差。这个电位差（即电压）将使电流通过，点亮报警灯，警告驾驶人情况恶化，必须及时进行维修。

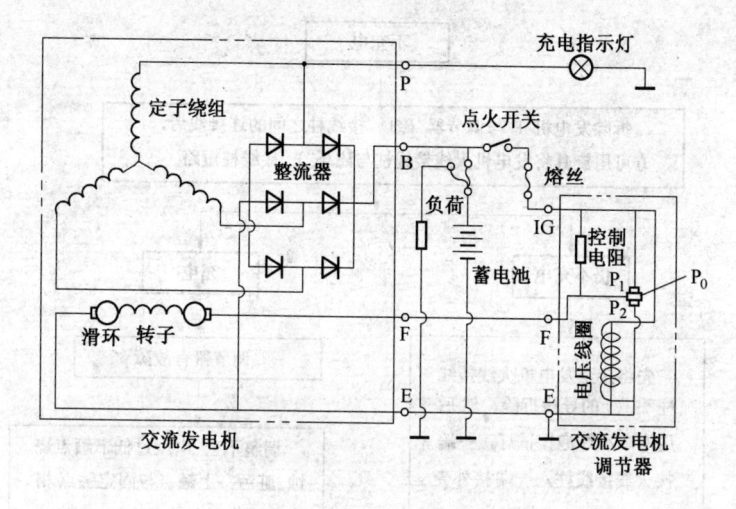

图 3-25 充电系统电路图

3-38 发电机有异常响声是什么原因？
(1)发电机支架螺栓松动。
(2)皮带轮松动或打滑。
(3)轴承间隙过大或缺油。
(4)电刷有噪声。
(5)发电机内部短路(拉长声)。

3-39 怎样诊断交流发电机不充电？
交流发电机不充电故障的诊断方法如图 3-26 所示。

3-40 怎样用万用表检查交流发电机？
在发电机不拆开的情况下,用万用表测量和接线柱之间的电阻值,就可以初步判断发电机是否有故障。其方法是:用万用表的 R×1 档测量发电机"F"(磁场)与"—"(搭铁)之间的电阻值,及发电机"+"(电枢)与"—"(搭铁)之间的正、反向电阻值。

若"F"与"—"之间的电阻(即激磁线圈电阻)超过规定值时,则说明电刷与滑环接触不良;如小于规定值时,表明激磁线圈有匝

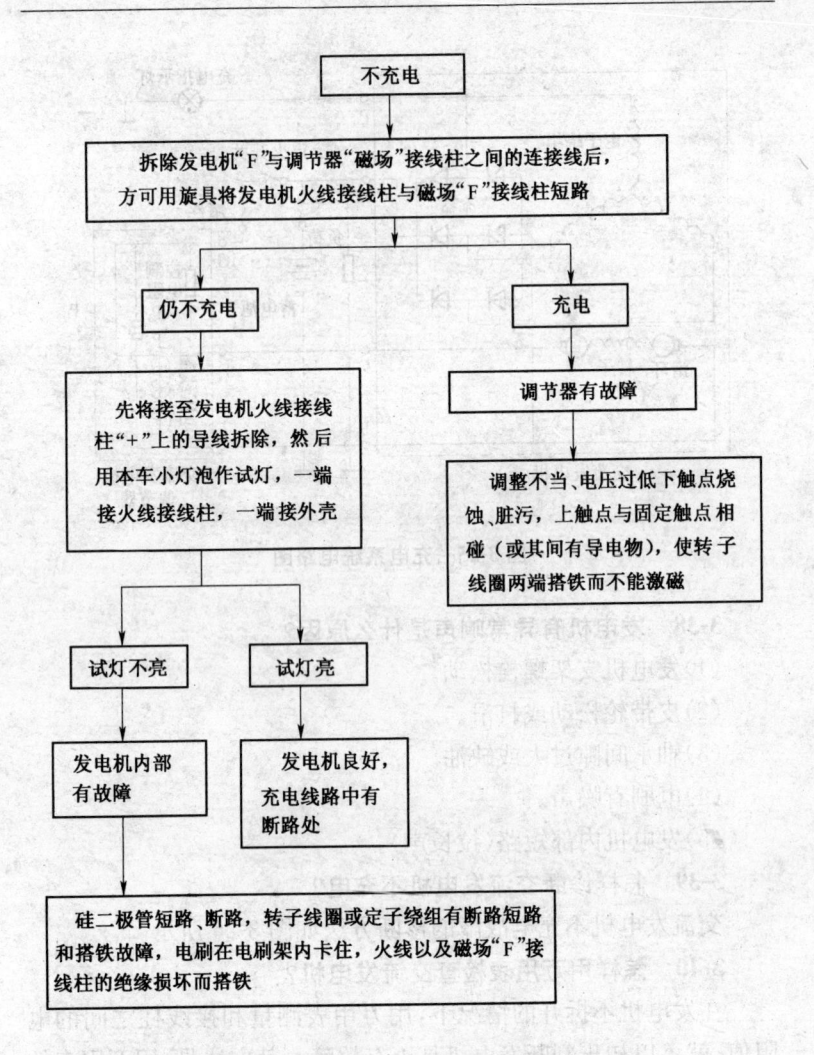

```
                    ┌─────────┐
                    │  不充电  │
                    └────┬────┘
                         │
    ┌────────────────────┴─────────────────────┐
    │ 拆除发电机"F"与调节器"磁场"接线柱之间的连接线后, │
    │ 方可用旋具将发电机火线接线柱与磁场"F"接线柱短路  │
    └────────────────────┬─────────────────────┘
                         │
           ┌─────────────┴─────────────┐
           ▼                           ▼
      ┌────────┐                  ┌────────┐
      │ 仍不充电 │                  │  充电  │
      └────┬───┘                  └────┬───┘
           │                           │
           ▼                           ▼
  ┌──────────────────┐          ┌──────────────┐
  │ 先将接至发电机火线接线 │          │ 调节器有故障  │
  │ 柱"+"上的导线拆除,然后│          └──────┬───────┘
  │ 用本车小灯泡作试灯,一端│                 │
  │ 接火线接线柱,一端接外壳│                 ▼
  └────────┬─────────┘          ┌──────────────────┐
           │                    │ 调整不当、电压过低下触点烧 │
           │                    │ 蚀、脏污,上触点与固定触点相 │
           │                    │ 碰(或其间有导电物),使转子 │
           │                    │ 线圈两端搭铁而不能激磁      │
           │                    └──────────────────┘
  ┌────────┴────────┐
  ▼                 ▼
┌──────┐        ┌──────┐
│试灯不亮│        │ 试灯亮 │
└───┬──┘        └───┬──┘
    ▼                ▼
┌────────┐      ┌──────────┐
│发电机内部│      │发电机良好,│
│有故障   │      │充电线路中有│
└────────┘      │断路处     │
                └──────────┘

┌──────────────────────────────────────────┐
│ 硅二极管短路、断路,转子线圈或定子绕组有断路短路 │
│ 和搭铁故障,电刷在电刷架内卡住,火线以及磁场"F"接 │
│ 线柱的绝缘损坏而搭铁                        │
└──────────────────────────────────────────┘
```

图 3-26 交流发电机不充电故障的诊断方法

间短路;电阻为零则说明两个滑环之间有短路或是"F"接线柱搭铁。

用万用表的"—"表笔搭发电机外壳,"+"表笔搭发电机的"电枢"(或"+")接线柱。如果万用表指示值在 10Ω 左右,说明有个别二极管击穿、短路。如果万用表指示的电阻值接近于零或者等于零时,说明装在后端盖上的二极管和装在元件板上的二极管均有击穿、短路。

若二极管内部断路,必须拆开发电机逐个检查。

3-41 检查汽车电路故障有哪些方法?

①现象观察法:电路产生故障时,可以通过各种异响、导线和元件产生的高温、导线冒烟及产生的放电火花、焦臭气味等异常现象进行观察。

②试灯检查法:将试灯的一根灯线与用电设备火线相接,另一根灯线接在车体上。若试灯亮,则表明该处到电源间的线路没问题;若灯不亮,则是测试中的某段线路有断路故障。

③短路试验法:如低压电路断路,怀疑点火开关有问题,用导线将点火开关行车时位置的两接线柱短接,通过充电指示灯亮或不亮来证明点火开关的好坏与否。

④通路试验法:判断点火系统低压电路是否畅通时,可拆下点火线圈上"-"接线柱导线头,在接线柱上划火。通过火花的有无,来判断电路的通畅与短路搭铁与否。

⑤互换材料的判断法:将怀疑有问题的电器拆下、更换上新的配件,来确定故障部位。如高速断火时,怀疑点火线圈有问题,可换用一个新的点火线圈进行运转试验。若故障消失,说明点火线圈有故障,否则,说明故障发生在别的部位。

⑥搭铁试火法:将一根导线的一端与用电设备的火线相接,另一端与车体划火。如无火,则说明有火与无火之间的线路存在断路故障;如有火,则说明与用电设备相接处到电源间的线路良好。例如,怀疑蓄电池到点火线圈的电路有断路时,可拆下点火线圈上点火开关的线头,在发动机缸体或车架上进行瞬间刮火,通过火花强、弱、无火花这三种情况,来断定电路正常、电路接触不良、电路断路与否。

⑦高压试火检查法：在蓄电池容量充足的前提下，诊断点火系统故障时，可取下分电器盖，拔下分火头，拔下分电器盖上的中央高压线头，距缸体 5~8mm 处，用旋具拨动白金活动触点臂，通过高压线头与缸体之间的连续强烈火花、火花弱、无火花三种情况，来观察点火系统是工作正常、工作不正常或是不工作。

⑧高压电检查法：此法用于检查分火头、电容器、分电器盖是否有破损漏电的故障。

⑨仪器检查法：用电流表检查。当用电设备接通后，如电流表指针指向"0"，或所指示放电电流小于正常值，则说明用电设备的电路某处断路或导线接触不良；如电流表迅速由"0"摆到"负"的最大值，然后又回到"0"，则说明线路中某处搭铁、短路；电流表指示摆到"负"的最大又回到"0"，则说明电流过大、熔断器跳开或熔丝熔断所导致的短路。

3-42　交流发电机硅整流器有哪些常见故障？

微型汽车用交流发电机的硅整流器最常见的故障有二极管短路、断路和绝缘电阻值下降等。

当二极管短路时，伴随的是发电机电压下降、功率下降、温度过高。如果正极管和负极管同时短路，就会出现蓄电池向整流器大电流放电现象。

当二极管断路时，伴随的是发电机电压下降和功率下降。

当二极管出现反向电阻值下降时，发电机在空载或温度较低时，发电机发电正常。而在发电机输出电流增大或发动机温度较高时，则功率明显不足。

3-43　交流发电机易出哪些故障？怎样排除？

①如果皮带轮松动或打滑，应拧紧皮带轮固定螺栓，松开发电机皮带调整螺栓，调整风扇带的松紧，用拇指或食指以近 100N 的力在皮带的长边压下 5~10mm 即为合适，最后再拧紧发电机调整螺栓，并重新紧固发电机挂脚螺栓，如发现皮带松弛和破损时应更换新件。

②如果是发电机支架螺栓松动,将其紧固即可。

③如轴承松旷,可以动手拆下发电机,旋下发电机皮带轮锁紧螺母,取下皮带轮、风扇及垫圈,牢记各个配件原来的位置,以免装错。再旋下发电机前端盖的紧固螺栓,取下前端盖,抽出转子,松开前端盖的承压板螺钉,取下轴承,同时取下转子后轴承,检查轴承运转是否灵活自如,有无卡滞松旷,如有问题,应及时更换。

④如发电机内部短路或断路,最好送到专业厂站进行检修。

⑤如果发电机出现烧焦气味,表明线圈烧坏。如调节电压过高,长期过载工作,二极管被击穿损坏不起整流作用,使一相或二相烧坏,定子绕组短路烧坏,转子线圈断路或电阻断路及接线脱开。电压调整得过高,蓄电池内部短路等,也是造成交流电机发电量经常过大的原因。检查中,应看电压调节器低压触点是否烧蚀粘结,或触点不能张开,然后检查电压线圈是否烧毁或断、短路,以及电阻是否断路而不能吸拉触点臂,使发电量过大。可以用电压表测量调节器,将电表的正试棒搭在调节器"火线"一端,负试棒搭在调节器的底座上,测量调节器的电压调节得是否过高。若调节电压超过规定值,则需要重新调整。如怀疑蓄电池内部短路,可用高频放电计检查。经上述检查找到毛病所在后,再进行修复或换件处理。

3-44 微型车用交流发电机电刷长度有什么要求?

电刷的最小极限尺寸就是保证发电机正常发电的最短电刷长度。如果电刷磨损到最小极限长度时,不及时更换,就会出现励磁电流减小、发电机电压下降的现象。

微型汽车用交流发电机电刷的极限长度因车而异。FJ7100型汽车电刷的原始尺寸为 10.5mm,最小极限长度为 4.5mm;SC1010、JL1010、WJ1010 型汽车用电刷的原始尺寸为 16.5mm,最小极限长度为 11.10mm,其他微型汽车的电刷最小极限尺寸多为 5.5～6mm。

3-45 使用交流发电机和调节器时应注意什么?

①在安装蓄电池时,蓄电池的负极必须接铁,否则,会烧坏硅整流发电机的二极管和有关连接导线。

②发电机不发电或充电电流很小,说明发电机内部有故障或调节器调整不当,应及时检修和调整。

③发电机的驱动皮带张力应符合要求,不应过紧或过松。皮带过紧会加剧发电机轴承的磨损,过松会使皮带打滑,加剧皮带和皮带盘的磨损和发电机发电不稳。

④应定期检查发电机轴承是否缺油,缺油后,应更换钙钠基润滑脂或锂基润滑脂,不允许换钙基润滑脂,即普通黄油。

⑤应经常保持发电机和调节器的接线固定、接触良好和外表清洁。

⑥不允许将调节器限额电压随意调高或降低,尤其是要防止调高。否则,会使蓄电池充电和加剧发电机的损坏。

3-46 蓄电池为什么能储存电能?

在一定条件下,电能和化学能可以互相转化。直流发电机发出的电可以转化为化学能储存起来,需要时,又可将化学能转化为电能输送出去。蓄电池就是进行这种能量转换的一种电源。储存电能的过程叫"充电"。开始充电时,直流电源所接的两块极板均为硫酸铅,电流通过时,电池内产生化学反应。充足电时,与电源负极相接的极板变成了纯铅,与正极相接的极板变成了二氧化铅;电解中水分减少,硫酸增多,密度增大,两极板间建立起一定的电压。若将充足电的蓄电池接上用电设备,便有电流输出,这个过程叫"放电"。放电时的化学反应与充电时相反。放电结束时,两极板间电压降低,电解液密度减小,两块极板又分别转化为刚充电时的硫酸铅。

3-47 怎样保养蓄电池?

①经常检查蓄电池内电解液液面高度,冬天每隔 2 个月检查一次,夏天每隔 1 个月检查一次。注意适时加水(蒸馏水),不能让

铅板露出水面,但也不能将水加得过满,否则,电解液会通过通气孔溢出来,使蓄电池缓慢放电,液面以高出极板上缘 10～15mm 为好。

②保持蓄电池盖的清洁,清除腐斑,避免漏电。

③清洁和正确地拧紧起动蓄电池卡。

④更换损坏的起动电缆。

⑤检查蓄电池是否稳固地安装在框架中,防止震裂蓄电池壳。

⑥定期检查蓄电池的充电状态,充电不足时,应及时到修理部门去充电。

3-48 怎样清除蓄电池上盖的腐斑？

先将发酵粉溶入温水中,到停止发泡后用钢丝刷蘸上溶液清洗蓄电池顶盖。如腐斑很厚,可将电缆夹头卸下,分别清洗电极柱和蓄电池卡。最后在电极柱上涂一层防腐剂。

3-49 怎样使用电解液密度计来测量蓄电池的充电情况？

将吸好电解液的密度计举到液面与眼平齐时(如图 3-27 所示),读出浮子至液面间的读数：

1.265～1.299　充足电

1.235～1.265　3/4 充电

1.205～1.235　1/2 充电

1.170～1.205　1/4 充电

1.140～1.170　勉强工作

1.110～1.140　完全放电

在夏天,电解液的密度要略高一点,但电解液密度不能过高,过高会加速极板和隔板的腐蚀,而且会使蓄电池的容量下降,放电减少。所以,绝不是冬季采用的相对密度越高越好,冬天要略低一点。但是,冬季相对密度过低,还可能存在蓄电池亏电较多的情况下产生结冰的危险。一般电解液密度不可超过 1.285。这可以从浮子伸出液面的高度作出判断,如图 3-28 所示。

使用浮球式密度计时,如全部球都浮起表示充足了电,全部不

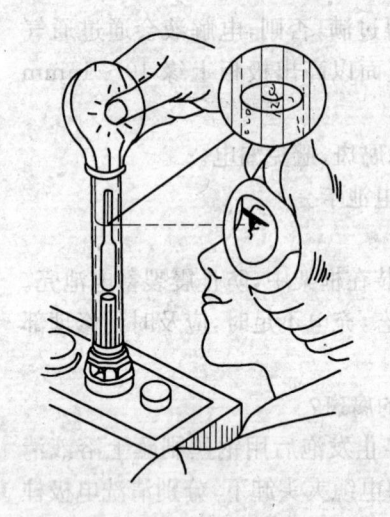

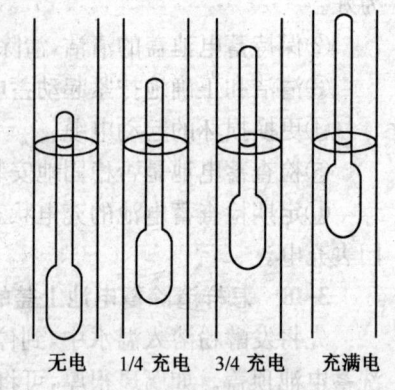

图 3-27 测电解液密度　　图 3-28 电解液密度对比

浮起表示完全放电。

如果测得的电解液密度小于 1.110 时,则表明蓄电池壳可能破裂,蓄电池内的铅板或隔板损坏,此蓄电池已不能再用。

3-50　安装蓄电池时应注意什么?

①蓄电池电液是硫酸,腐蚀性很强,会烧伤皮肤,如溅到皮肤上,要马上用清水冲洗。若有发酵粉,可将发酵粉敷上,以中和硫酸。若溅入眼睛,要马上用清水冲洗,至少连续冲洗 5min 再去找医生,不得耽误。

②不能用压缩空气去吹蓄电池盖上的污物,因为这样可能将硫酸吹溅到身上。

③充电时,蓄电池顶部的气体为可燃性气体,所以,正在充电的蓄电池旁不得点火或吸烟。

④将电缆夹头接到蓄电池电极柱上之前,先要弄清电极柱和电缆卡的极性,要按车型规定的极性连接线头,接错了会损坏发电机。

3-51 怎样判断蓄电池是否存电不足还是有故障?

用密度计测得的电解液密度在较充足电时在0.08以上,但各单格相差不大于0.01,用高频放电计测量单格电压,电压下降到1.5V左右,但能在5s内保持稳定,而且各单格相差不大于0.1V,则可粗略地判断此蓄电池无严重故障,只是放电较多,应进行补充充电。在用高频放电计测量单格电压时,电压迅速下降,各单格电解液密度相差悬殊,则表明蓄电池存在故障。这时,可在充电过程中观察电压、电解液密度、温度的变化,以及气泡发生的早晚和多少,作进一步检查判断,以确定故障的性质和严重程度。

3-52 怎样在充电中判断蓄电池有故障?

正常的蓄电池在充电时,其端电压和电解液密度都按一定规律变化,而且只要充电电流适当,电解液温度就会随充电程度相应地升高,如有异常,可认为蓄电池存在故障。

①蓄电池极板硫化,它的内阻就会增大。因此,在充电初期,单格电池的充电电压能升到2.8V左右,同时,电解液的温度也升得较高。若极板是较轻的硫化,充电数小时之后,由于极板表面硫酸铅的逐渐消失,内阻会随之减少,充电电压可降到2.2V左右,然后像正常蓄电池一样,电压和电解液密度缓慢上升。若是严重硫化的蓄电池,则因极板上的硫酸铅结晶难于溶解,内阻很大,单格电池在充电初期充电电压可达5~6V,电解液温度升得很高,而密度却无明显变化,且电解液过早"沸腾",产生大量气泡。

②存在自放电故障的蓄电池,由于其内部有某些直接导电的分路,使作用于化学反应的电能减少,电解液密度和电压上升较缓慢。如果蓄电池内部严重短路,充电电流只是从蓄电池内通过,活性物质几乎不产生化学反应,即使充电时间很长,电解液密度和电压都不上升,电解液中也没有明显的气泡发生。

③活性物质严重脱落的蓄电池,在充电过程中能看到电解液里有褐色微粒,同时,由于极板上的活性物质减少,蓄电池容量降低,电解液"沸腾"等充电终了时才发生的现象会提前出现,充电时

间较正常蓄电池大为缩短。

3-53 怎样防止蓄电池严重自放电？

防止蓄电池严重自放电的措施如下：

①要保证电解液的纯净，必须用蒸馏水和蓄电池专用硫酸配制电解液。

②储存、配制、添加电解液只能用陶瓷、塑料或玻璃容器，任何情况下都不得用铅以外的金属容器。

③要经常保持蓄电池表面的清洁、干燥，封胶应无裂缝，以避免蓄电池电极间短路。

④添加蒸馏水时，不得将金属杂质掉进蓄电池中。

⑤及时清理蓄电池底部的沉淀物。

⑥修配蓄电池时，要仔细检查隔板质量，凡有破损，不得用来组装蓄电池。

⑦组装蓄电池时，要注意保持工作间的清洁，操作时应防止任何金属掉入蓄电池。

⑧长期放置不用的蓄电池，每月应进行一次补充充电，以补偿自放电造成的容量损失，并使上下层电解液混合均匀。

3-54 蓄电池内部短路有什么现象？怎样排除？

如果单格电池的静止电动势（开路电压）低于2V，充电时的电压低于其他单格，电解液密度上升得很慢，充电末期产生的气泡很少，用高频放电计检验，单格电池的电压迅速下降，即可判定为内部短路。其原因是隔板破裂、电解液严重不纯、极板拱曲、掉进了金属杂物，以及活性物质大量脱落后沉积于底部，使正负极连通等。内部短路的蓄电池必须拆开作进一步检查，找出原因加以排除，如更换隔板和电解液，清洗极板组，清除壳底的沉积物等。

3-55 蓄电池电解液消耗太快是什么原因？

蓄电池电解液液面应经常保持高出极板上缘10～15mm，以免因液面过低而使参与化学反应的活性物质减少，降低蓄电池容量，也可避免极板直接与空气接触而加速硫化。在正常情况下，只需一周或半个月补充一次蒸馏水即可。若液面降低得太快,则为不正常情况。这很可能是调节器的限额电压调得过高,使蓄电池经常过量充电,电解液中的水大量分解蒸发所致。因此,应认真检查调整限额电压。如果只是个别单格降低过快,则应仔细检查蓄电池壳是否破损,封胶是否开裂。

3-56 蓄电池液面高度不够为什么应加蒸馏水?

蓄电池液面高度每月要检查一次。如果液面过低,应及时补充蒸馏水,不得添加电解液。因为液面下降的原因是水分的蒸发和充电时水的电解造成的,如果任意添加稀硫酸使蓄电池的电解液密度升高,会影响极板和隔板的使用寿命。只有在电解液外溅或倒出的情况下,才允许在充电终了时添加适当密度的电解液。

3-57 蓄电池为什么会爆炸?

蓄电池充放电时,由于内部发生化学反应,使电液中的部分水分子分解为氢气和氧气,特别是当蓄电池过充电或大电流放电时,水分子分解速度更快,会产生大量的氢气和氧气从电液中溢出。由于氢气可以燃烧,氧气可以助燃,一旦同火接触立即燃烧,而这种燃烧是在密闭的蓄电池内部进行,因此会引起蓄电池爆炸。如果加液孔阻塞,急剧产生的氢、氧气不能迅速溢出蓄电池外,当气压大到一定程度时也会发生爆炸,结果外壳爆裂,电液溅出。

为防止蓄电池发生爆炸事故,必须做到:蓄电池加液孔螺塞的通气孔要经常保持畅通;禁止蓄电池周围有明火;蓄电池内部连接处和电桩上的接线要牢固,以免松动引起火花;用高频放电试验器检查单格电池电压前,应将蓄电池加液孔用螺塞盖好;防止起动机内部短路,或蓄电池连接起动机开关的导线搭铁。

3-58 为什么电解液的密度会随温度而变化?

电解液相对密度随温度而变化完全是由于液体本身热胀冷缩的缘故。温度上升时,体积胀大,温度降低时体积缩小。在其质量保持不变的情况下,温度上升,体积胀大,相对密度减小,相反,温度下降,体积要冷缩,所以相对密度是增大的。

汽车用蓄电池的电解液相对密度和温度的具体关系是:温度每变化1℃时(以20℃为基准),相对密度变化0.0007。例如,某一蓄电池的电解液在20℃时相对密度为1.27。当温度上升到35℃时,电解液的相对密度将下降0.01,即为1.26;当温度下降到-5℃时,电解液的相对密度将为1.28。

3-59 怎样识别蓄电池的正负极?

微型汽车的蓄电池极柱上一般都有正、负符号或标记,极柱上有(+)符号的为正极,极柱上有(-)符号的为负极。有标记的蓄电池识别起来很容易,但有的蓄电池用过一段时间后,正负极标志模糊了,也有少数蓄电池因某种原因无明显的正、负极柱符号或标记,致使使用和更换维修蓄电池造成不便。下面介绍一些在无识别标志的情况下识别蓄电池正、负极柱的简单方法:

①厂牌识别。凡国家定点的蓄电池生产厂的产品在外壳上都有标牌。一般靠近标牌的极柱为正极,远离标牌的极柱为负极。

②漆色识别。有少数蓄电池在极柱上涂有红、绿漆来区别正、负极。涂红漆的极柱为正极,涂绿漆的极柱为负极。

③颜色识别。蓄电池极柱的颜色,使用过的蓄电池,正极呈深棕色,负极呈深灰色。呈棕色若极柱的颜色区别不大,可查看连条的颜色。单格连条正、负格的颜色呈棕色的为正极。呈灰色的为负极。

④直径识别。有的蓄电池极柱上没有符号或标记,但两个极柱的直径却不同。一般来讲,直径稍大的为正极,直径稍小的为负极。

⑤硬度识别法。使用过的蓄电池正极柱上有一层二氧化铅,表面硬度较高,若用旋具在极柱上划痕,表面较硬的极柱为正极,表面较软的极柱为负极。

⑥试验识别法。将蓄电池的两极接上导线,分别插入同一电解液中,导线周围产生气泡的为负极;反之,为正极。也可将蓄电池的两极分别接上铜导线,再将铜线插入含淀粉较多的植物块茎

内(如马铃薯),导线周围变成绿色的为正极;与另一导线相接的为负极。

3-60 如蓄电池没电,怎样用别的车上的蓄电池来起动汽车?

如果车上蓄电池已坏,或在通气孔处见不到水,或结了冰,都不能利用别的车的蓄电池起动,否则会引起蓄电池爆炸。

若不属上述情况,驾驶人又备有两根起动电缆的话,如严格执行下列程序,是可以安全地起动汽车的。

①将两个蓄电池的通气孔盖都取下来,用布盖上通气孔,以免蓄电池电解液溅出。

②戴上保护眼镜。

③不使两个蓄电池的汽车互相接触。

④被起动汽车的电器装置除点火开关外,全都断开。

⑤将一根起动电缆的一端接到起动车蓄电池的正极柱上,另一端接到被起动车蓄电池的正极柱上。

⑥将另一根起动电缆的一端接到起动蓄电池的负极柱上。

⑦将这根起动电缆的另一端接到被起动汽车的发动机缸体上(不能将之接到被起动汽车蓄电池负极柱上,否则会引起电器损坏和蓄电池爆炸),做这些接线工作时不要靠在蓄电池上。

⑧先起动蓄电池好的汽车,然后起动蓄电池弱的汽车。待后者发动机起动后,先将连接到发动机缸体的接头拆下,然后将这根起动电缆的另一端从负极柱上拆下,最后将另一根起动电缆从两个正极柱上拆下。

⑨将盖在蓄电池通气孔上的布拿开,拧上通气孔盖。

每次开动起动机的时间不得超过5s。若发动机仍没有起动,要停几分钟,待蓄电池冷却后再重新起动。

3-61 冬天怎样向蓄电池加蒸馏水?

如果在寒冷结冰的天气里向蓄电池内加注蒸馏水,必须使发动机运行10min左右,使蓄电池中的电解液与新加入的蒸馏水相互混合均匀后,才能停放车辆,或在出车前加蒸馏水。否则会因水的密度比电解液的密度小浮在电解液上面而结冰,冻裂蓄电池。

3-62 怎样正确配制电解液?

配制电解液时,必须用相对密度为 1.285(25℃)的蓄电池专用硫酸和蒸馏水(或纯净雨水)。如电解液中含有杂质会加速蓄电池的自行放电,减小蓄电池的容量和寿命。

配制电解液时,可参照表 3-2 的体积比例或质量比例进行,然后用密度计进行复验。

表 3-2 电解液配制表

25℃时电解液相对密度	体积之比		质量之比	
	浓硫酸	蒸馏水	浓硫酸	蒸馏水
1.23	1	3.6	1	1.97
1.24	1	3.4	1	1.86
1.25	1	3.2	1	1.76
1.26	1	3.1	1	1.60
1.27	1	2.8	1	1.57
1.28	1	2.75	1	1.49
1.29	1	2.6	1	1.41
1.30	1	2.5	1	1.34
1.40	1	1.6	1	1.02

配制电解液时应注意:

①配制电解液应在耐酸的玻璃、陶瓷、硬橡胶或铅质的容器内进行;

②切记配液时必须先将水加入容器,然后将硫酸缓慢加入水中,并不断用玻璃棒或塑料棒搅拌。绝对禁止将蒸馏水倒入浓硫酸中,以免发生爆溅,伤害人体和设备。

③配制电解液时,操作人员必须戴防护眼镜、橡胶手套、塑料围裙、穿高筒胶鞋,以防烧伤。如果硫酸溅在衣服上,应立即用 10%的苏打溶液浸湿,然后用清水冲洗。

3-63 蓄电池放电后为什么要及时充电？

蓄电池放电后，极板上一部分或大部分二氧化铅和纯铅变成了硫酸铅。这些硫酸铅是细小的结晶体，如及时充电，很容易转变成二氧化铅和铅。如不及时充电，极板上的硫酸铅晶体会慢慢变大、变粗，坚硬的硫酸铅晶体电阻大，导电性能差，化学反应迟钝，充电过程中不易转化成二氧化铅和铅。时间一长，这些粗大的硫酸铅晶体会渐渐连接成层，将极板表面覆盖，堵塞极板的孔隙，妨碍电解液的渗入。由于极板上有效的活性物质减少，内阻明显增大，导致蓄电池容量大幅度减小。这就是通常所说的"硫化"现象。因此，蓄电池放电后应及时进行充电，使其经常保持在充足状态，是防止硫化、延长使用寿命的有效措施。

3-64 过充电时为什么会影响蓄电池的使用寿命？

所谓"过充电"，就是过电压充电。当充电电压过高时，即使蓄电池充满了电，也还会有一定的充电电流，因而导致蓄电池过量充电。

过充电对蓄电池的寿命影响极大。据实验，一个额定容量为56A·h的蓄电池，当充电电压从14.5V提高到15.5V时，蓄电池使用寿命（按行车公里计算）将从5.7万km下降到2万km。为什么充电电压提高1V，蓄电池寿命会缩短将近2倍呢？这是因为过充电时，电能主要用于电解水，产生氢气和氧气。氧气会使正极板的栅架氧化、腐蚀，使其强度降低；氢气从负极板孔隙内溢出时，会产生一定的压力，使负极板上的活性物质强度变低。蓄电池过多地产生氢氧气体，还会造成极板空隙间的气压增大，活性物质易于脱落。此外，过充电会加速电解液中水的消耗，易使极板外露而氧化。由此可见，蓄电池充电时盲目调高充电电压是十分有害的。

3-65 怎样使用干荷蓄电池？

目前汽车上装用的蓄电池，按使用要求可分为"干封铅蓄电池"和"干荷式电铅蓄电池"。干封铅蓄电池就是平时所说的铅蓄电池或酸性蓄电池，已广泛在汽车、摩托车、拖拉机上应用。出厂时,如制造厂已进行了初充电,可以直接使用;如未进行初充电,应在灌注电解液后进行初充电才能使用。干荷蓄电池是在型号"Q"的后面加"A"(如3-QA-84)。干荷蓄电池的极板已经经过充电,并干态保存,需用时灌注电解液后,经短时间充电或不经充电即可使用。

3-66 为什么要对封存车蓄电池定期充电?

暂不使用的蓄电池,可进行湿储存。方法是先将蓄电池充足电,再将加液孔盖上的通气孔密封,然后将蓄电池放在阴凉通风的室内,避免阳光直射,储存时间不宜超过 6 个月。为弥补自行放电的损失,以及可能产生的硫化,每月应进行一次补充充电。

若蓄电池需长期存放,最好以干储法储存。方法是先将蓄电池以 20 小时放电率完全放电,倒出电解液,用蒸馏水多次冲洗至水中无酸性,倒尽水分,晾干后旋紧加液孔盖,并将通气孔密封,以后重新起用时的准备工作和新电池相同。

3-67 冬季怎样使用维护蓄电池?

为使蓄电池经常处于完好状态,以延长其使用寿命,冬季使用蓄电池时,应注意下列事项:

①应特别注意经常保持蓄电池处于充足电的状态,以防电解液相对密度降低而结冰,导致蓄电池壳破裂、极板弯曲和活性物质脱落等故障。

②冬季应按规定加入相对密度为 1.40 的电解液进行调整。

③冬季加水时,只能在发动机运转、发动机向电池充电时进行,以免水和电解液混合不均而结冰。

④由于冬季电池容量降低,因此,冷发动机起动时应进行预热,且每次接通起动机的时间不应超过 5s。如需重复起动,则应在休息 15s 以后进行。

⑤冬季在严寒地区,汽车停放在室外时,应给蓄电池套上防冻罩,以便蓄电池保温易起动。

3-68 为什么蓄电池容量很低？

充足电的蓄电池装上车后使用很短时间，就感到存电不足；起动机运转缓慢、无力，甚至不能带动发动机转动；喇叭声音小；灯光暗淡；用高频放电试验器检查单格电池的电压低于 1.5V。以上现象表示蓄电池容量降低故障。

(1) 起动机使用频繁

经常长时间使用起动机，使蓄电池耗电过多，容量降低。应将蓄电池从车上取下进行补充充电后再用，避免长时间过多使用起动机。

(2) 调节电压过低

发电机调节器的节压器活动触点臂弹簧弹力过弱，导致调节电压过低，使蓄电池充电不足，容量降低。应重新校准调节电压，然后将蓄电池从车上取下进行补充充电后再用。

(3) 极板硫化

极板硫化的主要原因是蓄电池长期处于放电或半放电状态，使极板上生成一种白色的硫酸铅晶体。另一个原因是电解液液面长期低于极板，使极板上部露在空气中，活性物质被氧化，在行车中由于电解液上下波动和氧化部分接触，生成粗晶粒的硫酸铅。正常充电时，这种粗晶粒的硫酸铅不能转化为二氧化铅和海绵状铅，称为硫酸铅硬化，简称硫化。这种现象产生的原因可能是：用电解液代替蒸馏水加入蓄电池，造成电解液过浓；发电机调节电压过低或过高；电解液不纯；初充电或经常充电不足；电解液面低于极板等。

极板硫化不严重时，可用小电流长时间充电、或给予全充又全放的充放电循环，使活性物质复原的方法解决。极板硫化严重时，必须拆开蓄电池，重新更换极板。

3-69 怎样延长蓄电池的使用寿命？

蓄电池的使用寿命取决于它的制造质量和使用的好坏。为延长其使用寿命，使用中，应注意以下事项：

①定期检查和调整电解液的液面高度,不足时,应加蒸馏水,使液面高出极板10~15mm。

②正确调整电压调节器,使发电机电压保持在规定范围内,12V的供电系统的电压为13.8~14.8V;24V的供电系统的电压为27~29V。

③每次使用起动机的时间不得超过5s,连续起动时,中间应隔15s以上。

④蓄电池要经常保持充足电的状态,每月应补充充电一次。

⑤合理选择电解液相对密度,并根据不同季节,及时调整电解液的相对密度。

⑥配制电解液时一定要用专用硫酸和蒸馏水。

⑦蓄电池在汽车上安装时要牢固可靠,不得松动。

⑧经常清除盖上的电解液与污物,并确保加液孔盖的通气畅通。

⑨对蓄电池初充电和补充充电时,必须按充电规则进行。

3-70 为什么出车前给蓄电池补加蒸馏水最好?

在出车前向蓄电池补加蒸馏水的好处是,可以在运行后的充电电流作用下,使蒸馏水很快与蓄电池内的电解液均匀混合。如果在收车后补加蒸馏水,则会因蒸馏水的相对密度较小而浮在电解液的上层,使电解液上下层相对密度不同,而加剧蓄电池的自放电,在北方的冬季还有可能导致结冰。

3-71 起动机无力,蓄电池接柱和搭铁线温度升高是什么原因?

接铁螺钉处发热,是接铁螺钉松动或氧化致使接铁不良所致。接铁不良会出现较大接触电阻。起动时,当较大的起动电流流过时,就会产生热量,使温度升高。同时,由于接触电阻上产生较大的电压降,会使起动机端电压下降,起动电流和扭矩减小,导致起动无力。

3-72 起动机由哪些主要部件组成?

长安、铃木、松花江等微型汽车起动机的构造如图3-29所示。

第三章 电器的检修与故障排除

该起动机电磁开关和全部电动机组件都是封闭式的,主要部件有电磁开关、前轴承套、锁止垫圈、弹簧、前端盖、电刷支架、起动机外壳、驱动端盖、驱动杠杆、单向离合器电枢等。

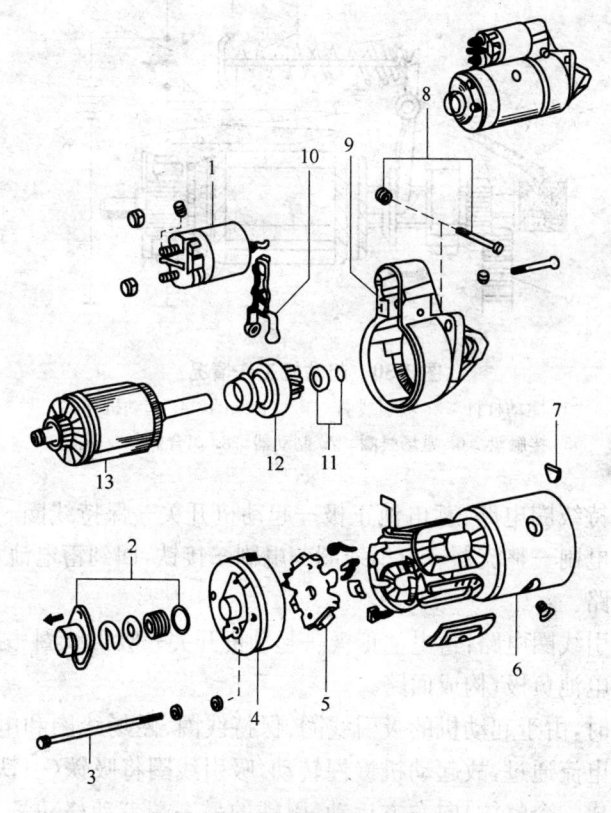

图 3-29 起动机构造
1. 电磁开关 2. 前轴承套、锁止垫圈 3. 螺栓 4. 前端盖 5. 电刷支架
6. 起动机外壳 7. 橡胶垫 8. 螺栓 9. 驱动端盖 10. 驱动杠杆
11. 止推垫圈及锁环 12. 单向离合器 13. 电枢

3-73 起动机是怎样工作的?

(1)起动机的开关接通

将点火开关置于起动位置,即接通起动开关,起动机的保持线

389

圈和吸引线圈就会有电流通过,如图 3-30 所示,此时,保持线圈和吸引线圈均有电流通过。

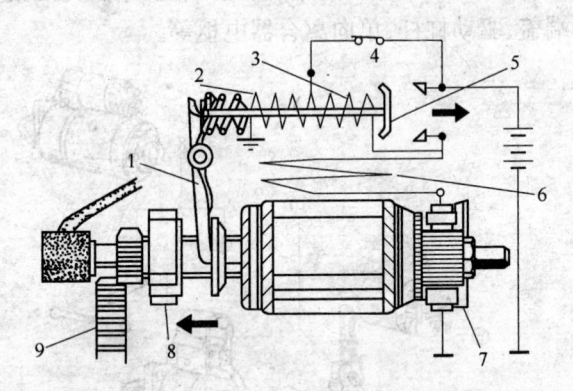

图 3-30 起动机工作情况
1. 驱动杠杆 2. 吸引线圈 3. 保持线圈 4. 起动机开关
5. 接触盘 6. 磁场线圈 7. 制动器 8. 离合器 9. 飞轮

保持线圈电路:蓄电池正极—起动机开关—保持线圈—磁场线圈—电刷—整流器—电枢线圈—电刷—接铁,回到蓄电池负极,构成回路。

吸引线圈电路:蓄电池正极—起动机开关—吸引线圈—接铁,回到蓄电池负极,构成回路。

此时,由于起动机的吸引线圈、保持线圈、磁场线圈和电枢线圈均有电流通过,故起动机慢慢转动,吸引线圈将吸铁(引铁与接触盘构成一个整体)向右方运动,引铁的另一端带动移动叉,移动叉推动离合器上的驱动齿轮与飞轮(环形齿轮)啮合。

(2)驱动齿轮与飞轮啮合

吸引线圈继续吸引引铁向左运动,使接触盘与触点接通,同时,移动叉带动离合器使驱动齿轮与飞轮啮合。在这种状态下,由于接触盘与触点接通,使蓄电池的电流通过触点和接触盘直接流入直流起动机。因此,这时流入起动机的电流是相当大的,附带起

第三章 电器的检修与故障排除

动机产生很大的起动转矩,通过驱动齿轮驱动飞轮带动发动机曲轴旋转。

(3)发动机被起动机带动旋转

起动机带动发动机曲轴旋转,发动机被起动后,这时,只要不松开起动开关,起动机的保持线圈仍然将接触盘保持啮合位置。当发动机起动后,在这种情况下,发动机就会带动起动机电枢做高速旋转。但是,由于起动机的离合器是单向工作,当飞轮带动驱动齿轮旋转时,只是驱动齿轮在起动机轴上旋转,而此时电枢是不转的。故有了单向离合器,发动机起动后,电枢不会带动高速旋转,从而保护起动机不被损坏。

(4)起动机停止工作

关断起动机开关,此时,保持线圈和吸引线圈均无电流而退磁,接触盘在弹簧力的作用下,将接触盘和离合器恢复到原来的位置。

3-74 怎样拆卸、分解起动机?

①从蓄电池负极接柱上拆下负极接铁线。
②拆下接在起动机上的正极连接线和黑/黄接线。
③从变速器壳体上拧下固定起动机的两个螺栓,卸下起动机。
④卸下固定电磁开关的两个螺钉,拆下电磁开关。
⑤拆下轴承罩,并一同卸下锁闭板制动器弹簧和胶圈。
⑥拆下电刷支架。具体操作过程是:首先拆下两个连接螺栓,然后拆下换向器端架,最后从电刷支架上拆下电刷。
⑦取出电枢线圈、起动离合器和拨叉。
⑧卸下外壳上固定磁场绕组的螺栓,卸下磁场线圈(当直观检查磁场线圈无损伤时,可不拆卸磁场线圈)。
⑨整个起动机的分解顺序见图 3-29 所示,按图中的数字(1、2、3……13)顺序分解。

3-75 起动机的技术要求是什么?

①电枢对其轴线的径向圆跳动应≯0.15mm。整流子的圆度

误差应$\not>$0.025mm,对轴颈的同轴度误差应$\not>$0.1mm,修整后铜片的径向厚度应$\not<$2mm。

②电刷高度应不低于基本尺寸的2/3,弹簧弹力应符合原厂规定,电刷与整流子的接触面积应不少于75%。

③电枢两端轴颈与衬套配合间隙为0.04～0.09mm,中间衬套与轴颈配合间隙为0.085～0.15mm,配合后的端隙为0.5～0.7mm,与磁极的间隙应为0.82～1.8mm。

④D015、315b、2201和308B型起动机的驱动齿轮应不打滑,齿长不短于16mm,且不得有崩角或碎裂现象。齿轮端面与止推垫圈的间隙在开始接触转动时应为1.5～2.5mm,完全接触时为0.5～1.5mm。

⑤起动机应作空转特性及全制动特性试验,其性能应符合有关规定。

3-76 怎样正确使用起动机?

为保证起动机可靠地工作,使发动机能迅速起动,除要求蓄电池存电充足外,起动机的使用还要注意以下几点:

①连接蓄电池和起动机的导线和蓄电池的搭铁线长度和截面积要符合要求(不得任意换用较长或较细导线),导线的各连接部位必须牢固、清洁、接触良好。

②每次接通起动机的时间不要过长,以不超过5s为宜,需重复起动时,要间隔15s以上。

③多次使用起动机仍不能发动时,应查明原因,确认油、电路无故障再继续起动。

3-77 起动机空转是什么原因?

主要原因是单向齿轮打滑。若有时空转,有时能驱动曲轴,则有可能是起动机驱动齿轮和止推垫圈的间隙调整不当,或开关接触过早。只要加以调整,故障即可排除。还有可能是飞轮齿环有部分损坏,当发动机驱动齿轮正好与损坏了的环齿相遇时,就不能驱动曲轴旋转。后两种故障在接通起动开关时,均伴有碰撞声。

损坏了的飞轮齿环应更换或将旧齿环压出,换一面使用。因单向齿轮打滑导致起动机空转,一般是没有碰击声的。检查单向齿轮是否打滑,应拆开起动机,将电枢压紧固定,然后用力反时针方向转动单向齿轮,如转不动,而向顺时针方向能转动,即为良好。如果正、反两个方向都能转动,应更换新件。采用惯性传动装置的起动机,发生空转故障的原因多为齿轮移动的轨槽不清洁,阻碍驱动齿轮的滑行,拆开检查、清洗,即可排除故障。

3-78 起动机转动无力是什么原因?

当接通起动机开关后,起动机虽能转动,但转速很慢,转速不匀,转动无力,不能驱动发动机时,首先要考虑蓄电池的存电是否充足,导线的连接是否良好。尤其是寒冷地区的冬季,发动机转动的阻力增大,蓄电池的容量下降,是起动机转动无力的主要因素。在这种情况下,继续用起动机起动往往是徒劳的。如果蓄电池充电较足,各部件线路连接紧固,可用粗导线将起动机开关接线柱接通,若起动转动有力,应检查开关触点是否已严重烧蚀或接触不紧而引起导电不良;若还不正常,则故障在起动机本身,应进一步检查电刷的磨损是否过多,电刷的弹力是否不足,单向离合器是否太脏等。经清洗,更换电刷后,故障仍不能排除时,再检查磁场线圈和电枢线圈有无短路处,起动机电枢轴承是否过于松旷,电枢轴是否弯曲,电枢是否与磁场极铁擦碰。

3-79 接通起动机开关,起动机不转是什么原因?

通常是电路上的故障。一般检查方法是,先按一下喇叭,判断蓄电池和供电线路有无故障。若喇叭不响,应检查蓄电池极柱是否太脏,卡子和极柱的连接是否松动。若喇叭响,且响声正常,表明蓄电池及供电线路良好。再用导线将起动机开关上的接线柱接通,如果起动机转动,说明触点和触盘导电不良。如果起动机还不转,说明故障在起动机内部,判断方法是当用导线连接起动机开关接线柱时,无火花,表明起动机内部断路;火花强烈,表明起动机内部有搭铁或短路处。应将起动机卸下,解体检修。检查开关有无故障时,可用一根导线将起动机和蓄电池的火线相连接。此时,若起动机转动,说明起动机良好,是断电器有故障。应检查继电器触点是否烧蚀,线圈是否短路、断路等。

3-80 怎样装配起动机?

用机油润滑轴承衬套及齿轮传动导管,将止推垫圈及齿轮总成套在传动端壳后,再把传动叉放入传动槽内,然后装上轴承盖;将电枢带键槽的一端插入中间轴承孔,并穿过齿轮孔,插入传动端壳衬套内,将电枢连同传动壳装于起动机壳上,盖上整流子端壳,拧紧螺栓;安装好电刷、接好电刷线,并安装起动开关。

起动机装配后,各处的配合间隙应符合有关技术要求。

当起动开关主接触点接触时,小齿轮与止推垫圈间的间隙应 $\not> 4\sim 5$ mm。将调整螺钉拧进或拧出,以调整此间隙,调好以后,用紧固螺母锁紧。用止推螺可调整小齿轮与止推垫圈的间隙,一般为 $2^{+0.5}$ mm。

3-81 怎样装复调整起动机?

(1)装复

起动机的装复应按分解时相反的顺序进行。在装复过程中,应特别注意:

①各铜套、电枢轴颈、键槽等易磨损部位应用机油加以润滑。

②固定中间轴承支撑板的螺钉一定要带有弹簧垫圈,防止螺钉松脱造成故障。

③驱动齿轮后端的止推垫圈和整流子端面的胶木垫圈,中间轴承支撑板与啮合之间的胶木承推垫圈装复时不要遗漏。

④电枢轴的轴向间隙应在 0.125~0.500mm 之间。

(2)调整

①驱动齿轮与止推垫圈间隙的调整(间隙应为 0.5~1.5mm)。

②起动机开关接通时机的调整:接通时机应在驱动齿轮与飞轮齿环即将完全啮合的时刻为适宜。

③热变电阻短路开关接通时机的调整：开关接通时机应在起动机开关触盘与触点开始接通的同时或稍早些。

(3) 电磁式操纵装置起动机的调整

①驱动齿轮与限位螺母间隙的调整：将引铁推到底，用塞尺测量驱动齿轮与限位螺母之间的间隙，其值应为4～5mm。

②起动机驱动齿轮与端盖凸缘距离的调整：要求距离应在32.5～34.0mm之间。

③JQ-1型继电器闭合电压及张开电压的检查与调整，可改变触点臂与铁心间的间隙来进行调整（此间隙应为0.8～1.0mm），使触点间隙为0.6～0.8mm。

(4) 装复后的试验

将蓄电池负极与起动机开关接柱相连，使蓄电池正极在外壳上搭铁。开关接通后，电枢应转动轻快均匀、不抖动、无噪声、无机械碰擦声及电刷没有强烈火花产生为良好。

3-82 怎样保养起动机？

要保证起动机在车上安装牢固，导线接头清洁，连接可靠，绝缘无破损。发现起动机工作异常时，要及时检查维修。按照保养制度的规定需对起动机进行检查保养时，一般要做以下工作：

①检查电刷高度，磨损超过新件高度的1/2时，应更换；检查电刷是否在刷架内上下自如地活动，与换向器的磨合良好，是否接触面积在75%以上，正负电刷的引线无松脱现象，电刷弹簧的弹力符合要求。

②检查换向器表面，如有烧损和失圆，应用细砂纸打磨或车削加工。

③检查钢套与轴的磨损情况，如配合间隙超过标准，应予以修理。

④检查电枢轴，如弯曲，应进行校正。

⑤检查磁场线圈、电枢线圈是否短路、断路或搭铁，以及绝缘电刷的绝缘是否良好。

⑥检查驱动齿轮的磨损情况,减振弹簧是否折断或变软,单向滑轮是否打滑。

⑦检查起动开关的接触是否良好。

⑧清洁、装复、调整、试验。重点是调整开关的接通时机,试验起动机空转时的运转情况,应无噪声,不抖动,转速均匀、转动轻快,无机械碰擦阻滞现象,电刷与换向器处无强烈火花。

3-83 怎样修理起动机?

(1) 换向器(整流器)的检修

①检查换向器表面有无脏污或烧损,必要时,用砂纸打光或车光。换向器直径为 32.5mm,注意切削量不宜过大,使用限度为 31.0mm。

②测量云母槽的深度,如图 3-31 所示,应为 0.4~0.8mm,使用限度为 0.2mm。

如云母槽深度低于极限,可用锯条修理,如图 3-32 所示。再用细砂纸打磨。

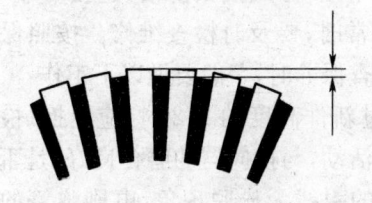

图 3-31 测量云母槽深度　　图 3-32 用锯条修整云母槽

(2) 电刷和电刷架的检修

①检查电刷。电刷的标准长度为 19mm,当电刷磨损小于 12mm 时,应更新电刷。

②检查电刷弹簧。电刷弹簧力也应符合要求,正常时应为 10.3~13.2N。当电刷弹簧力过小时,应扳动簧片,将其张力调为正常值。当通过调整簧片后,仍达不到规定力时,应更换新弹

簧片。

③检查电刷架。电刷架的检查主要是用万用表R×1k档,测量正、负电刷之间不应短路或有漏电现象。

(3)电枢的检修

①用万用表R×1k档测量电枢的换向器和铁心之间不应短路,如果有短路情况,主要原因是换向器之间有导电的物体或电枢线圈损坏,应进行清洗或更换电枢线圈。

②将万用表置于R×1k档,检查两相邻换向器之间不应短路。如果按照上述方法将所有的换向器片测量后,发现有短路情况,应更换电枢。

③检查电枢轴不应弯曲,否则应更换新件。

(4)磁场线圈的检修

①检查磁场线圈有无断路故障。将万用表置于R×1k档,测量磁场线圈两个线头之间应为通路状态,如图3-33所示,如果有断路情况,应找到断路处,接好后仍可使用。

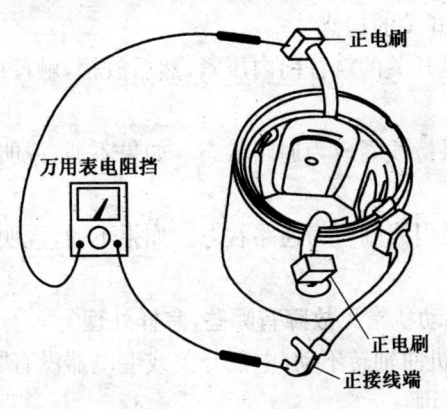

图 3-33 检查磁场线圈

②检查磁场线圈是否碰铁。用万用表电阻挡测量磁场线圈的某一接头与外壳之间不应有通路现象。如果有阻值,说明磁场线

圈与外壳短路,应进行修复或更换新的磁场线圈。

(5)驱动杆和弹簧的检查

检查驱动杠杆和弹簧有无损伤,必要时应予更换。

(6)齿轮的检查

检查齿轮牙齿和嵌入部分有无磨损和损坏。旋转齿轮,顺时针方向应旋转自如,反时针方向旋转应锁止不动,如图3-34所示。

(7)轴承间隙的检查

检查电枢轴与轴承间隙,标准为 0.035～0.077mm,使用限度为 0.2mm,如过大应更换轴承。

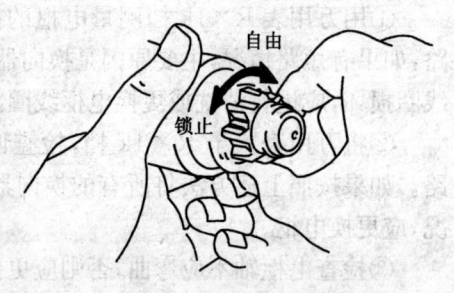

图 3-34 检查齿轮旋转方向

(8)电磁开关的检修

①把电磁开关的触杆向内压紧,然后放松,触杆应能很快返回原位。

②测量保持线圈应为通路状态。如果不通,说明断路,应进行修理。

③测量吸引线圈应为通路状态。如果不通,说明断路,应进行修理。

3-84 起动机常见故障有哪些,怎样处理?

(1)发动机曲轴转不动(电磁开关或继电器没有"咔嗒"声)

①故障原因:

a. 蓄电池电能放尽。

b. 接头松脱、腐蚀或损坏。

c. 蓄电池接线柱腐蚀(但电灯仍亮)。

d. 点火开关失效。

e. 起动机开关、电磁开关或继电器失效。

②处理方法:

a. 蓄电池充电或更换。

b. 清洁或修理接头。

c. 清洁接线柱。

d. 检查点火开关或更换。

e. 更换失效的零部件。

(2)发动机难以起动(电磁开关或继电器有"咔嗒"声)

①故障原因:

a. 蓄电池存电少或电能放尽。

b. 蓄电池接线柱或电缆腐蚀。

c. 起动机电磁开关或继电器失效(用旋具或遥控开关作短接试验)。

d. 起动机损坏(如果电流通过继电器或电磁开关)。

②处理方法:

a. 蓄电池充电或更换。

b. 清洁或更换接线柱与电缆。

c. 更换损坏的零部件。

d. 更换起动机或仔细检修。

(3)起动机旋转缓慢

①故障原因:

a. 蓄电池电能行将耗尽。

b. 接头松动、腐蚀或损坏。

c. 电缆尺寸大小问题。

d. 起动机内部问题。

e. 发动机机油太厚。

f. 点火时间超前过多。

②处理方法:

a. 充电或更换蓄电池。

b. 清洁、修理或更换接头。

c. 换用适当尺寸的电缆。

d. 更换起动机或仔细检修。

e. 根据温度采用黏度合适的机油。

f. 按规范调整。

(4)点火时起动机能旋转但发动机曲轴不转

①故障原因：

a. 起动机驱动齿轮损坏。

b. 飞轮齿环损坏。

c. 啮合器打滑。

②处理方法：

a. 更换驱动齿轮。

b. 检查飞轮。

c. 检修或更换。

(5)起动机有噪声

①故障原因：

a. 起动机支座松动。

b. 起动机驱动齿轮或飞轮齿磨损。

c. 起动机轴套磨损。

②处理方法：

a. 拧紧安装螺栓。

b. 检查驱动齿轮或飞轮齿。

c. 更换或修理起动机。

3-85 起动机齿轮与飞轮环齿不能啮合，而且发出撞击声怎样排除？

主要原因是由于起动机开关闭合过早，起动机驱动齿轮在未啮入飞轮环齿之前，起动机电路就已接通所致。也有可能是因为起动机驱动齿轮和飞轮环齿的齿牙损坏，或是减振弹簧过软，起动机固定螺栓松动，发动机机体歪斜等。发生上述故障时，应先检查起动机和发动机的安装是否牢固,然后检查起动机开关的闭合时间。若闭合过早,应加以调整,故障即可排除。如果是减振弹簧过软,齿轮损坏,则应更换或修理。

3-86 起动机哪些部件易出故障?

①起动机小齿轮与飞轮卡住:起动时,起动机齿轮与飞轮齿环咬住。造成这种故障,常常是蓄电池亏电、机油黏度大、起动机有故障或起动机小齿轮与飞轮齿环磨损严重等原因所致。因此,起动机有故障而不能转动曲轴时,虽然关掉点火开关,但起动机小齿轮与飞轮环压得很紧,且两齿面磨损不平,起动机小齿轮就会被飞轮齿环扎住或咬死,同时拨叉回位弹簧不能发挥作用,切断电路,如时间稍长,则会烧坏起动机,要注意防止出现这种严重的后果。

排除故障时,首先切断蓄电池任一极的导线,接着拨动飞轮,回转或挂上高速挡前后推动汽车,使起动机小齿轮与飞轮齿环脱开,也可将起动机固定在飞轮壳上的螺栓松开,再活动飞轮使其脱开。

②起动机单向啮合器严重打滑:汽车起动时,起动机小齿圈与飞轮齿圈啮合正常。而当起动机高速转动时,发动机飞轮则不转,这是起动机单向啮合器严重打滑所致。

微型汽车在行车途中,如出现这种故障,可采取如下应急修理方法:

首先从起动机上拆下单向啮合器,并将其置于汽油中浸泡数十分钟。然后自汽油中取出啮合器,在木板上振打,边敲边向空转方向扭转。重复上述步骤数次,直到一手握住转子轴,另一手转动小齿轮,确认向一方可自由旋转,而向反方向则转不动时,方可装复起动机。

该故障系单向啮合器内部油污粘结或滚柱发卡所致。故浸泡、振打过程可排除油污粘结或滚柱发卡的故障。当然,只有拆开修理才能完全恢复其功能。

③继电器损坏:行驶途中,如果起动机继电器的触点烧蚀而断

路,继电器线圈短路、断路,且又无法修理,可以采用如下方法应急:将点火开关至起动继电器"点火锁"上的火线直接接在起动机电磁开关的"磁场"接线柱上,让点火开关不经起动继电器而直接控制起动机电磁开关的动作。

④起动机线路绝缘体破损:如遇起动机线路绝缘体破损时,可将磁场线圈拆散,用旋具将线圈匝间拨开缝隙,再用断钢锯条刮掉旧绝缘层,另用厚纸板截成与导线宽度相同的长条垫(可用医用白胶布代替厚纸板),塞进线匝的缝隙中,待垫好绝缘纸以后,用白纱带按半叠包扎法包好。装复时,要用焊锡将接头焊牢,最后再做一次电枢空转试验,检查修理效果。

⑤起动机甩轮有响声:起动发动机时,有很响的"咔咔"金属轧击声,踏下离合器踏板时声音则减轻,待发动机转入正常运转后,异响完全消失。这种故障的原因是甩轮转子凸轮在长期的使用中磨出沟痕,引起卡滞发响。排除故障的方法是更换新甩轮。

3-87 起动机转动太慢或不转动怎么办?

起动机转动太慢或不转动,都无法正常起动汽车。出现起动机转动太慢或不转动的原因是多方面的。

首先应考虑是点火开关的故障。通常可能是点火开关本身接触不良,导线插座变松,点火开关和电磁开关之间的电路断开所致。如果是电磁开关的故障,就要检查导线插座是否松动,接触板是否烧毁或接触不良,拉进线圈的电路是否断开、吸引线圈的电路是否断开。其次考虑的是起动机主体的故障,其原因可能是电刷座位不良或已磨损,整流器已烧毁,电枢绕组的电路断开,起动机各运动件已磨损等。这一故障最好请专业人员排除。

最后应该考虑蓄电池本身的故障,如果蓄电池电极接头接触不良、接地电线连接松动、蓄电池电压不足、蓄电池过度充电,以致蓄电池损坏,势必引起起动机转动太慢或不转动的故障。排除时,应把各接头处擦洗干净,以免接触不良。应将蓄电池的电极接头以及接地电线拧紧,并定期充电。

3-88 起动机换向器在哪些情况下易烧蚀？

起动机的换向器在以下几种情况下容易被烧蚀：

①换向器表面脏污，圆度误差过大或云母凸起。

②电刷磨损较多或弹簧张力不足。

③蓄电池亏电较多，造成起动时间过长。

④起动机内部产生短路或搭铁故障。

⑤冷车起动时间过长。

3-89 点火开关回位后为什么起动机继续旋转？

起动后，点火开关转回到行车位而起动机仍继续旋转的原因是，起动机电磁开关触点烧结在一起，使起动电路不能断开（点火开关被短路），相当于短接起动接线柱或者是传动拨叉回位弹簧折断，使甩轮不能回位。

发生这种故障时，应立即拆除蓄电池的任一极导线，否则，短时间内会烧坏起动机。

3-90 怎样查明起动机电路短路？

当微型汽车无法起动，又排除了其他部件的故障后，要查明起动机电路短路故障时，可以采用下述方法：

①串联两只 12V 的蓄电池，两电极间连接 14 号的导线和 12 号的熔丝，一个电池一端引出的导线端紧接于电枢轴上，手执另一电池的一端引出的导线端碰触电枢导线。当触及短路的导线时，因有巨大电流通过，会产生火花。然后在这段作好记号，再进行绝缘处理，就可消除短路的故障。

②第一次接通电路触线时，有短路故障的电枢短路处产生火花，但第二次或第三次时便无火花了，表明电路处已烧成缺口而断路，对此，可不再进行绝缘处理，应清理、更换导线。

3-91 怎样试验起动机和电磁开关？

①空载性能试验：用台钳固定起动机以防止发生意外事故。

a. 如图 3-35 所示，将起动机连接到蓄电池上。

正极：蓄电池的正极接电流表负极；电流表的正极接柱接在接

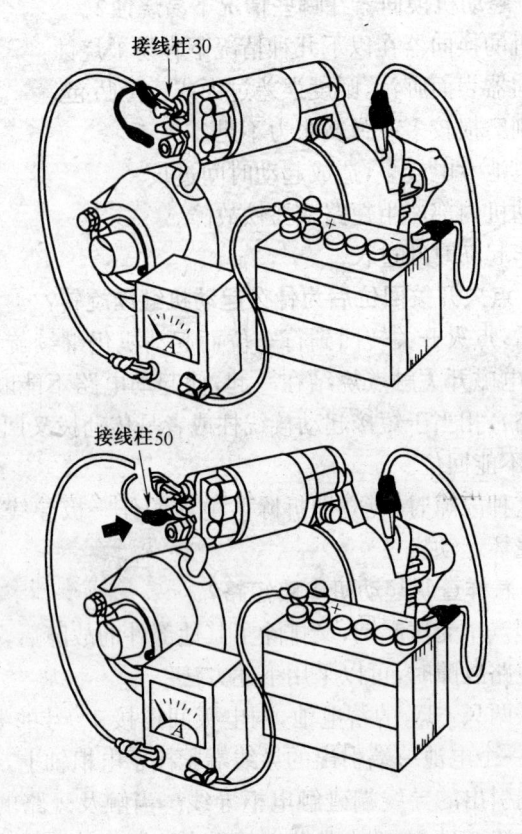

图 3-35 起动机空载性能试验

线柱 30 上。

负极：蓄电池负极接起动机壳体上。

b. 连接接线柱 50。如果起动机传动的小齿轮跳出，运转稳定，而且电流小于规定的电流值，那么工作正常，符合装配要求。

②吸引试验：如图 3-36 所示，将磁性开关连接到蓄电池上。

负极：蓄电池的负极接到起动机壳体和接线柱的正极上。

正极：蓄电池的正极接到接线柱 50 上。

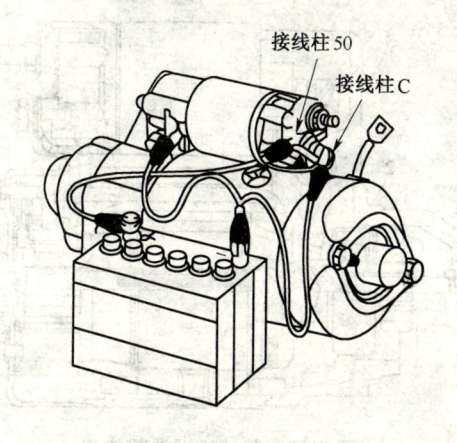

图 3-36 起动机的吸引试验

如果传动齿轮突出,那么接通线圈正常,符合要求。

3-92 起动机转动无力故障怎样排除?

①清理蓄电池的桩头和夹头。用砂布光磨桩头和夹头使其接触面洁净光亮。然后把导线夹头压紧在桩头上,使其牢固接触,拧紧紧固螺栓。定期对蓄电池进行补充充电。

②更换起动机电刷及弹簧,或用钳子夹住靠近电刷的一头压向电刷的方向。如无效,只能更换弹簧。

③用汽油清洗整流子,晾干后用砂纸打磨光滑干净,并降低整流子上的绝缘云母片高度,其应低于整流子表面 0.8mm。

④更换铜套并进行铰削。铰削时,应始终保持前后铜套的同心度、转子轴与铜套内表面应留有 0.06～0.08mm 的间隙,安装时要涂满润滑脂(最好请有经验的修理工或钳工进行铰削)。

⑤电磁开关损坏时要更换新件。

⑥对发动机进行磨合或预热。

3-93 起动机修理时哪些部位需要加润滑脂并注意什么?

微型汽车大修时,起动机必须进行检查,装配时要加润滑脂,润滑部位如图 3-37 所示:

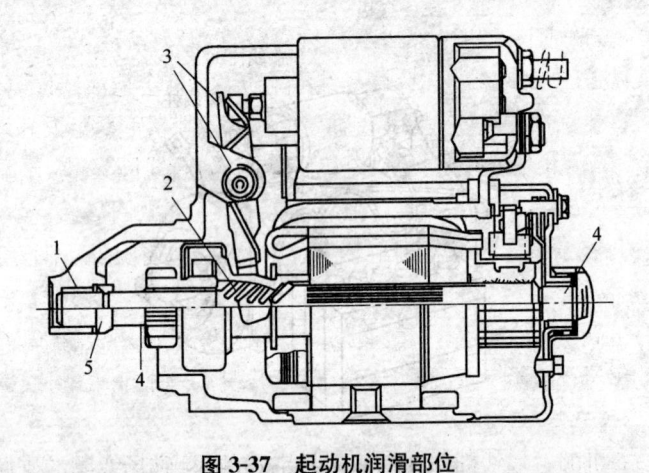

图 3-37 起动机润滑部位
1. 衬套 2. 螺旋花键 3. 拉杆及固定螺母 4. 电枢轴
5. 止动螺母

①向驱动壳内的衬套涂润滑脂。

②安装离合器组件前,对螺旋花键涂润滑脂。

③驱动杠杆的滑动表面及接触面均应涂润滑脂。

④换向器外罩内的轴瓦以及电枢的轴均应涂润滑脂。

⑤止动螺母。润滑完成后安装定位螺母时,应用冲头在两个不同位置冲一下,以便将其锁止住。接着调整双头螺栓长度,使齿轮向外推出时,定位螺母与齿轮间隙为 1～4mm,检查间隙时,起动机应无负荷运转,将齿轮推出,待转动平稳时再检查间隙。

3-94 为什么起动机会烧毁?

①停车后拉紧了驻车制动,又挂上了挡,没有松开就起动起动机。由于起动机被飞轮咬死(起动机制动),开关一时退不回来,时间一长,起动机线圈就容易烧毁。

②在发动机配合太紧,或气缸粘缸、烧瓦的情况下,使用起动机起动,时间长,线圈就会烧毁。

③发动机不好发动,多次使用起动机,间隔很短,每次起动时

间又较长,造成起动机内部线圈过热,甚至烧毁。

④靠近绝缘电刷的部分磁场线圈有接铁,也会造成线圈烧毁。

⑤整流子和电刷接触不良、弹簧断掉、电刷卡死不能很好地与整流子接触,电流通过时造成整流子冒火花,使线圈发热,严重时会将线圈烧毁。

⑥电枢线圈与整流子接触不良,起动运转时冒火花,不仅会烧毁整流子,有时也会烧毁电枢线圈。

⑦起动机轴上的铜衬套磨损,造成电枢严重碰磨极桩,甚至电枢被卡死,长时间接通大电流,造成起动机的电枢和磁场线圈被烧毁。

起动机的磁场线圈和电枢线圈是串联的,且磁场线圈的支路数比电枢线圈少,而且很多故障出现在绝缘电刷架——绝缘电刷线以前的某些部分,所以,起动机上的磁场线圈比电枢线圈较易烧坏。

3-95 起动机单向离合器是怎样工作的?

滚柱式单向离合器的结构如图3-38所示,由与起动机驱动齿轮固定的外壳、四个滚柱、压帽和弹簧以及传动套筒固联的十字块等组成。传动套筒以内花槽套在起动机电枢轴的花键部分上,驱动齿轮则套在轴的光滑部分上。在传动套筒的另一侧套有弹簧和移动衬套,移动衬套由弹簧压向右方,并用卡簧制止其脱出,它可由拨叉拨动。

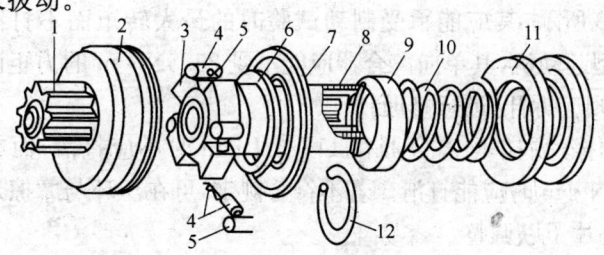

图3-38 滚柱式单向离合器的结构

1. 起动机驱动齿轮 2. 外壳 3. 十字块 4. 滚柱 5. 压帽与弹簧 6. 垫圈 7. 护盖 8. 传动套筒 9. 弹簧座 10. 缓冲弹簧 11. 移衬套 12. 卡簧

工作原理如图 3-39 所示。其外壳与十字块之间的间隙是宽窄不等的(呈楔形槽)。当起动机电枢旋转时,转矩由传动套筒传到十字块,十字块则随电枢一同旋转。这时,滚柱便滚入楔形槽的窄处被卡死,于是将起动机起动。而当发动机起动后,曲轴转速增高,飞轮齿环带动驱动齿轮旋转,速度大于十字块时,滚柱便滚入楔形槽的宽处而打滑。这样,转矩就不能从驱动齿轮传给电枢,从而防止了电枢超速的危险。

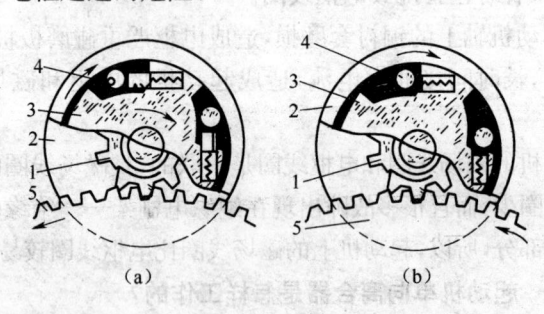

图 3-39 滚柱式单向离合器工作示意图
(a)起动 (b)打滑
1. 驱动齿轮 2. 外壳 3. 十字块 4. 滚柱 5. 飞轮

3-96 怎样检查起动机单向离合器?

将单向离合器夹紧在台钳上,用扭力扳手逆时针方向转动,如图 3-40 所示,其应能承受制动试验时的最大转矩而不打滑。如 2201 型起动机,其单向离合器应能承受 25.5N·m 的力矩而不打滑,否则应拆开,进行修理。

摩擦片式单向离合器在 117.6N·m 时不应打滑,而在大于 176.4N·m 时应能打滑。若不符合规定,可在压环与摩擦片之间增减垫片予以调整。

3-97 前大灯电路是怎样布置的?

前大灯开关为组合式开关,装在转向管柱上。前大灯Ⅰ型电路如图 3-41 所示,Ⅱ型电路如图 3-42 所示。

第三章　电器的检修与故障排除

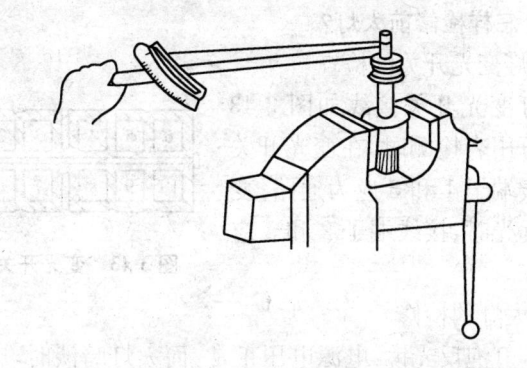

图 3-40　检查单向离合器是否打滑

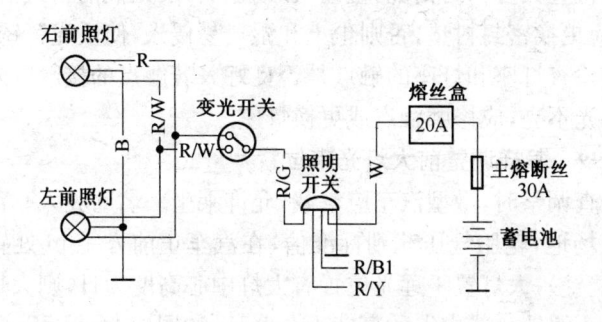

图 3-41　前大灯Ⅰ型电路图

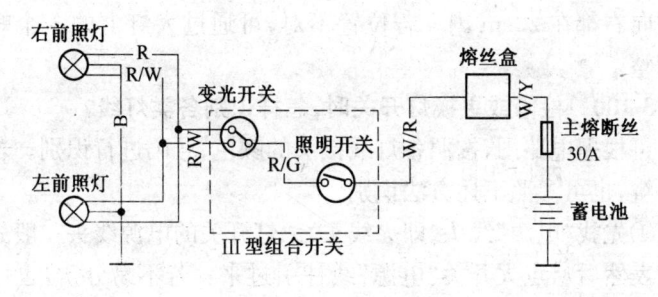

图 3-42　前大灯Ⅱ型电路

3-98　怎样检修前大灯？

(1)大灯变光开关的检查

前大灯变光开关接线如图 3-43 所示。用万用表检测时,在变光开关近光时接线端子 1 和 3 应为通路;变光开关在远光时,接线端子 2 和 3 应为通路。

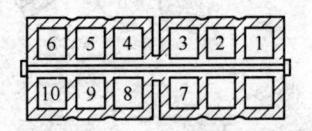

图 3-43　变光开关接线

(2)前大灯的检修

①检查灯泡反光镜:电源电压正常,而大灯暗淡时,应检查灯泡反光镜,如有灰尘应予清洁,性能不良时应予更换。

②检查大灯密封情况:检查大灯玻璃和反光镜的密封情况,若不良,应更换密封衬垫,否则尘土和湿气易侵入,使反光镜锈污。

③检查灯座和灯座的触点是否良好。若触点的接触电阻变大而致灯光不亮,应修磨触点或更换灯座。

3-99　怎样调整前大灯光束位置？

检查调整时,微型汽车应空载,允许乘坐一名驾驶人。汽车停于平坦场地,轮胎气压充到标准值,在汽车正前方 10m 处置一屏幕(或墙壁),大灯置于远光位置。大灯中心高度为日,则大灯光束明暗截止线转角或中点的高度为 0.8 日,如图 3-44 所示。光束的水平方向位置在左大灯向左 10cm 以内,向右 20cm 之内;右大灯向左向右都在 20cm 内。若位置不对,可通过大灯上的 3 个螺钉来调整。

3-100　检修或更换灯开关时,怎样识别各类灯线？

可根据电路图,按照各灯线接头的颜色、号码进行识别。若不易分辨,也可参照下述方法识别:

①先找"电源"线头(即火线头)。灯开关的电源线头一般先经电流表然后从点火开关"电源"线柱引过来。若不易分辨,也可将各线头分别与机壳划擦,有火花者即为"电源"线头。

②按灯光分辨各灯线头。将各灯线接头分别与"电源"线头相

第三章 电器的检修与故障排除

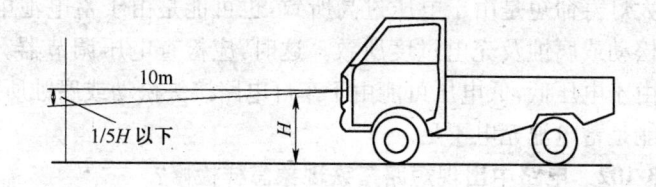

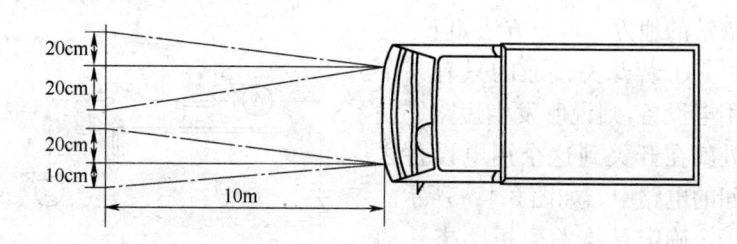

图3-44 大灯光束的检查

触,按其接通的灯光进行分辨、识别。例如,某一线头与"电源"线头相触时小灯亮,那么该线头即为小灯线接头。

③与开关接线。将识别出的各灯线接头参照原车电路图接线原则与开关接线。

3-101 怎样检修照明装置?

检查步骤:一般分为四步:一保险、二灯泡、三线路、四搭铁。检查熔丝时,若无火,需向开关电路方向检查,有火时需检查灯泡。

分析说明:照明电路包括大灯、小灯、尾灯、牌照灯和仪表灯等。汽车照明设备的数量因汽车的型号和用途的不同而各异。有的汽车装有近百个灯,从耗电量0.27A的微型指示灯到耗电超过5A的封闭式大灯。无论是进口汽车还是国产汽车,照明电路按上述步骤检查都是容易解决的。除此之外,为便于维护,还应掌握新型汽车灯具的一些结构特点。例如,新型汽车的大灯多为封闭式,内装双丝灯泡,一根为远光灯丝,其功率较大,位于反射镜焦点上;另一根为近光灯丝,其功率较小,位于反射镜焦点的上方或前

411

方。大灯寿命短是由于电压过高所致,也可能是由于蓄电池电路接点松动或腐蚀及充电过度所致。这时,应检查电压调节器。灯暗是由于电压低,低电压可能由于车灯电路接头松动或腐蚀所致,也可能是蓄电池充电不足。

3-102 电路中出现短路搭铁现象怎样检修?

当接通开关时,熔丝立即熔断,说明用电设备的电路中有短路搭铁的地方。检查方法如下:

①若开关接通的只有某个用电设备,则说明发生短路搭铁处就在开关到这个用电设备之间的电路中。如图3-45a所示。

确定具体发生短路搭铁的方法如图3-45b、c所示,先从蓄电池正极引出一根火线,然后从用电设备一端开始,向开关方向按次序逐段拆开导线接头,每拆下一个线头,即用火线碰一下,见图3-45b。若在1处碰火,则说明电器工作正常。若在2处碰火,见图3-45c,会有"叭"的一声,并跳出火花,但电器仍不工作,则表明短路搭铁处就发生在1与2之间的电路中,重新做好绝缘。

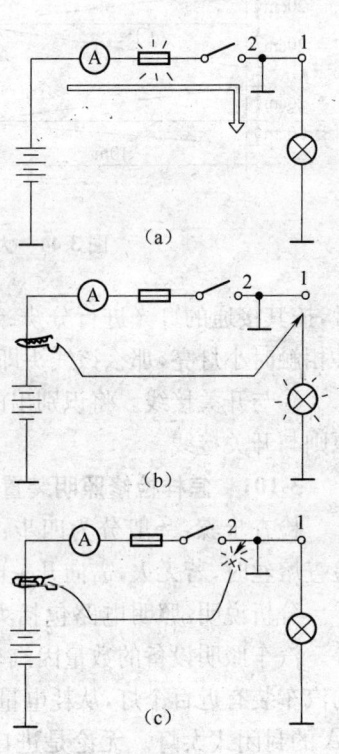

图3-45 确定短路搭铁处的方法

②若开关接通的是多个用电设备,则说明其中某个用电设备的电路有短路搭铁处,如图3-46a所示。

为确定短路搭铁处,可先从该开关上拆下全部导线接头(每个线头用透明胶布做好记号,以免弄错位置),然后用火线分别与它们相碰,见图 3-46b。若与 1 处相碰时,用电设备工作正常,则说明该线路正常;若与 2 处相碰时产生火花,但用电设备仍不工作,则说明该电路中有短路搭铁处,如图 3-46b 所示。然后按①的方法找出具体的短路搭铁处。

3-103 大灯远光和近光时,为什么一侧灯亮,一侧灯暗?

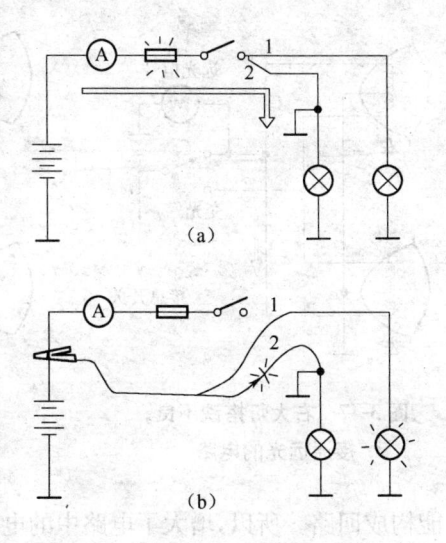

图 3-46 确定短路搭铁线路的方法

如接通大灯的远光和近光时,左大灯灯光亮,右大灯灯光暗,说明右大灯搭铁不良。汽车使用的大灯灯泡是双丝的,一根灯丝是远光,另一根灯丝是近光,两根灯丝共用一条回路搭铁线。

如图 3-47 和图 3-48 所示,打开大灯开关时,图中粗箭头表示流经左大灯的电流通路,细箭头表示流经右大灯的电流通路。

打开远光开关时,如图 3-47 所示,电流经导线通过左大灯远光灯丝后搭铁构成回路。

由于右大灯搭铁不良,因而流经右大灯远光灯丝的电流只能通过右大灯近光灯丝,再经过左大灯的近光灯丝后搭铁构成回路。因此,右大灯的导线回路中电阻增大,电流减小,所以使右大灯远光变暗。

当打开近光开关时,由于右大灯搭铁不良,通过右大灯近光灯丝的电流,只有经过右大灯远光灯丝,再经导线通过左大灯远光灯丝搭铁后构成回路。因此,右大灯近光电流只有通过三个灯丝才

413

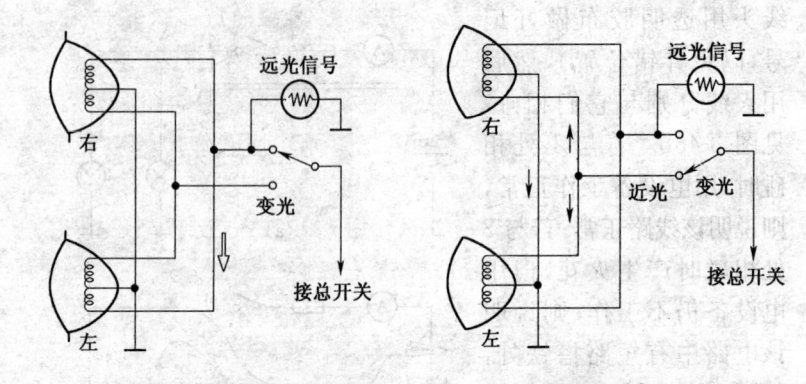

图 3-47 右大灯搭铁不良，接通远光的电路

图 3-48 右大灯搭铁不良，接通近光的电路

能构成回路。所以，增大了电路中的电阻，减小了通过右大灯的电流，右大灯近光变暗。为排除这一故障，应仔细检查右大灯的搭铁线，并清理干净接触处的锈蚀、污垢并接实，即可排除。

如大灯灯泡用得过久应该更换，若继续用，也会出现大灯一侧亮一侧暗的现象。或者两侧灯泡的功率不同或电压不同，用错灯泡也会出现大灯一侧亮一侧暗的现象。

3-104 常见几种闪光器是怎样工作的？

(1) 热线电磁式

该闪光器利用充电的热敏金属线进行动作，目前广泛用于国产汽车。图 3-49 为 SD56 型闪光器线路图。闪光器活动触点臂的一端用弹性片铆在支架上，另一端由与支架绝缘的热线(即热敏金属线)连接。转向开关未接通时，由于热线的接力大于弹性片的弹力，故触点保持在张开位置。当向左(或向右)扳动开关手柄时，转向灯的电路便接通，电流由蓄电池"+"→电阻→热线→活动触点→臂弹性片→支架→开关→左侧(或右侧)转向灯→搭铁→蓄电池"-"。这时，因电阻串入电路，故电流较小，灯光较暗。热线通电后受热伸长，当其拉力小于弹性片的弹力时，触点便闭合。触点闭

414

合后,电流不经电阻和热线而直接经线圈和触点流入转向灯,因此,转向灯亮度增强。同时,由于线圈通电后产生电磁吸力,使触点闭合牢靠,从而延长了触点的接通时间。热线被短路后,逐渐冷却收缩,其拉力增大,当此力足以克服弹性片的弹力和电磁吸力后,才能使触点分开,电阻再次串入电路。如此反复动作,转向灯便发出一明一暗的闪光。为便于监视转向灯的工作情况,驾驶室内装有两个转向指示灯,分别与左、右转向信号灯并联。

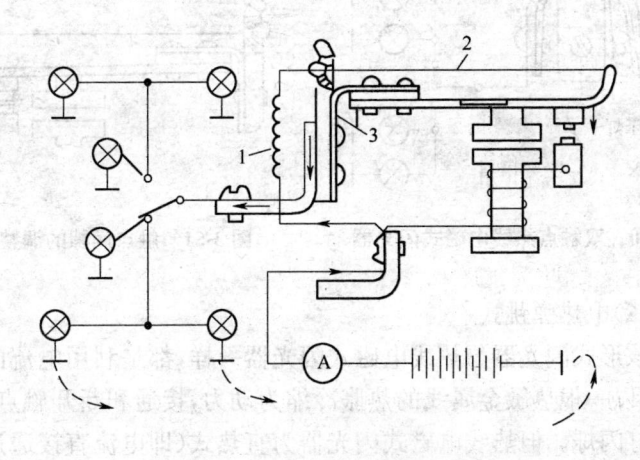

图 3-49　SD56 型闪光器线路原理图
1. 电阻　2. 热线　3. 弹性片

图 3-50 是具有主触点 P1 和辅助触点 P2 的双触点热线电磁式闪光器。当主触点 P1 闭合时,辅助触点 P2 在线圈的电磁吸力下也闭合,接通驾驶室内的指示灯。

热线电磁式闪光器的闪光频率受触点间隙和负荷大小的影响。触点间隙大时,热线需较长时间受热才能使触点闭合,所以闪光慢;反之,当触点间隙小时,热线受热伸长时间短,闪光便快。触点间隙的调整方法如图 3-51 所示。闪光灯的数量改变时,会引起线路总电阻的改变,使通过热线的电流值随之改变,因此影响闪光频率。

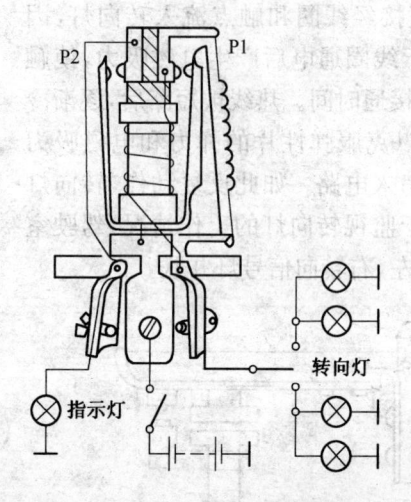

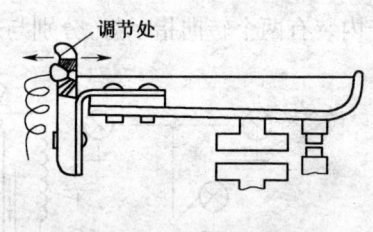

图 3-50 双触点热线电磁式闪光器　　图 3-51 触点间隙的调整

(2) 电热弹跳式

该形式闪光器与热线电磁式闪光器一样,都是利用电流的热效应,以一根热敏金属线的热胀冷缩为动力,接通和断开触点,使转向灯闪烁。但热线电磁式闪光器为直热式(即电流直接通过热线),而电热弹跳式则为旁热式。

弹跳式闪光器是用一根绕有电阻丝的热敏金属扁线,把一片弹性不锈钢片抽紧,使之成为"喇叭形"。当接通开关使电阻丝通过电流时,电阻丝产生的热量会传给热敏金属扁线,热线受热膨胀伸长,被抽紧的弹性钢片获释,触点闭合。这时,并联在触点间的电阻丝被短接,灯泡两端电压升为电源电压,灯泡发亮光。在触点闭合时,由于电阻丝无电流通过,热线开始冷却收缩,当收缩到一定程度后,弹性钢片又被抽紧而使触点断开。如此反复,转向灯便一明一暗地闪烁。

电热弹跳式闪光器与热线电磁式闪光器相比,具有如下优点:

① 负荷变化对闪光频率影响较小。由于采用了旁热式,串联

在转向灯电路中的降压电阻(即发热电阻 C)可增大至 50Ω 左右 (SD56 型只有 10Ω 左右)。因此,灯泡只数的变化(即负荷变化) 对闪光器的闪烁频率影响较小。例如,当电压为 12.8V 时,负荷 变化从 21 烛光→43 烛光→64 烛光,频率则是 76Hz→79Hz →77Hz。

②转向灯亮暗比适宜。触点断开时,因串入转向灯电路的电阻增大,所以,通过灯泡的剩余电流要比触点闭合时小得多。这样,转向灯的亮暗比(即通电率)较 SD56 型更适宜人视觉感官的接收。

③结构简单无电磁线圈。

(3) 电容式

该闪光器采用普通的灵敏继电器,通过电容器的充、放电, 来延迟触点的开闭,从而达到控制转向灯光的目的。该闪光器一般多用在信号灯容量大的场合,其采用的电容器容量约为 500~1000μF。

图 3-52 为电容式闪光器电路原理图。接通转向灯的瞬间,蓄电池的电流经闪光器线圈→触点→转向开关→转向灯发出亮光。与此同时,蓄电池的电流经线圈处在闭合状态。当电容充足电时,也向电容充电,L2 的磁场方向与 L1 相反,故触点保持在闭合状态。当电容 C 充足电时,L2 中无电流通过,在 L1 的电磁吸力下使触点 P 打开。

触点打开后,蓄电池的

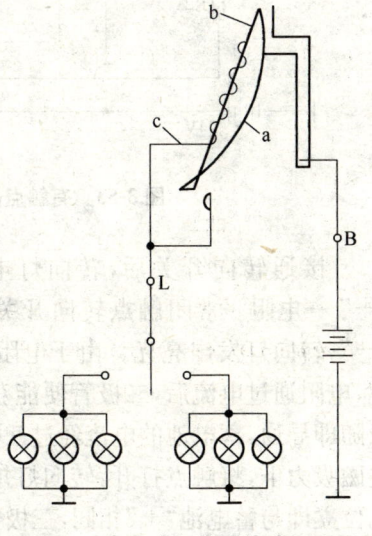

图 3-52 电容式闪光器线路原理图

电流经线圈→电阻→转向开关→转向灯。由于电路中串入了电阻,电流迅速减小,转向灯立即变暗。与此同时,电容经线圈向外放电,产生的磁场方向相同,所以,在触点打开的瞬间,铁心的电磁吸力没有减弱,使触点维持在打开位置。

随着电容放电电流的减小,铁心的电磁吸力逐渐减弱,触点又重新闭合。这时,蓄电池一方面经触点向转向灯供电,一方面对电容充电,重复上述过程。

(4)有触点晶体管式

该闪光器主要由继电器和晶体管控制电路组成,如图3-53所示,具有控制功率大、信号醒目等优点。

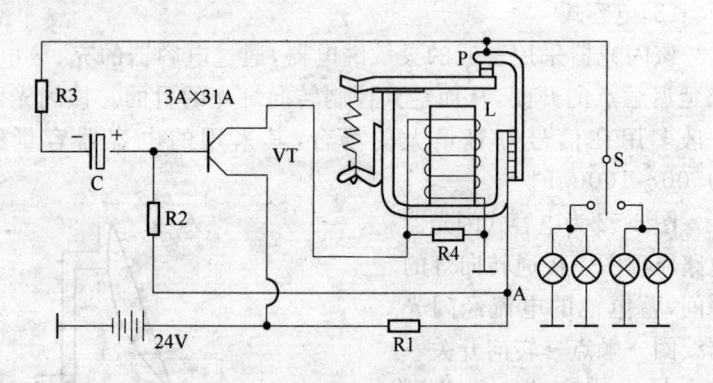

图3-53 有触点晶体管闪光器

接通转向开关后,转向灯电路立即接通,电流由蓄电池"+"→电阻→常闭触点转向开关→转向灯丝→搭铁→蓄电池"-",转向灯发出亮光。由于电阻和转向灯丝组成分压电路,因此,电阻通过电流后,二极管便能获得基极电流,使发射极和集电极随即导通,蓄电池的电流经过三极管通向继电器线圈,在铁心的电磁吸力下,将触点打开,转向灯熄灭。电阻无电流通过时,A点电位立即与蓄电池"+"相同,三极管随之截止,通往继电器线圈的电流被切断,触点又闭合。如此反复,转向灯便一明一暗地闪烁。

第三章　电器的检修与故障排除

电阻和电容是组成延迟电路的主要元件。在灯泡功率为一定值的情况下，可利用 RC 电路的充电和放电过程，来控制继电器的通断时间。电容充电时(此时灯亮)，可延迟三极管导通；电容放电时(此时灯熄)，可延迟三极管闭锁。电阻用来吸收线圈的自感电动势能量，保护三极管。

在接入灯泡的功率及 R3C 为一定值时，调整动触点弹簧片与铁心的间隙，便能获得所需的闪光频率。

(5) 无触点晶体管式

图 3-54 所示的晶体管闪光器与安装在方向杆上的扳柄式转向开关配合使用，具有操作方便、元件较少、负载能力较强等优点。

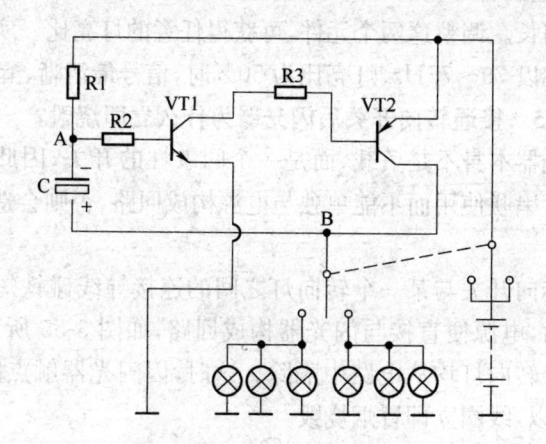

图 3-54　全晶体管式闪光器原理图
VT1：3DG12　VT2：3AD30　R1：50kΩ
R2：6.2kΩ　R3：330Ω　C：10μF/50V

拨动与转向盘平行的开关手柄时，蓄电池"＋"即开始通过电阻和转向灯(灯泡未亮时的冷态电阻值很小，三只灯并联仅约 1Ω 左右)，对电容反向充电，随着时间的延续，A 点电位逐渐上升，当上升到一定程度时，三极管 VT1 导通，三极管 VT2 也因得到基极电流而相继导通，接通转向灯电路，灯发出亮光。这时，B 点电位突然升高，迫使电容通过电阻 R2→三极管基极→三极管发射极→接地→蓄电池"—"→蓄电池"+"→转向开关→三极管发射极→三极管集电极，这一路径放电。电容放电，后紧接着正向充电，使 A 点电位逐渐下降，当降到一定程度时，VT1 管立即翻转到截止状态，切断了 VT2 管的基极电流，使其迅速截止，转向灯熄灭。这时，电容又开始通过转向灯和 R1 对电源放电并接受反充电，使 A 点电位再次上升，如此交替变化，转向灯便一明一暗地闪烁。

改变电阻 R1 和 R2 的阻值，可获得不同的闪光频率。R1 控制着灯熄的时间，R1 阻值小，灯熄的时间短；反之，则灯熄的时间长。R2 控制着灯亮的时间，R2 阻值小，灯亮的时间短；反之，则灯亮的时间长。调整这两个元件，可获得任意的灯亮比。实践表明，闪光频率以 70～75Hz、灯亮比为 50% 时，信号最清晰、醒目。

3-105 接通转向开关后闪光器为什么立即烧毁？

闪光器本身不是负载，而是一个间歇性的开关，因此，它必须与转向灯串联使用而不能单独与电源构成回路，否则会造成损坏、烧毁。

当转向开关与某一个转向灯之间的连接导线碰铁短路时，开关接通后，电源便直接与闪光器构成回路，如图 3-55 所示。同一侧的三个转向灯均从电路中隔除。这时，因闪光器触点闭合后无负载，所以，线圈立即冒烟烧毁。

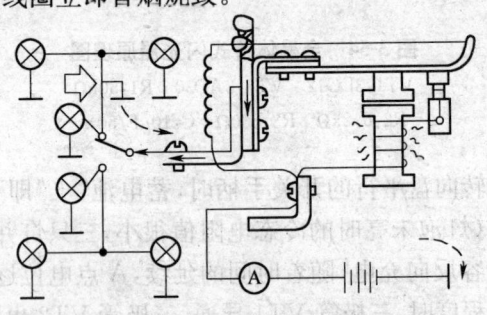

图 3-55　线路碰铁短路引起闪光器烧毁

第三章 电器的检修与故障排除

出现上述故障时,必须先查清短路部位并予排除,然后才能换用新的闪光器。检查时,应拆下转向开关位于烧闪光器挡位所接通的三个灯线接头,先确定短路处发生在哪条灯线,然后再在该线路内确定短路部位。注意:判断闪光器本身是否良好时,应采用隔除法,如图 3-56a 所示,而不能用短路划火法,如图 3-56b 所示。

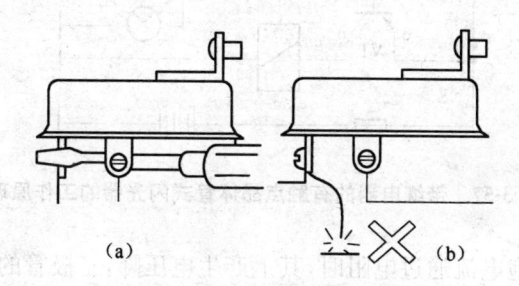

图 3-56 判断闪光器好坏的方法

SD56 型热线电磁式闪光器若只烧毁了线圈部分,可用 0.5mm 玻璃丝包圆线绕 47 圈作为线圈。

3-106 晶体管闪光器是怎样工作的?

晶体管式闪光器有两种类型:一种是全晶体管式(无触点)闪光器;另一种是带有继电器的有触点晶体管式闪光器。前者因无触点,无机械运动部分,寿命长,但使用晶体管等元件较多,而且对元件的参数要求较严,因此,成本较高。而后者使用元件较少,成本较低,特别是继电器衔铁因周期性地吸合和释放,发出有节奏的声响,还可作为闪光器工作的音响信号,这是无触点闪光器所没有的,因此,目前使用较多的是带继电器的有触点晶体管式闪光器。

带继电器的有触点晶体管式闪光器由一个三极管的开关电路和一个继电器组成,工作原理如图 3-57 所示。

当转向开关接通右转向信号灯时,电流由蓄电池的正极经熔丝、电阻、继电器触点、转向开关和右转向信号灯,搭铁回到蓄电池负极,于是,右转向信号灯亮。

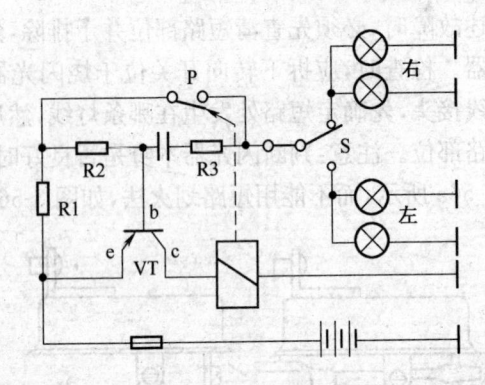

图 3-57 带继电器的有触点晶体管式闪光器的工作原理

当灯泡电流通过电阻时,其上产生电压降,三极管的发射极获得正向偏压,于是电容器通过熔丝、三极管的发射极、基极、电阻、转向开关、右转向信号灯进行充电,使三极管导通。三极管导通时,集电极电流从蓄电池正极→熔丝→三极管的发射极→集电极→继电器线圈搭铁→蓄电池负极,线圈产生磁力把触点打开,切断了右转向信号灯的电路,于是,右转向信号灯熄灭。

随着电容器的充电,其两端的电压升高,晶体管的基极电流减小,使晶体管迅速截止,线圈的磁力消失,触点重新闭合,又接通了右转向信号电路,使右转向信号灯再次亮。

当触点闭合时,电容器通过电阻触点放电。此时,晶体管在电阻的反向偏压下截止。电容器两端的电压消失后,蓄电池又向电容器充电,使三极管再导通。三极管导通后,集电极电流通过继电器线圈时产生磁力又打开触点,使转向信号灯熄灭,电容器又充电。

这样,电容器不断地充电和放电,三极管也不断地接通与截止,控制触点反复地打开、闭合,使转向信号灯不断地发出闪光。

3-107 使用闪光器应注意什么?

①闪光器应按规定的工作位置装在没有剧烈振动的地方。

②装用的灯泡负荷必须符合所选用的闪光器的要求,以保证闪光频率。

③使用电容式和晶体管式闪光器时,应注意搭铁极性。

④应注意防止转向灯回路(特别是灯座部分)发生短路,为此,在电源接线柱的引线中应接入适当的保险装置。

3-108 怎样检查转向信号电路故障?

若拨动转向开关时,左、右灯均不亮,应首先检查熔丝是否烧断,检查从熔丝和闪光器这段电路的连接状态是否良好。若无电,则可按下列顺序进行检查:

(1)检查闪光器是否工作良好

①检查时,先拆下闪光器上的两根导线。

②将此两根导线短接。

③把转向开关接通,接通左、右报警开关,这时,若左、右灯全亮,则表明电路完好,故障出在闪光器;若不亮,应判断是否开关有问题。

④把转向信号灯开关分别置于左、右转向位置。若灯亮,则说明开关电路完好,否则,应进行下一步检查。

(2)检查开关各连接处和测试开关的整体导通情况

(3)左、右灯亮灭次数不一样故障检修

①检查有无不亮的灯,检查不亮灯的灯座和导线连接情况是否可靠。若灯丝断,则应更换灯泡。

②检查灯泡的亮度有无差异,若有差异,应把较暗灯的各连接部位搭铁、灯座牢固连接。

③检查转向信号灯、停车灯、示宽灯或侧转向信号灯等有无连接错误。

(4)左、右灯亮灭次数不准确的故障判断

①比标准亮灭次数多时,可能是灯泡功率大或闪光器损坏所致。

②比标准亮灭次数少时,可能是灯泡功率小或闪光器搭铁极

性接反,也可能是闪光器或闪光开关损坏。

3-109 为什么转向灯亮不闪烁?

转向灯开在左挡位时,左转向信号灯和左转向指示灯出现正常亮度而不闪烁;转向灯开关在右挡位时,右转向信号灯和右转向指示灯出现正常亮度而不闪烁。以上现象表示闪光器断续触点烧结或无间隙。

3-110 为什么接通转向开关时,左右两侧的转向灯同时闪烁?

转向灯电路是将两后灯的搭铁线连在一起,然后再与车架的铁体相连接。当这条公用"地线"搭铁不良时,若接通右侧的转向灯电路,电源通往右后转向灯丝的电流便不能直接搭铁,而经过公用"地线"流至左后转向灯丝,再通过左前小灯的转向灯丝搭铁,因此,四个转向灯同时发亮闪烁,但光度明显差异(右前小灯亮而其余灯暗)。电路连接正常时,装在驾驶室内的转向指示灯亮度清晰,而发生上述故障时,则灯光很暗。

3-111 为什么接通转向开关后,两个前小灯闪光且亮度不一?

这是因闪光亮度正常一侧的前小灯的两根"火线"短路所致。若左前小灯两"火线"短路而接通左侧转向灯时,由闪光器来的电流便一路经左前小灯转向灯丝(21烛光)搭铁,另一路经两"火线"的短路处→前左小灯灯丝(6烛光)→小灯过桥线→右小灯灯丝(6烛光)→搭铁,因两电路成并联与闪光器相接,故均闪光,且烛光数大的左灯亮,而烛光数小的右灯暗。

3-112 为什么大小灯经常被烧毁?

灯丝经常被烧,多半是发电机的端电压过高所致。

发电机电压越高,通过灯丝的电流越大,发热量越多,温度越高。所以灯丝很容易烧蚀熔断。因此,遇到这种情况时,应及时调整节压器的弹簧拉力,适当降低发电机的端电压,以延长灯泡的使用寿命。

第三章　电器的检修与故障排除

3-113　怎样检查报警灯?

报警灯亮后,该熄灭时不熄灭,可拆下接线头,如灯熄灭,则表明与电路无关,可再检查与报警灯有关的结构及特殊装置。若拆掉线头,灯不熄灭,说明线路有问题,一般多为线路搭铁。

报警灯该亮时不亮,一般属电路问题,多为断线无火。

新型汽车报警信号灯的种类较多,有油压、气压等,最常见的是油压信号灯。它由一个指示灯和一个油压控制的灯开关组成,其工作原理如下:油压开关装在发动机油道上,用导线与指示灯连接,导线另一端与电门开关相连。未起动时,油道无油压,油压开关内腔无压力,膜片平直,上触点与下触点接通时打开电门开关,电源指示灯亮。发动机发动后,油压进入油压开关内腔,膜片上凸,顶起上触点弹簧,两触点分开,指示灯熄灭。

大多数汽车只装低压信号灯,灯的显示值一般都在 0.1MPa 以下。也有少数汽车装有高压信号灯开关,位置在机油滤清器前,当滤清器堵塞、油压升高至 0.6MPa 以上时,开关接通,指示灯亮。

油压信号灯有无问题,除按以上方法检查外,对相关的机构油压开关应作如下检查:当接通电源无油压时,如指示灯不亮,故障可能是弹簧不起作用或膜片破裂,若损坏应重换;另一种可能是烧损或接触不良。这时,可用砂纸清理触点或更换触点。当油压正常、指示灯常亮时,应检查:油压开关的油封或膜片是否漏油;膜片是否变形,回不到原来的位置,可用手压膜片使其恢复原位,若无效,则需要更换新件,检查弹簧是否过紧或顶死。

3-114　电动雨刮器是怎样工作的?

电动雨刮器有自动复位功能,其性能是当雨刮器开关关闭后,能自动地把雨刮器的雨刮回位到风挡玻璃的下部(即"0"位)。

雨刮器电路的工作过程是,当雨刮器开关置于开的位置时,雨刮电动机就会有电流通过。其电路是:蓄电池正极—主熔丝—主开关—熔丝—P2—雨刮开关接线—雨刮开关—接线—雨刮电动机—接铁,回到蓄电池负极构成回路。当电动机电流通路后,电动机就会转动,并带动雨刮摆动。

把电动机的旋转动作变为雨刮的摆动的同时,还带动凸轮动作。凸轮在旋转过程中,使开关交替地和触点接通。假如雨刮器在摆动过程中,正好将雨刮器开关置于断开位置时,此时触点连接,电流通过触点雨刮开关的另一组触点流过雨刮电动机,使雨刮电动机继续旋转,凸轮也继续转动,当凸轮转动使触点脱开,另一触点连接时,雨刮电动机被开关短路而无电流通过,同时,此时雨刮正好摆到"0"位。此时,电动机因没有电流通过而停止转动,即雨刮停在规定的"0"位,实现雨刮的自动复位。

3-115 怎样维护雨刮器电路?

接通雨刮器开关后,如果雨刮器不工作,其故障的主要原因如下:

①熔丝箱的 15A 熔丝熔断。

②雨刮开关接触不良。检查雨刮开关的方法是:断开连接雨刮电动机的连接插件,接通雨刮开关,将万用表置于 50V 直流电压挡,万用表的黑表笔接铁,红表笔接雨刮器开关插件的蓝线端。如果有 12V 电压,说明开关正常;如无 12V 电压,说明开关不良或连接开关的导线断路。

③电动机电刷接触不良。

④电动机电枢线圈断路,或换向器开关的连接器断线。用万用表 R×1 档测量电动机线圈两端的电阻值,如果电阻值很小(约 $4\sim6\Omega$),说明电动机良好,如果所测的阻值很大,说明电动机电枢线圈或换向器等有故障。

3-116 洗净器的结构和性能如何? 使用中应注意什么?

微型汽车上都装有洗净器,它由储液罐、电动水泵、喷嘴和输液管、开关件等组成。夏利轿车的洗净器性能如下:

储液罐容量为 1.2L,由电动机带动离心式水泵,输出水的压力为 68.6kPa,工作电流≤3.5A,加水口内径 30cm。

使用中要注意以下事项:

①若喷水器连续喷水 20s 或喷不出水时,要关闭喷水电动机的电源。

②当玻璃被尘土或泥垢等物弄脏时,要先用洗净器喷液,再开动雨刮器。当给雨刮器通电让其作刮刷动作而刮片不运动时,要马上将开关旋回到关闭(OFF)位置,否则,会烧坏雨刮器。

3-117　全车灯光不亮是什么原因?怎样检查?

若打开车灯开关,所有的灯均不亮,说明照明系统电路中的火线发生断路,即从蓄电池到车灯开关的线路有断路处。可能的原因是:

①导线连接不牢,线头松脱,连接器松脱,线路有断线处等。

②熔丝盒有问题。

③开关和继电器接触不良。

检查时,可先检查各段连线及连接器的安装是否可靠,然后按一下喇叭,若喇叭不响,则说明由蓄电池到熔丝盒这段电路良好。可能是熔丝盒有故障或熔丝盒至车灯开关这段电路有断路。

3-118　怎样排除制动灯和倒车灯故障?

制动信号灯电路由蓄电池、熔丝、制动灯及其开关组成。踩下制动踏板时,制动灯开关内的回位弹簧使触点闭合,电路接通,制动灯点亮。

①熔丝熔断排除方法:在熔丝卡座两段并联一试灯,拨开制动灯开关与线束连接的插接口,若试灯亮,表明熔丝盒至制动灯开关电源线路搭铁;若不亮,表明制动灯开关内触点搭铁。

②制动灯常亮的原因:制动灯开关损坏或安装调整不当;制动灯开关上的引线短路。应查明故障部位,必要时更换开关。

③制动灯不亮的原因:熔丝熔断;制动灯开关或线路断路;灯泡损坏或搭铁不良;应查清故障部位视情况修理。

④倒车灯不亮的原因:倒车灯开关损坏或安装调整不当;导线断路,应查清故障部位,必要时更换倒车灯开关。

⑤倒车灯常亮的原因:倒车灯开关短路、倒车灯电源线与倒车

灯线路短路。应查清故障部位视情况修理。

3-119 燃油表电路是怎样构成的？

燃油表是一个电动仪表，由装在燃油箱内的可变电阻器(又称浮子)、燃油表传感器和安装在组合仪表箱内的双金属或燃油表指示器构成，具体电路如图3-58所示。

当点火开关接通后。燃油表就根据燃油箱内的油量多少将燃油表的指针指到某一位置，其电路是：蓄电池正极—主熔丝—点火开关—熔丝箱—燃油表—可变电阻—可变电阻活动触点—接铁，回到蓄电池负极构成回路。

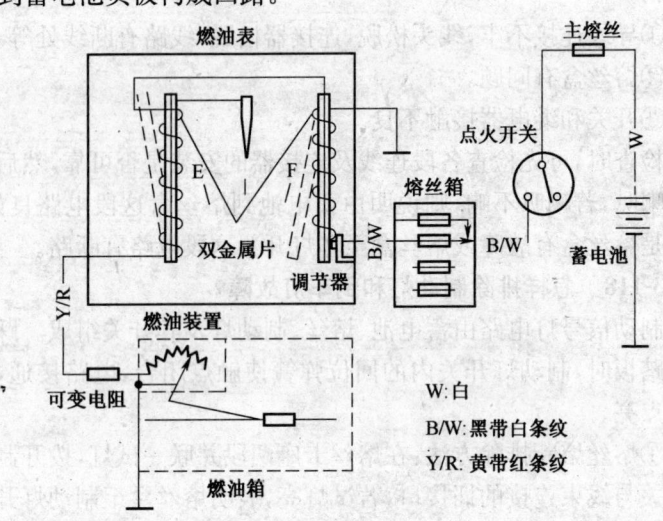

图3-58 燃油表电路图

3-120 燃油表是怎样工作的？

当汽油箱中的存油不多时，即油箱中的油平面较低，浮子的位置也就低，此时，可变电阻的阻值就大，则流过双金属片上线圈内的电流就很小，燃油表指针偏转很小，指针靠近"E"位置附近。随着油平面的增高，可变电阻的阻值相应地变小，线圈内的电流相应增加，从而指针向"F"方向移动，即指针指出油平面的不同高度。

燃油表内采用了恒流器调节电路。因此，即使加于燃油表电路的电流有一定的变化，通过燃油表电路的电流也较为稳定，这样可使燃油表的指针稳定地指示在某一位置，因而，较准确地显示燃油箱存油量的多少。

3-121 怎样检修燃油表？

当燃油表指示有故障时，应进行下述检修：

①燃油表传感器和燃油箱接铁不良。如接铁线头松动等，电流就会小，指针指示就会偏低或严重不准。

②燃油表调节器电路接铁不良。当调节器电路接触不良，电阻值增大后，调节器只能调节出较小的电流，这样触点接通的持续时间就会增长，通过绕组的平均电流将会增大，从而使燃油表始终指示在"F"(油平面高)的位置。

③燃油箱内的浮子发卡，浮子杆受到阻碍等都会使燃油表指示偏差过大或无指示。

3-122 水温表电路是怎样构成的？

水温表电路由安装在仪表总成内的显示器、热敏电阻式传感器和调节电流的调节器等组成，电路如图3-59所示。当点火开关接通后，水温表电路就有电流通过。其电路是：蓄电池正极—点火开关—15A熔丝—调节器触点—水温计(热敏电阻)—水温表线

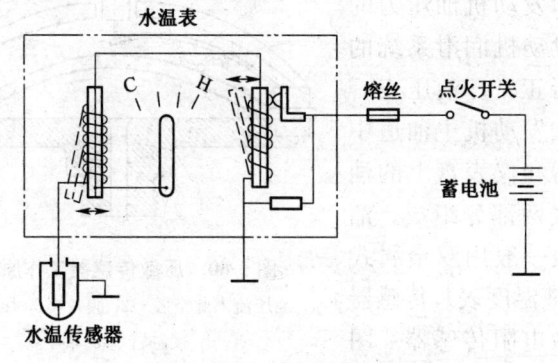

图 3-59 水温表电路图

圈一接铁,回到蓄电池负极构成回路。

3-123 水温表是怎样工作的?

水温表显示器为双金属片型。在双金属片上绕有线圈,线圈通过电流后被加热,双金属片也同时受热产生偏斜,驱动水温表指针,从而显示发动机缸体内的水温。线圈内电流的大小,由装在发动机上的热敏电阻传感器来决定,当发动机缸体内的循环水温度升高时,热敏电阻的电阻值减小,线圈中的电流增大,指针指向"H"方向。反之,当水温下降时,热敏电阻的阻值增大,线圈中的电流减小,水温表的指针指向"C"方向。

水温表内的电流调节器,在加于水温表电路的电压变化时,用来调节电路中的电流趋于恒定,从而使水温表显示器的指示值稳定。

3-124 怎样检修水温表?

①水温表总成内部不能进入灰尘和油污,以防损坏表头。
②电路中连接导线插件应接触良好,并防止水浸入和锈蚀。
③水温表电路必须接地可靠。
④水温表显示器内的调节器触点接触要良好,触点脏污后应及时清洁,以免造成指针指示不稳定。

3-125 机油压力指示系统是怎样工作的?

油压表即机油压力表,用来指示发动机油压力的大小和发动机润滑系统的工作是否正常。油压表一般由装在发动机主油道中的传感器和仪表盘上的油压指示表两部分组成。油压指示表一般用双金属式(同冷却液温度表),传感器多用压敏电阻传感器。图3-60 所示是压敏电阻传感

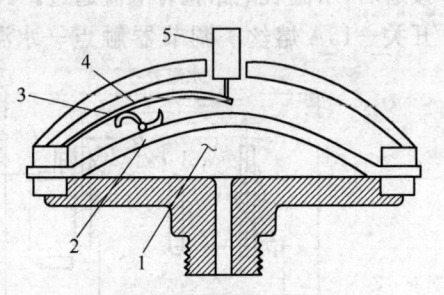

图 3-60 压敏传感器工作原理
1. 油压流入此空腔　2. 膜片　3. 压敏电阻
4. 接触臂　5. 端子

430

器的工作原理简图,膜片受到机油压力作用而拱起,对压敏电阻施压,压敏电阻沿着接触臂滑动,它在接触臂上的位置确定了他的阻值,亦即确定了流过仪表的电流数值。

3-126 发动机发动后,机油无压力怎样检修?

①机油压力低。检查排除方法如下:拆下机油传感器,做短时间的怠速运转,如果连接机油传感器的螺孔中没有机油流出,问题可能是油泵失效,集滤器或主油道及机油滤清器堵塞,曲轴箱内机油平面在危险界限以下,此项工作应在修理厂完成。

②机油表失效。检查排除方法如下:拆下机油传感器上的导线,接通点火开关,把导线头瞬间搭铁,观察机油压力表,如指针指向最大值,说明机油压力表正常,否则表明机油压力表失效,应更换。

③机油传感器失效。检查排除方法如下:拆下感应塞上的导线,接通点火开关,导线头瞬间搭铁,如机油压力表有指示,说明机油传感器失效,应更换。

3-127 车速里程表是怎样工作的?

车速里程表的构造如图 3-61 所示。其动力由变速器输出轴通过软轴传递。

车速表由主动轴、永久磁铁、铝罩、游丝、磁屏、指针轴和指针及刻度盘等组成。永久磁铁被铝罩罩住,相互间悬空。当汽车不行驶时,铝罩在游丝的作用下,使指针指向零位。变速器输出轴转动时,主动轴带动永久磁铁旋转,磁力线在铝罩上产生涡流,建立了一个磁场,旋转的永久磁铁与这个磁场相互作用产生扭矩,游丝的反作用转矩使指针平衡。车速越高,永久磁铁的旋转越快,铝罩上的涡流越大,它带动指针的偏转角越大,所指示的车速就越高。

里程表由三对蜗轮蜗杆机构和计数器组成,由主动轴驱动。汽车行驶时,主动轴通过三对蜗杆机构驱动里程表计数器。计数器为十进制,右边的一位数字转动一周后,左边的数字增加1。最右边的红色数字每转动一格表示汽车行驶 0.1km。

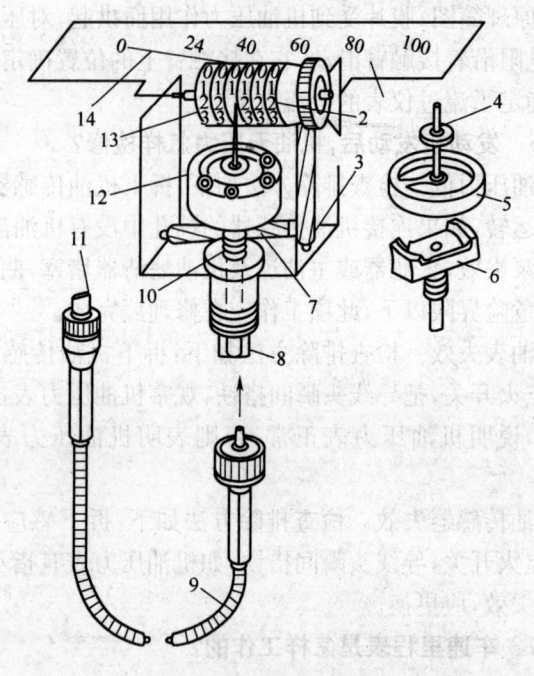

图 3-61 车速里程表

1. 刻度盘 2. 数字盘 3. 传动齿轮 4. 游丝 5. 铝罩 6. 永久磁铁 7. 蜗杆 8. 主动轴 9. 软轴 10. 蜗轮 11. 接变速器 12. 磁屏 13. 计数器 14. 指针

3-128 怎样诊断排除里程表故障?

①汽车行驶时,指针不动作。故障原因可能是软轴连接不当或折断,也可能是里程表的传动齿轮损坏。可从变速器输出轴开始查找故障部位,修复或更换损坏件。

②表针不稳定。故障原因是软轴安装不当,感应板端或轴承磨损。

③指针不回零位或卡在某一速度处。

故障原因有:车速表游丝变形;磁力区内有异物卡住;变速器的齿轮油进入软轴内。

④指针指示在刻度之外。故障原因是：车速表游丝损坏；变速器的齿轮油进入软轴内。

3-129 电喇叭是怎样工作的？

电喇叭为盆形结构，构造如图3-62所示。主要由铁心、线圈、衔铁、触点副、膜片、喇叭筒等组成。

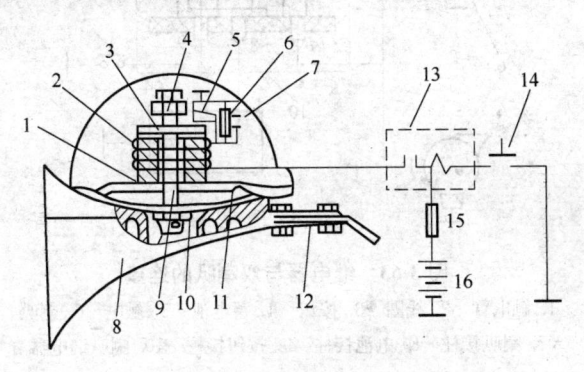

图3-62 电喇叭构造和电路
1. 铁心 2. 线圈 3. 衔铁 4. 调整螺母 5. 触点副 6. 灭弧电阻
7. 电容器 8. 喇叭筒 9. 中心螺栓 10. 膜片 11. 底板 12. 支架
13. 喇叭继电器 14. 按钮开关 15. 熔断器 16. 蓄电池

当按下喇叭按钮时，喇叭继电器铁心产生吸力，将常开触点吸合，接通喇叭电路。电流走向是：蓄电池正极—熔丝—喇叭继电器—线—触点副—搭铁。线圈产生的磁力吸引衔铁，并通过中心螺栓推动膜片向下运动，调整螺母也同时下移，使触点副分开，电流切断，线圈电磁吸力消失，膜片因自身弹力而复位，触点副又重新闭合，电流再次通过线圈产生磁力而吸引衔铁，使膜片振动。这样，膜片不断振动，产生了一定音调的声波，通过喇叭筒传出。

3-130 双音电喇叭结构特点是怎样的？

为得到更加悦耳的声音，大多数汽车上都装有两个喇叭，他们互相并联，然后与喇叭开关串联接线。两个喇叭其中一个的音调比另一个高。当汽车装用双音喇叭时，因为消耗电流较大(15～

20A),为保护按钮,常采用继电器,其构造与接线如图3-63所示。

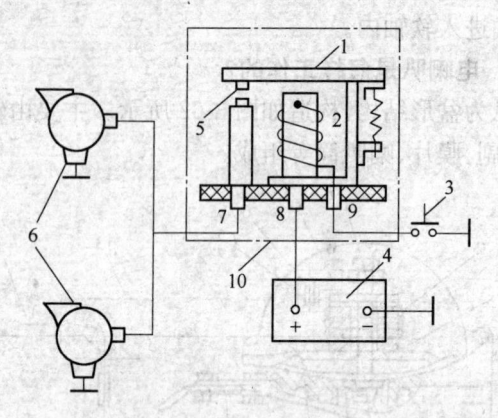

图 3-63 继电器与双喇叭的连接
1. 触电臂 2. 线圈 3. 按钮 4. 蓄电池 5. 触电 6. 喇叭
7. 喇叭接柱 8. 电池接柱 9. 按钮接柱 10. 喇叭继电器

当按下按钮时,电流便流经线圈(因线圈电阻很大,因此,通过线圈及按钮的电流不大,保护了喇叭按钮)产生了电磁吸力,吸下触电臂,使触电闭合而接通了喇叭。当松开按钮时,线圈内电流被切断,磁力消失,触点在弹簧力的作用下被打开,切断了喇叭电路,使其停止发音。

3-131 怎样调整检修电喇叭?

微型汽车每行驶2500km应对电喇叭进行以下项目的检修:

①检查喇叭膜片与底板:如有破裂,应更换。更换双音电喇叭膜片时要注意,厚的膜片为高音,薄的为低音。

②检查电阻值:接线柱间的电阻应为0.4~1.5Ω,接线柱与外壳应绝缘。

③解体后检修:断电触点表面应光滑、平整,上下触点应重合,其中心线偏移不超过0.25mm;触点接触面积应≮80%,烧蚀严重的触点要用油石打磨,但触点厚度不得小于0.3mm,否则应予更换。衔铁与铁心端面应平行,无弯斜现象。电容器和灭弧电阻性

能应正常。

每次检修后,应对电喇叭的音质、音量进行调整:将电喇叭接在蓄电池上,电路中串联一个电流表。正常时,喇叭声音清脆洪亮无沙哑杂声,电流表指示值不超过最大额定电流(一般为 6A)。

音调调整:先旋松下铁心的锁紧螺母,用旋具旋动铁心,顺时针旋进,减小衔铁、铁心间隙可提高音调;反之则降低音调。但注意衔铁、铁心间隙不能过大或过小,过小会发生撞击,过大则无声响。

音量调整:旋松音量调整螺母的锁紧螺母,增大触点副间压力时,音量增大;反之音量减小。注意触点间的压力不能过大,以免造成触点电流过大,火花强,易烧蚀。

喇叭的固定方法对其发音量影响极大。为使喇叭的声音正常,喇叭不能刚性安装,而应固定在缓冲支架上,应在喇叭与固定支架之间装有片状弹簧或橡皮垫。

3-132　为什么按喇叭不响?

① 喇叭按钮搭铁不良,拆下按钮进行检查。

② 喇叭接线松动,检查后拧紧即可。

③ 喇叭调整螺母松动,应调整后紧固。

④ 喇叭继电器触点烧毁。

⑤ 蓄电池电力弱。

3-133　为什么喇叭连响?

① 继电器触点粘结,使喇叭电路常通,而不受按钮控制。

② 按钮设在转向盘中心的车辆,当按钮内搭铁接盘倾斜或与机壳间隙过小时,虽已断开按钮,但搭铁接盘仍与机壳接触,电路不能切断。

③ 汽车在停放中,由于外界振动等影响,有时会造成按钮内接盘倾斜,自动接通喇叭电路,使喇叭常鸣。

发生上述故障时,应立即转动按钮,拆下接盘或拆下线路总熔丝,将喇叭电路切断,以免造成蓄电池过度放电和喇叭线圈烧毁。

3-134 为什么喇叭声音低哑?

①蓄电池电量不足,但在发动机中速运转、发电机给蓄电池充电时,如果声音仍低哑,则故障在喇叭内部。

②喇叭触点已烧坏,应清洁触点并调整触点间隙。

③振动膜有裂缝,应更换振动膜或喇叭总成。

④喇叭各固定螺栓松动,应检查并拧紧。

3-135 为什么喇叭不响?

①喇叭线圈有搭铁,应拆开修理。

②喇叭调整不当,使触点不能打开,应重新调整。

③喇叭调整不当,两触点臂之间短路,应检查两臂间的绝缘垫以后进行修理。

④电容器短路,应进行更换。

3-136 暖风装置由哪些部件组成?

暖风装置主要包括散热器、加热器进口软管、恒温器、吸气支管、暖风机和风扇开关等,如图 3-64 所示。

3-137 怎样检修暖风装置?

(1)风扇电阻的检查

如果风扇开关开至第一位置时鼓风机就不工作,首先应检查风扇电阻。风扇电阻安装在暖风装置的壳体内,风扇电阻的阻值为 4.3Ω。风扇电阻的故障主要有电阻烧损或破裂等。用万用表 R×1 挡测量鼓风机连接插头两接线孔的电阻值,如果不是 4.3Ω,说明电阻或连接电路有故障。

(2)风扇开关的检查

用万用表电阻挡测量风扇开关工作状态是否正常,操作方法如下:

①当风扇开关开至第一位置时,开关的第一对接触点应为通路状态,如果不通,说明开关内部接触不良,应进行修理或更换。

②当风扇开关开至第二位置时,开关的第二对接触点应为通路状态,第一对触点为断路状态。如所测的结果不是以上情况,说

第三章 电器的检修与故障排除

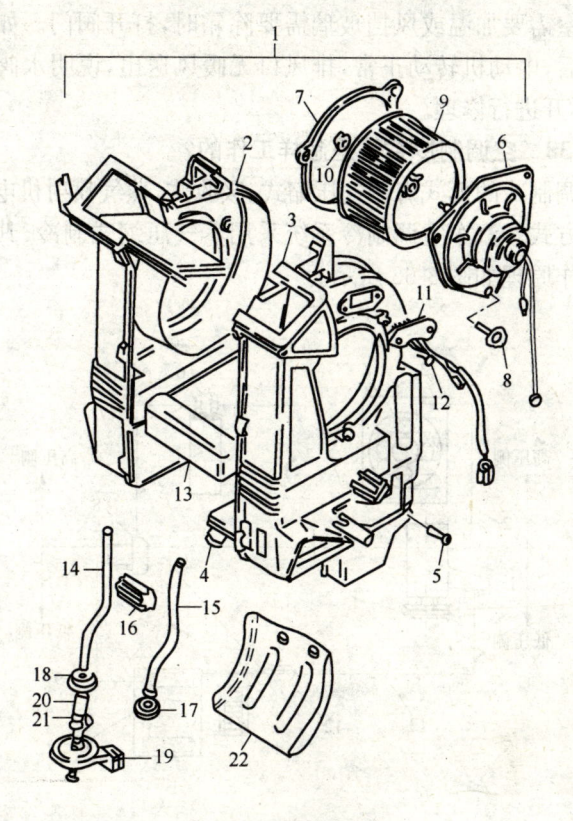

图 3-64 暖风机构造

1. 暖风机总成 2. 暖风机左壳体 3. 暖风机右壳体 4. 壳体弹簧卡子 5. 螺钉 6. 电动机法兰盘 7. 橡胶垫 8. 螺钉 9. 风扇叶轮 10. 螺母 11. 调速电阻 12. 螺钉 13. 散热器总成 14、15. 水管 16. 水管支撑块 17. 出水管橡胶垫 18. 进水管橡胶垫 19. 进水阀 20. 水阀连接软管 21. 水阀卡箍 22. 防护板

明开关已损坏。

③当风扇开关回至原来位置时,开关应全部处于断路状态。

(3)水阀门的检查

水阀门安装在加热器箱内,操纵开关位于控制板中间位置。

437

当驾驶室需要加温或风挡玻璃需要除霜时,打开阀门。如果打开此阀门后,电动机转动正常,排风口无暖风送出,说明水阀门有故障,应拆开进行修理。

3-138 空调制冷系统是怎样工作的?

空调制冷的形式有蒸气压缩式、吸收式、蒸气喷射机电子制冷等多种方式。汽车空调制冷系统采用蒸气压缩式制冷,其基本组成和工作原理如图 3-65 所示。

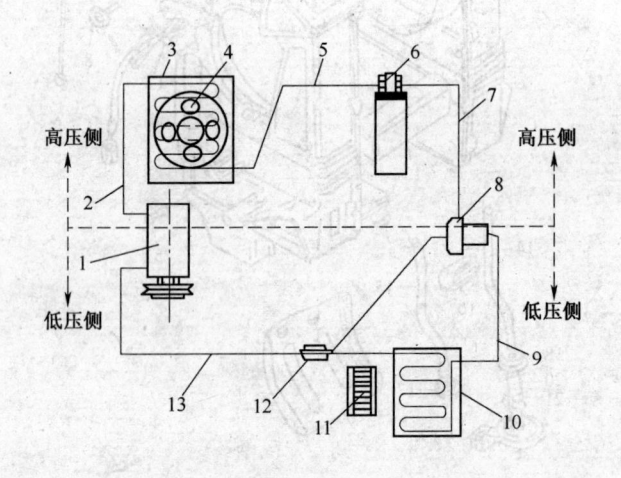

图 3-65 空调制冷系统工作原理
1. 压缩机　2. 排气管　3. 冷凝器　4. 风扇　5. 高压液管　6. 储液干燥器
7. 高压液管　8. 膨胀阀　9. 低压液管　10. 蒸发器　11. 鼓风机　12. 感温包　13. 吸气管

压缩机吸入低温、低压的制冷剂气体后,经高压压缩后成为高温高压的制冷剂蒸气,再经高压管路进入冷凝器冷却,将吸收的热量散发到车外,冷凝后成为高压液体,进入储液器中储存、干燥和过滤后,经过膨胀阀节流后变成气液混合物。这种雾状的气液混合物进入蒸发器蒸发吸收车内热量后,成为低温、低压的气体,这种气体被吸入压缩机后再次进行循环。整个工作过程分为以下四个阶段：

①压缩过程。在蒸发器中吸热后的低温、低压制冷剂气体，被压缩机吸入后进行压缩，成为高温、高压的制冷剂蒸气，进入冷凝器冷却。

②冷凝过程。经压缩机压缩后的高温高压制冷剂气体进入冷凝器后，与车外空气进行热交换，释放出热量，冷凝成高压液体。

③节流过程。冷凝器中流出的高压液体经过膨胀阀进行节流降压后，变成低压液体和气体的混合物。

④蒸发过程。经过节流后的低压液体和气体的混合物，进入蒸发器中吸热汽化，与车内空气进行热交换，吸收车内空气的热量，使车内温度降低，最后变成低温、低压气体。

这个系统中的动力元件是压缩机，它用来驱动制冷剂的循环。它有两个热变换器：一个是吸热元件为蒸发器，用于吸收车内的热量；另一个是放热元件为冷凝器，用于将蒸发器中吸收的热量及压缩机压缩功转变成的热量一起释放到空气中去。如此周而复始，蒸发器不断地吸收车内热量，冷凝器不断地将车内热量释放到车外，从而达到降低车内温度的目的。

3-139 空调系统主要部件是怎样工作的？

空调系统的组成和装配位置如图 3-66 所示，主要由压缩机（及电磁离合器）总成、冷凝器总成、储液干燥器总成、膨胀阀及蒸发器总成、制冷管路等组成。

(1) 压缩机总成

压缩机安装在发动机前端，通过 V 带由发动机带动。其作用是吸入由蒸发器中流出的低温、低压制冷剂气体，然后压缩成高温、高压的制冷剂蒸气，通过高压管路送入冷凝器中进行冷却。压缩机总成由两部分组成：压缩机本体和电磁离合器及皮带轮。SC321 及 SC36331 型车均采用日本产摇板式压缩机 SDB－706，有关技术参数见表 3-3。

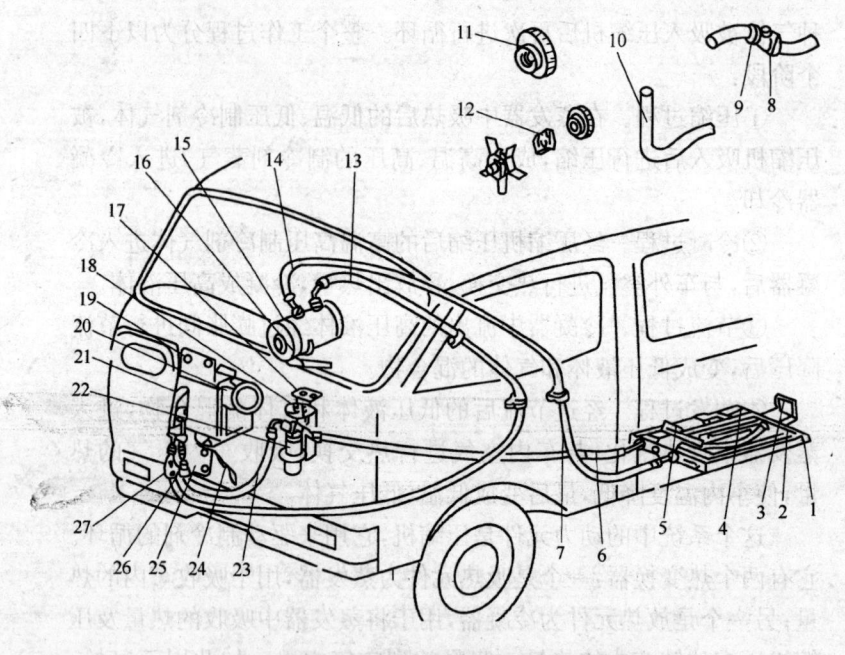

图 3-66 空调系统的组成和装配位置(SC6320)

1. 冷凝器 2. 冷凝器护风罩 3. 冷凝器后支架 4. 冷凝器风扇电机 5. 冷凝器前支架 6. 高压液体软管 7. 软管护套 8. 水温保护开关 9. 管夹 10. 发动机下水管加长管 11. 皮带轮 12. 风扇联轴垫 13. 吸入管 14. 排出管 15. 压缩机 16. 压缩机皮带 17. 储液干燥器安装块 18. 储液干燥器卡箍 19. 蒸发器上支架 20. 蒸发器接口组件 21. 蒸发器 22. 储液干燥器 23. 高压液体软管 24. 排水管 25. 蒸发器下支架 26、27. 橡胶圈

表 3-3 空调压缩机技术参数

名　　称	技　术　参　数
气缸数	7
缸径×行程	25.4mm×28.1mm
排量	99.8mL/r
最高连续转速	6 500r/min
润滑油	SUNISO 5GS 50mL
重量(不含电磁离合器)	2.7kg

第三章 电器的检修与故障排除

电磁离合器安装在压缩机的主轴上,由皮带轮、电磁线圈、吸铁盘及轴承等组成,结构如图 3-67 所示。当电磁线圈通电时,产生磁场,吸铁盘与皮带轮吸合为一体,皮带轮带动压缩机转动。当电磁线圈断电时,磁场消失,吸铁盘与皮带轮分离,压缩机停止转动。电磁离合器通电 0.6～1s 内,压缩机应该起动。当压缩机过载时,电磁离合器打滑,可起到保护作用。电磁线圈与皮带轮的径向间隙、皮带轮与吸铁盘的轴向间隙,直接影响电磁离合器的正常工作。

(2)冷凝器总成

冷凝器的作用是将压缩机压缩后的高温、高压气体冷凝成高压液体,并把蒸发器吸收的热量散发到车外去。冷凝器为管带式结构,风扇由直流永磁式电动机驱动。

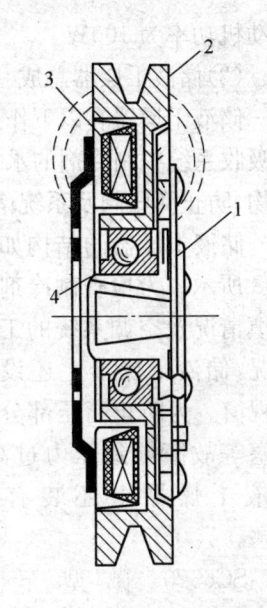

图 3-67 电磁离合器结构
1. 吸铁盘 2. 皮带盘
3. 电磁线圈 4. 轴承

SC6320 微型车冷凝器置于发动机排气消声器旁,将排气管重新弯曲。

冷凝器芯子尺寸为长×宽×厚=585×294×26(mm),在 4.5m/s 的风速下,散热量为 6620W,轴流风扇电动机功率为 2×50W。

SC6331 微型车发动机为 JL465Q1,发动机排量和功率均增大。为保证发动机的可靠冷却,采用了水容量较大的散热器,变速器操纵机构布置也有所改变,同时将空调冷凝器布置得远离发动机散热器。冷凝器置于原车身备胎处,而将备胎置于车内。冷凝器芯子尺寸为长×宽×厚=500×359.5×28.6(mm),轴流风扇电动机功率为100W。

(3) 储液干燥器总成

储液干燥器有以下作用:储存经冷凝器冷却后的制冷液体;干燥吸收系统中制冷剂的水分,防止膨胀阀结冰;过滤系统中的杂质污物,防止膨胀阀及系统堵塞。

储液干燥器的结构如图3-68所示。为检查制冷剂的充填情况及空调系统的工作状况,储液干燥器上还设有检视窗。为防止高压部分因堵塞等故障导致压力过高,储液干燥器上还装有易熔塞。

SC6320微型车与SC6331微型车的储液干燥器的结构完全相同,但流向相反。

储液干燥器安装在冷凝器和蒸发器之间。其安装要求有两点:一要直立放置,偏斜在15°内;二要通风良好,以利于冷却。储液干燥器为整体式,发生故障时应予整个更换。

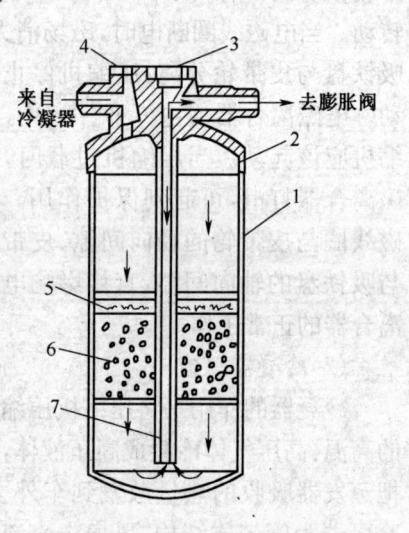

图3-68 储液干燥器结构
1. 干燥器体 2. 干燥器盖
3. 视液玻璃 4. 易熔塞
5. 过滤器 6. 干燥剂 7. 引出管

(4) 膨胀阀及蒸发器总成

膨胀阀和蒸发器组装成一体。膨胀阀的作用是:节流降压,把高压的液态制冷剂变成雾状的湿蒸气进入蒸发器;自动调节和控制制冷剂的流量。蒸发器的作用则是将从膨胀阀出来的低压制冷剂蒸发,以吸收周围空气中的热量,从而达到降低车内温度的目的。

SC6320微型车采用仪表台板布置方式,借用暖风机的鼓风机作为冷气吹风机。加装空调后,暖风机风量增大,电动机功率由原来的60W增加到80W,以满足空调的要求。但由于制冷量仍显得不足,因而取消了外循环。

SC6331微型车采用了暖气与冷气分别独立的供给系统。暖气为原暖气系统,与SC6320微型车相同。冷气系统则采用顶置式蒸发器总成的布置形式,其吹风机采用2个电机($2\times 50W$)和4个风轮结构,前后双向吹风,使车内前后温度分布较为均匀,温度场也更为合理。

SC6320微型车和SC6331微型车膨胀阀均为内平衡感温式。内平衡式膨胀阀的工作原理如图3-69所示。图中压力是指感温包感受到的蒸发器出口温度相对应的饱和压力,它作用在波纹膜片上,使波纹膜片产生向下的推力,其值的大小等于压力与波纹膜片承压面积的乘积。波纹膜片下面受蒸发压力和过热弹簧力的作用,当车厢内温度为某一定值、膨胀阀处于某一开度时,推压力和蒸发压力处于平衡状态,即$p=p_0+W$。若车厢内温度升高,蒸发器出口处过热度增大,则感温包感受温度升高,相应的饱和压力也就增大,所以$p>p_0+W$,因此,波纹膜片向下移动,推动推杆,使膨胀阀的阀孔开度增大,制冷剂流量增加,从而使制冷量增大,满足蒸发器热负荷的要求。相反,若蒸发器出口处过度降低,则感受温度下降,相应的饱和压力也就减小,所以$p<p_0+W$,导致波纹膜片上移,推杆上移,膨胀阀的阀孔开度减小,从而使制冷剂流量减小,因而制冷量也减小,以满足蒸发器热负荷变化的要求。膨胀阀的上述自动调节,适应了外界热负荷的变化,满足了车厢内温度的要求。由于压力的平衡变化均在膨胀阀内部进行,不受蒸发器出口处蒸气压力的直接作用,因此,这种膨胀阀称为内平衡式膨胀阀。

(5)制冷管路

上述制冷循环系统的4个总成通过制冷管路连接起来。

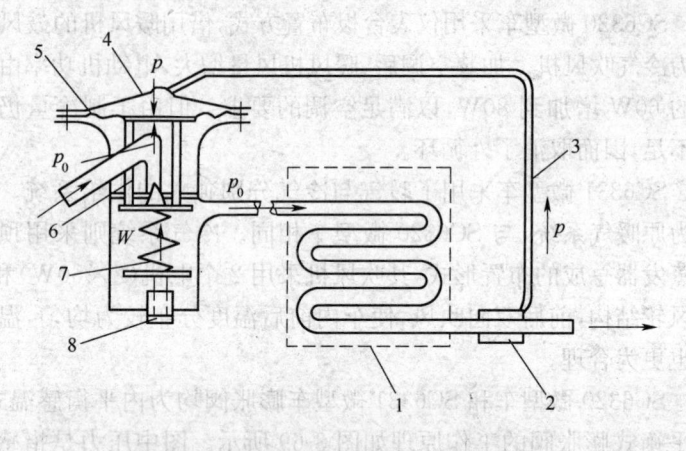

图 3-69　内平衡式膨胀阀的工作原理
1. 蒸发器　2. 感温包　3. 毛细铜管　4. 膨胀阀　5. 波纹膜片
6. 推杆　7. 过热弹簧　8. 调整螺钉

SC6320、SC6331 微型车的压缩机吸入管、排出管均采用软管。SC6331 微型车因采用顶置式蒸发器,蒸发器吸入管也采用罗管,其他各管路均采用硬成型管,在与车体可能接触或相碰之处均增加了缓冲隔热管套。各管接头均采用密封可靠的 O 形密封圈密封。

3-140　空调系统的调节与控制装置由哪些主要部件组成？

长安 SC6320 微型车空调系统控制调节部分有关零部件如图 3-70 所示。风量控制采用与暖风机并联的三挡旋钮式控制开关,为 OFF—L—H(关—低—高)。空调(A/C)开关为按钮式,按一下为 ON,空调接通,指示灯亮；再推,为 OFF,断开空调,指示灯熄灭。

为降低成本和简化结构,电气控制采用"串联"结构。当点火开关、空调风量开关、空调起动开关(A/C)均接通后,电源经点火开关→20A 熔丝→风量开关→空调(A/C)开关→温度控制器→高低压力保护开关→水温保护开关→加速切断开关→电磁离合器、

第三章　电器的检修与故障排除

急速提升电阀(VSV)和风扇继电器→搭铁。

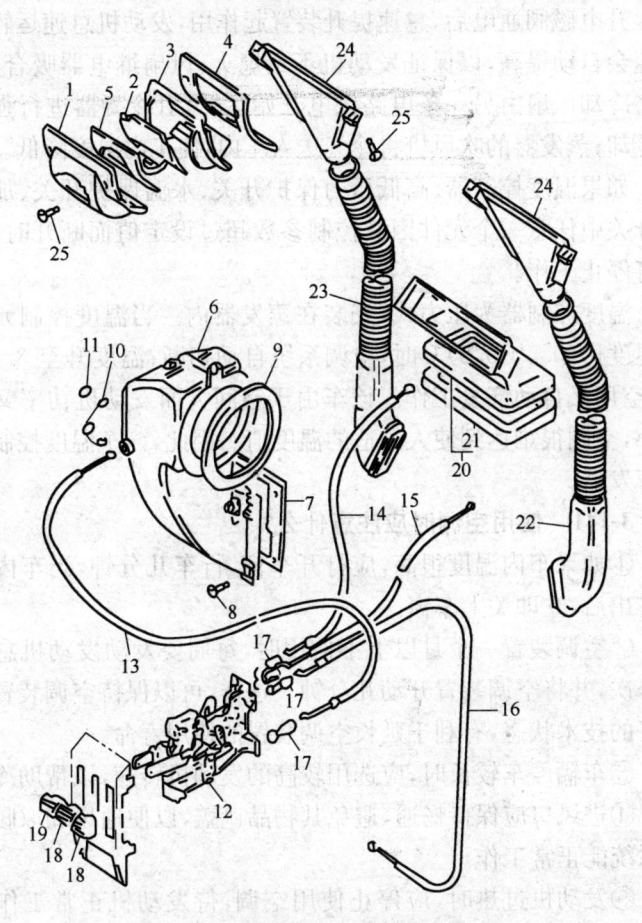

图 3-70　空调控制调节机构的零部件
1. 冷风门框　2. 冷风活门　3. 冷风门支架　4. 冷风门密封　5. 冷风门毡垫
6. 进风箱总成　7. 进风口软垫　8. 螺栓 M6×12　9. 风门垫　10. 扭簧　11. 卡圈　12. 操纵开关总成　13. 内外循环拉线　14. 通风操纵拉线　15. 取暖除霜拉线　16. 温度调节拉线　17. 拉线卡头　18、19. 手柄　20. 出风口总成　21. 泡沫垫　22. 右除霜风管　23. 左除霜风管　24. 喷嘴总成　25. 螺钉、垫圈

电磁离合器通电吸合后,压缩机开始工作,空调开始制冷;怠速提升电磁阀通电后,怠速提升装置起作用,发动机怠速运转时的转速会自动提高,以保证发动机不致熄火;风扇继电器吸合后,冷凝器冷却风扇由另一条电路供电开始运转,对冷凝器进行强制抽风冷却;蒸发器的吹风机将冷气送入车内,使车内温度降低。

如果温度控制器、高低压力保护开关、水温保护开关、加速切断开关中任意一个元件因其控制参数超过设定值而断开时,压缩机将停止工作。

温度控制器为压力式,安装在蒸发器内。当温度控制元件感应温度达(0.5 ± 0.5)℃时,空调系统自动切断;温度升至3.5^{+1}℃时,空调又自动恢复工作。该车由于空间大而发动机功率又相对较小,空调很难达到使人舒适的温度值。因此,该车温度控制仅控制蒸发器。

3-141 使用空调时应注意什么?

①如果车内温度很高,应打开车窗,行车几分钟,当车内热空气排出后,立即关上车窗。

②空调装置一个月以上不使用时,每周要发动发动机怠速运转一次,并将空调装置开动几分钟。这样,可以保持空调装置处于最好的技术状态,有利于延长空调装置的使用寿命。

③车辆停车较长时,应选用较高的发动机转速,以帮助冷却。

④进风口应保持畅通,避免其物品遮盖,以便通风和取暖时空调系统能正常工作。

⑤发动机过热时,应停止使用空调,待发动机正常工作后再使用。

⑥取暖效果取决于发动机冷却液的温度,只有在发动机冷却液达到正常工作温度后,才能取得最佳取暖效果。

3-142 怎样保养空调?

为了确保空调装置良好运转,要经常进行空调装置的保养。因为一旦出现故障,空调装置的修理成本将大大超过保养费用。

空调装置保养水平的高低,直接决定其故障发生率的高低。如果能按规定进行保养,就能使空调装置在其使用寿命期内不出故障或将故障发生率压缩到最低限度。

(1)日常保养

①利用液视镜检查氟量,每两周检查一次。

②第一个月检查一次压缩机皮带、风机皮带的松紧度和皮带质量。发现松紧度不当时,应进行调整,如果皮带龟裂,应更换。皮带松紧度的标准是:用拇指全力压下皮带中点,其松紧度为10~15mm时最佳。

③要经常检查紧固件,不应松动,通常每行驶 2000km 就要紧固一次。

④不管是否使用空调,每周必须使空调工作 5~10min,以便润滑空调装置,延长压缩机油封和轴承的寿命。

(2)使用季节前的检查和保养

①检查冷凝器、蒸发器的表面清洁度,如积灰太多应予清洗,然后用压缩空气吹干。

②检查各开关、控制原件的性能是否可靠。

③开机运转,通过液视镜检查氟量。

(3)使用季节结束时的检查和保养

①用检漏仪检漏,如泄漏,应进行修理,然后按规定充氟。

②检查离合器皮带轮的轴承是否有异响。

③严禁在使用季节结束后将压缩机皮带拆下,但可以稍稍松一下皮带。

④检查压缩机内的油量,必要时予以补充。

3-143 怎样诊断排除空调故障?

(1)用压力表检查

将压力表接到压缩机的高低压阀上,在压缩机静止和运转状态下,根据表的读数,找出故障原因。

在气温 30℃左右时,发动机转速在 1500~2000r/min,风扇速度开关在最大位置。冷气开关在最强时,低压侧的压力约为 147～196kPa,高压侧的压力为 1421～1470kPa,如图 3-71 所示,表示制冷系统工作正常。

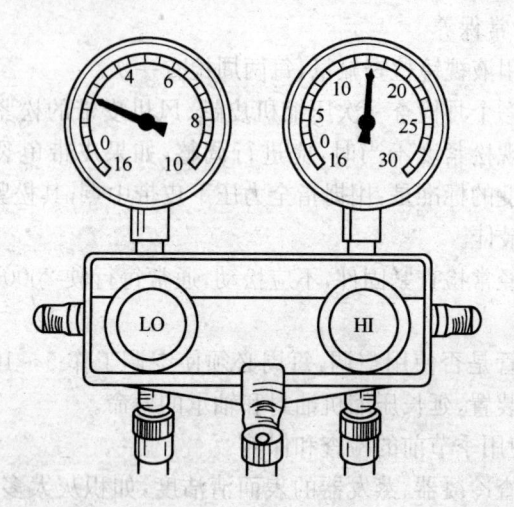

图 3-71 制冷系统工作正常时高低压表的压力指标

(2)用点温计判断

用点温计可以判断出冷凝器、蒸发器、储液筒的故障原因。

①冷凝器。空调装置正常工作时,冷凝器入口管的温度为 70℃,出口管的温度为 50℃左右。

②蒸发器。空调装置正常工作时,蒸发器表面温度在不结霜的前提下越低越好。

③储液筒。储液筒的温度正常情况下为 50℃左右。检查时,测量储液筒上下温度,如不一致,说明储液筒的滤网堵塞。

(3)用检漏仪检漏

用检漏仪可以检查整个空调系统的密封性。

(4)用万用表检查

用万用表可以测出空调装置电路的故障。

(5)用风速仪判断

用风速仪可以判断空调出风口风速是否符合标准 0.2～0.4m/s。

(6)直接观察法

通过液视镜来判断氟量的多少。

①刚刚接入空调时,通过液视镜,可以看到气泡流动,但过一会儿,气泡消失,表明工作正常。

②通过液视镜,看到气泡总不消失,表明氟量不足。

③向冷凝器上溅水,如果在液视镜内看不到气泡,表明氟量过多。

④刚接入空调。液视镜中看不到气泡,向冷凝器上溅水,发现没气泡产生,表明冷凝器不良。

通过观察蒸发器表面状态来判定膨胀阀状态。蒸发器表面结霜,一是说明蒸发器表面温度控制失灵;二是说明膨胀阀开度调节失灵或感温筒泄漏、失灵。

3-144 怎样排除空调制冷不足的故障?

①制冷剂不足,制冷不够。在制冷系统中,高低压两侧的压力均低,如图3-72所示。在液视镜中看到气泡,虽能排出冷气,但车内的温度仅有轻微的凉感,表明制冷剂不足或管道有轻微泄漏。

排除方法:进行泄漏试验,准确掌握泄漏处。如部件损坏,应更换;若制冷剂不足,应增补。如果管道接头松动,应拧紧接头。

②制冷剂过多或冷凝器有故障使制冷功能差。在制冷循环中,高低压两侧压力均过高,如图3-73所示。其原因可能是:制冷剂过多;发动机温度过高;冷凝器冷却不良;风扇皮带打滑。

排除方法:检查制冷剂是否过多,发动机冷却装置工作是否正常。清洁冷凝器,将风扇皮带调整到规定的张力。采取上述措施后,若压力仍很高,则应检查冷凝器是否堵塞。

③空调系统内存有空气,制冷不足。检查时,高低压两侧的压

力过高，如图 3-74 所示。低压管道不凉。排除方法：排出系统中的制冷剂，更换过滤器，充分抽空后，重新注入新的制冷剂。

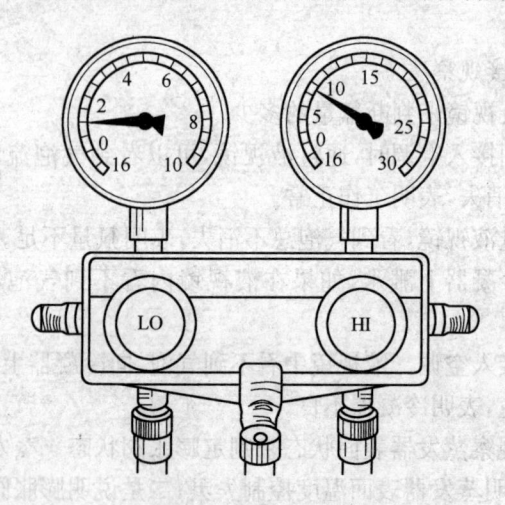

图 3-72 制冷剂不足时高低压力表的压力指示

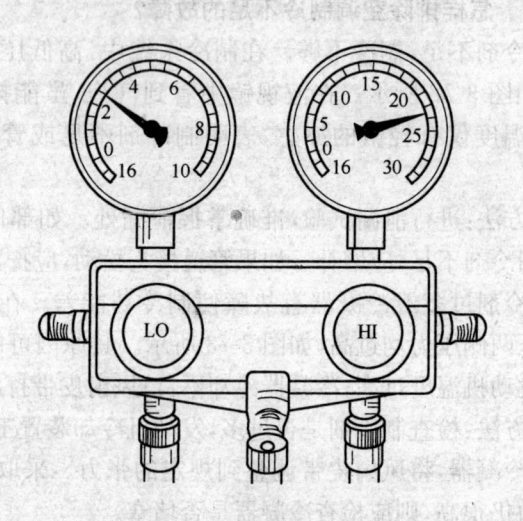

图 3-73 制冷剂过多或冷凝器故障时高低压力表指示

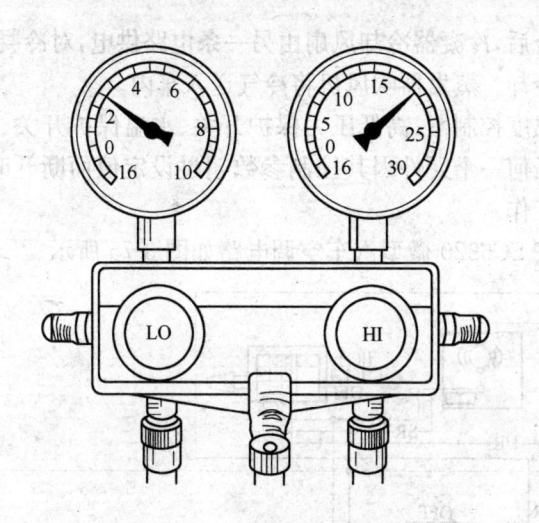

图 3-74 制冷系统内有空气时高低压力表的压力指示

3-145 怎样排除蒸发器的故障？

①故障现象：风口出风量明显减小，甚至几乎无风，无制冷、采暖和通风效果。

②故障原因：由于采用冷、暖、通风合一的整体结构，空气都要经过蒸发器散热片流通，散热片易被脏物堵塞，降低散热作用。

③排除方法：打开发动机盖，拆掉前围隔层，卸下通风道，用自来水冲洗散热片。清洗时，不要拆卸蒸发器。

清洗后，安装隔热层时，必须用胶粘牢。

3-146 长安系列空调系统的调节与控制装置有什么特点？

长安 SC6320 微型汽车空调控制调节装置部分零部件如图 3-70 所示。风量控制采用与暖风并联的三挡旋钮式控制开关，为 OFF—L—H(关—低—高)。空调(A/C)开关为按钮式开关，推进去为 ON，空调接通，指示灯亮；再推，按钮弹出为 OFF，断开空调，指示灯熄灭。

电磁离合器通电吸合后，压缩机工作，空调开始制冷。风扇继电器吸合后,冷凝器冷却风扇由另一条电路供电,对冷凝器进行强制抽风冷却。蒸发器吹风机将冷气送入车内。

当温度控制器、高低压力保护开关、水温保护开关、加速切断开关中任何一个元件因其控制参数超过设定值而断开时,压缩机将停止工作。

长安 SC6320 微型汽车空调电路如图 3-75 所示。

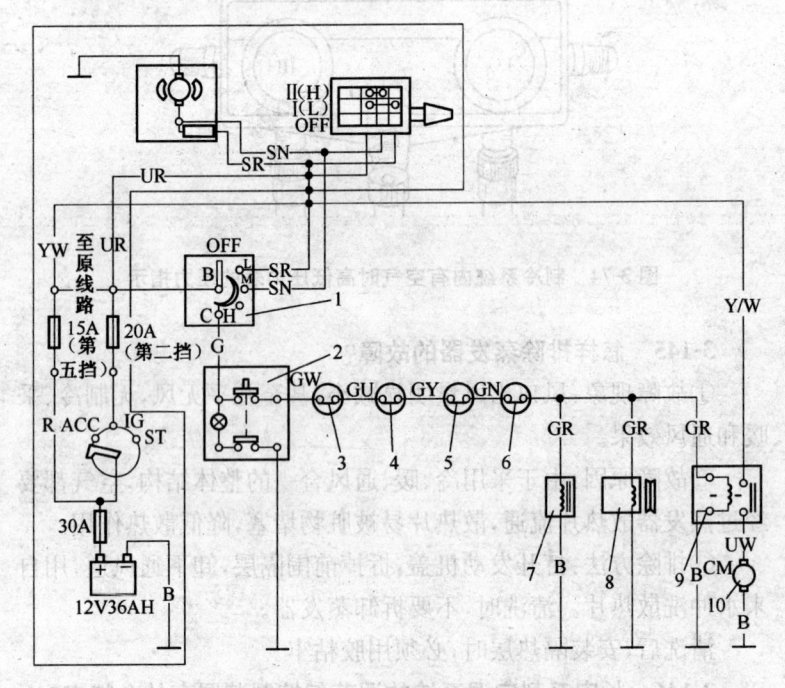

图 3-75 长安 SC6320 微型汽车空调电路

1. 空调风量开关总成 2. 空调(A/C)开关总成 3. 温度控制器总成 4. 高低压保护开关总成 5. 室温保护开关总成 6. 加速切断开关总成 7. 怠速切断开关总成 8. 电磁离合器组件 9. 空调继电器总成 10. 冷凝器风扇电动机总成

导线颜色:R—红色 SR—灰带红色 UR—蓝带红色 GR—绿带红色 GU—绿带蓝色 G—绿色 SN—灰带棕色 UB—蓝带黑色 GN—绿带棕色 GY—绿带黄色 B—黑色 YW—黄带白色 UW—蓝带白色 GW—绿带白色

第三章 电器的检修与故障排除

长安SC6311微型汽车空调控制装置也是串联结构,与SC6320微型汽车基本相同,取消了加速切断功能(开关)。它的冷气吹风机不适合与暖风共用,是独立的。风量控制三挡翘板开关即OFF—L—H(关—低—高),只控制冷风吹风机。其他控制元件和控制参数与SC6320微型汽车相同。长安SC6331微型汽车空调电路如图3-76所示。

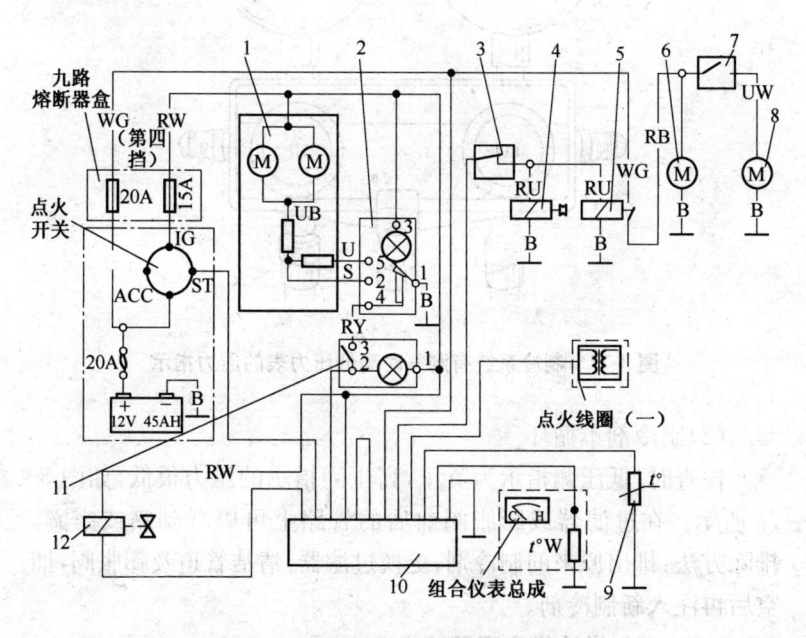

图3-76 长安SC6331微型汽车空调电路
1. 蒸发器风扇电动机总成 2. 空调风量开关总成 3. 高低压保护开关总成 4. 电磁离合器组件 5. 空调继电器总成 6. 冷凝器风扇电机总成 7. 水温开关总成 8. 水箱风扇电机总成 9. 温度控制器总成 10. 空调控制放大器总成 11. 怠速提升控阀总成 12. 空调(A/C)开关总成

3-147 怎样排除制冷系统间歇性制冷及制冷剂不循环故障?

(1)制冷系统间歇性制冷

发动机转动中,压力表显示出低压侧压力有时成为负值,有时正常,说明系统内有潮气,如图 3-77 所示。排除方法:排放出原制冷剂,更换过滤器,反复抽空,排净水分,重新注入新制冷剂。

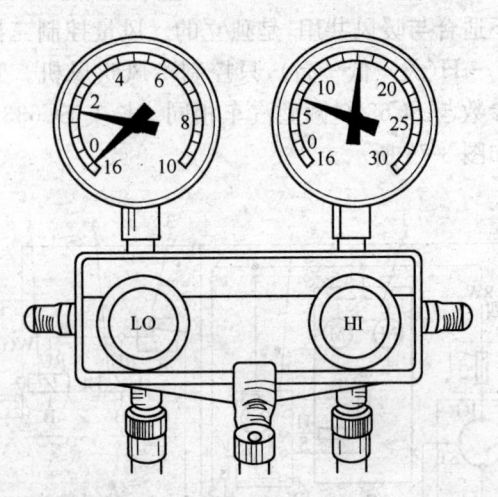

图 3-77 制冷系统有潮气时高低压力表的压力指示

(2)制冷剂不循环

检查时,低压侧指示为负压,高压侧指示的压力很低,如图 3-78 所示。在过滤器或膨胀阀前后的管路上可以看到霜或露滴。排除方法:排出原来的制冷剂,更换过滤器,清洁管道及膨胀阀,抽空后再注入新制冷剂。

3-148 怎样检修空调压缩机?

①空调控制电路的熔断器断路,线路接触不良会造成压缩机不转,应检查熔断器和线路连接是否可靠。必要时进行检修。

②检查驱动皮带的张力和离合器间隙是否符合规定,离合器间隙是指压缩机皮带轮与压盘之间的间隙,一般为 0.4～0.7mm。驱动皮带的挠度为 6～8mm(压力 100N)。

③检查离合器电磁线圈电阻值应为 3～5Ω。如果电阻过小,则为短路,表针不动则为断路。

第三章 电器的检修与故障排除

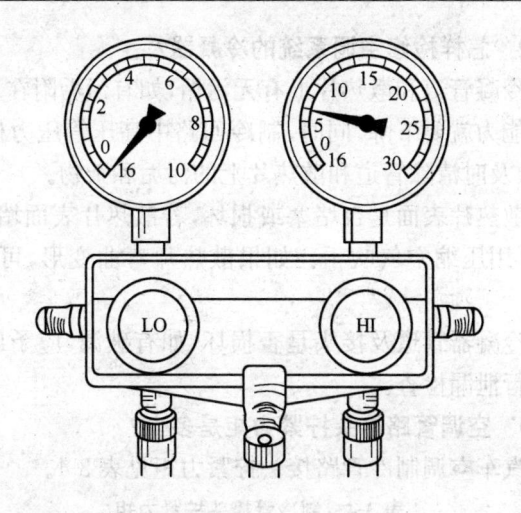

图 3-78 制冷剂不循环时高低压力表的压力指示

④压缩机不制冷。检查时,低压侧压力过高,而高压侧压力过低,如图 3-79 所示。这种故障多数是压缩机内部有泄漏、衬垫或阀损坏所致。应更换损坏零件,必要时更换总成。

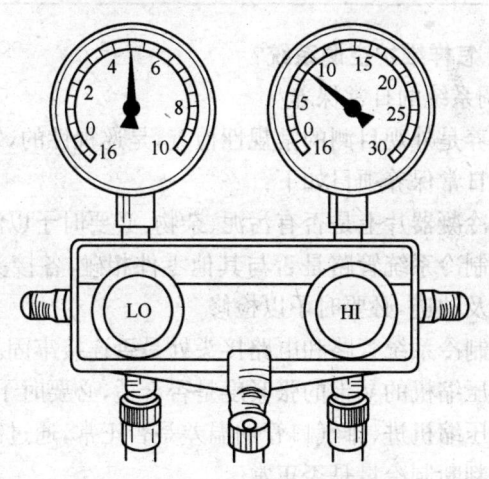

图 3-79 压缩机有故障时高低压力表的压力指示

3-149 怎样检修空调系统的冷凝器?

检查冷凝管道和散热片上有无污垢,如有污垢附在上面,制冷剂的冷凝能力就要下降,同时,制冷回路中高压管压力极度升高。因此,必须及时清除管道和散热片上的污垢和杂物。

检查散热片表面是否堵塞或损坏,若散热片表面堵塞可用清水冲洗,再用压缩空气吹干。如果散热片弯曲变形,可用尖嘴钳校正。

检查冷凝器管道及接头是否损坏,如有破漏,应予以修补,修复后应进行泄漏检查。

3-150 空调管路接头拧紧力矩是多少?

微型汽车空调制冷管路接头拧紧力矩见表 3-4。

表 3-4 制冷管接头拧紧力矩

制冷管道及接头螺纹规格	拧紧力矩(N·m)
高压液体管 5/8″~18UNF	14.7~19.6
高压气体管 3/4″~16UNF	19.6~24.5
低压气体管 7/8″~14UNF	29.4~34.3

3-151 怎样维护空调系统?

(1)空调系统的日常保养

日常保养是外观目测的常规性检查,是巡视性的,发现问题应及时排除。日常保养项目如下:

①检查冷凝器片上是否有污泥、杂物,必要时予以清洗。

②检查制冷系统管路是否与其他零件相碰,各接头处是否有制冷剂泄漏及油迹,必要时予以检修。

③检查制冷系统管路和电路接头处是否连接牢固。

④检查压缩机的 V 带的张紧度是否合适,必要时予以调整。

⑤检查压缩机进、排气口管的温差是否正常,通过制冷系统排出的冷风来判断制冷量是否正常。

⑥从储液干燥器检视口观察制冷剂量是否充足,如图 3-80

所示。

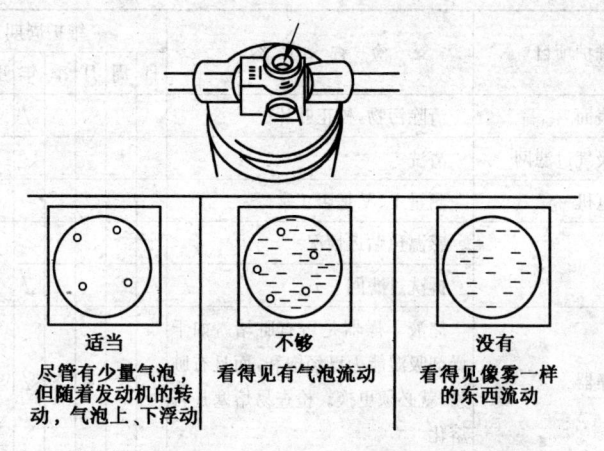

图 3-80　在储液干燥器检视窗观察制冷剂量

（适当：尽管有少量气泡，但随着发动机的转动，气泡上、下浮动；不够：看得见有气泡流动；没有：看得见像雾一样的东西流动）

(2) 空调系统的定期维护

空调系统定期维护的项目和内容见表 3-5。

表 3-5　空调系统定期维护表

维护项目	检查内容	维护周期 日	周	月	季	年	更换时间
制冷剂量是否充足	从储液干燥器检视口玻璃处进行观察	√					
制冷系统各管接头处	是否有油迹、是否有制冷剂泄漏			√			
管路系统固定夹	是否有松动现象			√			
制冷系统软管	表面是否有损伤、起泡、老化,以及与其他零件相碰的现象				√		3年
冷凝器表面	是否有杂物、污泥,清洁其表面,并修整变形的叶片	√					
冷凝器风扇电机	更换电刷					√	
冷凝器风扇电机轴承	加油检查					√	

续表 3-5

维护项目	检查内容	维护周期 日	周	月	季	年	更换时间
蒸发器表面	清除污物,校正叶片					√	
蒸发器吸气过滤网	清洗					√	
鼓风机电机	测量Ⅰ、V是否正常			√			4年
膨胀阀	感温包贴近情况			√			3年
	拆洗过滤网					√	
储液干燥器	储液干燥器是否有脏堵。如干燥剂吸湿能力已经饱和,而且有脏物,就必须更换。检查易熔塞是否熔化					√	
热敏电阻	将热敏电阻放在-1℃~5℃冷水中,当水温变化时测其电阻是否符合要求,若不符合,则应更换热敏电阻					√	
急速提升装置	①真空促动其有否机械损坏			√			
	②真空电磁阀通电和不通电的流量变化;线圈的绝缘阻抗(要求1MΩ以上)				√		
	③气管接头处有否滑脱	√					
	④急速提升装置的工作转速是否符合要求					√	
压缩机电磁离合器	①轴的油封处有否泄漏			√			
	②皮带的张力是否符合要求			√			
	③压缩机螺栓是否松动,电磁离合器间隙是否正常			√			
	④压缩机机械部分是否有损坏,电磁离合器工作是否正常					√	
空调控制拉线	①控制拉线是否完好				√		
	②控制拉线安装情况是否错位,拉头是否有严重磨损			√			

续表 3-5

维护项目	检 查 内 容	维护周期					更换时间
		日	周	月	季	年	
空调控制板曲线槽	控制板曲线槽是否严重磨损,必要时予以更换					√	
电气线路	电气线路接头的插接是否牢靠		√				
控制元件	开关、继电器、放大器、电阻器的功能是否正常					√	
空调器壳体	①其接缝处是否完好、减振垫是否脱落				√		
	②空调壳体是否有裂纹,损坏					√	
送风管道	送风管道有否变形、裂坏、损伤、缺块等					√	

(3)空调系统的正确使用

①新车在使用空调之前,应参照日常保养项目,先检查一下制冷系统外观有无异常现象。

②起动发动机,并运转几分钟后,将鼓风机风扇开至最高挡,即可起动空调压缩机,检查制冷系统是否制冷。

③调整送风手柄的位置,观察不同位置时的冷气风向、风量是否合乎要求。

④在只需要换气而不需要冷气时,可只将风扇打开而不要开动空调压缩机。

⑤在发动机处于怠速工况时,空调的怠速自动提升装置应将发动机的转速提升到 1000 ± 50 r/min,如果未达此转速,应予适当调整,以免发动机在怠速工况时熄火。

⑥汽车在长距离爬坡时,应关闭空调,以增大汽车的后备功率,防止发动机超负荷运转和产生发动机过热现象。

⑦ 起动空调压缩机后,应将车门、窗紧闭,充分发挥空调对车内空气的调节作用。

⑧要注意适当调节车内的温度。在没有温度控制器的车厢内,如感到车内温度太低,切不可用风扇低速调节,以免冷气排不出来而使蒸发器结霜,此时,应适时地关闭压缩机,开动风扇进行车内外换气循环,以使车内温度适宜。

⑨空调系统出现的任何故障必须由经过培训的专业人员排除,不能自行调整或拆换元件,以免影响空调的正常工作,或发生安全事故。

⑩空调系统长时间不使用时,比如在冬季、初春、秋季,或者长期存放时,应每周开动一次空调压缩机,每次运转 5～10min,以使制冷系统循环流通,防止压缩机轴承、油封因干燥、结胶而引起制冷剂泄漏和零部件的锈蚀,并防止橡胶软管硬化。

⑪在夏天,尽量避免把车停在日光下暴晒,以免增加制冷系统的内压而发生故障。

⑫汽车驾驶室内的空气污浊或有异味时,应适时通风换气。

⑬在清洁冷凝器时,应用冷水冲洗,切不可用蒸气喷洗,以免引起冷凝器内压升高,发生故障。

⑭一般情况下,空调系统每年需在专业的维修站全面检修一次,以确保空调系统的工作性能正常。

3-152 怎样检测空调?

(1)定性检测

起动发动机,将风量开关置于高挡,当温度调节至最低温时(MAX COOL),按下 A/C 开关,运转 2～3min 后,按以下方法进行定性检测:

①用手感检测:压缩机吸入管有冰手的感觉,而排出管有烫手的感觉,两管之间有明显的温差。

②在储液干燥器检视口观察:图 3-79 所示,在储液干燥器检视口观察制冷剂量,而且用手感可觉得进出管道的温度均匀一致。

③用手感比较冷凝器流入和流出管的温度:流入管的温度应比流出管高,冷气出口有冰凉的感觉。膨胀阀前后应有明显的温

度差,即前冷后热。

④用手测温度:冷凝器流出管至膨胀阀输入端之间的高压管道及部件温度应均匀一致,由膨胀阀流出口到压缩吸入口的管道应有冰手而不结霜的感觉,即使结霜也会即刻融化,能看到化霜后的小水珠。

(2)定量检测

在环境气温为20℃～35℃条件下,起动发动机,按下 A/C 开关,风量开关置于最高挡,温度开关置于最低温(MAX COOL)位置,打开车门,使发动机在2000r/min 左右运转 15～20min 后,用高、低压力表检测高、低侧的压力。低压侧压力应为 147～192kPa,高压侧压力应为 1373～1668kPa。气温改变,压力值相应改变。气温在 35℃ 时,每降低 3℃,其高压压力降低幅度为 68～78kPa。

3-153 怎样充填制冷剂?

将复合式压力表及真空泵接入空调系统,实施抽真空、检漏和填充制冷剂作业步骤,如图 3-81 所示。其操作过程如图 3-82 所示。

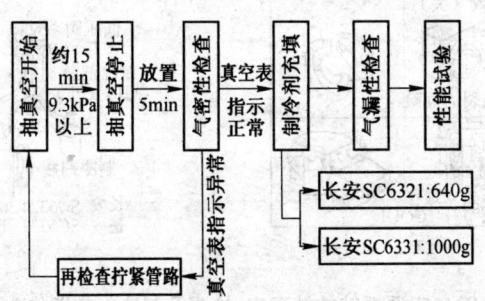

图 3-81 空调系统的抽真空、检漏及制冷剂充填框图

3-154 怎样检修微型汽车空调?

(1)空调维修注意事项:

①空调新装好进行第二次充填时,先从高压侧进行 5min 以

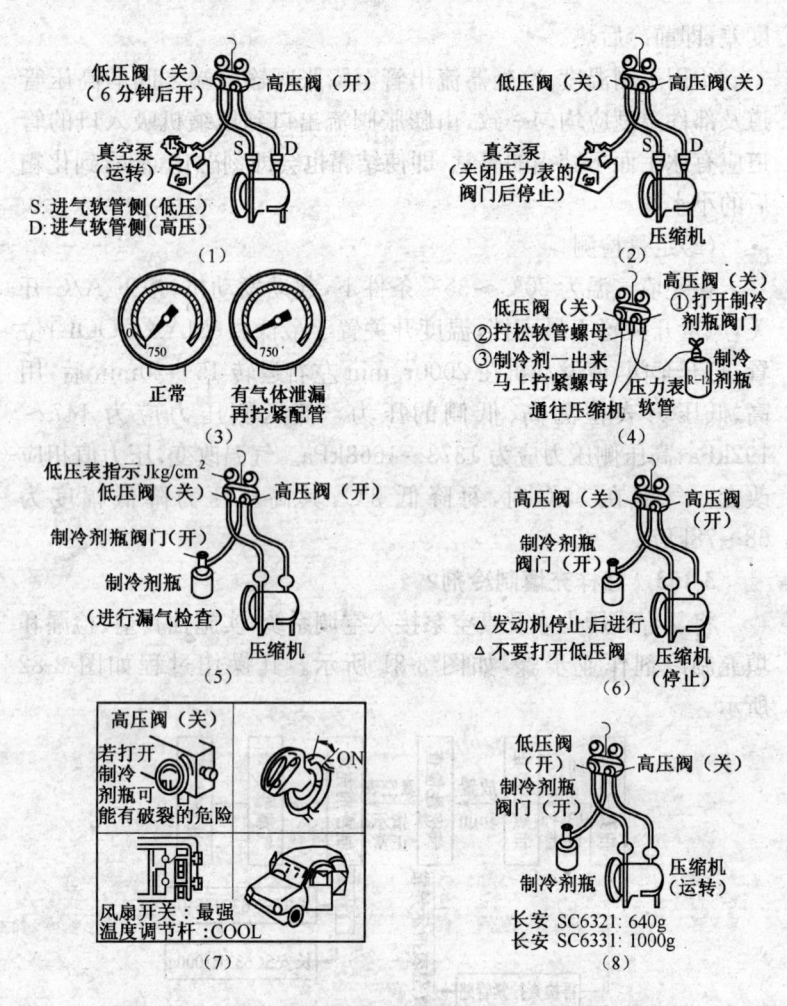

图 3-82 空调系统的抽真空、检漏及制冷剂充填作业过程

1. 抽真空(约 15min) 2. 停止抽真空 3. 放置 5min 后,气密性检查 4. 制冷剂的充填(排除压力表软管内的空气) 5. 制冷剂的临时充填 6. 制冷剂的正式充填(从高压侧充填) 7. 制冷剂的正式充填(准备) 8. 制冷剂的正式充填(从低压侧充填)

上的抽真空,然后再从高、低两个方向抽真空。

②填充制冷剂时,应从高压端充填液态制冷剂,严禁从低压端充填和起动发电机;可以起动发动机从低压端充填气态制冷剂,但严禁打开压力表组的高压阀。

③在制冷剂填充过程中,切勿摇晃制冷剂瓶。

④严禁将制冷剂瓶放在40℃以上的热水中加热。

⑤在填充制冷剂时,应避免高温或火源,应在干燥、通风的环境中进行。

⑥严禁将水、杂质及空气混入制冷剂管道,严禁用嘴或压缩空气去吹制冷管道。

⑦连接压力支管表软管时,应注意压力器管表软管和压力表组支管阀的正确对应连接,以及高、低压表所对应的压缩机进出阀接头的正确连接。

⑧连接压力支管表软管或制冷剂瓶阀时,一般用手拧紧连接螺母即可,切勿使用钢丝钳等工具。

⑨从压缩机进出软管上拆卸仪表软管时,必须快速、敏捷;拆卸高压软管时,要等压缩机停止工作(约几分钟),待高压压力降低后再进行。

⑩在拆卸制冷剂管路或填充制冷剂时,切勿贴近面部。

⑪在排放制冷剂时,要缓慢进行,以防带走冷冻机油。

⑫给压缩机补充冷冻机油时,请务必使用指定牌号或相应牌号的冷冻机油,切勿使用混合牌号或普通的发动机机油。

⑬换空调系统部件时,必须补充冷冻机油,具体要求见表3-6。

表3-6 冷冻机油补充要求

更换部件	补充冷冻机油(mL)	使用油品
冷凝器	25~30	
蒸发器	15~30	SUN ISO 5GS
储液干燥器	10~20	
制冷剂管道(1根)	5~10	

⑭连接制冷剂管道时,应在O形密封圈上涂一点冷冻机油。

⑮在连接压缩机吸排管时,拆下盲塞一定要慢慢放出充入的制冷剂气体,以防冷冻机油被带走。

⑯储液干燥器一定要最后安装,并注意进出口方向。

⑰拧紧或拧松制冷管路接头时,必须用两个开口扳手,并按规定的拧紧力矩拧紧。

(2)检查项目和检查要点

空调系统的一般常规性检查项目和检查要点见表3-7。

表3-7 空调系统检查项目和检查要点

序号	检查项目	检查要点	
		检查部位	检查方法
1	检查制冷剂是否有泄漏	①管路的管子表面和所有接头处 ②压缩机油封、密封垫处及零件表面处 ③制冷系统元件损伤之处	①用浓肥皂水涂抹观察 ②用卤素检漏灯或卤素电子检漏仪检漏
2	检查制冷软管情况	检查软管外观是否有裂纹、鼓包、油迹,是否有老化,是否与其他零件相撞	目测
3	检查冷凝器清洁情况	检查冷凝器正面的叶片是否弯曲或夹有异物、污泥、碎屑	①用尖嘴钳校直弯曲的叶片 ②用毛刷刷去污泥碎屑
4	检查制冷剂是否符合要求	通过储液干燥器上的视液窗来判断	检查步骤如下:从视液窗看: ①看到有清澈的制冷剂在不停流动,发动机加速、减速时有小气泡,则说明空调系统工作正常,制冷剂适量 ②若周期性开、停空调机,看到有小气泡不断出现,说明制冷剂不足 ③若看到有机油条纹出现,说明制冷剂有泄漏,制冷剂严重不足 ④若看到清澈的制冷剂,没有气泡,则说明制冷剂太多

续表 3-7

序号	检查项目	检查要点 检查部位	检查方法
5	检查储液干燥器	①检查储液干燥器的进、出口管的湿度,判断储液干燥器是否堵塞 ②检查易熔塞是否熔化 ③检查视液窗是否有裂纹 ④检查接头处是否有油迹	手摸、目测
6	检查制冷系统高压、低压侧的温度情况	①高压侧从压缩机出口、冷凝器、储液干燥器、膨胀阀进出口处的温度很高,若有一部分温度高,有一部分温度低,说明这部分有堵塞 ②低压侧从膨胀阀出口、蒸发器、压缩机进口的温度应该由凉到冷,膨胀阀处不应发生结霜现象 ③压缩机高低压侧之间温度应有明显的温差,否则,说明没有制冷剂或系统有泄漏	手摸
7	检查电磁离合器的工作情况	①离合器线圈电路部分是否有故障 ②通电和断电检查电磁离合器是否工作	断开和接通电路进行检查
8	检查压缩机工作情况	①压缩机运转时有无异响 ②压缩机进、排气口处的温差是否正常 ③压缩机是否有剧烈振动	起动压缩机进行检查
9	检查压缩机皮带	①检查皮带的松紧情况 ②检查皮带的磨损情况,有否断裂	用手压查、目测

续表 3-7

序号	检查项目	检查要点	
		检查部位	检查方法
10	检查空调怠速提升装置	①检查怠速提升装置的气路连接是否正确 ②检查发动机怠速工况时,打开空调,发动机转速是否自动提高	目测,必要时调整真空调整螺钉,保证发动机怠速时的转速,在打开空调后自动调整到要求的转速。
11	检查膨胀阀感温包的贴紧情况	感温包与蒸发器出口管路是否贴紧、隔热,保护层是否包扎紧固	目测、手摸
12	检查空调壳体是否有缝隙	散热器与蒸发器壳体的连接处是否有缝隙、风管连接是否完好,有否破裂现象	目测
13	检查空调电路连接情况	空调电路的接头连接是否可靠。空调电路的电线是否与过热、转动件、有毛刺的部件相碰	目测、手摸
14	检查空调软管连接情况	空调软管、排水管的固定是否可靠,是否有伸缩的余地,是否与过热转动件、有毛刺的部件相碰	目测、手摸
15	检查鼓风机工作情况	鼓风机工作时是否有异响,是否有异物堵塞风扇叶轮,是否碰到其他部件,风扇电机轴承是否缺油	耳听、目测

(3)用复合式压力表检修

用复合式压力表(支管压力表)对空调系统工作状况的判断见表 3-8。

第三章 电器的检修与故障排除

表 3-8 利用复合式压力表对空调系统工作状况的判断

复合压力表所测数值	判定故障	产生的原因
高低压侧压力比规定值低	制冷剂不足	制冷剂有泄漏
高低压侧压力比规定值低很多	制冷剂严重不足	制冷剂有严重泄漏
低压侧压力接近于零	膨胀阀工作失效	膨胀阀堵塞或感温包失效
高、低压侧压力比规定值高	制冷冷气不够冷	制冷剂过多、膨胀阀调节不当
高、低压侧压力比规定值高很多	制冷冷气不冷,储液干燥器的观察孔内偶尔有气泡	制冷系统内有空气
高压侧压力低于规定值,低压侧压力高于规定值	制冷系统没有冷气	膨胀阀内 O 形圈损坏或压缩机损坏
低压侧压力接近于零或为负值,高压侧压力为规定值或稍高一点	制冷系统排除的气不冷	制冷剂内有水分、膨胀阀被水堵塞
低压侧压力比规定值高很多,高压侧压力比规定值稍高	制冷系统没有冷气,低压管发热	冷凝器损坏
低压侧压力比规定值低,高压侧压力比规定值高出很多	制冷冷气不冷,高压管结霜	储液干燥器或高压管路堵塞
高、低压侧压力比规定值都低	制冷冷气不冷	压缩机损坏

注:1. 空调系统高压侧压力一般为 1 373～1 668kPa。

2. 空调系统低压侧压力一般为 147～192 kPa。

3. 空调系统压力的规定值可以从空调说明书中查出。

3-155 微型汽车空调常见故障有哪些？怎样排除？

空调系统故障可分为电气故障和制冷循环系统故障两大类,主要表现为无冷气和冷气不足。

(1)无冷气

无冷气故障的原因及排除方法见表 3-9。

表 3-9 无冷气故障原因及排除方法

故 障 原 因	排 除 方 法
① 熔丝熔断	更换
② 线路接头松动、断路	检查、修理
③ 电磁离合器故障	修理、更换
④ 外界气温太低而温度调得太高	检查、调整
⑤ 热敏电阻故障	修理、更换
⑥ 发动机水温太高（大于106℃）	检查、修理
⑦ 制冷系统故障造成压力太高或过热	检查、修理
⑧ 制冷剂太少或漏光	检查、修理
⑨ 压缩机损坏	重新充氟
⑩ 驱动皮带太松或断裂	修理或更换
⑪ 制冷系统完全堵塞	调整或更换
⑫ 空调A/C开关损坏	检查、修理
⑬ 空调放大器故障	重新充制冷剂
⑭ 加速切断开关接错	修理或更换
⑮ 蓄电池电压太低	修理
	检查或更换

(2) 冷气不足

冷气不足故障原因及排除方法见表3-10。

表 3-10 冷气不足的故障原因及排除方法

工作情况	故障表现	故 障 原 因	排 除 方 法
风量正常 压缩机运转正常	压力正常	① 外气进入 ② 温度控制机构失灵	① 检查、调整 ② 检查、修理或更换
	压力异常 高压压力过高	① 制冷剂过多 ② 系统内有空气 ③ 冷凝器冷却不良，主要表现为：翅片脏污变形，风扇失效	① 低压端放出多余的制冷剂 ② 重新抽真空、充制冷剂 ③ 清洗、修理 ④ 检查、修理或更换

第三章 电器的检修与故障排除

续表 3-10

工作情况	故障表现	故障原因	排除方法
风量正常 压缩机运转正常 压力异常	高压压力过低	①制冷剂不够 ②压缩机输出阀坏 ③压缩机密封垫坏 ④低压管路有阻塞	①补充 ②修理或更换 ③更换 ④修理
	低压压力过高	①膨胀阀开度过大 ②膨胀阀感温包安装不当 ③蒸发器进风温度太高 ④制冷剂过量填充	①调整或更换 ②检查、修理 ③检查通风口 ④放出多余制冷剂
	低压压力过低	①制冷剂填充不够 ②膨胀阀滤网阻塞 ③膨胀阀感温包漏气 ④低压管路异常 ⑤蒸发器翅片积霜	①检查、补充 ②清洗或更换 ③更换 ④检查、修理 ⑤检查、加大风量
	低压压力为负	①系统内进入潮气 ②膨胀阀脏堵 ③膨胀阀感温包泄漏	①反复抽真空、换干燥剂 ②清洗或更换 ③更换
	高压压力过高,低压压力过低	冷凝器或附近的管路堵塞	检查、修理或更换
	高低压均高	制冷剂过量填充	放出多余的制冷剂
	高低压均低	制冷剂不足	检查、修理、补充制冷剂

续表 3-10

工作情况		故障表现	故障原因	排除方法
风量正常	压缩机运转异常		① 压缩机内部故障 ② 电磁离合器故障 ③ 压缩机皮带打滑	① 检查、修理或更换 ② 检查、修理或更换 ③ 张紧或更换
	鼓风机工作正常		① 鼓风机进气有障碍物 ② 蒸发器积霜 ③ 冷气通道堵塞或管道松脱	① 检查、修理 ② 检查、修理 ③ 检查、修理
	鼓风机工作异常	旋转缓慢	① 蓄电池电压低 ② 鼓风机电机故障 ③ 鼓风机风轮与壳体干涉	① 检查 ② 检查、修理或更换 ③ 检查、修理
		高速旋转中低速不转	电阻器故障	更换
		不旋转	① 熔丝熔断 ② 调速电阻故障 ③ 鼓风机开关故障 ④ 鼓风机电机故障 ⑤ 接线松脱	① 更换 ② 检查、修理或更换 ③ 检查、修理或更换 ④ 检查、修理或更换 ⑤ 检查修理

3-156 微型汽车线束布置是怎样的？

微型汽车中的导线被集成在几条线路中。为查找方便，微型汽车所用的导线大多采用双色导线，即在导线塑料包皮的基准颜色上加有辅助颜色条纹。不同的电气设备采用不同的基本颜色的导线，同一电气系统中不同用电设备又可根据导线条纹的辅助颜色加以辨别。在汽车电路图中，用字母来表示电线的颜色。单个字母表示单色导线，双色导线用两个字母表示：B. 黑色，W. 白色，R. 红色，G. 绿色，Y. 黄色，U. 蓝色，O. 橘色，N. 棕色。各电气系统的导线颜色见表 3-11。

第三章 电器的检修与故障排除

表 3-11 各电器系统导线的颜色

名称	基 准 色	辅 助 色
起动和点火线路	B	W,Y,R,U
充电电路	W	B,R,L
照明电路	R	B,W,G,U
信号电路	G	B,W,R,U,Y
仪表电路	Y	B,W,R,G,U
其他电路	U	B,W,R,G,Y
搭铁电路	B	

SC1010 微型汽车的线束及布置如图 3-83 所示。

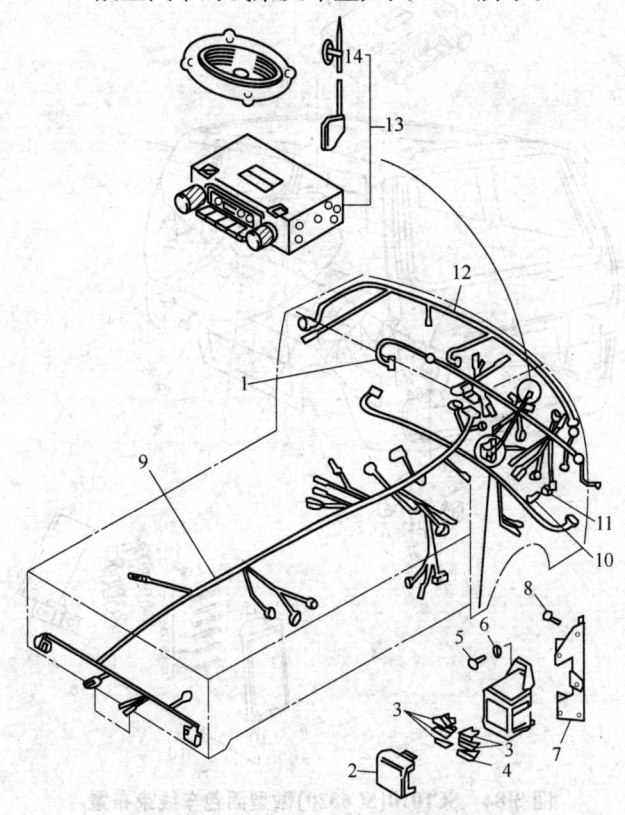

图 3-83 SC1010 微型汽车的线束及布置
1. 驾驶室线束总成 2. 六挡熔丝盒总成 3. 保险片(20A) 4. 熔片(15A) 5. 螺钉 6. 垫圈 7. 熔丝盒支架 8. 垫圈 9. 底盘线束总成 10. 螺钉 11. 垫圈 12. 顶篷线束总成 13. 收放机 14. 收放机天线

SC1010微型面包车线束及布置如图3-84所示。

当线束因电路故障发生外包皮焦化和脱落或线路故障很难排除时,就需要对部分线束或全车线束进行更换。更换线束时,线束应按原来的固定位置和方式进行走线和固定。

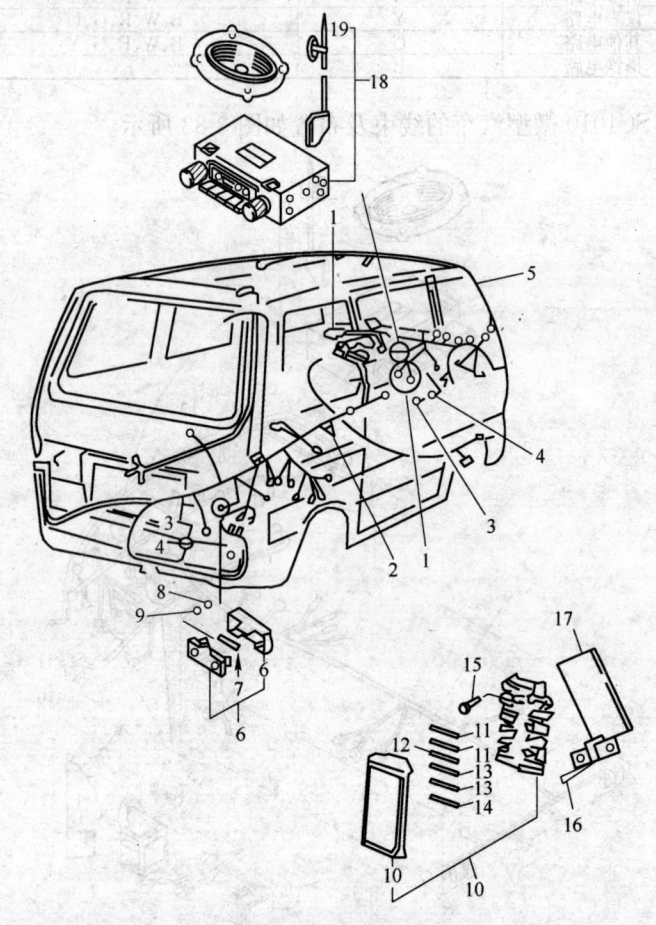

图3-84 SC1010(SC6320)微型面包车线束布置
1. 驾驶室线束总成 2. 底盘线束总成 3. 螺钉 4. 垫圈 5. 顶篷线束总成 6. 单挡熔丝盒 7. 熔片 8、15. 螺钉 9. 垫圈 10. 六挡熔丝盒 11~14. 熔管或熔片(15A,20A) 16. 螺钉 17. 熔丝盒支架 18. 收放机 19. 收放机天线

附　录

附录一　定期维护项目

附表1　长安系列微型车定期维护项目

维护周期(月或里程,以先到者为准)	1000km	1	10	20	30	40	50	60	70	80
维护项目	月数	1	6	12	18	24	30	36	42	48
发动机	(1)风扇(水泵)驱动皮带(张力、磨损等)		J.T	—	J.T.G	—	G	—	J.T.G	—	G
	(2)正时同步带(张力、磨损、损伤)		J.T.G	—	J.T.G	—	J.T.G	—	J.T.G	—	J.T.G
	(3)气门间隙		J.T		J.T		J.T		J.T		J.T
	(4)发动机螺栓(所有气缸盖、支管固定件)		X	—	X	—	X	—	X	—	X
	(5)机油滤清器		G	G	G	G	G	G	G	G	G
	(6)机油	每行驶5000km应更换
	(7)发动机冷却液	随时加注
	(8)冷却系软管与接头(漏气、损伤)		—	—	J.T.G	—	J.T.G	—	J.T.G	—	J.T.G
	(9)排气管与固定件(漏气、损伤)		—	—	J.T.G	—	J.T.G	—	J.T.G	—	J.T.G

473

续附表1

维护周期(月或里程,以先到者为准)	1000km	1	10	20	30	40	50	60	70	80
维护项目	月数	1	6	12	18	24	30	36	42	48
点火系	(10)点火线圈(损伤、变形劣化)	—	—	J.T.G	—	J.T.G	—	J.T.G	—	J.T.G
	(11)分电器盖与转子(磨损、变形劣化)	—	—	J.T.G	—	J.T.G	—	J.T.G	—	J.T.G
	(12)火花塞与分电器断电器	—	G	G	G	G	G	G	G	G
	(13)点火正时	J.T.G	J.T	J.T	J.T	J.T	J.T	J.T	J.T	J.T
	(14)分电器提前调节装置	—	—	J.T.G	—	J.T.G	—	J.T.G	—	J.T.G
燃料系	(15)空气滤清器:水泥或沥青路面	每行驶1万km进行清洗,每行驶4万km更换									
	沙石路面	每行驶2500km进行清洗,每行驶4万km更换									
	(16)空气滤清器	每月清除积尘									
	(17)油门拉索和化油器节气门轴	—	J.T.G与R	J.T.G与R	J.T.G与R	J.T.G与R	J.T.G与R	J.T.G与R	J.T.G与R	J.T.G与R
	(18)汽油箱盖、气道与接头	J.T.G	—	—	—	J.T.G	—	—	—	J.T.G
	(19)汽油滤清器	—	—	—	—	G	—	—	—	G
	(20)怠速转速	J.T	—	J.T	—	J.T	—	J.T	—	J.T

续附表1

维护周期(月或里程,以先到者为准) 1000km	1	10	20	30	40	50	60	70	80
维护项目 月数	1	6	12	18	24	30	36	42	48
曲轴箱排气控制 (21)曲轴箱排气控气软管与接头	—	—	J.T.G	—	J.T.G	—	J.T.G	—	J.T.G
燃料气化排气控制 (22)燃油蒸气存储系软管接头	—	—	J.T.G	—	J.T.G	—	J.T.G	—	J.T.G
电气系统 (23)电气配线、连接与大小灯	—	—	J.T.G	—	J.T.G	—	J.T.G	—	J.T.G
底盘与车身 (24)离合器踏板	J.T.G	J.T.G	J.T.G	J.T.G	J.T.G	J.T.G	J.T.G	J.T.G	J.T.G
(25)制动液(液量、泄漏)	J.T.G	J.T.G	J.T.G	J.T.G	G	J.T.G	J.T.G	J.T.G	G
(26)制动踏板(行程)	J.T.G	J.T.G	J.T.G	J.T.G	J.T.G	J.T.G	J.T.G	J.T.G	J.T.G
(27)手制动杆与拉索	J.T.G	J.T.G	J.T.G	J.T.G	J.T.G	J.T.G	J.T.G	J.T.G	J.T.G
(28)制动鼓与制动蹄片(磨损)	—	J.T.G	J.T.G	J.T.G	J.T.G	J.T.G	J.T.G	J.T.G	J.T.G
(29)制动器软管与管道(泄漏、损伤)	—	J.T.G	J.T.G	J.T.G	J.T.G	J.T.G	J.T.G	J.T.G	J.T.G
(30)轮胎(异常磨损与异常气压等)	—	J.T.G	J.T.G	J.T.G	J.T.G	J.T.G	J.T.G	J.T.G	J.T.G
(31)车轮与轮毂螺母(损伤、松紧度)	J.T.G	J.T.G	J.T.G	J.T.G	J.T.G	J.T.G	J.T.G	J.T.G	J.T.G

475

续附表1

维护周期(月或里程,以先到者为准) 维护项目	1000km	1	10	20	30	40	50	60	70	80
	月数	1	6	12	18	24	30	36	42	48
底盘与车身	(32)减振器(漏油、损伤)	—	J.T.G	J.T.G	J.T.G	J.T.G	J.T.G	J.T.G	J.T.G	J.T.G
	(33)传动轴(松紧度、损伤)	—	—	J.T.G	—	J.T.G	—	J.T.G	—	J.T.G
	(34)变速器与差速器油(泄漏、油量)	G	J.T.G	J.T.G	J.T.G	G	J.T.G	J.T.G	J.T.G	G
	(35)螺栓与螺母(松紧度)	X	—	X	—	X	—	X	—	X
	(36)转向情况(间隙、松紧、泄漏等)	J.T.G	J.T.G	J.T.G	J.T.G	J.T.G	J.T.G	J.T.G	J.T.G	J.T.G
	(37)试运转	每一次完成保养后进行试运转									

表中符号:G:更换。R:应加以润滑。J.T.G:检查、调整或更换。X:旋紧到规定扭矩。J.T.:检查、调整。

附录

附录二 微型汽车轴承型号

附表 2 微型汽车轴承型号表

名　称	型号或件号	每车数量	备　注
变速器一轴前滚针轴承	7942/10	1	09263—10003
离合器分离轴承	110—1702020B	1	09263—38001
变速器二轴前端滚针轴承	D92433/18	1	09263—17014
变速器一轴轴承	D50204	1	09262—20070
变速器二轴后端滚针轴承	69242/25	1	09263—25021
变速器二轴后端轴承	D50304	1	08163—63040
变速器中间轴轴承	204	2	08113—62040
后桥主动圆锥齿轮前轴承	7204	1	09765—20001～20002
后桥主动圆锥齿轮后轴承	7305	1	09265—25005～25006
差速器轴承	2007108	2	09265—40002
前轮毂内轴承	60205	2	09262—25061
前轮毂外轴承	60204	2	09262—20069
半轴轴承	60206	2	09262—30063
转向螺杆轴承	110—3401044B	2	

附录三 SC1011微型货车电路图

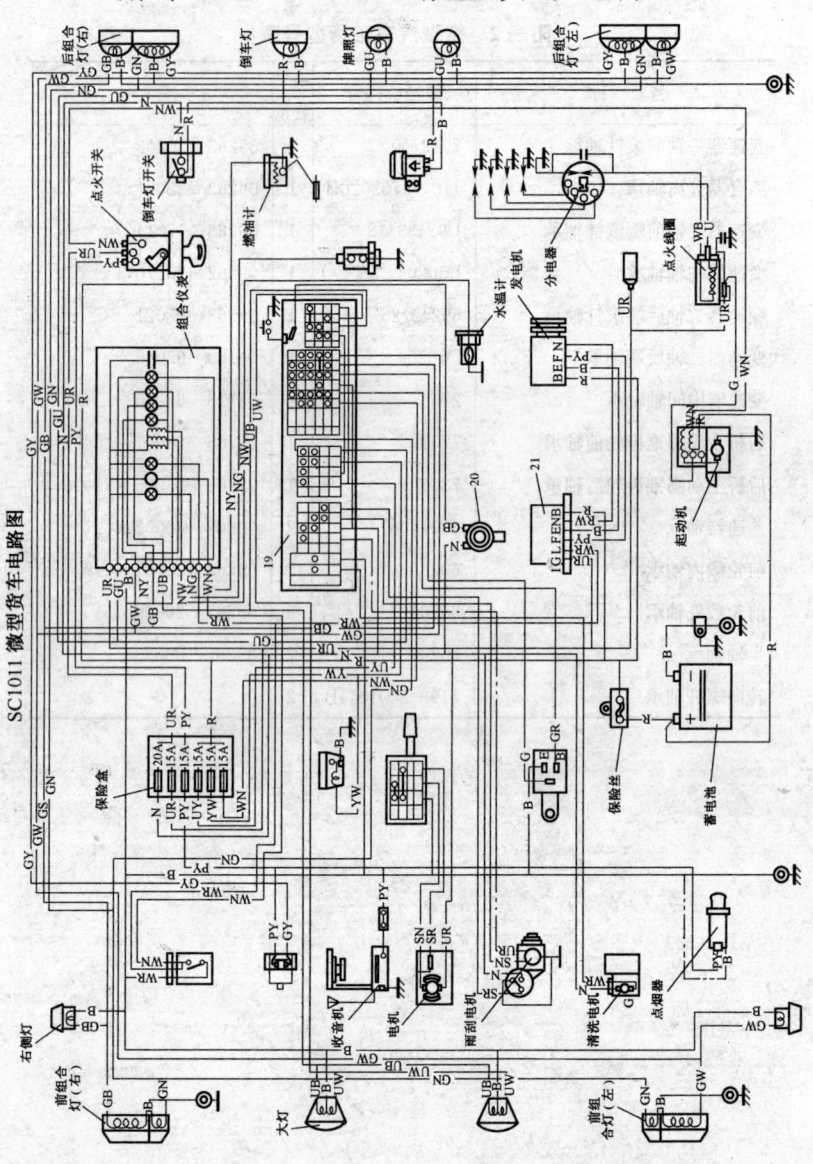

附 录

附录四 昌河牌CH100型汽车电路图

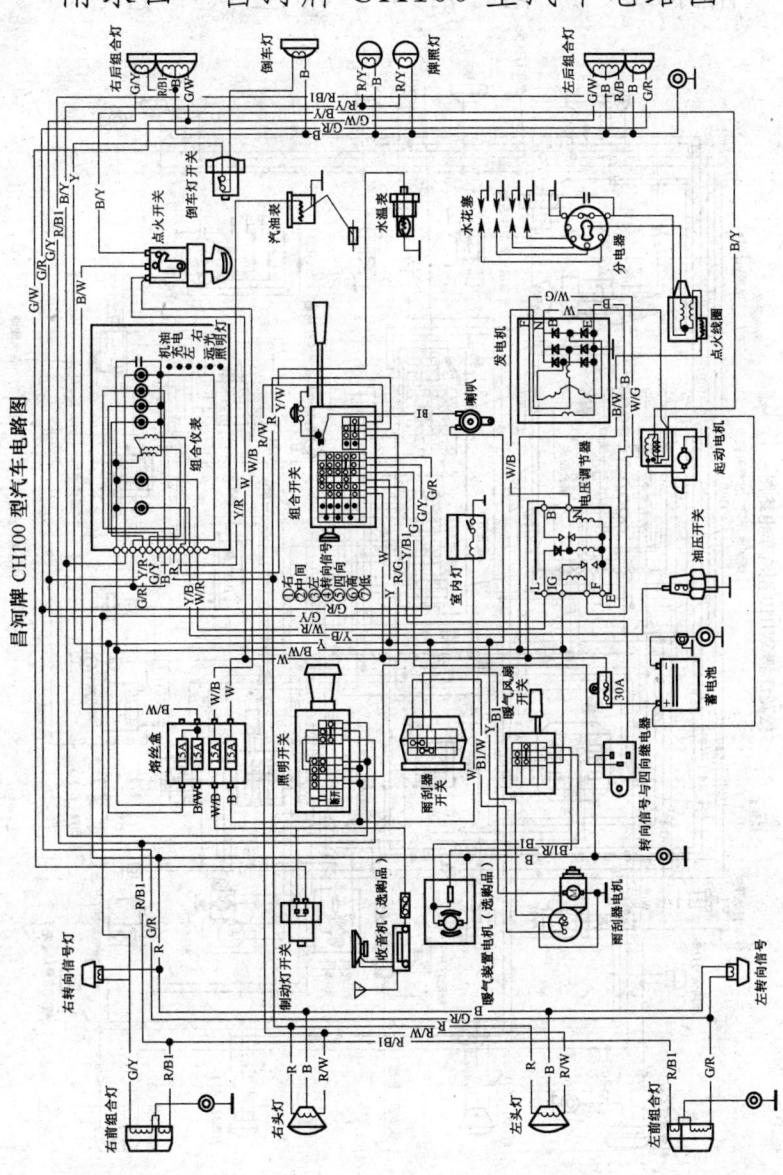

附录五　松花江牌WJ110型汽车电路图

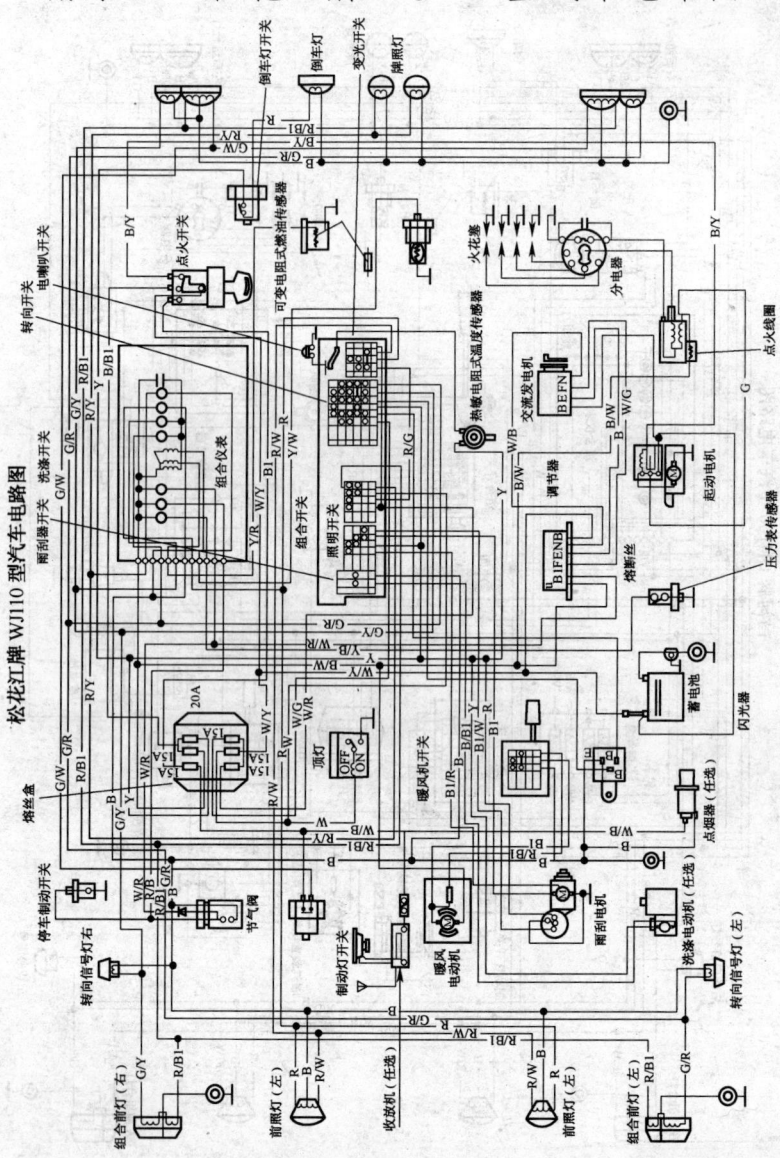